Einführung in die Fachdidaktik Deutsch

von

Karl Schuster

unveränderte 10. Auflage

Schneider Verlag Hohengehren GmbH

Umschlaggestaltung: Wolfgang H. Ariwald, BDG, 59519 Möhnesee, unter Verwendung eines Fotos (des Autors) der Haustüre „in der Eisgrube" Nr. 14 (Bamberg), auf der sich das „Äpfelweib" als Türgriff befindet, der E. T. A. Hoffmann zu seiner Märchenerzählung „Der goldne Topf" inspirierte.

Gedruckt auf umweltfreundlichem Papier (chlor- und säurefrei hergestellt).

Bibliografische Information Der Deutschen Bibliothek

Die Deutsche Bibliothek verzeichnet diese Publikation in der Deutschen Nationalbibliografie; detaillierte bibliografische Daten sind im Internet über ›http://dnb.ddb.de‹ abrufbar.

ISBN 3-89676-712-7
Schneider Verlag Hohengehren, 73666 Baltmannsweiler

Alle Rechte, insbesondere das Recht der Vervielfältigung sowie der Übersetzung, vorbehalten. Kein Teil des Werkes darf in irgendeiner Form (durch Fotokopie, Mikrofilm oder ein anderes Verfahren) ohne schriftliche Genehmigung des Verlages reproduziert werden.
© Schneider Verlag Hohengehren, 2003.
Printed in Germany – Druck: Hofmann, Schorndorf

Inhaltsverzeichnis

Vorwort VII
Einleitung 1

1	**Wissenschaftliches Arbeiten in der Fachdidaktik Deutsch**	4
1.1	Wissenschaftstheoretische Vorbemerkungen	4
1.2	Die wissenschaftstheoretische Position des Radikalen Konstruktivismus	6
1.3	Die Fachdidaktik Deutsch und der wissenschaftstheoretische Bezugsrahmen	8
2	**Aufgaben und Ziele des Deutschunterrichts**	12
2.1	Zum Leitziel	12
2.2	Fachübergreifende Lernziele	15
2.3	Fachspezifische Lernziele und Aufgaben des Deutschunterrichts	17
2.3.1	Exkurs: Von der „kommunikativen" zur „kognitiven" Wende . .	22
2.3.2	Zu den Bedingungs- und Entscheidungsfeldern im Deutschunterricht	24
2.3.3	Zur Frage der Didaktik und Methodik des Deutschunterrichts	25
2.4	Lernbereichsgliederungen des Deutschunterrichts	26
2.5	Zur Artikulation von Unterrichtsstunden im Fach Deutsch . . .	29
3	**Kommunikation als Prinzip des Deutschunterrichts** . .	32
3.1	Allgemeines	32
3.2	Kommunikationsmodell und Erläuterungen	33
3.3	Wissenschaftstheoretische Aspekte des mündlichen Sprachgebrauchs	35
3.3.1	Prinzipien einer konstruktivistisch orientierten mündlichen Kommunikation	35
3.3.2	Sprachphilosophische und sprechakttheoretische Aspekte des mündlichen Sprachgebrauchs	36
3.4	Die menschliche Kommunikation (nach Paul Watzlawick)	38
3.5	Die themenzentrierte interaktionelle Methode (Ruth C. Cohn)	44

3.6	Die Gestaltpädagogik (Fritz Perls)	50
3.6.1	Gestaltprinzipien	51
3.6.2	Gestaltmethoden	53
3.7	Lehrplanbeispiel	55
3.8	Organisatorische Maßnahmen für eine verbesserte Kommunikation	56
3.9	Einzelaspekte der nonverbalen Kommunikation	58
3.9.1	Nonverbale Kommunikation – Körpersprache	58
3.9.2	Nonverbale Kommunikation im Deutschunterricht	63
3.9.3	„Männliche" und „weibliche" Körpersprache im Deutschunterricht	64
4	**Textrezeption – Handlungs- und Produktionsorientierung**	**68**
4.1	Literaturdidaktik – Historischer Rückblick	68
4.1.1	„Lebenshilfe-Didaktik" nach 1945	68
4.1.2	Sachstrukturell orientierte Literaturdidaktik seit 1965	72
4.1.3	Literaturunterricht als Information über die gesellschaftliche Wirklichkeit in den 60er Jahren	74
4.1.4	Literaturunterricht als Vermittlung zwischen schulischer und außerschulischer Lesewirklichkeit	76
4.1.5	Literaturunterricht als Ideologiekritik	76
4.2	Handlungs- und produktionsorientierter Literaturunterricht	77
4.2.1	Zur Begründung eines handlungs- und produktionsorientierten Literaturunterrichts	78
4.2.2	Systematischer Katalog von Formen produktionsorientierten Umgangs mit literarischen Texten	82
4.2.3	Diskursiv-analytische Verfahren und Methoden im Literaturunterricht	86
4.2.4	Diskussion um den handlungs- und produktionsorientierten Literaturunterricht	88
4.3	Aspekte der Kinder- und Jugendliteratur	95
4.3.1	Zur Lesesozialisation	96
4.3.2	Zu einigen Grundfragen der Kinder- und Jugendliteratur	99
4.4	Das Lesebuch	106

5	Textproduktion	112
5.1	Traditionelle Aufsatzformen	112
5.2	Zur Diskussion des schriftlichen Arbeitens in den 70er Jahren	116
5.2.1	Schreiben als Kommunikation	117
5.2.2	Schreiben als heuristischer Prozess	121
5.2.3	Schreiben als kreativer Prozess	121
5.3	Das personal-kreative Schreiben	122
5.3.1	Zur Abgrenzung des personal-kreativen Schreibens	127
5.3.2	Verfahren und Methoden des personal-kreativen Schreibens	130
5.3.3	Das personal-kreative Schreiben und der traditionelle Aufsatzunterricht	142
5.3.4	Zur Bewertung und Beurteilung (insbesondere von personal-kreativen Texten)	149
6	Reflexion über Sprache	157
6.1	Grammatikunterricht	158
6.1.1	Grammatikunterricht: Rückblick und Positionen	158
6.1.2	Zur gegenwärtigen Situation des Grammatikunterrichts	165
6.2	Rechtschreibunterricht	169
6.2.1	Vorbemerkung zur Rechtschreibreform	169
6.2.2	Zur Geschichte der Rechtschreibung	172
6.2.3	Zur Methodik und Didaktik des Rechtschreibunterrichts	178
6.2.4	Exkurs: Möglichkeiten und Problematik des Grundwortschatzes	181
6.2.5	Zum Rechtschreibunterricht in den weiterführenden Schulen	182
6.2.6	Methoden und Verfahren des Rechtschreibunterrichts	183
7	Lernbereichsübergreifende Formen, Methoden und Probleme	188
7.1	Der projektorientierte Deutschunterricht	188
7.1.1	Beschreibung des projektorientierten Deutschunterrichts	188
7.1.2	Anmerkungen zur Geschichte des Projekts	190
7.1.3	Beschreibung eines Projektbeispiels im Deutschunterricht	192
7.1.4	Grenzen der Projektorientierung	195
7.2	Die Freiarbeit	195

7.3	Das Spiel als Gegenstand und Methode des Deutschunterrichts	198
7.3.1	Begriffsbestimmung und Funktionen	198
7.3.2	Das Rollenspiel im Deutschunterricht	201
7.3.3	Das Kasperltheater	212
7.3.4	Interaktionistische Spielformen	213

Schluss	217
Auswahlbibliographie	218
Sachregister	240

Vorwort zur 7. Auflage

Als ich mich vor etwas mehr als fünf Jahren entschloss, eine *Einführung in die Fachdidaktik Deutsch* abzufassen, ahnte ich nicht, auf welch große Resonanz diese Publikation stoßen würde.

Die überaus gute Aufnahme des Buches durch Schule, Universität und Rezensenten ermöglicht es, schon nach diesem relativ kurzen Zeitraum die 7. Auflage zu erstellen. Nicht zuletzt trug der größer gewordene Büchermarkt nach der Wiedervereinigung zu dieser Nachfrage bei. Kleinere Korrekturen und Ergänzungen (auch der Bibliographie) wurden bisher schon vorgenommen, aber ohne die Gesamtseitenzahl zu verändern. Da eine *Einführung* immer den neuesten Diskussionsstand eines Faches wiedergeben sollte, wird nun eine wesentlich erweiterte Fassung vorgelegt und gleichzeitig das Buchformat geändert, das zur besseren Übersichtlichkeit des auf einer Seite Präsentierten beitragen soll. Darüber hinaus wurde der Text insgesamt überarbeitet. Die Gliederung und die optischen Strukturierungshilfen haben sich bewährt, wie zahlreiche Rückmeldungen vor allem von StudentInnen belegen könnten; sie sollen deshalb beibehalten werden.

Ich habe versucht, Anregungen von StudentInnen, LehrerInnen und KollegInnen (und RezensentInnen → vgl. FIX, 1996; SCHLEWITT, 1996) zu berücksichtigen. Im Übrigen sei allen herzlich gedankt, die mir in Gesprächen und Diskussionen wertvolle Hinweise gaben.

In der Rezension MARTIN FIX's zu meiner *Einführung* wird die provokative Frage gestellt „*Kann man in die Fachdidaktik einführen?*". Wir sind als Hochschullehrer mit dieser Aufgabe konfrontiert, deren wir uns nicht entziehen können und wollen. Es kommt nicht darauf an, das deutschdidaktische Feld *insgesamt* zu „beackern", sondern es werden natürlich auch die „Geräte" vorgestellt, mit denen man alleine weiterarbeiten kann, z. B. mit einer umfassenden differenzierenden Bibliographie oder mit der wissenschaftstheoretischen Grundlegung.

Die Aufgaben des Faches Deutsch sind in einer verunsicherten Gesellschaft, der die Arbeit auszugehen droht und die sich einer Globalisierung der Märkte und Dienstleistungen beispiellosen Ausmaßes ausgesetzt sieht, nicht einfacher geworden. In einer Zeit des Umbruchs also müssen das Umfeld, die Ziele und Inhalte diskutiert und sich verändernden Gegebenheiten angepasst werden, was nicht heißen soll, Bewährtes modischen Trends zu opfern. Nur das Ineinander von Innovation und Tradition sichert Kontinuität *und* Fortschritt.

Nürnberg / Bamberg   März 1998   Karl Schuster

Vorwort zur 8. Auflage

Die 8. Auflage ist weitgehend identisch mit der siebten. Nur einige Flüchtigkeitsfehler, die in der Schlußredaktion übersehen wurden, sind beseitigt worden. Der Stand der Rechtschreibreform wurde aktualisiert, ebenso die Auswahlbibliographie.

Nürnberg / Bamberg   Mai 1999   Karl Schuster

Einleitung

In den letzten drei Jahrzehnten hat man den Deutschunterricht als komplexen schulischen Handlungsraum zu erforschen versucht (siehe auch das Literaturverzeichnis S. 218ff.). Seit der zweiten Hälfte der 60er Jahre nämlich konnte sich die *Didaktik der deutschen Sprache und Literatur* mit eigenen Lehrstühlen und wissenschaftlichen Apparaten an den Universitäten etablieren.

Es gibt selbstverständlich schon eine lange Tradition von didaktischen Reflexionen und Veröffentlichungen zum Deutschunterricht, die aber meist von Praktikern für Praktiker geschrieben worden sind. Kaum ein Fach steht so im Zentrum der Persönlichkeitsentwicklung des Kindes bzw. des Jugendlichen wie der Deutschunterricht. Eine umfassende kommunikative Kompetenz trägt zur Lebensbewältigung bei und ist gleichzeitig unverzichtbare Ausstattung einer Lebensqualität, die die Mündigkeit des Einzelnen erst ermöglicht.

Diese vorliegende *Einführung* hat verschiedene persönliche Bezüge:

– Ich bin selbst jahrelang Deutschlehrer gewesen und habe damit den Schulalltag kennen gelernt, so dass auch aus dieser Zeit Beobachtungen, Erlebnisse und Erfahrungen in die Darstellung eingehen werden.
– Ich halte seit 1973 an der Universität regelmäßig Einführungsveranstaltungen und Kolloquien (für Examenskandidaten) zur Deutschdidaktik und kenne deshalb besonders die Probleme der Studenten, die sich zu Beginn des Studiums einen Überblick verschaffen möchten oder vor dem Staatsexamen eine Wiederholung suchen.
– Durch die Betreuung von Praktika und durch eigene Schulversuche habe ich auch heute Kontakt zu Schulen (Grund-, Haupt-, Realschule und Gymnasium); aus dieser Arbeit werde ich jeweils an geeigneter Stelle berichten, Ergebnisse referieren und gegebenenfalls Schülerprodukte präsentieren. Ich bin häufig in der Lehrerfort- und -weiterbildung tätig, weswegen ich mit den Problemen und Wünschen des Lehrers „vor Ort" vertraut bin. Da ich in das Schul- und Bildungssystem Bayerns integriert bin, werde ich in den meisten Fällen exemplarisch Beispiele aus der Verfassung oder aus Lehrplänen dieses Bundeslandes zitieren und diskutieren. Ähnlich strukturierte Problemfelder ließen sich auch in anderen Bundesländern (oder gar in der Schweiz und in Österreich) ausmachen.
– Eigene Forschungsschwerpunkte werden ebenfalls einbezogen (z.B. im Bereich des Literaturunterrichts, des mündlichen Sprachgebrauchs, des Spiels und des Aufsatzunterrichts).
– Die Lesbarkeit des Buches soll auch dadurch gesteigert werden, dass neben den theoretisch didaktischen Reflexionen immer auch methodische Aspekte und konkrete Beispiele aus dem Unterrichtsalltag einbezogen werden, die freilich immer nur exemplarischen Charakter haben können.

Nicht zuletzt soll dieses Buch dem in der täglichen Praxis stehenden Lehrer helfen, seinen Unterricht kritisch zu reflektieren und neuere Entwicklungstendenzen kennen zu lernen. Es soll Mut machen, die tägliche Routine in Frage zu stellen und den eigenen Unterricht zu verändern.

Das Buch muss nicht unbedingt chronologisch durchgearbeitet, sondern es können durchaus einzelne Kapitel je nach Interesse herausgelöst werden.

Man könnte mir vorwerfen, zu sehr referierend, kompilatorisch vorgegangen zu sein. Dem ist zu entgegnen, dass eine *Einführung* die gesamte Breite des Faches (selbstverständlich mit Verzicht auf die Nebenaspekte) in Ansätzen darstellen sollte. Jeder Wissenschaftler konzentriert sich auf bestimmte vertiefende Forschungsbereiche. Der „einführende" Dozent muss wohl aus seiner Übersicht diese zu einem Ganzen zusammenfügen, wobei seine Perspektive sicher jeweils auch bei aller Anstrengung, objektiv zu sein, *subjektiv* getönt bleiben wird.

Eine Auswahlbibliographie finden Sie am Schluss der Darstellung. Im Text wurde in der Regel die bibliographische Kurzform gewählt. Ausnahmen werden gemacht, wenn eine Abhandlung wissenschaftsgeschichtlich von besonderer Bedeutung gewesen ist, wenn der Titel eines Aufsatzes oder Buches eine besondere Beleuchtung auf die Argumentation wirft oder wenn eine weniger wichtige Schrift nur einmal erwähnt wird.

Ein Wort zum geschlechtsspezifischen Sprachgebrauch: Aus vereinfachenden Gründen werde ich die männliche Form (z. B. *der* Lehrer) benutzen, im vollen Bewusstsein, dass sich selbstverständlich viele Frauen unter den Lehrkräften und Studierenden und viele Mädchen unter den Schülern befinden. Nicht immer konnte ich mich zu dem neutralen großen „I" im Wortinnern (z. B. LehrerInnen) durchringen, da es sich doch noch um eine sehr künstliche Wortgestalt handelt. Engagierte Leserinnen mögen mir dies nachsehen.

Abschließend ein Bild, das mein Vorgehen charakterisieren soll. Ich vergleiche die Didaktik, die ich Ihnen vorstelle, mit einem Haus, das mehrere Stockwerke mit vielen Zimmern aufweist. Der zukünftige Bewohner des Gebäudes soll die verschiedenen Räume vom Keller bis zum Dachgeschoss besichtigen, ohne sich um Details zu kümmern, ohne einzelne Schränke und Möbel genauer zu besichtigen, ohne Schubladen zu öffnen und deren Inhalt zu inspizieren.

Nur ab und zu wird auf besonders „verführerische" Objekte ein intensiverer Blick geworfen. Das Haus soll zunächst vorrangig in seiner Gesamtheit besichtigt werden.

Die neue Auflage ist dadurch gekennzeichnet, dass Anbauten vorgenommen wurden; einige Räume, die noch fast leer standen, wurden durch einzelne Möbelstücke ergänzt, da es sich herausstellte, dass sie im Alltag notwendig gebraucht wurden. Die eine oder andere Schublade wurde doch geöffnet, da Besucher des Hauses es wünschten. Konkret bedeutet dies, dass Themen ergänzt wurden, wie z. B. die wissenschaftstheoretische Position des Radikalen Konstruktivismus, die sog. kognitive Wende, Aspekte der Kinder- und Jugendliteratur, Freiarbeit; völlig neu wurde das 6. Kapitel zur „Reflexion über Sprache" konzipiert (Grammatikunterricht); der darin enthaltene Rechtschreibunterricht – das große Thema in der Öffentlichkeit während der beiden letzten Jahre – musste selbstverständlich umgeschrieben werden.

Und da das Gebäude größer und stattlicher geworden war, wurde ihm auch ein neuer „Anstrich" (ein neuer Umschlag) gewährt. Mögen sich Besucher und Bewohner darin wohl fühlen.

Noch ein Wort zur Verwendung der neuen Orthographie!
Da eine so gründlich überarbeitete und erweiterte Publikation viel Zeit in Anspruch nimmt, hatte ich schon begonnen, die neue Rechtschreibung einzuarbeiten, bevor in der Öffentlichkeit ein in dieser Heftigkeit und Leidenschaftlichkeit nicht vorhersehbarer Streit ausbrach, der immer noch nicht endgültig entschieden ist (siehe das Kapitel zum Rechtschreibunterricht S. 169 ff.). Trotz der noch bestehenden Unsicherheit soll nun die Neuauflage in Druck gehen, da die wesentlichen Inhalte davon nicht beeinträchtigt werden.

Damit der Leser nicht mit zwei Rechtschreibsystemen konfrontiert wird, wurden auch die Zitate behutsam angepasst (nicht jedoch die Schemata und die Auswahlbibliographie).

1 Wissenschaftliches Arbeiten in der Fachdidaktik Deutsch

In diesem Kapitel werden die Grundlagen des wissenschaftlichen Arbeitens in der Deutschdidaktik erörtert; die Arbeits- und Hilfsmittel, wie etwa die Handbücher oder wichtige Bibliographien sind im Literaturverzeichnis (S. 218ff.) zu finden; die Zeitschriften werden am Schluss (S. 238f.) vorgestellt.

1.1 Wissenschaftstheoretische Vorbemerkungen

In Ansätzen soll die **wissenschaftstheoretische Basis** erläutert werden. ROMBACH (1974) definiert, *„unter Wissenschaft verstehen wir das Gesamt der objektiven, allgemeingültigen und überprüfbaren Erkenntnisse über das Seiende nach seiner Beschaffenheit und seinem Aufbau, seinem Zusammenhang und seiner Entwicklung, wobei die Einzelerkenntnisse distinkt und klar in einem Akt methodisch gesicherten Zugangs auf die Objekte, also in der Weise der **Forschung** gewonnen und in einen durchschaubaren Zusammenhang gebracht werden, in der Gestalt einer schlüssigen **Theorie**, die in sich logisch und kohärent ist und sich dergestalt auf angebbaren Grundlagen aufbaut, dass jede Einzelaussage ihren definierten Sinn und angebbaren Geltungshorizont hat."* (ROMBACH, 1974, S. 7)

Dieser Definitionsversuch ROMBACHs ist sehr allgemein gefasst, enthält aber schon alle Einzelelemente, die ernsthafte Forschung charakterisieren. Zunächst soll ein Blick auf die historische Entwicklung der letzten zwei bis drei Jahrzehnte geworfen werden, da diese auch für die Deutschdidaktik bedeutsam geworden ist.

In den 60er und in der ersten Hälfte der 70er Jahre sind vor allem **naturwissenschaftliche Verfahrensweisen** anerkannt worden, die auch Eingang in viele Geisteswissenschaften, vor allem auch in die Psychologie und Sozialpsychologie gefunden haben. So haben sich der **Behaviorismus** (die Wissenschaft vom Verhalten des Menschen) **und Positivismus** die **empirisch-analytische** Wissenschaftsauffassung zu Eigen gemacht; bis fast in die zweite Hälfte der 70er Jahre hatte man für andere Verfahren in der Regel nicht viel übrig. Gegenstand der Forschung kann danach *„nur das an den Äußerungen eines Menschen sein, was für die direkte Beobachtung durch andere Personen, für Messgeräte und sonstige außerhalb des Subjekts liegende Instanzen zugänglich ist."* (SEIFFERT, Bd. 2, 1977[7], S. 14)

SEIFFERT zeigt diese Haltung am Phänomen „Liebe" auf, das zunächst lediglich ein bloßes Konstrukt sei, nicht etwas direkt Sichtbares. Dieses Konstrukt „Liebe" müsse daher operational definiert, d.h. in Begriffe für sinnlich wahrnehmbare Gegenstände umgesetzt werden.

Folglich wird der behavioristische Psychologe von der Annahme ausgehen, ob *„ein Mensch 'verliebt' ist, können wir nicht direkt sagen, sondern nur mit Hilfe beobachtbarer Indizien feststellen."* (S. 14) Solche beobachtbaren Indizien könnten sein, dass diese beiden Menschen häufiger zusammen sind, dass sie Hand in Hand gehen, dass sie beim Anblick des Partners erröten, dass die Pulsfrequenz erhöht ist, dass sich die Pupillen weiten, die Individualdistanz verringert ist usw.

Freilich müsste dazu eine nicht verliebte Kontrollgruppe parallel untersucht werden, damit die Abweichungen signifikant festgestellt werden könnten. Der Wissenschaftler muss strikt zwischen seiner persönlichen Erfahrung und seiner Untersuchung unterscheiden. „*Der Behaviorist trennt zwischen 'Schnaps' und 'Dienst', Privatleben und Beruf, persönlicher Erfahrung und Wissenschaft.*" (SEIFFERT, Bd. 2, S. 14) Beide Bereiche sollen nicht vermischt werden, weil man dies moralisch-ethisch für unzulässig erachtet.

SEIFFERT hält eine solche wissenschaftliche Einstellung für problematisch: „*Man denke an einen Arzt, der sich weigert, einem Kranken zu helfen, weil er gerade keinen Dienst hat. Und vielleicht ist der Wissenschaftler ein Arzt, der immer im Dienst ist.*" (S. 15)

Nach SEIFFERT stünden sich zwei Wissenschaftsbegriffe **unversöhnlich** gegenüber. Für die erste Hälfte der 70er Jahre hat er sicherlich Recht, doch hat sich in den 80/90er Jahren Entscheidendes geändert; hierauf werde ich weiter unten eingehen.

– Der „**positivistische**" Wissenschaftsbegriff, „*der nur bestimmte Gegenstände unserer Welt als Gegenstände der Wissenschaft und alle übrigen Gegenstände vor- und außerwissenschaftlicher Auseinandersetzung anheim gibt;*"

– der (im weitesten Sinne) „**lebenswissenschaftliche**", „*der die Äußerungen der menschlichen Subjektivität als grundlegend für jede wissenschaftliche Betätigung ansieht und dadurch das Leben selbst – in doppelter Weise: als Voraussetzung und Gegenstand der Wissenschaft – unter die Kontrolle der wissenschaftlichen Vernunft stellt.*" (S. 17) Darin liege das Recht der zahlreichen lebensphilosophischen Strömungen in der Geschichte der Wissenschaft und der Philosophie, von denen hier nur die historisch-hermeneutische Geschichtsphilosophie, die Psychoanalyse, die Humanistische Psychologie und nicht zuletzt die **Phänomenologie** genannt seien.

„**Phänomenologisch**" ist nach SEIFFERT eine Methode, „*die die Lebenswelt des Menschen unmittelbar durch 'ganzheitliche' Interpretation alltäglicher Situationen versteht. Der Phänomenologe ist demnach ein Wissenschaftler, der selbst an dieser Lebenswelt teilhat, und der diese Alltagserfahrungen für seine wissenschaftliche Arbeit auswertet.*" (S. 26)

Die Stellungnahme SEIFFERTs in den 70er Jahren war noch eher die Ausnahme. Dagegen hat sich der phänomenologische Trend in den 80er Jahren durchgesetzt: die Naturwissenschaften sind unter Beschuss geraten. So schreibt WOLFGANG WILD (Professor an der TU München, zeitweise deren Rektor und dann kurze Zeit Wissenschaftsminister Bayerns): „*Wie ich schon erwähnt habe, waren die Naturwissenschaftler lange Zeit davon überzeugt, dass sie stringent bewiesene, objektiv wahre Erkenntnis zu Tage fördern. Von dieser Überzeugung ist die Mehrzahl der Naturwissenschaftler heute abgerückt.*" (W. WILD: Naturwissenschaften. Die Kluft des Nichtverstehens muss überbrückt werden. In: academia. 3/87, S. 118) Erst als durch die Revolution der modernen Physik – insbesondere durch Relativitäts- und Quantentheorie – die scheinbar sichersten Grundlagen ins Wanken gerieten, hätte man sich auf das fragwürdige erkenntnistheoretische Fundament besonnen, auf dem das stolze Gebäude der neuzeitlichen Naturwissenschaften errichtet worden sei. Auch die Naturwissenschaft habe eine historische und geisteswissenschaftliche Dimension. Selbst der überzeugteste Anhänger der technischen Zivilisation werde zugeben müssen, *„dass diese technische Zivilisation die Umwelt schwer belastet und dass wir von den komplizierten Ökosystemen viel zu wenig verstehen, um Umweltschäden in tolerablen Grenzen zu halten."* (S. 119)

Es sei vernünftig, sich zunächst Phänomenen zuzuwenden, die sich leicht isolieren ließen und die man durch wohl definierte Experimente und relativ einfache Erklärungsmodelle gut erfassen könne. Heute dürften wir allerdings an den Grenzen des auf diese Weise Erreichbaren angelangt sein.

„Die Systeme schwacher Koppelung sind verstanden, während wir im Begreifen der Systeme mit starker Koppelung und hoher Komplexität noch in den Anfängen stecken. Solche Systeme starker Koppelung und hoher Komplexität finden wir vor allem in lebenden Organismen im ganzen Ökosystem." (S. 122) Damit sei eine rationale Welterfassung nicht unmöglich geworden, die großen Fortschritte der Synergetik (die Lehre vom Zusammenwirken) und unser wachsendes Verständnis für kooperative Phänomene bewiesen das Gegenteil. (Vgl. dazu D. DÖRNER: Die Logik des Mißlingens. Hamburg: Reinbek 1989; H. v. DITFURTH: Innenansichten eines Artgenossen. Düsseldorf: Claassen 1989)

„Mit der Betonung des Systemaspekts wird der Brückenbau von den Natur- zu den Geisteswissenschaften erleichtert." (WILD, W., S. 122)

WOLFHART PANNENBERG schreibt dazu: *„Der im Selbstverständnis der Geisteswissenschaften entscheidende Gesichtspunkt für die Sonderstellung gegenüber den Naturwissenschaften ist [...] seit Dilthey die Sinnthematik menschlicher Erfahrung, die Tatsache sinnhaften Handelns wie auch des Erlebens von sinnhaften, bedeutsamen Gehalten. Da das Erleben von Sinn und Bedeutung sowohl objektiv wie subjektiv die Würdigung des einzelnen Phänomens im Zusammenhang des zugehörigen Ganzen erfordert, ist hier eine Ganzheitsbetrachtung nötig, die durch kausalanalytische Beschreibung nicht ersetzbar ist."* (Wissenschaftstheorie und Theologie. Frankfurt 1977, S. 18)

1.2 Die wissenschaftstheoretische Position des Radikalen Konstruktivismus

In den letzten zweieinhalb Jahrzehnten hat die wissenschaftstheoretische Position des *Radikalen Konstruktivismus* sowohl für die Naturwissenschaften als auch für Geisteswissenschaften an Bedeutung gewonnen.

Die übliche Einstellung des Menschen zu seiner Umwelt ist die, dass er diese äußere Welt so auffasst, als sei sie angefüllt von Objekten, die da draußen exitieren würden. Der naturwissenschaftliche Objektivismus ging davon aus, dass unsere Sinnesorgane, insbesondere das Sehen wie fotografenähnliche Registrier- oder Abbildungsapparate funktionierten. Schon seit dem Altertum bis in unsere Zeit wird von Philosophen das Phänomen, inwieweit der Mensch überhaupt in der Lage ist, objektiv Erkenntnis zu gewinnen, erörtert. Wirklichkeit wird nur zugänglich durch das erlebende Subjekt, d. h. der einzelne Wissenschaftler kann nie ganz genau wissen, inwiefern seine Untersuchungen durch seine subjektive Perspektive verfälscht, ergänzt, erweitert oder gar erzeugt werden. Aus dieser Grundkonstellation gibt es kein Entrinnen, diese Paradoxie unserer Erkenntnisdisposition ist Voraussetzung für jede wissenschaftliche Arbeit.

Der *Radikale Konstruktivismus* vertritt also eine wissenschaftstheoretisch *skeptizistische Position* und postuliert, dass die Welt, wie wir sie wahrnehmen, erst in unserem Gehirn entsteht. *„Was wir in unserem Bewusstsein vorfinden, diese wohlgeordnete Welt, ist das Endergebnis einer langen Wahrnehmungsarbeit des Gehirns. Von dieser Arbeit selbst wird uns nichts bewusst. Was uns bewusst wird, ist eine Interpretation der Wirklichkeit durch das Gehirn. Es ist die Welt, wie sie unser Gehirn für plausibel hält. Denn das Gehirn bildet die Welt nicht ab – es konstruiert sie."* (SAUM-ALDEHOFF, TH., 1993, S. 63) Wie oben schon angedeutet, ist diese wissenschaftstheoretische Position nicht völlig neu; schon PLATON hat mit seinem „Höhlengleichnis" auf diese begrenzte Erkenntnismöglichkeit des Menschen verwiesen. Auch DEMOKRIT war der Auffassung, dass wir nicht erkennen könnten, wie in Wirklichkeit ein jedes Ding beschaffen oder auch nicht beschaffen sei. Auch KANT hat gezeigt, dass Erfahrungen gar nicht möglich wären ohne die organisierende Tätigkeit unseres Verstandes, unseres kognitiven Apparates.

Die Theorie des *Radikalen Konstruktivismus* als wissenschaftstheoretische Position hat in den vergangenen zweieinhalb Jahrzehnten eine neue Qualität erreicht, so dass sich Konsequenzen für fast alle Wissenschaftsbereiche (insbesondere auch für die Naturwissenschaften) ergeben. Begründet wird diese neue Qualität vor allem dadurch, dass neurobiologische Erkenntnisse aus der Gehirnforschung die Grundlagen des *Konstruktivismus* neu definiert haben. Protagonisten dieser Richtung waren Ende der 60er Jahre die chilenischen Biologen HUMBERTO MATURANA (1982) und FRANCISCO VARELA (1992), die auch evolutionstheoretisch argumentieren. Die menschliche Wahrnehmung richtet sich von vornherein nicht auf die Erscheinungen schlechthin, sondern darauf, dass das Überleben in einer (früher) meist gefahrvollen Umwelt gesichert wird. Wichtig sind die elementaren Grundbedürfnisse, wo ist ausreichend Nahrung zu finden und wo ein passender Sexualpartner. Die individuelle und kollektive Sicherheit ist nur gewährleistet, wenn Gefahren frühzeitig erkannt werden.

In den USA haben vor allem die östereichischen Emigranten PAUL WATZLAWICK (1991 und 1993), HEINZ VON FOERSTER (1993) und ERNST VON GLASERSFELD (1987) den *Radikalen Konstruktivismus* populär gemacht. In Deutschland wären der Bremer Neurobiologe GERHARD ROTH (1994), der Bielefelder Soziologe NIKLAS LUHMAN (1984) und der Literaturwissenschaftler SIEGFRIED J. SCHMIDT zu nennen (vgl. dazu das Literaturverzeichnis).

Im Zusammenhang der jeweiligen Lernbereiche des Deutschunterrichts werden die Konsequenzen, die sich aus dieser wissenschaftstheoretischen Position ergeben, erörtert.

1.3 Die Fachdidaktik Deutsch und der wissenschaftstheoretische Bezugsrahmen

Einige grundsätzliche Entwicklungen, die Krise der Naturwissenschaften, das neue Bewusstsein der Geistes- und Sozialwissenschaften habe ich relativ ausführlich – soweit dies in einer Einführung vertretbar erscheint – angesprochen, da die Wissenschaft vom **Deutschunterricht ein hochkomplexes System** darstellt, das einer ganzheitlichen Erforschung bedarf; Norm- und Wertfragen müssen geklärt werden, die sich in Lehr- und Lernzielen niederschlagen und in diskursiven Verfahren aus einem möglichst breiten gesellschaftlichen Konsens gewonnen werden sollten.

In den 70er Jahren wurde bevorzugt auch in der Deutschdidaktik mit **empirisch-analytischen, quantitativ verfahrenden Methoden** gearbeitet. Solange nicht versucht wird, diese Vorgehensweisen als allein mögliche zu fordern, ist gegen sie nichts einzuwenden. Es wurden und werden dabei **Fragebogen und Interviewverfahren, pädagogische Experimente, Testverfahren** (z. B. Schulleistungstests) eingesetzt. (Vgl. SCHIEFELE / STOCKER, 1990)

Den Übergang von der quantitativ orientierten Forschung zur qualitativen fordern 1977 schon DIEGRITZ / ROSENBUSCH: *„So liegen uns heute zusammenhangslos hauptsächlich Ergebnisse aus der Effektforschung bzw. Input-Output-Messungen vor. Wichtige strukturelle, prozessuale, soziale Vorgänge wurden kaum erfasst. Außerdem neigt die aktuelle Unterrichtsforschung bis heute dazu, die Klassen nur als Kollektiv aufzufassen und Wechselwirkungen wie Lehrer – Klasse, Klasse – Stoff, Stoff – Sozialform der Klasse zu überprüfen, Einzelschüler jedoch kaum zu berücksichtigen."* (S. 1)

MAYRING (1990) stellt fest: *„Die qualitative Wende, der Trend zu qualitativen Erkenntnismethoden, stellt eine tiefgreifende Veränderung der Sozialwissenschaften in diesem Jahrhundert dar."* (S. 1)

MAYRING formuliert einige **Postulate**, die mir für unseren Forschungsbereich besonders wichtig erscheinen:

Postulat 1: Gegenstand humanwissenschaftlicher Forschung sind immer Menschen, Subjekte. Die von der Forschungsfrage betroffenen Subjekte müssen Ausgangspunkt und Ziel der Untersuchungen sein.

Postulat 2: Am Anfang jeder Analyse muss eine genaue und umfassende Beschreibung (Deskription) des Gegenstandsbereiches stehen.

Postulat 3: Der Untersuchungsgegenstand der Humanwissenschaften liegt nie völlig offen, er muss immer auch durch Interpretation erschlossen werden.

Postulat 4: Humanwissenschaftliche Gegenstände müssen immer möglichst in ihrem natürlichen, alltäglichen Umfeld untersucht werden.

Postulat 5: Die Verallgemeinerbarkeit der Ergebnisse humanwissenschaftlicher Forschung stellt sich nicht automatisch über bestimmte Verfahren her; sie muss im Einzelfall schrittweise begründet werden. (S. 9–12)

Danach könnten Untersuchungen als ausreichend qualitativ abgesichert gelten,

- wenn auch Einzelfallanalysen in den Forschungsprozess eingebaut sind;
- wenn der Forschungsprozess grundsätzlich für Ergänzungen und Revisionen offen gehalten wird;

- wenn methodisch kontrolliert, d. h. die Verfahrensschritte explizierend und regelgeleitet vorgegangen wird;
- wenn das Vorverständnis des Forschers offen gelegt wird;
- wenn grundsätzlich auch introspektives Material zur Analyse zugelassen wird;
- wenn der Forschungsprozess als Interaktion betrachtet wird;
- wenn auch eine ganzheitliche Gegenstandsauffassung ersichtlich ist;
- wenn der Gegenstand auch in seinem historischen Kontext gesehen wird;
- wenn an konkrete praktische Problemstellungen angeknüpft wird;
- wenn die Verallgemeinerbarkeit der Ergebnisse argumentativ begründet ist;
- wenn zur Stützung und Verallgemeinerung der Ergebnisse auch induktive Verfahren zugelassen werden;
- wenn die Gleichförmigkeiten im Gegenstandsbereich mit kontextgebundenen Regeln abgebildet werden, ein starrer Gesetzesbegriff vermieden wird;
- wenn durch qualitative Analyseschritte die Voraussetzungen für sinnvolle Quantifizierungen bedacht wurden. (S. 25)

Da für die Deutschdidaktik die **Handlungsorientierung** sowohl in der Sprach- wie auch in der Literaturdidaktik besondere Bedeutung erlangt hat, sollen die wissenschaftlichen Grundsätze hier aufgeführt werden:

Grundgedanke: Handlungsforschung hat drei Ziele:
- Direktes Ansetzen an konkreten sozialen Problemen, an Problemen des Unterrichtens (z. B. mangelnde Motivation im Literaturunterricht);
- Praxisverändernde Umsetzung der Ergebnisse im Forschungsprozess;
- Gleichberechtigter Diskurs Forscher – Betroffene.

Vorgehensweise: Handlungsforschung beginnt immer mit Problem- und Zieldefinition und pendelt in ihrem Verlauf zwischen Informationssammlung, Diskurs mit den Betroffenen und praktischen Handlungen.

Anwendungsgebiete: Immer wenn an konkreten Praxisproblemen angesetzt wird, um Veränderungsmöglichkeiten zu erarbeiten, ist Handlungsforschung einsetzbar. Auch bei praxisferneren Fragestellungen lassen sich Elemente von Handlungsforschung sinnvoll einbauen, wie die Rückmeldung der Ergebnisse an die Betroffenen. (nach MAYRING, S. 34–37)

Daneben werden von MAYRING beschrieben: die **Einzelfallanalyse** (z. B. einer Unterrichtssequenz, der Schreibentwicklung eines Schülers, der Biographie eines Lehrers, von verhaltensauffälligen Schülern), die **Dokumentenanalyse** (z. B. von Lehrplänen früherer Epochen, von Lesebüchern), die **deskriptive Feldforschung** (in möglichst natürlichem Kontext, im Gegensatz zum Laborexperiment, z. B. aggressives Verhalten während der Pause auf dem Schulhof) und das **qualitative Experiment** (im Gegensatz zum quantitativen Laborexperiment).

	Nicht-Anwesenheit im Feld	Anwesenheit im Feld	Befragung von Gewährspersonen
Faktenwissen („Tatsachen")	statistische Erhebungen über sozio-ökonomische Daten standardisierte bzw. offene Fragebögen Inhaltsanalysen Quasi-Experimente informelle Tests 1	Quasi-Experiment strukturierte bzw. unstrukturierte Beobachtung 2	standardisiertes bzw. offenes Interview von Betroffenen Expertenbefragung Literaturanalysen Quellenanalysen Dokumentenanalyse 3
Ereigniswissen (singuläre Ereignisse, Prozessabläufe)	Inhaltsanalyse sich wiederholender Ereignisse Selbst- bzw. Fremdeinschätzung von Ereignissen durch schriftliche Befragung (Interview) 4	Aufnahme von Prozessen mittels Medien (Tonband, Video) im Sinne der strukturierten bzw. unstrukturierten Beobachtung Protokolle unmittelbare Prozessreflexion mit schriftlicher Fixierung (z. B. gruppendynamische Reflexion), Krisenexperimente 5	Befragung nach Einschätzung durch Betroffene Expertenbefragung Dokumentenanalysen (Briefe, Zeitungen) Literaturanalysen Quelleninterpretation 6
Regelwissen (Normen)	Soziometrie Inhaltsanalysen Quasi-Experiment standardisierter bzw. offener Fragebogen semantisches Differential 7	strukturierte bzw. unstrukturierte Beobachtung Quasi-Experiment Krisenexperiment (Garfinkel) Gruppendynamische Reflexion Rollenspiel, Planspiel 8	standardisiertes bzw. offens Interview Einschätzung durch Experten Rollenspiel, Planspiel Literaturanalysen Quelleninterpretation Dokumentenanalyse 9

Zentrale Methoden der Handlungsforschung (MOSER, H.: Methoden der Aktionsforschung. München: Kösel 1977, S. 26)

Wie jede Wissenschaft liegt die Deutschdidaktik in einem Umfeld von Bezugswissenschaften:

Enger im Kreis sind die Literaturwissenschaft, Sprachwissenschaft, und die Allgemeine Didaktik / Schulpädagogik angesiedelt. Je nach Fragestellung kommen weitere Wissenschaften in Betracht (z. B. Religionswissenschaften, Sport- und Kunstdidaktik). Die Ergebnisse und Erkenntnisse (auch Verfahren) werden auf die Bedürfnisse der Deutschdidaktik ausgerichtet und können sich damit qualitativ und quantitativ verändern. (Vgl. auch HELMERS, 1972[7], S. 19ff.)

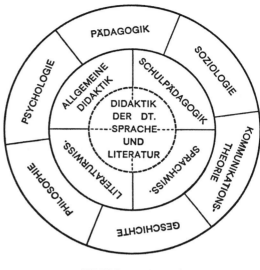

(KREJCI, 1975, S. 84)

Die Forschungsbereiche der Deutschdidaktik sind:
– die Lehr- und Lernprozesse im Deutschunterricht,
– nicht nur der Primärmutterspracherwerb (vom Kindes- bis ins Erwachsenenalter), sondern auch der Sekundärspracherwerb, (Gastarbeiterkinder z. B.),
– sprachliche, literarische Vermittlungsprozesse außerhalb von Schule im engeren Sinne:
  • an Hochschulen
  • in der Erwachsenenbildung (z. B. in der Volkshochschule, der Lehrerfortbildung)
  • in den vorschulischen Einrichtungen
– das literarische „Leben" (Vermittlungsprozesse bei Autorenlesungen, bei Theaterbesuchen u. a., Bibliotheken und Buchhandlungen)
– die Biblio- und Poesietherapie (außerschulische Literaturbewegungen, therapeutische Arbeit mit Texten usw.)

Deshalb ist es nur konsequent, dass an den meisten Universitäten der Diplomgermanist auch die Fachdidaktik Deutsch als Teilbereich wählen kann.
Jede Wissenschaft entwickelt Publikationsmöglichkeiten, damit wissenschaftliche Erkenntnisse allgemein zugänglich und diskutiert werden können. Die Arbeits- und Hilfsmittel der *Fachdidaktik Deutsch* werden im Zusammenhang mit der *Auswahlbibliographie* vorgestellt (siehe S. 218ff.).

2 Aufgaben und Ziele des Deutschunterrichts

2.1 Zum Leitziel

Der Deutschunterricht kann in einen gesellschaftlichen Gesamtzusammenhang eingeordnet werden, d. h. in einer Demokratie nämlich ist das oberste **Leitziel** der Erziehung die **Mündigkeit des Staatsbürgers**. HASTENTEUFEL (1969) hat diese Leitvorstellung differenziert in:

Selbst – Fähigkeit
Du   – Fähigkeit
Welt – Fähigkeit
(S. 5)

Dies bedeutet, dass der Einzelne sich als Persönlichkeit, gemäß dem in ihm angelegten Potential, entwickeln soll, dass er im kleineren Rahmen, etwa einer Partnerschaft (oder Ehe) oder in Freundeskreisen Verantwortung übernehmen kann und schließlich bereit ist, sich auch in größeren gesellschaftlichen Zusammenhängen zu engagieren.

„*Die Leitvorstellung des mündigen, emanzipierten Menschen zugrunde gelegt, bedeutet dies, dass erzieherische und unterrichtliche Einflussnahmen auf die Prozesse der* **Enkulturation** [Aneignung der für eine Gesellschaft charakteristischen Lebensweise], **Sozialisation** [Erwerb der Normen und Werte einer Gesellschaft bzw. Gruppe] *und* **Personalisation** [Selbstformung und Selbststeuerung der eigenen Triebstruktur] *nicht nur hinsichtlich ihrer Zielsetzung, sondern auch hinsichtlich der Themen (Inhalte, Gegenstände), die dem zu Erziehenden anzubieten sind, emanzipatorischen Charakter haben sollten.*" (KREJCI, 1981, S. 9) Vgl. dazu das Schaubild!

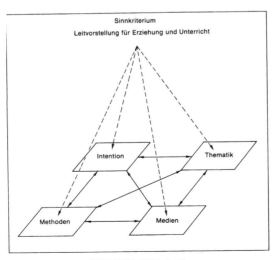

(KREJCI, 1981, S. 9)

In der bayerischen Verfassung sind für das Bildungswesen folgende Grundsätze festgelegt:

(1) Die Schulen sollen nicht nur Wissen und Können vermitteln, sondern auch Herz und Charakter bilden.

(2) Oberste Bildungsziele sind Ehrfurcht vor Gott, Achtung vor religiöser Überzeugung und vor der Würde des Menschen, Selbstbeherrschung, Verantwortungsgefühl und Verantwortungsfreudigkeit, Hilfsbereitschaft und Aufgeschlossenheit für alles Wahre, Gute und Schöne und Verantwortungsbewusstsein für Natur und Umwelt.

(3) Die Schüler sind im Geiste der Demokratie, in der Liebe zur bayerischen Heimat und zum deutschen Volk und im Sinne der Völkerversöhnung zu erziehen.

(4) Die Mädchen sind außerdem in der Säuglingspflege, Kindererziehung und Hauswirtschaft besonders zu unterweisen.
(Art. 131 der Verfassung des Freistaates Bayern)

Die öffentlichen Volksschulen sind gemeinsame Schulen für alle volksschulpflichtigen Kinder. In ihnen werden die Schüler nach den Grundsätzen der christlichen Bekenntnisse unterrichtet und erzogen. Das Nähere bestimmt das Volksschulgesetz. (Art. 135 der Verfassung des Freistaates Bayern)

Ganz unproblematisch sind diese Artikel der Verfassung insofern nicht, als *„Ehrfurcht vor Gott"* oder die *„Grundsätze der christlichen Bekenntnisse"* nicht für alle Lehrer als verbindlich betrachtet werden können. Jeder Lehrer hat nämlich auch Anspruch auf Glaubens- und Gewissensfreiheit, könnte also möglicherweise atheistisch eingestellt sein; die *„Liebe zur bayerischen Heimat"* anzubahnen, wird einem „zugewanderten" norddeutschen Lehrer u. U. nicht unbedingt leicht fallen. Die Erziehung zur *„Aufgeschlossenheit für alles Wahre, Gute und Schöne"* dürfte sich als nicht operationalisierbare Absichtserklärung herausstellen. Bereits oben genannte Begriffe selbst sind kaum definierbar.

Man muss allerdings festhalten, dass sich mit dieser Problematik auch Juristen befassen. Es existieren dazu ausführliche verfassungsrechtliche Kommentare. Nach MEDER (1992) sind die Schulen der *„Werteordnung der Verfassung"* verpflichtet; *„Sie dürfen also nicht wertneutral unterrichten und erziehen."* (S. 498) Dies gilt auch für das Bildungsziel *„Ehrfurcht vor Gott"*. Diesen Folgerungen könne sich der einzelne Lehrer nicht entziehen. *„Er darf sich Pflichten seines – frei gewählten – Berufs nicht verweigern, er bleibt an die verfassungsgemäß festgesetzten Bildungs- und Erziehungsziele gebunden, auch an das Bildungsziel Ehrfurcht vor Gott, selbst wenn er es aus religiösen oder weltanschaulichen Gründen missbilligt."* (S. 501) Er könne sich auch nicht uneingeschränkt auf Art. 107 berufen. MEDER geht sogar soweit zu fragen, *„ob ein atheistischer Lehrer den Unterricht so zu erteilen vermag, dass die Ehrfurcht vor Gott ein oberstes Bildungsziel bleibt, ob er also noch die Eignung für den Beruf des Lehrers hat. Fehlt sie, so darf ihm eine solche Aufgabe nicht übertragen oder belassen werden."* (S. 502)

Solche Überlegungen können auch eine Bedeutung für das alltägliche Handeln erlangen, wie die Auseinandersetzung um das „Kruzifixurteil" in Bayern gezeigt hat.

Dass es unter diesen Voraussetzungen nicht zu mehr juristischen Konflikten kommt, beweist den Pragmatismus der Lehrer, die den Freiraum für die didaktischen Entscheidungen wahrnehmen, da sie in einer demokratischen Ordnung selbstverantwortlich im Unterricht handeln können.

Schwierigkeiten hat sicher auch der juristisch nicht geschulte Leser mit der Forderung nach „*Aufgeschlossenheit für alles Wahre, Gute und Schöne*", da sie als leere Floskel empfunden werden könnte. Es wird wohl kaum möglich sein, einen Konsens einer Definition von *wahr, gut und schön* herzustellen. Nach MEDER greift hier die Verfassung auf das klassische Bildungsideal der – von PLATON so genannten – *Kalokagathie* zurück. „*Die Erziehung zum Schönen (kalon) und Guten (agathon) soll den körperlich und geistig kraftvollen, zum Kriegs- und Friedensdienst bereiten Menschen prägen. Ihm eignet die Tugend (arete): Gerechtigkeit, Tapferkeit, Frömmigkeit, Besonnenheit. Die Formung eines höheren Menschen war das immer gegenwärtige Ziel griechischer Bildung, der Paidaia.*" (S. 502) Übertragen auf unsere Zeit soll die Erziehung zur „*geistigen, leiblichen und seelischen Tüchtigkeit*" führen, damit sich „*ihr Menschbild, das Bild das der Gemeinschaft verpflichteten Bürgers, verwirkliche.*" (S. 502)

Zum „*Guten und Schönen*" hat die Verfassung noch das „*Wahre*" gesetzt. Nach MEDER ist darunter „*das verum, pulchrum, bonum, eine seit den Neuplatonikern geläufig gewordene, aber mehrdeutige Formel*" (S. 502) gemeint. Der Begriff des „*Wahren*" werde hier ethisch-politisch zu verstehen sein.

Der Bezug auf die griechischen Bildungsideale scheint mir nicht ganz unproblematisch, da die gesellschaftlichen Rahmenbedingungen wohl nicht mehr vergleichbar sind, auch wenn sich das abendländische Denken aus griechischen Wurzeln entwickelt hat.

Die Formulierung „*Verantwortungsbewusstsein für Natur und Umwelt*" wurde erst in jüngster Zeit (1984) in die Verfassung aufgenommen. Es muss nicht ausdrücklich betont werden, dass besonders dieses (übergeordnete, alle Fächer betreffende) Ziel für die Zukunft und das Überleben der Menschheit von besonderer Bedeutung ist.

Der Absatz (4) bezieht sich zwar im Moment immer noch auf die Mädchen; inzwischen sollen aber nach Protesten von verschiedenen Seiten im Sinne der Gleichberechtigung auch die Jungen für diese Aufgaben vorbereitet werden, sofern sie überhaupt Beachtung finden. Durch einen Volksentscheid (1998) wurde dieser Artikel entsprechend geändert (wie im Übrigen auch andere Einzelheiten der Verfassung). Nur Absatz 2 und 3 sind vom Gesetzgeber und von der Verwaltung für die Lehrer als verpflichtend vorgeschrieben (siehe die verfassungsrechtlichen Ausführungen weiter oben).

Leitvorstellungen von dem, was Erziehung vom Kindergarten bis zur Universität bewirken soll, müssen **gesamtgesellschaftlich** getragen sein; ein **Grundkonsens**, bei aller individuellen Abweichung in einer pluralistischen Gesellschaft, muss vorhanden sein. Und solche Ziele lassen sich nicht von oben autoritär verordnen.

Die **Weimarer Republik** war beispielsweise in der Bevölkerung nicht verankert. Die Lesebücher aus dieser Zeit lesen sich teilweise wie nationalsozialistische Pamphlete. Die Herausgeber stellen im Vorwort eines Lesebuchs fest:

Die kulturelle Vielgestalt ist Deutschlands Stärke und – Deutschlands Schwäche. Auf die Zersplitterung der staatlichen Einheit, auf die Vernichtung des Bismarckschen Werkes hat es sein wütendster Feind abgesehen. Da ist es unerlässlich, das gewaltige Bild des Schöpfers und Wahrers des Reiches [Bismarcks Bild findet man auf dem Umschlag] in die jugendliche Seele hineinzuarbeiten.

Der Kampf um die deutsche Zukunft ist eine Lebensnotwendigkeit nicht nur für Deutschland, sondern für die Welt. Die deutsche Innerlichkeit, in Klassik und Romantik, in Kunst und Dichtung besonders deutlich ausgeprägt, ist ein unersetzlicher Eigenwert. Gerade heute, bei der überwiegend wirtschaftlichen oder politischen Einstellung ganzer Völker, ist dieses deutsche Gut eines warmen, tiefen Empfindens und eines auf hohe, übersinnliche Ziele gerichteten Willens ein Wesensbestandteil der Weltkultur. Es ist vielleicht noch nie so wahr gewesen wie in der Gegenwart: **am deutschen Wesen soll die Welt genesen**.

Gerade darauf – und das ist in Einem der Sinn des Buches und das soll allen jungen Seelen eingeprägt werden – sind wir Deutschen am meisten stolz, dass wir Deutsche sind.
(LESEBUCH: Deutsche Ehr' und Wehr. Bd. 6. München: Oldenbourg 1924, S. 2)

Die inhaltliche Gliederung der Texte entspricht ganz dieser Intention: **Deutsche Städtebilder – Deutsche Arbeit – Brüder in der Fremde – Deutsche Wehr: Um die Befreiung – Die Gründung des Reiches – Gegen eine Welt von Feinden.**

Die Demokratie der Weimarer Zeit wird nicht erwähnt, so, als existierte sie überhaupt nicht. Schon aus dem Vorwort lässt sich ableiten, was Ziel der Arbeit im Unterricht ist. Der **Rassengedanke** wird besonders greifbar an der arrogant überheblichen Formulierung „*am deutschen Wesen soll die Welt genesen*".

Derartiges Gedankengut ist durchgängig auch in anderen Lesebüchern zu finden.

Andere Gesellschaften haben andere Zielvorstellungen; wenn wir an die ehemalige DDR denken, so sollte dort die „Erziehung zur allseitig gebildeten und harmonisch entwickelten sozialistischen Persönlichkeit" im Mittelpunkt stehen (vgl. dazu KOCH, H., 1986; BÜTOW, W., 1977). Aber gerade in den 80er Jahren entsprachen totalitär verordnete und proklamierte Sollensforderungen der staatlichen Spitze längst nicht mehr der gesellschaftlichen Realität.

Wenn wir Kulturkreise und Gesellschaften betrachten, die uns eher fremd sind, wird dieser Zusammenhang noch deutlicher, z. B. die vom Islam oder vom Buddhismus und Hinduismus geprägten Länder des Nahen und Fernen Ostens.

2.2 Fachübergreifende Lernziele

Neben diesem **obersten Leitziel** oder **Sinnkriterium**, wie es KREJCI nennt, gibt es noch weitere fachübergreifende Lernziele; für die Grundschule wird im Vorspann des Bayerischen Lehrplans von 1981 formuliert:

Die Grundschule betreut jedes Kind mit dem Ziel seiner allseitigen Förderung. Sie sucht individuelle Begabungen bestmöglich zu entfalten, bemüht sich, Rückstände aufzuholen, Schwächen zu beheben oder anderweitig auszugleichen und leitet – wenn dies nicht möglich ist – dazu an, mit ihnen zu leben. Sie vermittelt nicht nur Grundtechniken und ein aus der Erfahrung gewonnenes Wissen; sie weckt und stärkt auch die gestalterischen und schöpferischen Fähigkeiten, spricht das Erleben an und fördert die Ausdrucksbereitschaft. Dabei berücksichtigt sie das dem Kind dieser Altersstufe eigene, zunächst nicht nach Schulfächern gegliederte Erfahren seiner Umwelt sowie sein Ausdrucks- und Bewegungsbedürfnis. (S. 550)

Und im Hauptschullehrplan (KWMBJ So. – 1/1997) heißt es:

Die Hauptschule erschließt ihren Schülern die wesentlichen Bereiche der Kultur und verhilft ihnen dadurch zur vielseitigen persönlichen Entfaltung. Sie vermittelt ihnen einen verlässlichen Grundbestand an Wissen und Können und fördert ihre individuellen Begabungen und Neigungen. Sie knüpft an vorhandene Interessen und Erfahrungen an, weckt neue Interessen und ermöglicht Erfahrungen, die die jungen Menschen ohne das schulische Angebot nicht machen würden. Sie befähigt zu einer verantwortlichen Gestaltung des Lebens und zur Wahrnehmung von Rechten und Pflichten in der Gesellschaft und bereitet auf das zukünftige Erwachsenenleben vor. Sie ist zugleich Stätte des jugendlichen Lebens, sinnerfüllte Gegenwart. Sie entwickelt einen eigenen, jugendgemäßen Stil gemeinsamen Lebens und Lernens, der Entwicklungsunterschiede in den Altersstufen berücksichtigt. (1997, S. 10)

Neu in den Lehrplan wurde die „Werteorientierung" aufgenommen:

Die Bildungsarbeit der Hauptschule ist dem praktischen Leben zugewandt, nimmt dieses aber nicht zum alleinigen Maßstab. Sie befähigt die Schüler zur Teilnahme an ihm und lässt sie zugleich die Distanz gewinnen, die sie zu einer verantwortlichen Bewährung in diesem Leben brauchen. Sie verhilft zur Orientierung in der Vielfalt widersprüchlicher Wertsetzungen, stärkt das Vertrauen in die Zukunft und unterstützt die Schüler bei der Suche nach dem Sinn ihres Lebens. Wertorientierung und Sinnsuche richten sich gemäß der bayerischen Verfassung am christlichen Weltbild aus [siehe den Kommentar der Verfassungsrechtler S. 13]. Die Begegnung mit andersartigen Wertvorstellungen und Sinngebungen verlangt Aufgeschlossenheit und Toleranz; sie trägt aber auch zur Klärung und Festigung des eigenen Standortes bei. (S. 11)

Oben formulierte Ausführungen betreffen den **Erziehungsauftrag der Schule**, und in ähnlicher Form gilt dieser auch für die weiterführenden Schulen. Dieser Erziehungsauftrag hat selbstverständlich noch eine enge Verbindung zu den Leitzielvorstellungen, daneben aber wird deutlich, dass alle Fächer an der Ausbildung von spezifischen Fähigkeiten und Fertigkeiten beteiligt sein sollen. Besonders wichtig ist die Förderung der **kreativen Potentiale**, da die gewaltigen Herausforderungen der modernen Industriegesellschaft immer mehr Menschen brauchen, die zu **problemlösendem, kreativem Denken** und Verhalten (andere Begriffe hierfür, z. B. produktives – imaginatives – geniales und originelles – erfindendes und entdeckendes – schöpferisches – laterales – divergentes – spontanes Denken) fähig sind.

„Kreativität ist die Fähigkeit des Menschen, Denkergebnisse beliebiger Art hervorzubringen, die im Wesentlichen neu sind und demjenigen, der sie hervorgebracht hat, vorher unbekannt waren. Es kann sich dabei um Imagination oder um eine Gedankensynthese, die mehr als eine bloße Zusammenfassung ist, handeln." (DREVDAHL, J. E., zitiert nach SCHIFFLER, 1973, S. 11)

„Kreativität ist die Fähigkeit, neue Zusammenhänge aufzuzeigen, bestehende Normen sinnvoll zu verändern und damit zur allgemeinen Problemlösung in der gesellschaftlichen Realität beizutragen." (WOLLSCHLÄGER, 1972, S. 25)

Diese beiden Definitionen zeigen, dass im Allgemeinen schon von Kreativität gesprochen wird, wenn etwas Neues hervorgebracht wird, und zwar bezogen auf das einzelne Individuum und nicht auf die gesamte Menschheit. Somit ist diese Auffassung für schulische Belange gut geeignet.

Deutlich wird immer wieder angesprochen, wie schon ROBINSOHN in den 70er Jahren formuliert hat, „dass in der Erziehung Ausstattung zur Bewältigung von Lebenssituationen geleistet wird." (1971, S. 45) Allerdings dürfen nicht nur die zukünftigen Lebenssituationen eine Rolle spielen, sondern auch die gegenwärtigen, da in einer Zeit, in der die Ausbildungsdauer oft bis weit in das Erwachsenenalter hineinreicht, Kindheit und Jugend als zu bewältigende eigene Lebensphase und nicht nur als Vorbereitungszeit auf das Leben als Erwachsener begriffen werden muss.

Zu diesen fächerübergreifenden Aufgaben gehört auch eine umfassende Förderung der kommunikativen Kompetenz, die allerdings schon ein fachspezifisches Lernziel darstellt. Der **Deutschunterricht nimmt somit eine zentrale Stellung** ein, da Kommunikation explizit und implizit (also Prinzip) sein Gegenstand ist.

2.3 Fachspezifische Lernziele und Aufgaben des Deutschunterrichts

Zur Lernzielorientierung des Unterrichts

Gegen Ende der 60er Jahre wurde in enger Verbindung mit der Verhaltenstherapie bzw. -psychologie der alte Lehrplan, der nur Inhalte auflistete, durch die Forderung nach einer **Lernzielorientierung** des Unterrichts abgelöst. Im Laufe der 70er Jahre wurden schließlich in allen Bundesländern **Curricula** entwickelt; in Bayern sprach man vom curricularen Lehrplan, dem sog. **CULP**.

Die Ministerialbürokratie glaubte endlich ein Instrumentarium in Händen zu haben, mit dem sie den „gewünschten" Schüler, bzw. Staatsbürger „herstellen" könnte.

In der amerikanischen Lernzieltaxonomie wurde (und wird auch heute noch) differenziert nach:

Richt- (Leit-), Grob- und Feinzielen unterschiedlichen Abstraktionsgrades. Die Lehrpläne wurden damit übersichtlich gegliedert. Dabei kann man **deduktiv** verfahren, vom obersten Ziel ausgehend, bis zu konkreten Unterrichtsstrukturen. Wichtig ist die Vorgabe des jeweiligen Sinnkriteriums. Das Lesebuch „Kritisches Lesen" (Diesterweg Verlag 1974, 5. Schuljahr) wollte die Schüler zur **Kritikfähigkeit** erziehen, weswegen Entscheidungen dieser Prämisse untergeordnet wurden. So erklärten die Herausgeber in ihrem Vorwort:

Dieses Lesebuch hat den Titel „Kritisches Lesen". Da wir uns etwas dabei gedacht haben, als wir das Buch so nannten, möchten wir auch gleich zu Anfang zu erklären versuchen, was wir damit meinen. Bisher habt ihr vor allem lesen gelernt in dem Sinne, dass ihr versteht, was jemand durch geschriebene Wörter und Sätze mitteilen will. Dagegen soll dieses Buch euch helfen, ein anderes Lesen zu lernen: durch diese andere Art des Lesens soll euch klar werden, welche nicht direkt ausgesprochenen Bedeutungen sich hinter Wörtern und Sätzen verstecken können und welche Wirkungen davon ausgehen. „Kritisch" lesen heißt also: Texte durchschauen können, selbst dann, wenn sie auf den ersten Blick über ihre eigentliche Absicht hinwegtäuschen. Das ist allerdings nicht ganz einfach. Ihr müsst eine Menge wissen und häufig scharf nachdenken. [...]

Wenn wir euch zu kritischem Lesen auffordern, sollte dieses Lesebuch selbst keine Ausnahme machen. Wir rechnen sogar damit, dass ihr auch unsere Ausdrucksweise, unsere Textauswahl oder unsere Arbeitsvorschläge kritisch unter die Lupe nehmt; wir sind damit einverstanden, denn das zeigt uns doch, dass ihr darüber nachdenkt, euch damit auseinandersetzt. Zugleich versuchen wir, nicht mit unseren Ansichten hinter dem Berg zu halten. Deshalb dieses Vorwort und deshalb auch z. B. der Bericht über die Entstehung eines Lesebuches.

Die Herausgeber stellten sich mit einem Passbild vor und baten: *„Wenn ihr euere Meinung zu dem Buch äußern wollt, schreibt an den Verlag."* (S. XI) Ja und *„den Lehrer solltet ihr ruhig mitdiskutieren lassen."* (S. X).

Wenn wir das Lesebuch genauer anschauen, stellen wir fest, dass **Sagen** fehlen, da sie nach CHRISTA BÜRGER (1970, S. 28) angeblich der Systemstabilisierung dienen; derjenige, der die gesellschaftlich übliche Norm verletzt, wird brutal bestraft.

Meiner Meinung nach wird die historische Dimension dabei vergessen. Im 20. Jahrhundert wird ein Kind wohl kaum an den Einbruch des Numinosen glauben. Das **Märchen** dagegen findet für die Aufnahme ins Lesebuch Gnade, da es angeblich einen emanzipatorischen Charakter aufweist; der Unterlegene, Schwächere trägt häufig den Sieg davon.

CHRISTA BÜRGER nimmt als Beispiel „Das tapfere Schneiderlein". Und wird nicht „Hans im Glück" geraten, sich bescheiden in sein Schicksal zu ergeben, da Reichtum nur Sorge und Ärger bereite? Hinzu kommt, dass der Lehrer in der Vermittlungssituation der jeweiligen Textintention entsprechend, ihr widersprechend oder vermittelnd zwischen den beiden Positionen agieren kann. Auch findet man keine Naturgedichte, da sie zur Kritikfähigkeit nichts unmittelbar beitragen können. Charakteristisch ist die Sequenz **„Erziehung = Manipulation?"**, in der sich ein Text von ALEXANDER S. NEILL: „Antiautoritäre Erziehung" befindet. Man bedenke, dass das Lesebuch für Zehnjährige gedacht ist. Die meisten Herausgeber gehörten dem Bremer Kollektiv an, das in den Schülern ein notwendiges revolutionäres Potential sahen (vgl. auch 4.1.5 Literaturunterricht als Ideologiekritik, S. 76).

Das induktive Vorgehen darf deshalb nicht ausgeschlossen werden. Denn die Gegenstände der Literatur müssen überprüft werden, inwieweit sie für Schüler bedeutsam sein können (wie z. B. Naturgedichte).

Horizontal unterscheidet man verschiedene **„Dimensionen"** von **Lernzielen: kognitive – affektive – psychomotorische** und gliedert diese hierarchisch in **Taxonomien** (= theoretisch begründete Klassifikationen: z. B. Kenntnisse – Verstehen – Anwenden – Analyse – Synthese – Bewertung, d. h. dies bedeutet ein Fortschreiten von einfachen Fähigkeiten zu komplexen Operationen).

Durch die **Operationalisierung der Lernziele** sollte bis in die konkrete Ebene ein rational nachprüfbares Verfahren entwickelt werden.

„Man versteht darunter die Angabe des zu erreichenden Zieles in Form eines durch den Lehrer beobachtbaren und messbaren Verhaltens. Ein Lehrziel ist dann operationalisiert, wenn in seiner Formulierung zum Ausdruck kommt, was der Lernende als Indiz für den erfolgreich stattgefundenen Lernprozess tun soll. Beispiele: Ein Testdiktat mit höchstens vier einschlägigen Fehlern schreiben [...]; Sage und Märchen durch mindestens fünf Unterscheidungsmerkmale gegeneinander abgrenzen, woran Textsortenkenntnis erkennbar wird." (KREJCI, S. 23/24)

Die Euphorie der 70er Jahre ist längst verflogen, und man musste feststellen, dass die Idee der Lernzielorientierung nicht hielt, was sie versprochen hatte. Inzwischen verzichten manche Lehrpläne schon wieder auf die Auflistung von Lernzielen.

JANK / MEYER (1990) kritisieren in Bezug auf die verschiedenen Dimensionen:

„Es gibt überhaupt kein rein kognitives Lernen – auch dann nicht, wenn der unterrichtende Lehrer sich ausdrücklich vornimmt, lediglich kognitive Ziele zu verfolgen. Denn beim Lernen werden immer auch Einstellungen und Gefühle zum Unterrichtsinhalt vermittelt. Selbst dann, wenn Schüler gelernt haben sollten, neue Themen nüchtern und vorurteilslos, also scheinbar ohne Gefühle zur Kenntnis zu

nehmen, haben sie doch in Wirklichkeit ein affektives Lernziel erreicht, nämlich das der Gefühlslosigkeit." (S. 340)

Auch GLÖCKEL (1990) kritisiert **„fragwürdige Taxonomien"**:
„*Unglücklicherweise erhielten jedoch von allen Klassifikationen, ehe man sie auf ihre Brauchbarkeit gründlich überprüft hatte, ausgerechnet die Taxonomien* [In der Literatur wird manchmal zwischen Taxonomie und Dimensionierung nicht genau unterschieden.] *von BLOOM, KRATHWOHL und DAVE größte Popularität, ja bisweilen den Rang eines Dogmas.*" (S. 136) Und er fährt fort: *„Die Klassifikation ist nicht nur kaum praktikabel. Sie leidet unter dem grundsätzlichen Fehler, dass sie – in Neuauflage einer überholten psychologischen Vermögenslehre –* **Funktionsbereiche** *der Psyche trennen will, die in Wirklichkeit nur* **Aspekte** *der als ganzes handelnden Person sind. Sie eignet sich allenfalls für analytische, nicht aber für planend konstruktive Zwecke."* (S. 137)

Die Kritik an der starren Lernzielorientierung ist zweifellos berechtigt, hat man doch oft mit „*ellenlangen Lernziellisten mit fragwürdigen Formulierungen und nahezu willkürlichen Einordnungen [...]*", was „*oft zum Selbstzweck wurde und dem tatsächlichen Geschehen beim Lernen nicht entsprach*" (GLÖCKEL, S. 137), die Grundidee pervertiert. Die Lernziele erwiesen sich als **Leitschienen**, auf denen man in kleinsten Lernschritten den Schüler zur Erkenntnis führte; ein Abweichen wurde nicht gestattet, auch wenn Aktionen der Schüler dies eigentlich erfordert hätten.

Dennoch ist es ein Verdienst dieser Lernzieldiskussion, dass sich der Unterrichtende selbst zunächst einmal klar darüber werden muss, was er im Unterricht **erreichen** will. Und die Unterscheidung in verschiedene Dimensionen (kognitiv / affektiv / psychomotorisch) kann durchaus das Bewusstsein dafür schärfen, dass wir Lehrer eben häufig auf die kognitiven Vermittlungsprozesse setzen, ohne zu reflektieren, wie sehr damit auch emotionale Elemente berührt werden. Heuristischen (erkenntnistheoretischen) Wert hat die Unterscheidung wohl doch. Dies deutet auch GLÖCKEL an. Komplexe, synchron ablaufende Lernvorgänge können durch ihre **Hauptintention** charakterisiert werden. In den curricularen Lehrplänen findet man recht selten affektive Lernzielformulierungen. So wird im bayerischen Lehrplan (1997) für die Hauptschule der Lernbereich **„Lesen"** jeweils für die Klassen 5–9 mit der affektiven Zielangabe begonnen: „*Vorrangiges Ziel im* **Teilbereich Lesen** *ist es, Freude am Lesen zu gewinnen.*"

Da sich diese Absichtserklärungen nicht überprüfen lassen, sich nicht für eine Lernzielkontrolle eignen, hält man insgesamt an kognitiv formulierten Zielen fest. Auch ein Blick in die Curricula der anderen Bundesländer vermittelt dieselben Erkenntnisse. Am ehesten wird der emotionale Bereich noch im jeweiligen Vorspann angesprochen.

DANIELS und MEHN (1985) haben sich mit dem **emotionellen Lernen** im Deutschunterricht auseinandergesetzt: „*Der Schüler soll im Sprachunterricht* [meiner Meinung nach auch in anderen Lernbereichen] *die Gelegenheit bekommen, über seine Erwartungen, Bedürfnisse und Gefühle zu sprechen, und zwar nicht nur in prekären Ausnahmesituationen, sondern als normale alltägliche Praxis. Oder* *sollten in der Institution Schule, in welcher der junge Mensch einen beachtlichen Teil seines Lebens verbringt, Bedürfnisse, Wünsche, Gefühle offiziell suspendiert sein und sich nur auf Anerkennung von Leistung verwiesen sehen oder aber in disziplinarischen Ausrutschern Luft machen dürfen? Disziplinarische Probleme sind immer auch ein Indiz für emotionale Defizite, gipfelnd im Clown der Klasse, der sich nur auf diese Weise Aufmerksamkeit / Anerkennung verschaffen zu können glaubt."* (S. 175/176)

Ich bin der Überzeugung, dass unterrichtliches Handeln so organisiert werden muss, dass die emotionelle Komponente immer Bestandteil (implizit und explizit) des Geschehens im Klassenraum ist.

Unter besonderer Beachtung dieses Aspekts haben THEODOR DIEGRITZ, HELGA BLECKWENN und KARL SCHUSTER im Vorspann zu einem Unterrichtsmodell (In: GLÖCKEL u. a., 1992) folgende **Thesen** zu einem **offenen Deutschunterricht** aufgestellt:

Wir beabsichtigten, in enger Anlehnung an die Konzeptionen von schüler-, situations- und projektorientiertem Deutschunterricht, unser Konzept von 'offenem Deutschunterricht' in einer Unterrichtseinheit zu verwirklichen. Dabei handelt es sich vor allem um folgende Merkmale:

1. *Generelle Ziele* eines solchen Unterrichts sind in sozialer Hinsicht Kooperationsfähigkeit und -bereitschaft, Verantwortlichkeit und Empathie, unter individualem Aspekt Kreativität, Spontaneität und die Fähigkeit zu divergierendem Denken.

2. Eine vorgängige *Unterrichtsvorbereitung* ist nur begrenzt möglich. Unterrichtsplanung und Unterrichtsdurchführung durchdringen sich wechselseitig. Das Schülerverhalten im aktuellen Unterrichtsablauf bedingt immer wieder Unterrichtsplanrevision.

3. Ebenso sind die Schüler an der *Stoff- und Themenauswahl* aktiv zu beteiligen. Offener Unterricht sollte möglichst von Schülerinteressen und -bedürfnissen ausgehen. So kann es bei den Schülern eher zu intrinsischer (statt extrinsischer) Motivation kommen.

4. Die *Lehrziele* des Lehrers müssen so beschaffen sein, dass sie als Lernziele auch von den Schülern akzeptiert werden können. Sie dürfen nicht starr verfolgt werden, sondern müssen im aktuellen Unterrichtsgeschehen revidierbar bleiben.

5. Vor allem für die *Gelenkstellen* des Unterrichts sind Handlungsalternativen einzuplanen. Nur so kann die notwendige Flexibilität der Unterrichtsführung 'vor Ort' gewährleistet werden.

6. Der *Lehrer* macht in einem offenen Deutschunterricht den Schülern, so weit wie möglich ein symmetrisches Kommunikationsangebot. Seine Unterrichtsführung ist flexibel und variabel den Erfordernissen der jeweiligen (unvorhersehbaren) Situation angemessen. Störungen des geplanten Unterrichtsverlaufs begegnet er, sofern und soweit angemessen, nicht mit Sanktionen, sondern macht sie zum Gegenstand von Metakommunikation.

7. Die *Schülerkommunikation* soll die Qualität von Aktion und nicht von bloßer Reaktion auf Lehrerimpulse haben; sie soll sich als verantwortliches und zielstrebiges Verhalten, also als Handeln, darstellen. In diesem kommunikativen Handeln kann zeitweise der Inhaltsaspekt und zeitweise der Beziehungsaspekt besonders hervortreten.

8. Dieses Konzept von Deutschunterricht schließt nicht aus, dass bei Unterrichtsthemen, wenn subjektive Schülerbedürfnisse und Emotionen nicht zentral betroffen sind, mit vergleichsweise festliegender Planung verfahren werden kann.

Aus den angeführten Merkmalen geht hervor, dass jede Unterrichtseinheit zum offenen Deutschunterricht *besonders sorgfältig vorbereitet* werden muss; denn ein flexibles Eingehen auf die Schülerreaktionen und die daraus resultierende Revision von Lernzielen und des Unterrichtsverlaufs verlangt vom Lehrer ein souveränes Verfügen über den Stoff und mögliche Handlungsalternativen. (S. 151/152)

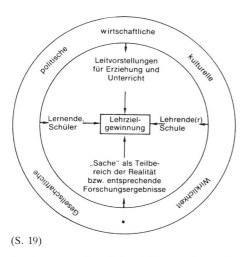

(S. 19)

Zur Lernzielgewinnung im Deutschunterricht

Die Frage nach der **Legitimation** der Erstellung von Lehrplänen wurde Ende der 60er / Anfang der 70er Jahre mit großem Nachdruck gestellt. Idealtypisch sollten alle gesellschaftlich relevanten Gruppen in unterschiedlicher Weise daran beteiligt werden. KREJCI (1981) hat den Bedingungsrahmen der Lehrzielgewinnung schematisch so dargestellt:

In einem zweiten Schaubild tauscht er den Begriff „Lehrzielgewinnung" gegen den Begriff „Auswahl von Unterrichtsgegenständen" aus, der denselben Prinzipien folgt.

KREJCI sieht folgende Gefahren: bei einer Betonung der Leitvorstellungen von Erziehung und Unterricht eine **Ideologisierung**, bei einer Überbewertung der Lehrenden und der Schule die Gefahr der **Technisierung und Bürokratisierung**. Trete die Sache und diesbezügliche Forschungsergebnisse unangemessen in den Vordergrund, so ergebe sich die Gefahr der zu starken **Verwissenschaftlichung**, und werde den augenblicklichen Bedürfnissen der Lernenden zu sehr Rechnung getragen, könne es zu einer nicht mehr vertretbaren **Pädagogisierung** kommen.

Man wird also eine ausgewogene, vermittelnde Strategie anstreben müssen. Die übermäßige Gewichtung einer Komponente sollte vermieden werden.

Die Ministerialbürokratie überträgt sehr häufig die Erstellung von Curricula erfahrenen, meist älteren, in der Schulhierarchie erfolgreichen Lehrern, die weisungsgebunden Vorgaben akzeptieren müssen. Manchmal werden aber auch vor der gesetzlichen Veröffentlichung Gutachten und Expertenmeinungen eingeholt (so etwa der Hochschuldidaktiker). Politisch abgesicherte, stringente Handlungsvorgaben existieren aber nicht.

Zu den fachspezifischen Lernzielen

GLÖCKEL unterscheidet **Lehrziel** und **Lernziel**. Das **Lehrziel** sei formuliert aus der Perspektive des Lehrers, und aus Sicht des Schülers sei es das Lernziel. (S. 136)

Seit Beginn der 70er Jahre besteht weitgehende Übereinstimmung darüber, dass es Aufgabe des Deutschunterrichts sei, die **kommunikative Kompetenz** zu entwickeln. So formuliert KREJCI (1981): *„Der Deutschunterricht will die Schüler befähigen, mittels deutscher Sprache mündlich und schriftlich, produktiv wie rezeptiv bestmöglich zu kommunizieren."* (S. 13) Diese Grobzielformulierung enthält bereits Aussagen über verschiedene Lernbereiche, wie den mündlichen und schriftlichen Sprachgebrauch, aber auch der Literaturunterricht ist mit dem Begriff „rezeptiv" angesprochen. „Bestmöglich" bedeutet eine Zielgerichtetheit insofern, als damit die Qualität der Lernprozesse betont wird.

Auch wenn es möglich ist, die Interpretation dieser Grobzielformulierung auf verschiedene Lernbereiche anzuwenden, so lässt sich doch aus heutiger Sicht kritisieren, dass sich der *Aspekt der Kommunikation* allzu sehr in den Vordergrund schiebt. Beim personal-kreativen Schreiben wird z. B. betont, dass der Schüler zunächst ohne Adressatenbezug für sich selbst schreibt. Es erscheint grundsätzlich problematisch, die Komplexität des Deutschunterrichts auf ein einziges – wenn auch sehr allgemein formuliertes – Ziel zurückführen zu wollen. Aus pragmatischen Gründen sind Ziele auf einer konkreteren Ebene sinnvoller, die dann meist schon lernbereichsbezogen formuliert sind, wie z. B. im bayerischen Lehrplan für die Hauptschule (KWMBJ So.–1/1997):

Der Deutschunterricht hilft den Schülern, die deutsche Sprache in gegenwärtigen und zukünftigen Lebenssituationen angemessen und richtig zu gebrauchen. [...]
Durch den aufmerksamen Umgang mit der Sprache soll den Schülern die Bedeutung von Sprache als Mittel zwischenmenschlicher Verständigung und als Schlüssel zum Welt- und Selbstverständnis bewusst werden. [...]
Vorrangiges Ziel im Teilbereich Lesen ist es, Freude am Lesen zu gewinnen und den Wert eigener Lektüre zu erfahren. Durch einen vorwiegend produktions- und handlungsorientierten Umgang mit Gedichten, epischen Klein- und Großformen sowie dramatischen Texten erhalten die Schüler eine literarische Grundausbildung. (S. 32) [...]

2.3.1 Exkurs: Von der „kommunikativen" zur „kognitiven" Wende

Wie schon angedeutet, hat die Deutschdidaktik Ende der 60er, Anfang der 70er Jahre die *„kommunikative Wende"* vollzogen, die sich auf alle Lernbereiche auswirkte (vgl. dazu vor allem das Kap. *Kommunikation als Prinzip des Deutschunterrichts*, S. 32ff.).

Die 80er Jahre waren gekennzeichnet durch Konzepte, die die *Subjektivität und Individualität* (auch deren *Emotionalität*) der Schüler zu entwickeln versprachen, was gleichzeitig bedeutete, auch deren *Identitätsprozesse* zu fördern.

Wenn nun ein neues Paradigma in der Deutschdidaktik auftaucht, so heißt dies nicht, dass frühere Entwicklungen wieder völlig ausgeblendet werden, sondern sie werden in einem anderen Zusammenhang neu interpretiert und verlieren nicht ihre Bedeutung.

K.H. SPINNER (1994; vgl. auch 1997) fasst die *„kognitive Wende"*, die auch Grundsätze des *Radikalen Konstruktivismus* mit berücksichtigt, folgendermaßen zusammen (vorgetragen auf dem Symposion Deutschdidaktik in Zürich 1994):

„Im Gegensatz zum lange Zeit vorherrschenden Behaviorismus richtet die heutige kognitivistische Lernpsychologie den Blick auf die konstruktive innere Tätigkeit der Lernenden. Aus dieser Sichtweise ergeben sich Konsequenzen für Zielsetzungen und Methoden im Deutschunterricht. Perspektivenübernahme und Metakognition erweisen sich als grundlegende Fähigkeiten, die im Deutschunterricht entfaltet werden. Lehrenden ist die Aufgabe gestellt, die innere Aktivität der Lernenden zu

stimulieren, also nicht einfach Regeln, Merkmale und Kategorisierungen vorzusetzen. Individuelle Lernwege müssen gestützt, kognitive und emotionale Prozesse aufeinander bezogen und Lernergebnisse auch da geachtet werden, wo sie sich der direkten Beobachtung entziehen." (S. 146)

„*In kognitivistischer Sicht ist [...] jedes Lernen* **aktive Konstruktion***, nicht bloße Übernahme von Information oder Aneignung einer Verfahrensweise, und schließt deshalb die Inanspruchnahme des Subjekts ein.*" (S. 148) Dass dabei ganz *unterschiedliche* Wege genutzt werden und *unterschiedliche* Produkte zustande kommen, ist schon fast selbstverständlich. SPINNER sieht die größte Herausforderung der kognitiven Lernpsychologie darin, „*dass sie – konsequent umgesetzt – den Schülerinnen und Schülern individuelle,* **ja unterschiedliche Lernwege und -ergebnisse zugesteht.**" (S. 153)

Kognition dürfe dabei nicht als der Antipode zur Emotionalität begriffen werden. Denn jedes Lernen habe auch emotionale Komponenten, und seien diese auch negativ orientiert (vgl. auch S. 19). „*Nicht Gefühl gegen Verstand oder umgekehrt, nicht Phantasie gegen Logik oder umgekehrt sind die Alternativen, die zu diskutieren sind, sondern die Vernetzung ist das Erfordernis, das sich uns stellt. Lineare Unterrichtsmodelle, die zum Beispiel von der Anschauung zur Abstraktion oder von der Assoziation zur Analyse fortschreiten, reichen dafür nicht aus; die didaktische Kunst besteht in der Inszenierung eines* **vielseitigen Wechselspiels,** *in dem begriffliche Klassifizierung und anschauliche Vorstellung, Empfindung und gedankliche Strukturierung, mechanisches Üben und verweilendes Nachsinnen mannigfach aufeinander bezogen werden.*" (S. 156)

Nur ganzheitliches Lernen kann langfristig die Motivation sichern, die für ein lebendiges Lernen in der Schule notwendig ist.

Die Erkenntnisse der „*kognitiven Wende*" haben auch Auswirkungen auf andere Lernbereiche.

2.3.2 Zu den Bedingungs- und Entscheidungsfeldern im Deutschunterricht

Nicht allein die Lernziele sind entscheidend für das **Handlungsfeld Deutschunterricht**, sondern ein komplexer Rahmen von **Bedingungs- und Entscheidungsfeldern**.

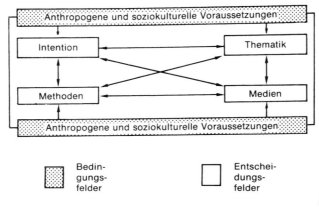

(KREJCI, S. 6)

KREJCIs Schaubild basiert auf dem Didaktik-Modell der sog. Berliner-Schule (HEIMANN, P., OTTO, G., SCHULZ, W., 1976[8]).

Zwischen den einzelnen Entscheidungsfeldern **Intention** (oder Lernziele), **Thematik** (oder Inhalt), **Methoden** und **Medien** besteht ein enger Zusammenhang, der sog. **Implikationszusammenhang** (BLANKERTZ: Theorien und Modelle der Didaktik. München 1977[10], vgl. auch H. MEYER, 1987, Bd. I, S. 92 ff.). Dies bedeutet, dass je nachdem, welche **Zielentscheidungen** getroffen wurden, sich Inhalte, Methoden und Medien danach richten werden. Wenn ich kritisches Lesen fördern will, werde ich einen Text aussuchen, an dem diese Lesart besonders leicht zu erreichen ist, also z. B. einen Trivialtext oder einen Text aus der Boulevardpresse. Pragmatisch kann aber der Lehrer auch von **Inhalten** ausgehen und dazu die entsprechenden Konsequenzen in den anderen Bereichen ziehen. Selbstverständlich können auch **Methoden** oder **Medien** primär gesetzt werden mit denselben didaktischen Folgen. H. MEYER (1987, Bd. I) behauptet: „*Die Methode des Unterrichts bestimmt den Inhalt.*" (S. 75) Dies bedeute, dass aufgrund der Entscheidung des Lehrers für bestimmte, für wichtig gehaltene Methoden Unterrichtsinhalte variiert werden könnten; sie besage aber vor allem, dass durch die Art und Weise der methodischen Gestaltung des Unterrichts der Inhalt selbst verändert werde, so dass auch andere Unterrichtsergebnisse zustande kämen. MEYER bringt dazu Beispiele, von denen eines hier angeführt sei: „*Unterricht zum Thema Demokratie, der sich gegenüber dem schulischen Umfeld öffnet und die Schüler z. B. im Rahmen eines Projekts miterleben lässt, wie gesellschaftliche Interessengruppen um ihre Rechte kämpfen, führt notwendig zu anderen Unterrichtsergebnissen als eine verkopfte Belehrung der Schüler über denselben Inhalt.*" (S. 75) Aber auch MEYER betont: „*Unterrichtsinhalte und Unterrichtsmethoden stehen in Wechselwirkung zueinander.*" (Bd. I, S. 77)

Möchte ich das **Medium Fernsehen** zum Gegenstand des Deutschunterrichts wählen, werden die Ergebnisse verschieden sein, wenn ich ein Fernsehspiel passiv rezipieren oder wenn ich die Schüler ein solches selbst produzieren und dieses evtl. anderen Klassen oder den Eltern vorführen lasse. (Vgl. dazu die Ausführungen zum produktionsorientierten Literaturunterricht)

Unter den **anthropogenen** Bedingungen versteht man solche, die sich auf den Schüler als sich entwickelnde Person beziehen, z. B. sind die Phasen des Kindes- und Jugendalters mit gewissen individuellen Schwankungen für alle dieselben; so beginnt z. B. die Pubertät bei europäischen Mädchen etwa mit 10 (Vorpubertät) bis 11, bei Jungen etwa mit 12 Jahren. Solche entwicklungspsychologische Tatsachen müssen berücksichtigt werden. (Vgl. BENNACK / von MARTIAL, S. 29 ff.)

Die **soziokulturellen** Bedingungen beziehen sich auf gesellschaftliche Faktoren, wie das Einzugsgebiet der Schule bzw. der Klasse, die Schichtzugehörigkeit der Eltern, die schulischen institutionellen Rahmenbedingungen, die Frage, ob die Schüler aus einem alleinerziehenden Elternhaus stammen usw. Diese Umstände können den Unterricht entscheidend mitbestimmen. Als wir in Erlangen in einer 10. Klasse das „Heidenröslein" von Goethe umgestalten ließen, haben zwei Schülergruppen unabhängig voneinander statt des Heidenröschens ein Atomkraftwerk eingesetzt: *„Sah ein Knab ein Atomkraftwerk stehn, Atomkraftwerk auf der Heiden ...".* Am Ende verstrahlt das Atomkraftwerk den Knaben, *„dass du ewig denkst an mich."* Die Studenten und auch ich waren von der Übertragung überrascht, wären wir selbst doch nie auf diese Parallele gekommen. Der Lehrer klärte uns darüber auf, dass die Eltern der meisten Schüler bei Siemens arbeiteten, und zwar in der KWU (= Kraftwerksunion), die Atomkraftwerke produziert. In der Schule wie zu Hause gäbe es häufig heiße Diskussionen zu diesem Thema. Da ich durch Praktika im Erlanger-Nürnberger Großraum die verschiedensten Schulen mit den unterschiedlichsten soziokulturellen Bedingungen kennenlerne, wird mir immer wieder bewusst, welch starker Einfluss struktureller Art auf das gesamte Unterrichtsgeschehen ausgeht. Aus meinem Erfahrungsbereich könnten viele Beispiele ähnlicher Art berichtet werden, so auch aus der Zeit, als ich drei Jahre an der Deutschen Schule von Paris unterrichtete.

Selbstverständlich muss der Lehrer auch seinen eigenen soziokulturellen Hintergrund reflektieren, da auch er seinen eigenen gesellschaftlichen und persönlichen Erfahrungshorizont in der Unterrichtssituation nicht ablegen kann.

2.3.3 Zur Frage der Didaktik und Methodik des Deutschunterrichts

Häufig wird zwischen beiden Begriffen nicht genau unterschieden. Ich habe dieses Buch Einführung in die *Fachdidaktik Deutsch* bezeichnet, während FRITZSCHE (1994) seine Abhandlung *Zur Didaktik und Methodik des Deutschunterrichts* nennt (vgl. SCHLEWITT, 1996). Er verweist also explizit auch auf den methodischen Aspekt, der bei ihm einen größeren Raum einnehmen kann (→ 3 Bände). Selbstverständlich werde ich immer wieder auch methodische Fragen erörtern, da sie häufig die konkrete Ebene berühren und damit das veranschaulichen, was ansonsten eher abstrakt bleiben müsste.

Das Wort *Didaktik* stammt aus dem Griechischen und bedeutet etwa „*lehren, belehren, Lehrer sein, unterweisen, ausbilden*". COMENIUS hat in seiner „*didaktika magna*" (1657) diesen pädagogischen Begriff geprägt und meint damit „*die vollständige Kunst, alle Menschen alles zu lehren oder Sichere und vorzügliche Art und Weise, in allen Gemeinden, Städten und Dörfern eines jeden christlichen Landes Schulen zu errichten, in denen die gesamte Jugend beiderlei Geschlechts ohne jede Ausnahme rasch, angenehm und nützlich in den Wissenschaften gebildet, zu guten Sitten geführt, mit Frömmigkeit erfüllt und auf diese Weise in den Jugendjahren zu allem, was für dieses und das künftige Leben nötig ist, angeleitet werden kann.*" (COMENIUS, 1966, S. 9)

Zwar vertritt COMENIUS eine normative Didaktik, die wir heute als unwissenschaftlich ablehnen, aber im Prinzip beinhaltet seine Beschreibung die *Inhalte, die Ziele, die Lehrenden und Lernenden als Adressaten* und auch die *Bildungsstätten*.

Der Schulpädagoge KLAFKI (1976) versteht **Didaktik** als Oberbegriff im weiten Sinne, womit die Fragen des „*was*" und „*wie*" gemeint sind. *Didaktik im engeren Sinne* bezieht sich auf die Unterrichtsinhalte, auf methodische und mediale Unterrichtsprobleme.

Für BENNACK und von MARTIAL (1994) gehören „*Unterrichtsmethoden zu den Mitteln, die Lehrer planvoll einsetzen, um möglichst schnell wirkungsvoll und erzieherisch angemessen die Ziele des Unterrichts zu erreichen. Unterrichtsmethoden bestehen aus erprobten Formen der Aktion, der Interaktion und der Organisation. Sie sind darauf angelegt, Lernprozesse in geeigneter Weise zu strukturieren.*" (S. 108) Aktionsformen des Lehrens wären z. B. *Lehrervortrag, Lehrerimpuls, Lehrerdemonstration;* die *Sozialformen* sind den Methoden des Unterrichtens zuzuordnen.

2.4 Lernbereichsgliederungen des Deutschunterrichts

Wenn man jemanden nach den **Lernbereichen** (manchmal wird auch von Teilbereichen gesprochen) des Deutschunterrichts fragt, der sich nicht intensiver mit dem Fach befasst, so wird er spontan diejenigen nennen, die sich an Erfahrungen aus der Schulzeit anlehnen: **Literaturunterricht, Sprachunterricht, Rechtschreibunterricht** und **Aufsatzunterricht**. Sicherlich bieten diese Kategorien einen ersten Zugang. Dennoch lässt sich der Deutschunterricht erkenntnistheoretisch unterschiedlich gliedern.

So schreibt HELMERS (1972[7]): „*Auf der Suche nach systematisch, logisch und pragmatisch vertretbaren Kategorien der sprachlichen Kommunikation in der gesellschaftlichen Praxis stößt die Didaktik zunächst auf die vier wissenschaftlich gesicherten fundamentalen Kategorien: Sprechen, Lesen, Schreiben und Verstehen. Das ist die von der modernen Sprachpsychologie bestätigte Fächerung der sprachlichen Kommunikation. Sprechen und Schreiben bedeuten den aktiven Sprachvorgang, Lesen und Verstehen den rezeptiven Sprachvorgang.*" (S. 33/34)

Schematisch stellt HELMERS diese sieben Lernbereiche so dar:

	Repertoire	Gestaltung
Sprechen	grammatisch richtiges Sprechen: *Sprachtraining*	lautreines und gestaltetes Sprechen: *Sprecherziehung*
Lesen	Technik des lauten und des stillen Lesens: *Leselehre*	
Schreiben	orthographisch richtiges Schreiben: *Rechtschreibunterricht*	schriftliches Gestalten von Sprache: *Gestaltungslehre*
Verstehen	Verstehen des Repertoires: *Sprachbetrachtung*	Verstehen der gestalteten Sprache: *Literaturunterricht*

(S. 35)

Diese vier fundamentalen Kategorien der Sprachkompetenz (Sprechen, Lesen, Schreiben, Verstehen) könnten sich jeweils entweder auf das „Obligatorische" (das Repertoire) oder auf das „Fakultative" (die Gestaltung) beziehen. Damit ergäben sich acht Teilziele der Sprachbildung, also acht Lernbereiche des Deutschunterrichts.

HELMERS kommt das Verdienst zu, den Versuch unternommen zu haben, eine solche kategoriale Ordnung herzustellen, die dann auch wieder heftig kritisiert worden ist. In seinem Modell ist das **Hören**, Zuhören nicht vorgesehen. Und Lesen ist wohl auch kaum denkbar, ohne gleichzeitig zu verstehen. Einzelelemente des HELMERSschen Gliederungssystems sind auch heute noch in den Lehrplänen zu finden. BAURMANN (1984) hat auf dieser Grundlage folgende Skizze entwickelt:

Er ersetzt **Verstehen** durch **Hören** und ergänzt diese Bereichsfelder durch „*Situationen aus verschiedenen Situationsfeldern*" und „*Reflexion über Sprache und Sprachgebrauch*".

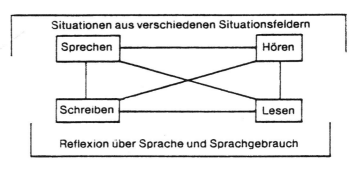

(S. 175)

Nach SCHOBER (in: HIERDEIS/HUG, 1996) hat sich weitgehend das „funktionale" Teilbereichsmodell, wie es u. a. KOCHAN entwickelte, (BÜNTIG / KOCHAN, 1973) durchgesetzt. „*Es geht im Zeichen der Curriculumforschung und kommunikativen Didaktik von den Anforderungen aus, die der Einzelne in seinem Sprachhandeln produktiv, rezeptiv und reflektierend erfüllen muss, und kommt so zu den vier Teilbereichen* **mündliche Kommunikation, schriftliche Kommunikation** *(mit Rechtschreiben als Trainingsbereich),* **Reflexion über Sprache** *(und Kommunikation) und* **Umgang mit Texten.**" (SCHOBER, S. 214, Fett-Auszeichnung von mir eingebracht)

Ich habe mich in dem vorliegenden Buch in etwa an diese Aufgliederung gehalten. Die mündliche Kommunikation wird zu **Kommunikation als Prinzip des Deutschunterrichts**, der Umgang mit Texten zur **Textrezeption – Handlungs- und Produktionsorientierung**. Beim *Umgang mit Texten* scheint mir das reflexive Element (mit den diskursiv-analytischen Methoden) zu gering berücksichtigt. Statt *schriftlicher Kommunikation* verwende ich den Begriff **Textproduktion**, da manche Schreibformen nicht primär kommunikationsorientiert verwendet werden. Die **Reflexion über Sprache** habe ich unverändert übernommen; in diesen Bereich wird auch das **Rechtschreiben** eingeordnet.

Die traditionellen Begriffe, wie Literaturunterricht, Aufsatzunterricht, Grammatikunterricht werden meist nur mit Vorbehalten gebraucht, da sie mit bestimmten Vorstellungskontexten durch die geschichtliche Entwicklung belastet sind. So werden sie auch in den Lehrplänen vermieden. Der Grundschullehrplan in Bayern (1981) wird gegliedert in: *Erstlesen – Weiterführendes Lesen – Erstschreiben – Weiterführendes Schreiben – Rechtschreiben – Sprachbetrachtung – Mündlicher Sprachgebrauch – Schriftlicher Sprachgebrauch;* der Hauptschullehrplan (1997) in: *Sprechen und Schreiben – Lesen – Sprachbetrachtung und Rechtschreiben.*

Für die Lehrpläne an Grund- und Hauptschulen können die oben genannten Muster mit einigen Varianten für das ganze Bundesgebiet als charakteristisch angenommen werden. Vor allem an den größeren weiterführenden Schulen wird oft stärker aufgefächert, um bestimmte Aufgaben zu betonen.

Oft werden, vor allem in der Kollegstufe, die Großbereiche nicht mehr genannt, sondern Spezialfertigkeiten innerhalb dieser verlangt (auch z. B. *Arbeitstechniken, Kommunikationsübungen;* oder es wird versucht, einer möglichen Abwertung des Schreibens, im Sinne der Schriftpflege, des Rechtschreibens, oder sprachgeschichtlicher Bezüge entgegenzutreten).

BAURMANN (1985) stützt sich in seinem Aufsatz „*Zur Gliederung des Schulfachs*" auf eine Umfrage bei Lehrern der Grundschule und der Sekundarstufe I. „*Insgesamt fällt auf, dass Lehrer im Blick auf den Schüler jene Aufteilung* **nennen**, *die ihnen vom jeweiligen Lehrplan nahe gelegt wird.*" (S. 170) Eine weiterreichende Herleitung von einer übergreifenden Zielsetzung, vom Bildungsauftrag der Schule oder von der Fachsystematik sei in keinem Fall vorgenommen worden. Dies habe man erst versucht, wenn die Lehrer nach der Grobplanung des Unterrichts oder der Gewichtung einzelner sprachlicher Leistungen gefragt wurden. Drei Ansätze hätten sich dabei ergeben:

– Eine größere Gruppe habe die einzelnen „Tätigkeitsfelder" des Unterrichts, wie Rechtschreiben und Lesen, genannt, denen sie ein erhebliches Eigengewicht zuschrieben und die einfach zu addieren seien.

– Eine zahlenmäßig kleinere Gruppe versuche, der für die Schüler als nachteilig empfundenen Aufsplitterung des Faches durch eine ständige Integration von Aufgaben und Zielen zu begegnen.

– Einen Kompromiss stelle jener Ansatz dar, bei dem in der Unterrichtspraxis ein Arbeitsbereich betont, nachhaltig berücksichtigt und zudem als verbindende Klammer des gesamten Deutschunterrichts gesehen werde. Solche Bereiche seien z. B. die Bereiche „Literatur" oder „Texte erfassen".

BAURMANN reflektiert die Gewichtung der Lernbereiche: *„Um Konventionen und Regeln von Sprache und Sprachgebrauch untersuchen zu können, bedarf es vielfältiger Eigenerfahrungen im Sprechen, Hören, Schreiben und Lesen. Einsichtig und motivierend ist es immer dann, wenn Schwierigkeiten und Zweifelsfälle im sprachlichen Bereich auftauchen."* (S. 175) Abstrakte Überlegungen zu Sprache und Sprachgebrauch also seien nur von sehr begrenztem Sinn.

Dem Sprechen und Hören sollte im gesamten Unterricht mehr Raum gegeben werden als dem Schreiben und Lesen (vor allem in den ersten Schuljahren). Er begründet dies damit, dass 30 % des gesamten Sprachgebrauchs auf das Sprechen und 45 % auf das Hören entfallen.

Er widmet sich auch den *Wechselwirkungen* der Lernbereiche, die ich jeweils an den entsprechenden Stellen in diesem Buch selbst erörtern werde, so z. B. die zwischen Sprechen und Schreiben, obschon man heute eher die Eigengesetzlichkeit des Sprech- bzw. Schreibprozesses betont (siehe S. 125 f.).

In diesem Zusammenhang muss auch der **Projektgedanke** oder zumindest der **verbundene Deutschunterricht** gesehen werden; beide wollen lernbereichs- oder sogar fächerübergreifend arbeiten (siehe Kap. 7).

2.5 Zur Artikulation von Unterrichtsstunden im Fach Deutsch

„Die Unterrichtseinheit gliedert sich in **Stufen**. *In diesem Bild drückt sich die Erkenntnis aus, dass unterschiedliche Fragestellungen gegenüber dem Unterrichtsgegenstand eingenommen, dass unterschiedliche Lernakte vollzogen werden müssen, wenn der Lernprozess einen (relativen) Abschluss erreichen soll. Immer, wenn die Fragestellung wechselt, ist eine andere Stufe erreicht. Jede Stufe hat eine eigene* **didaktische Funktion** *bzw. verfolgt eine eigene* **didaktische Absicht**. *Die Stufung wird als* **Artikulation** *bezeichnet."* (GLÖCKEL u. a., 1992[2], S. 39/40) Dieses Zitat stammt aus dem Buch „Vorbereitung des Unterrichts", an dem Schulpädagogen und Vertreter aller fachdidaktischen Disziplinen der Erziehungswissenschaftlichen Fakultät der Universität Erlangen-Nürnberg mitgearbeitet und versucht haben, zu einem Konsens der Prinzipien der Unterrichtsvorbereitung zu gelangen. Deutlich wurde dabei, dass zunächst zwischen weitgehend „*geschlossenen*", in Aufbau und Fortgang relativ streng festgelegten und eher „*offenen*", flexibleren Grund-

strukturen unterschieden werden müsse. (Siehe auch das Konzept vom *offenen Deutschunterricht* in diesem Buch S. 20)

In der Praxis finden sich reine, eindeutige Formen ziemlich selten.

Bei der gemeinsamen Arbeit wurde uns eindringlich bewusst, dass jedes Fach seine ihm spezifischen Artikulationsschemata suchen muss, die nun wiederum selbst für ein und denselben Gegenstand nicht verbindlich sein können. Wie problematisch solche angebotenen Schemata sind, zeigen die Vorschläge von D. DAVIDSON und H. J. JENCHEN (1980) für alle Schulfächer. Das Strukturmodell einer Gedichtsstunde (5. Klasse) sieht folgendermaßen aus: *Artikulation → Einstimmung – Begegnung mit dem Gedicht, Rezeption – Arbeit am Gedicht, Reflexion – Inhalt, Form, Gehalt – Nachgestaltung des Gedichts – Rezitation – Produktion.*

Selbstverständlich kann **einmal** eine Stunde so strukturiert sein. Das **Schema** darf aber jedoch nicht als endgültiges Rezept begriffen werden. Dies suggerieren jedoch diese handlichen Muster, die im Übrigen für fast alle Gegenstände des Deutschunterrichts vorgeschlagen werden, z. B. zur *Erschließung fiktionaler und expositorischer Texte, oder zu einer Grammatikstunde.*

Wir erarbeiteten in einem Praktikum in einer 8. Klasse das Gedicht „*Reklame*" von INGEBORG BACHMANN auf völlig andere Weise. Die Klasse wurde zu Beginn der Stundeneinheit zweigeteilt; und die eine Hälfte sollte in Kleingruppen zum Gedicht eine Collage erstellen, wofür wir Papier und Illustriertenmaterial mitgebracht hatten.

Die andere Hälfte sollte jeweils in Partnerarbeit eine Hörfassung (klanggestaltendes Lesen) erstellen. Die dichotomische Struktur des Gedichts forderte dazu heraus. Ohne dass die Schüler sich vorher diskursiv-analytisch mit dem Text befasst hatten, entwickelte sich auf der Grundlage der Arbeitsergebnisse, die ein erstaunliches Niveau aufwiesen, eine intensive Diskussion, die zu einem neuartigen Verständnis des Sinngehalts führte. Für den Schüler ist eine immer gleich ablaufende Strukturierung motivationstötend.

Ausblick

Aufgabe der Schule ist es auch – und dabei steht das Fach Deutsch ganz besonders im Mittelpunkt – sich den gesellschaftlichen und politischen Herausforderungen zu stellen. Deshalb darf die Schule nicht erstarren, sondern sie muss sich in einem prozessorientierten, handelnden Forschen weiterentwickeln.

Nach ZIEHEs (1985) Ansicht

– könnte Unterricht gelingen, „*wenn gerade trotz wachsenden sozialökonomischen Zukunftsdruck die administrative und die innere Kontrolle gelockert würde.*" (S. 27)

Für die Schüler werde es mittlerweile unerlässlich, die Aufdringlichkeit des Zukunftshorizonts situativ auch einmal stillstellen zu können (was kein Verdrängen sein müsse). Nur dann entstehe Spielraum, zumindest „Inseln", eigene Interessen wahrnehmen zu können. Das heiße aber, gerade heute, die administrative Logik zurückzudrängen, „*die da meine, durch ständige Verfeinerungen des Regelsatzes würden pädagogische Erfolge sichergestellt werden können.*"

– könnte Unterricht gelingen, *„wenn er gelegentlich vergessen machen könnte, dass dies alles nur 'Schule' ist. Die Produktivität von Lernerfahrungen stellt sich eigenartigerweise oft dann her, wenn der so aufdringliche Kontext wenigstens momentelang aus dem Blick kommt. Die Schüler äußern nach meinem Eindruck durchaus Erwartungen in dieser Richtung; 'Schule' kann doch nicht immer bloß 'Schule' sein. – Das blanke Gegenteil müssen wir gleichwohl in Rechnung stellen, ohne gleich moralisch zu disqualifizieren. Das ist die instrumentelle Perspektive, die Schüler auch immer haben; in diesem Fall geht es ihnen wie mit einer Fahrschule – den begehrten Schein will man haben, ansonsten aber in Ruhe gelassen werden mit Identifikationsforderungen. Das heißt dann: 'Schule' soll bloß 'Schule' bleiben!"* (S. 28)

Die erstgenannte Perspektive, nämlich die, einmal vergessen zu können, in der Schule zu sein, stelle ein Moment der atmosphärischen Verdichtung dar, das ZIEHE mit dem ästhetischen Begriff der „**Intensität**" kennzeichnet (und nicht mit dem sozialpsychologischen der Nähe).

Wenn ein Schüler eines Leistungskurses Deutsch – ein Studienrat berichtete mir dieses Beispiel vor kurzem – keine Antworten mehr gibt, weil er inzwischen seine Punkte „zusammen" habe, dann wird die Perversion eines Systems deutlich, das Schule reduziert auf ständig zu kontrollierende Leistungsnachweise.

– Unterricht könnte nach ZIEHE gelingen, *„wenn Schüler wie Lehrer in den Situationen eine* **Sozialität** *erfahren könnten. 'Sozialität' ist für mich die eigentümliche Erfahrung einer begrenzten, gleichwohl intensiven Gemeinsamkeit unter (im Prinzip) Fremden. Sozialität ist also der Gegenbegriff der Verbehördung und Verapparatung der Schule, aber auch ein Gegenbegriff zu ihrer Familialisierung und Veralltäglichung."* (S. 28)

Das hieße, die Schule wieder als öffentlichen Raum zu sehen, ihr zwischen der administrativ-systemfunktionalen Dimension auf der einen und den individuellen psychischen Realitäten auf der anderen Seite eine symbolische Struktur zu sichern: ein Feld von Prozeduren, Formen, Ritualen, das Bedeutsamkeit stiften könnte – ein „Drittes", nicht Sachzwang und nicht Psychologisierung. Schule wäre dann, wie gesagt, Repräsentation eines „Anderen", weder schlechte Kopie der Verwaltung noch hilflose Kopie subkultureller Tendenzen. Sie wäre dann bisweilen sogar attraktiv.

3 Kommunikation als Prinzip des Deutschunterrichts

3.1 Allgemeines

„Erziehungsvorgänge können als Kommunikationsprozesse angesehen werden, weil die an ihnen Beteiligten, nämlich Erzieher und zu Erziehender, Lehrender und Lernender durch sie einander teilhaben lassen bzw. Anteil gewinnen an Gegebenheiten, die zunächst jeweils nur auf Seiten des einen bestanden." (KREJCI, M., in HIERDEIS, H., 1977, S. 69)

KREJCI versteht jeden Erziehungsvorgang als eine Form von **Kommunikation**, wobei diese in zweifacher Hinsicht in den Deutschunterricht einbezogen wird. Wenn Unterrichten gleichzeitig Kommunizieren ist, dann muss die Lehrperson ein umfassendes Wissen von den Zusammenhängen haben, damit die Lernprozesse optimal organisiert werden können. Es ist daher notwendig, immer wieder zu kontrollieren, inwieweit der Lehrer Bedingungen schafft, die diese Voraussetzungen und Folgen ermöglichen. Darüber hinaus muss der Lehrer Kommunikation **explizit** thematisieren. Deshalb muss er über ein wissenschaftliches Repertoire verfügen können.

In der Deutschdidaktik sprechen wir seit Ende der 60er, Anfang der 70er Jahre von der sogenannten **kommunikativen Wende**, die sich auf fast alle Lernbereiche des Deutschunterrichts ausgewirkt hatte. (Vgl. dazu den Exkurs von der *„kommunikativen"* zur *„kognitiven Wende"* S. 22)

In diesen Zusammenhang ist auch KARL BÜHLER einzuordnen (mit seinem Buch **„Sprachtheorie"** 1934, neu aufgelegt 1965). Er hat die verschiedenen Funktionen der Sprache auszudifferenzieren versucht:

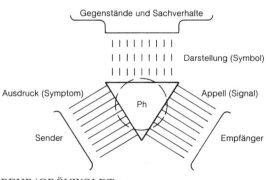

BEHR/GRÖNWOLDT u. a., 1972, S. 42.

Darstellung (die informative, referierende, darstellende Funktion), **Ausdruck** (expressive, kommentierende, wertende Funktion) und **Appell** (agitierende, werbende, appellative Funktion) sind danach die wesentlichen Leistungen der Sprache. Die **Darstellung** wird auf die Gegenstände und Sachverhalte bezogen (im Aufsatzunterricht z. B. die Gegenstandsbeschreibung). Der **Ausdruck** wird vor allem dem Sprecher / Schreiber zugeordnet, er gibt Auskunft über die seelische Gestimmtheit (Schreibformen: Tagebucheintrag, lyrisches Sprechen, personales Schreiben S. 146ff.). Der **Appell** ist auf einen Empfänger / Hörer gerichtet mit der Intention zu überzeugen, zu werben und zu helfen (Schreibformen: Werbetexte, Flugblätter, Briefe). Bühler möchte mit der Einordnung jeweils die Hauptintention des Sprechens / Schreibens bezeichnen in dem Bewusstsein, dass in der Realität häufig Mischformen zu beobachten sind (vgl. GNIFFKE-HUBRIG, CH.: Textsorten – Erarbeitung einer Typologie von Gebrauchstexten. In: Der Deutschunterricht. Jg. 24, 1972, Heft 1, S. 39–52). Ein Briefschreiber etwa kann über die eigene Lage **informieren**, dem eigenen seelischen Zustand **Ausdruck geben** und gleichzeitig an den Partner **appellieren**, ihm zu helfen. BÜHLER bezog sich auf mündliche und schriftliche Formen des Sprachgebrauchs. Es ist festzustellen, dass zwischen gesprochener und geschriebener Sprache ein erheblicher Unterschied besteht (vgl. dazu auch das Kapitel zur Textproduktion, in dem auf diese Fragen näher eingegangen wird). Abweichungen von der schriftsprachlichen Norm werden in der mündlichen Kommunikation – wenn sie überhaupt bemerkt werden – nicht als „Fehler" registriert und „bestraft"; so **darf**, ja so **muss** der Dialektsprecher seine regionaltypischen Abweichungen benutzen, wenn er verstanden und akzeptiert werden will. Freilich ist für viele Schüler das Erlernen der Standardsprache mit erheblichen Schwierigkeiten verbunden.

3.2 Kommunikationsmodell und Erläuterungen

Im folgenden Schaubild wird dargestellt, wie menschliche Kommunikation abläuft (dabei wieder mündliche und schriftliche). LEHMANN schreibt dazu: *„In der Sprache sehen wir heute ein System von funktionierenden Zeichen im Dienste der Kommunikation, die mündlich oder schriftlich erfolgen kann. Aber mit der Sprache benennen und unterscheiden wir auch die Dinge der Welt und schaffen uns so eine Grundlage für Erkenntnis und Verständnis von Zusammenhängen, für Urteil und Wertung. Mit ihrer Hilfe drücken wir Empfundenes und Erlebtes, Gedachtes und Gewünschtes aus und nehmen Einfluss auf andere."* (S. 516)

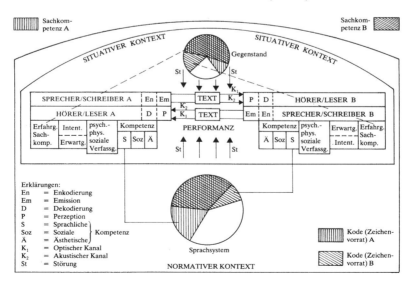

(BEISBART / MARENBACH 1990, S. 85, in Anlehnung an das Modell LEHMANN 1975, S. 516)

Erklärungen zur schematischen Darstellung

Enkodierung: Auswahl aus einem Code, der ein Reservoir von Zeichen darstellt, mit deren Hilfe die Mitteilung eines Sprechers / Schreibers an einen Hörer / Leser erfolgt.

Dekodierung: Auf der anderen Seite wird die Mitteilung dekodiert (aufgenommen, „entschlüsselt") unter ähnlichen persönlichen Bedingungen wie auf der Senderseite. Dabei ist dieser Vorgang reversibel (umkehrbar), d. h. der Hörer / Leser, der nun dem Sprecher antwortet, ist seinerseits derjenige, der auf die Sprecher- / Schreiberseite wechselt.

Intention: Der Sprecher / Schreiber verfolgte bestimmte Intentionen (Absichten). Er bringt seine Erfahrung und Sachkompetenz (-wissen) ein. Seine physische (körperliche), psychische (seelisch-geistige) und soziale (die Umwelt betreffende) Verfassung bestimmt den Kommunikationsakt mit. Ob jemand gesund oder krank (physisch), traurig oder heiter (psychisch) ist, in geordneten familiären Verhältnissen lebt, geht in irgendeiner Form in die Kommunikationssituation (Performanz) mit ein.

Kanäle:

Akustischer K.: Klangmäßige Übermittlung (durch die Stimme, die aber auch auf Tonträger gespeichert sein kann), Hörsinn

Optischer K.: Den Sehsinn betreffende Übertragung, z. B. Blickkontakt

Taktiler K.: Den Tastsinn betreffende Übertragung, z. B. Händedruck, Kuss

Olfaktorischer K.: Den Geruch betreffende Übertragung (Körpergeruch). Im Schaubild fehlt dieser Kanal noch.

Emission: Schicken / Senden der Mitteilung

Perzeption: Aufnahme / Verarbeitung der Mitteilung

Damit Kommunikation zustande kommen kann, sind verschiedene Kompetenzen (Fähigkeiten) notwendig:

Linguistische K.: Die allgemeine Fähigkeit (Können) eines Sprechers / Hörers, der aufgrund eines abstrakten Systems spracherzeugender Regeln die Sätze seiner Sprache zu bilden und zu verstehen in der Lage ist.

Kommunikative K.: Sie bezeichnet die Fähigkeit des Sprechers / Hörers, Sätze, die er aufgrund seiner linguistischen K. erzeugen kann, in sprachlichen Kommunikationssituationen (Performanz) so zu verwenden, dass Verstehen (Aufeinander-Eingehen, Zuhören usw.) möglich wird. Dazu tragen auch oft nichtsprachliche Mittel bei (Mimik, Gestik, die Körpersprache vgl. S. 57ff.).

Ästhetische K.:	Fähigkeit, poetisch kodierte sprachliche Gebilde zu verstehen.
Störungen:	In der konkreten Kommunikationssituation können Störungen auftreten, die auf unterschiedliche Ursachen zurückzuführen sind. Sie können im Übertragungskanal (z. B. Fremdgeräusche beim Telefonieren) liegen, aber auch im Bereich der zwischenmenschlichen Beziehungen (siehe S. 45 ff.).

Damit Verstehen erfolgen kann, müssen die Sachkompetenz und Sprachkompetenz Überschneidungen aufweisen (siehe das Schaubild).

3.3 Wissenschaftstheoretische Aspekte des mündlichen Sprachgebrauchs

Der mündliche Sprachgebrauch gehört elementar zur Grundausstattung des menschlichen Seins und ist deshalb auch nicht nur auf eine einzige wissenschaftstheoretische Position festlegbar. Da unsere Sozialisation uns in einen bestimmten Kulturkreis mit eigenen Werten und Normen hineinwachsen lässt, sind hermeneutische, phänomenologische (im Sinne neuerer subjektiver Perspektivität) und sprachphilosophische Betrachtungsweisen ebenso wichtig wie die positivistischen und empirisch-analytischen Verfahren, die in der Regel nur sehr isoliert Einzelprobleme zu untersuchen in der Lage sind und die ebenfalls eingebunden sind in unsere Subjektivität, mit entsprechenden subjektiven Vorannahmen und Erkenntnisinteressen. In diesem Zusammenhang kann als übergeordnete wissenschaftstheoretische Position der *Radikale Konstruktivismus* eine Basis für den *mündlichen Sprachgebrauch* sein, dessen Grundannahmen bereits im 1. Kapitel dargestellt wurden (S. 6 ff.).

3.3.1 Prinzipien einer konstruktivistisch orientierten mündlichen Kommunikation

• Jeder Mensch bringt durch die Enkulturation, Personalisation und die Sozialisation ein eigenes individuelles, autopoietisches (griechisch: autos = selbst; poien = machen), selbstreflektierendes System hervor, in das seine Erfahrungen und sein Wert- und Normsystem eingehen. Kommunikation wird möglich, nachdem wir weitgehend über identische Gehirne verfügen und in derselben Sprachgemeinschaft leben bzw. aufgewachsen sind. (Vgl. dazu S. 6f.)

„Autopoietische Systeme sind operational geschlossen und selbstreferentiell; d. h.: für die Aufrechterhaltung ihrer Existenz benötigen sie keinerlei 'Information', die nicht in der einen oder anderen Form in ihnen selbst angelegt wäre." (SCHMIDT, 1992, S. 376)

• Konventionen und Rituale helfen, Alltagssituationen zu bewältigen, die aber interkulturell sehr unterschiedliche Konstruktionsprinzipien haben können. Je höher die emotionale Beteiligung an einer Auseinandersetzung, einem Konflikt ist, desto schwieriger wird der Prozess der Verständigung, da Konventionen und Rituale nur noch unzureichend zur Verfügung stehen. Dazu kommt, dass in solchen Situationen der Einzelne für sich meist in Anspruch nimmt, die einzig richtige Konstruktion oder die einzig richtige Interpretation des Konflikts auf seiner Seite zu haben.

• In einer individualistisch geprägten Gesellschaft ist der Prozess der Verständigung äußerst mühsam. Dies wirkt sich auch auf die familiäre und die partnerschaftlichen

Kommunikationsvorgänge aus. Zugleich bedeutet aber die Abwesenheit von allgemeinverbindlichen Normen die Chance, jeweils individuelle Konstrukte für sich selbst zu generieren, die ein Höchstmaß der Anpassung an individuelle Bedürfnisse erlauben. Ganz besonders auf dem Weg zur Aneignung einer optimalen kommunikativen Kompetenz sind dem Einzelnen (Schüler) individuelle Lernwege zu ermöglichen, da die eingebrachten subjektiven Voraussetzungen und Bedingungen jeweils sehr unterschiedlich sein können. (Vgl. SPINNER, 1994 und 1997)

- Da wir in der Kommunikation im Grunde nur Schallwellen austauschen und unser Gehirn diesen in einem sehr komplexen Prozess Bedeutung zuweist, kommt der *Metakommunikation* eine zentrale Aufgabe zu, nämlich die Konstrukte der Wirklichkeitsinterpretation miteinander zu vergleichen.
- Die *schulische Kommunikation* ist insofern außerordentlich konfliktträchtig, da dem Lehrer die Konstruktionen seiner Schüler auf Grund des Altersunterschiedes (Kind / Jugendlicher – Erwachsener), des unterschiedlichen soziokulturellen Hintergrundes, der unterschiedlichen Erfahrungen oft unverständlich sind, so dass eine der wichtigsten Eigenschaften des Lehrers sein muss, bewusst zuhören zu können. Er sollte besonders empathiefähig sein. *Feedback* in möglichst vielfältiger Form zu ermöglichen, ist eine zentrale Aufgabe. Dazu kommt eine weitere eigentümlich schulische Konstruktion, dass Schüler versuchen, die jeweilig schulischen Konventionen des Lehrers zu antizipieren, der damit oft genug glaubt, sich an den Denk- und Handlungsweisen seiner Schüler orientiert zu haben. Im Grunde handelt es sich dabei ebenfalls um ein *autopoietisches System*.
- Da Lernfortschritte im mündlichen Sprachgebrauch wohl kaum zu erzielen sind, wenn dieser Lernbereich instrumentell vermittelt wird, muss der gesamte (Deutsch)Unterricht Lernfeld für kommunikatives Handeln sein.

3.3.2 Sprachphilosophische und sprechakttheoretische Aspekte des mündlichen Sprachgebrauchs

„Die Sprechakttheorie betont den Handlungscharakter der Sprache. Die zentralen Fragen, mit denen ein Sprechhandlungstheoretiker an sprachliche Phänomene herangeht, lauten:

(1) Was tun wir, wenn wir sprechen?

(2) Was tun wir, indem wir sprechen?

Für die Sprachhandlungstheorie gibt es also den Gegensatz zwischen 'tun' und 'sprechen' nicht, der im Alltagsbewusstsein besteht und sich in Äußerungen wie z. B. (3) zeigt.

(3) Jetzt haben wir lange genug geredet, lasst uns endlich etwas tun!" (HINDELANG, S. 4)

Sowohl Reden als auch praktisches Tun sind nach HINDELANG Handlungen; sie stellten jedoch jeweils verschiedene Handlungstypen dar, d. h. den in (3) angesprochenen Unterschied könne man durch eine Aufteilung in *praktische Handlungen* (wie z. B. *pflügen, tanzen, kochen*) und *sprachliche Handlungen* (wie z. B. *erzählen, bitten, loben*) erfassen.

Die *Sprechakttheorie* ist mit dem Russen LEW. S. WYGOTSKI (1896–1934), mit den Engländern JOHN L. AUSTIN (1911–1960) und JOHN R. SEARLE eng verbunden. (Vgl. dazu WYGOTSKI, 1977; AUSTIN, 1975; SEARLE, 1971) Nach SEARLE bestehe „*der Grund für die Konzentration auf die Untersuchung von Sprechakten [...] einfach darin, dass zu jeder sprachlichen Kommunikation sprachliche Akte gehören. Die Grundeinheit der sprachlichen Kommunikation ist nicht, wie allgemein angenommen wurde, [...] das Symbol, Wort- oder Satzzeichen, sondern die Produktion oder Hervorbringung des Symbols oder Wortes oder Satzes im Vollzug des Sprechaktes.*" (SEARLE, 1971, S. 30)

Nach SEARLE wird jeder Sprechakt in vier Teilakte untergliedert:

1. Den Äußerungsakt, der in der Regel in der Artikulation eines Satzes besteht: Während der Satz aber eine durch theoretische Abstraktion gewonnene Einheit des Sprachsystems ist, ist der Äußerungsakt der Gebrauch eines Satzes in einer bestimmten historischen Situation.

2. den propositionalen Akt. Er gliedert sich seinerseits in:
a) den Referenzakt, mit dem der Sprecher auf ein Objekt (Person, Gegenstand, Sachverhalt) oder auf mehrere Objekte sprachlich Bezug nimmt und
b) den Prädikationsakt, mit dem der Sprecher einem Referenzobjekt bestimmte Eigenschaften zuspricht bzw. eine bestimmte Beziehung zwischen mehreren Referenzobjekten ausdrückt.

3. den illoktionären (illokutiven) Akt, der darin besteht, dass mit dem Vollzug eines Äußerungsaktes und eines propositionalen Aktes zugleich eine bestimmte situations- und adressatenbezogene kommunikative Handlung (Frage, Warnung, Rat, Befehl, Feststellung usw.) vollzogen wird.

4. den perlokutionären Akt. Unter diesem Begriff sind die Wirkungen zusammengefasst, die ein Sprechakt beim Adressaten auslöst. (Der Adressat wird überzeugt, überredet, erschreckt usw.) (zitiert nach BAYER, 1982, S. 19/20)

Die Aufgliederung in verschiedene Teilakte ist nach BAYER zum Zwecke der Reflexion über sprachliches Handeln von großem Nutzen. Es hat also eher einen heuristischen Wert. Denn in der Alltagskommunikation laufen diese Prozesse selbstverständlich synchron ab. „*Unter Inkaufnahme einer gewissen Vereinfachung lässt sich sagen, dass der Äußerungsakt dem eher formalen Aspekt der syntaktischen, morphologischen und phonologischen Betrachtung entspricht, der propositionale Akt dem inhaltlichen Aspekt der semantischen Betrachtung und der illoktionäre und perlokutionäre Akt dem eigentlich handlungsbezogenen Aspekt der pragmatischen Betrachtung entsprechen.*" (BAYER, 1982, S. 20)

Der Auszug aus einer Sprechaktliste zeigt, wie vielfältig diese sein können:

entschlüsseln
– *eine Bildersprache*

sich entschuldigen
– *durch Begründungen*
– *für einen Fehler*
• *Entschuldigung bewerten*
• *Entschuldigung formulieren*

erfinden
– *Geschichten, zu Bildvorlagen und Wörtern – Geschichten, zu verschiedenen Vorlagen (und erzählen und spielen)*
– *fantastische Geschichten, zu Traumbildern*
– *Verwendungssituationen, zu vorgegebenen Dialogstücken (Gesprächselementen)*

erklären
- *jemandem schriftlich die Ausführung einer Handlung*
- *jemandem Sachverhalte- jemandem Spielregeln- jemandem Vorgänge [...]*
(BAYER, S. 32/33)

Dass so verstandene Sprechakte am wirkungsvollsten in Situationen eingeübt werden können, hat die Sprachdidaktik von Anfang an betont. So hat das Ehepaar KOCHAN schon in früheren Auflagen des *Taschenbuchs des Deutschunterrichts* mit Nachdruck zu Recht darauf verwiesen, dass „*Sprechsituationen*" zu einer „*zentralen Kategorie des mündlichen Sprachgebrauchs*" geworden seien. „*Die Situation hat in erster Linie motivierende Bedeutung. Der Unterricht wird also Situationen aufgreifen oder schaffen, die zum mündlichen Gebrauch der Sprache und dessen Reflexion herausfordern."* (KOCHAN, 1994, S. 230) Sie unterscheiden dabei zwischen *(a) fiktiver und realer Situation und (b) äußerer und innerer Situation.* Vor allem die „*innere Situation"* lässt sich konstruktivistisch interpretieren, wenn WOLFGANG BOETTCHER und HORST SITTA, die diese Begriffe in die Sprachdidaktik eingeführt haben, sagen, dass sie der von einer Person bedeutungsvolle Ausschnitt erfahrener Wirklichkeit sei. Dieser sei für den Einzelnen kohärent und zusammenhängend. „*'Wirklichkeit' ist dabei die spezifische interpretierte Wahrnehmung von Gegebenheiten durch eine Person.*" (BOETTCHER / SITTA, 1981, S. 17)

Im Folgenden wird die *menschliche Kommunikation* nach P. WATZLAWICK dargestellt, der auch ein wichtiger Vertreter des *Radikalen Konstruktivismus* ist; dies zeigt sich auch in seiner Argumentation.

3.4 Die menschliche Kommunikation
   (nach PAUL WATZLAWICK)

Im Alltag ist unsere Fähigkeit wichtig, uns mit Menschen (in unserer nächsten und weiteren Umgebung) bestmöglich verständigen zu können. Dass dies häufig nicht gelingt, haben wir alle schon erfahren. Denn die gesellschaftlichen und auch die persönlichen Umstände des Erlernens von Kommunikation sind oft so gestaltet, dass wir dabei auch Verhaltensweisen einüben, die uns hinderlich sind. Je besser der Verständigungsprozess von uns organisiert werden kann, desto befriedigender wird meist unser psychisches und physisches Wohlbefinden sein. Dieser **„menschlichen Kommunikation"** wurde seit der zweiten Hälfte der 60er Jahre besondere Beachtung geschenkt. PAUL WATZLAWICK (geb. 1921, ein Österreicher, der in den USA lehrte) hat für diese „menschliche Kommunikation" (sein Buch zusammen mit BEAVIN, J. H. und JACKSON, O. D. mit demselben Titel erschien 1969, jetzt 1996 unverändert in der 9. Auflage) Grundsätze erarbeitet.

Obwohl seit dem Erscheinen seiner Abhandlung Kommunikationsvorgänge in den verschiedensten Formen weiter differenziert wurden und neue Forschungsergebnisse ein genaueres Bild von den Prozessen vermitteln können, möchte ich dennoch kurz auf die **Axiome** von WATZLAWICK eingehen. Den Ausdruck Axiom halte ich in diesen Zusammenhängen (vgl. auch RUTH COHN, S. 44ff.) für nicht sehr geeignet, scheint er doch eine Ordnung wiederzugeben, die hier nicht zutreffen kann. Wenn ich den Begriff dennoch benutze, dann deshalb, weil er allgemein verwendet wird. In der Deutschdidaktik wurde gerade WATZLAWICKs Buch in den 70er Jahren heftig rezipiert, ganze Einführungsseminare bezogen sich darauf (vgl. BEHR u. a.: Grundkurs für Deutschlehrer: Sprachliche Kommunikation. Weinheim: Beltz 1972 und dieselben: Folgekurs für Deutschlehrer: Didaktik und Methodik der sprachlichen Kommunikation. Weinheim: Beltz 1975). Neu entwickelte Sprachbücher lasen sich in ihren Inhaltsangaben (z. B. für 5./6. Klassen die Diesterweg-Sprachbücher) wie verkappte kommunikationstheoretische Proseminare. Es muss allerdings vom Lehrer dieses Wissen didaktisch schülergerecht umgesetzt werden.

Auch wenn sich menschliche Kommunikation simultan in komplexer Form ereignet, kann es doch einen hohen heuristischen Wert darstellen, sie in Einzelaspekte aufzulösen.

Die Axiome
(Ich kommentiere sie selbst, da ich sie damit stärker auf die Deutschdidaktik beziehen kann.)
– *Man kann nicht* nicht *kommunizieren.*

WATZLAWICK setzt damit Kommunikation mit dem Verhaltensbegriff identisch. Ähnlich wie man sich *nicht* nicht verhalten könne, könne man auch *nicht* nicht kommunizieren. Diese Gleichsetzung ist nicht ganz unproblematisch, da sich eine Person auch „verhält", wenn sie sich allein in einem Raum befindet, ohne zu kommunizieren. Was WATZLAWICK allerdings meint, ist Folgendes, dass es auch eine Form von Kommunikation sei, wenn eine Person an einem Bekannten vorbeigehe, ohne ihn zu beachten und zu grüßen. Es könne sein, dass sie wütend auf ihn sei und im Moment nichts mit ihm zu tun haben möchte (aus irgendeinem Grund) oder auch, dass sie ihn einfach übersehen habe. Er aber muss dieses Verhalten deuten. Der erfahrene Lehrer weiß meistens sehr gut, dass er z. B. einen Schüler durch Nichtbeachtung besonders strafen kann.

Auch im Schriftlichen gibt es solche Phänomene. Wenn ein Dichter für sein Gedicht eine sehr schwirige Form wählt, so dass ihn kaum noch jemand verstehen kann, vielleicht mit Ausnahme eines kleinen Kreises, so könnte es sein, dass er seine Botschaft nur einer kleinen Elite zukommen lassen wolle, Adressat ist nicht die große Masse (z. B. STEFAN GEORGE und sein Kreis).

– *Jede Kommunikation hat einen Inhalts- und einen Beziehungsaspekt, derart, dass letzterer den ersteren bestimmt und daher eine Metakommunikation ist.*

Mit jedem Inhalt, der übermittelt wird, wird gleichzeitig auch die Beziehung zu den Kommunikationspartner bestimmt. Dabei wird durch den Beziehungsaspekt definiert, wie der Inhalt verstanden werden soll. Ein Lehrer, der in eine tobende Klasse kommt und feststellt „*Ihr seid mir eine schöne Klasse*", meint damit genau das Gegenteil dessen, was er inhaltlich ausdrückt. Es handelt sich hier um das Stilmittel der Ironie, wobei in einem solchen Fall Inhalts- und Beziehungsaspekt eines kommunikativen Aktes nicht kongruent (deckungsgleich) sind. Ein Bekannter, der zu Ihnen sagt „*Heute ist aber ein schönes Wetter*", kann damit Unterschiedliches auf der Beziehungsebene andeuten. Es ist für ihn/sie eine Verlegenheitsfloskel, er/sie will nichts weiter von Ihnen, oder es beinhaltet eine Aufforderung, mit ihm/ihr spazieren zu gehen, sich ins Schwimmbad zu begeben usw.

Auch wenn wir scheinbar Sachverhalte vermitteln (etwa in einem Referat), deuten wir unseren Zuhörern (durch Gestik, Mimik, Körperhaltung) an, ob wir sie schätzen, lieben, verachten, ob sie uns gleichgültig sind.

Beispiel: Das **Prüfungsgespräch:**

Zwei Schüler werden vor die Tür geschickt. Der Lehrer vereinbart mit der Klasse, den verbal geschickteren Schüler in einem Prüfungsgespräch nicht positiv zu verstärken (z. B. ihm nicht in die Augen zu schauen, nicht bestätigend zu nicken, nicht zu lächeln usw.), d. h. es wird dem Kandidaten eine negative Beziehung signalisiert. Die Folge eines solchen Verhaltens des Prüfers ist in der Regel eine totale Verunsicherung des Schülers, der unter der Belastung eines negativen Beziehungskontextes bald verstummt. Umgekehrt wird dem schwächeren Schüler eine positive Beziehung signalisiert (Lächeln, zustimmendes Nicken, in die Augen schauen usw.) bei etwa gleichen Fragen. Die Folgen davon sind meist, dass dieser Schüler sich wohl fühlt und sein Wissen reproduzieren kann. Die beiden Schüler berichten über ihre Gefühle und machen damit deutlich, wie sehr in solchen Situationen der Einzelne von der positiven oder negativen Beziehung abhängig ist. Der Schüler erfährt durch ein solches „Spiel", wie sehr auch seine Leistung abhängig sein kann von seiner Beziehung zum Lehrer, oder umgekehrt des Lehrers zu ihm.

Ich habe diese Übung häufig mit Studenten durchgeführt, und es war immer erstaunlich, wie sehr die Verweigerung einer positiven Rückmeldung die geforderte Leistung beeinträchtigte. Da ich auch Staatsexamensprüfungen abnehmen muss, gerate ich dabei oft selbst in ein Dilemma. Auf der einen Seite möchte ich dem/der Kandidaten / Kandidatin einen positiven Beziehungskontext signalisieren, um das wirklich vorhandene Wissen zu mobilisieren, andererseits sollte Mimik und Gestik nun der später erteilten Beurteilung nicht entgegengesetzt sein, was sich in dem Vorwurf äußern könnte: „*Sie haben ja so freundlich gelächelt und jetzt verpassen Sie mir eine Mangelhaft.*"

Häufig werden aber Auseinandersetzungen (oft in Paarbeziehungen) auf der **Inhaltsebene** ausgetragen, die ihre **Ursachen in der Beziehungsebene** haben.

– Ein Paar streitet sich vor Freunden, wann es am Vorabend nach Hause gekommen sei; die Differenz zwischen beiden Auffassungen beträgt lediglich 15 Minuten und ist für die Mitteilung unwichtig. Sehr häufig verbirgt sich hinter derartigen Auseinandersetzungen ein tiefsitzender Beziehungskonflikt.

– Meist aber bleibt ein solcher Streit nicht auf die Inhaltsebene beschränkt, sondern eskaliert auf die Beziehungsebene: „*Immer verbesserst du mich vor Freunden. Du bist ekelhaft.*"

– Die reifste Form der Streitdiskussion (wie Schüler sie in der Schule lernen sollten) ist eine Auseinandersetzung auf der Inhaltsebene, die die Beziehung nicht beeinträchtigt, was oft metakommunikative Bemerkungen notwendig macht. „*Verstehe mich nicht falsch, ich möchte dich nicht verletzen, aber ich bin in dieser Frage ganz anderer Meinung als du.*"

Die Eltern / Erzieher und Lehrer sollten **eine Kongruenz von Inhalts- und Beziehungsaspekt** in der Kommunikation anstreben. Besonders für das Kleinkind ist dies wichtig, um ein stabiles Realitätsbewusstsein herstellen zu können. Eine Mutter, die ihr Kind lächelnd mit einem freundlichen „*Komm nur her, mein Liebling*" auf den

Arm nimmt und es gleichzeitig schlägt, weil es etwas angestellt hat, stürzt das Kind in einen tiefen Zwiespalt; ebenso wenn sie das Kind liebkost (durch Streicheln und In-den-Arm-Nehmen), aber gleichzeitig es verbal ausschimpft „*Du bist aber ganz schlimm, weil du deine Schwester geärgert hast.*" Wenn der Realität entsprechende Wahrnehmungen von Kindern durch wichtige Bezugspersonen in Frage gestellt werden, dann spricht WATZLAWICK von der Doppelbindung (**„double bind"**, S. 195 ff.).

Mitteilung = Inhalt + Beziehung oder
Mitteilung = Botschaft + wie sie verstanden werden soll.

(MOLTER / BILLERBECK, 1978, S. 57)

In Familien, in denen eine paradoxe Kommunikation durchgängig üblich ist, könnte nach WATZLAWICK sogar Schizophrenie auftreten. Dies muss man mit Vorsicht aufnehmen, da heute für diese Krankheit auch Stoffwechselstörungen im Gehirn verantwortlich gemacht werden.

– Die Natur einer Beziehung ist durch die Interpunktion der Kommunikationsabläufe seitens der Partner bedingt.

„*Diskrepanzen auf dem Gebiet der Interpunktion sind die Wurzel vieler Beziehungskonflikte.*" (WATZLAWICK, S. 58)

WATZLAWICK beschreibt das Beispiel einer nörgelnden Ehefrau und eines Ehemannes, der eine „*passiv zurückgezogene Haltung*" zeigt. „*Im Wesentlichen erweisen sich ihre Streitereien als monotones Hin und Her der gegenseitigen Vorwürfe und Selbstverteidigungen: 'Ich meide dich, weil du nörgelst' und 'Ich nörgele, weil du mich meidest'.*" (S. 58) Jeder für sich sieht die Ursache für das eigene Verhalten in der Aktion des Partners. Der Streit weist eine Zirkelstruktur auf, da der Beginn der eigenen Reaktion zeitlich unterschiedlich gesetzt wird. Um eine so ablaufende Kommunikation zu verändern, sind metakommunikative Kompetenzen erforderlich.

– *Menschliche Kommunikation bedient sich digitaler [verbaler] und analoger [nonverbaler, nicht-sprachlicher] Modalitäten [Ausdrucksmittel]. Digitale Kommunikationen haben eine komplexe und vielseitige logische Syntax, aber eine auf dem Gebiet der Beziehungen unzulängliche Semantik [Bedeutungslehre]. Analoge Kommunikationen dagegen besitzen dieses semantische Potential, ermangeln aber der für eindeutige Kommunikationen erforderlichen logischen Syntax.*[1]

Unter **verbaler Kommunikation** sind dabei die **sprachlichen** Möglichkeiten zu verstehen; manchmal werden auch mit dem Sprechen verbundene paralinguistische (parasprachliche) Elemente festgestellt: Tonfall, Tonhöhe, Sprechgeschwindigkeit, Modulation der Stimme usw. **Nonverbale** Ausdrucksmittel sind: Gestik, Mimik, Körperhaltung, Blick usw. Beziehungen werden nach WATZLAWICK vor allem nonverbal und paralinguistisch vermittelt. Jemand, der seelisch erschüttert ist, kann vielleicht sprachlich seine Verfassung verschleiern, der Tränenausbruch gibt dem Gesprächspartner aber über die Gefühlslage eindeutig Auskunft. Dennoch sind nonverbale Äußerungen oft vieldeutig und können nur im Zusammenwirken mit sprachlichen verstanden werden.

---

[1] Der im Buch störende grammatikalische Fehler wurde beseitigt: (… *ermangeln aber die für eindeutige Kommunikationen erforderliche logische Syntax.*)

Besonders die analoge, die nonverbale Kommunikation ist in den letzten zweieinhalb Jahrzehnten intensiv erforscht worden. Deshalb soll dieser Bereich später noch ausdifferenziert werden.

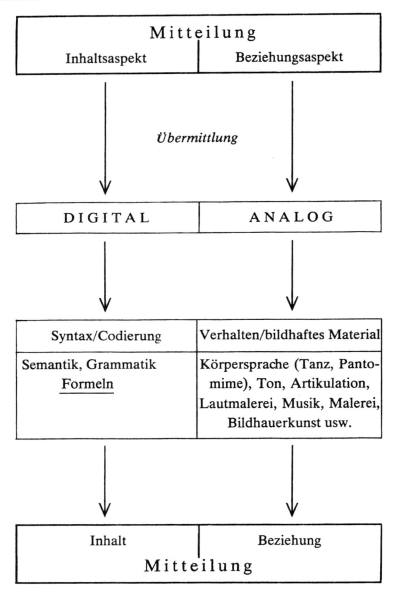

MOLTER / BILLERBECK, 1978, S. 27

– *Zwischenmenschliche Kommunikationsabläufe sind entweder symmetrisch* [gleichwertig] *oder komplementär* [ergänzend], *je nachdem, ob die Beziehung zwischen den Partnern auf Gleichheit oder Unterschiedlichkeit beruht.* (Die Axiome WATZLAWICKs, S. 50–70)

Unter symmetrischer Kommunikation versteht man ein Gespräch, bei dem sich die Partner quantitativ und qualitativ gleichmäßig beteiligen können. Symmetrie ist noch nicht ein Wert an sich, sondern nur dann, wenn sich die Partner als gleichwertig akzeptieren. WATZLAWICK schildert ein extremes Beispiel einer verfahrenen symmetrischen Kommunikation aus dem Drama E. ALBEEs „*Wer hat Angst vor Virginia Woolf?*", in dem sich die Ehepartner bis zur physisch-psychischen Erschöpfung (symmetrisch) quälen. Eine komplementäre (asymmetrische Kommunikation) liegt dann vor, wenn ein Gesprächspartner dominiert, wobei diese Dominanz auf „Unterschiedlichkeit" (evtl. auf Grund des Amtes, z. B. als Lehrer in der Schule; oder auf Grund der größeren psychischen Stärke) beruht. Vorübergehende, allerdings auf prinzipieller Gleichwertigkeit beruhende Dominanz wird durchaus positiv gewertet. Sowohl andauernde Symmetrie als auch Asymmetrie in Kommunikationen können zu gestörten Abläufen führen. Dies wird bei WATZLAWICK nicht so eindeutig dargestellt.

In der Schule sollte der Lehrer darauf achten, dass möglichst **symmetrisch strukturierte Kommunikationsabläufe** zustande kommen. Damit Schüler auch mit Schülern im Unterricht ohne den Lehrer als vermittelnde Person, die das Wort erteilt, sprechen können, sollen Schüler bei Diskussionen sich gegenseitig aufrufen dürfen. In vielen Praktikumsklassen der Hauptschule und der Grundschule habe ich diese Methode beobachten können, wobei sich auch der Umgang der Schüler miteinander positiv veränderte.

Zu konkreten organisatorischen Maßnahmen siehe S. 56 ff.

WATZLAWICK stellte relativ abstrakte Grundsätze auf, die noch der didaktischen Umsetzung bedürfen, wenn sie für Schüler unmittelbar wirksam werden sollen. Sie können dem Lehrer dennoch helfen, das Kommunikationsgeschehen in der Klasse besser zu durchschauen und implizit Bedingungen zu schaffen, die sich auf das Interaktionsverhalten positiv auswirken.

Wenn im Deutschunterricht die kommunikative Kompetenz weiterentwickelt werden soll, ist es notwendig, aus den Bezugswissenschaften entsprechende Methoden und Verfahren zu rezipieren und für die Bedürfnisse der Deutschdidaktik aufzubereiten.

Manchmal ist der Bezugsrahmen solcher Richtungen der Psychologie, vor allem der Humanistischen, ein therapeutischer. Aber häufig lassen sich Ergebnisse und Erkenntnisse auch auf die tägliche Interaktion von Menschen übertragen; meist wird dies auch von vornherein intendiert, z. B. unter dem Begriff „*Therapien für Gesunde*" (vgl. KARMANN, 1987, S. 137). In diesem Zusammenhang ist für schulische Bedürfnisse in den letzten Jahrzehnten vor allem die **themenzentrierte Interaktion** (TZI begründet von RUTH COHN) und die **Gestaltpädagogik** (GP begründet von FRITZ PERLS) aufbereitet worden.

3.5 Die themenzentrierte interaktionelle Methode (RUTH C. COHN)

RUTH C. COHN, geb. 1912 in Berlin, die 1933 über die Schweiz in die USA emigrierte (1941), hat von der Psychoanalyse ausgehend die TZI entwickelt. Sie spricht von Axiomen, Postulaten und Hilfsregeln, ohne diese Begriffe zu klären. Ich werde sie nach ihrem Gebrauch verwenden, obwohl mir deren Problematik bewusst ist.

Die Axiome:

1. Der Mensch ist eine psycho-biologische Einheit. Er ist auch Teil des Universums. Er ist darum autonom und interdependent. Autonomie (Eigenständigkeit) wächst mit dem Bewusstsein der Interdependenz (Allverbundenheit).
Menschliche Erfahrung, Verhalten und Kommunikation unterliegen interaktionellen und universellen Gesetzen. Geschehnisse sind keine isolierten Begebenheiten, sondern bedingen einander in Vergangenheit, Gegenwart und Zukunft.
2. Ehrfurcht gebührt allem Lebendigen und seinem Wachstum. Respekt vor dem Wachstum bedingt bewertende Entscheidungen. [...]
3. Freie Entscheidung geschieht innerhalb bedingender innerer und äußerer Grenzen. Erweiterung dieser Grenzen ist möglich.

Unser Maß an Freiheit ist, wenn wir gesund, intelligent, materiell gesichert und geistig gereift sind, größer, als wenn wir krank, beschränkt oder arm sind und unter Gewalt und mangelnder Reife leiden. [...] (COHN, S. 120)

In Anlehnung an J. ROTH, 1977, S. 483

Die TZI ist die einzige gruppendynamische Methode, die neben der Gruppe = **WIR**, der Einzelpersönlichkeit = **ICH** auch das **ES** = das Thema berücksichtigt.

Diese Faktoren sind in ein gesellschaftliches Umfeld eingeordnet. In der Schulklasse wird traditionell das **ES** (Thema, Gegenstand, Stoff, nicht zu verwechseln mit dem „Es", dem Unbewussten S. FREUDs) stark betont, während die einzelne Schülerpersönlichkeit und der klasseninterne Bezugsrahmen in der Gruppe eine untergeordnete Rolle spielen. Im Unterschied zu vielen gruppendynamischen Übungsformen wird in der **TZI** das **Thema als eine Aufgabe** begriffen, die zu lösen ist, was nur gelingen kann, wenn sich der Schüler als Mitglied der Gruppe aktiv beteiligt. Dabei müssen die Grundkonstituenten, **Ich – Wir – Es**, eine dynamische Balance aufweisen, d. h. je nach Situation wird es notwendig sein, sich mit der Gruppe oder der Einzelpersönlichkeit zu befassen, damit lebendiges Lernen am Thema möglich wird. So kann sich nach RUTH COHN eine Gruppe nicht **ständig** mit einem neurotischen Gruppenmitglied befassen.

„Es gibt jedoch auch Teilnehmer mit 'dauernden Störungen', die durch kurze Interaktionen nicht zur Ruhe kommen können. Wenn ein Mensch zutiefst voller Ängste ist oder von chronischen Problemen beschwert, kann er sich oft nicht auf andere

Aufgaben als auf seine eigene Existenznot beziehen. Dann ist es besser, eine therapeutische Behandlung vorzuschlagen, oder eine Gruppe mit seinem speziellen Thema zu finden – wie z. B. 'Ich und Du in unserer Ehe – wie sollen wir leben?' oder 'Wie befreie ich mich von meinen Arbeitsstörungen?' Die Störung des Wir in nichttherapeutischen Gruppen hat manchmal Vorrang vor unlösbaren Problemen des Ich. Dies trifft auch zu, wenn eine Gruppe rasch entscheiden muss: z. B. bei konkreten Gefahren oder Termindruck. Die Maxime 'Realität hat den Vorrang' hilft, Entscheidungen über Vorrangigkeit zu treffen; es braucht Übung, diese 'Gefahrenregel' nicht zu missbrauchen." (COHN, S. 122)

In der Schule wird man auf ähnliche Schwierigkeiten stoßen, Balance zwischen einem störenden „Einzelschüler" und den Bedürfnissen der Großgruppe zu halten; der Lehrer wird Gespräche außerhalb des Unterrichts anbieten müssen, um solchen Schülern zu helfen.

Jede Gruppe trifft sich zu einer bestimmten Zeit an einem bestimmten Ort und immer wirken historische, soziale und teleologische (= zielorientierte) Gegebenheiten in den Gruppenprozess hinein. Den Kreis in der Abbildung (S. 44) nennt R. COHN den **„Globe"**; darunter versteht sie alles das, was an unmittelbar Aktuellem das lebendige Lernen beeinflusst. Als am 16. Januar 1991 der Golfkrieg ausbrach, war mein Seminar so sehr davon betroffen, dass wir uns in dieser Sitzung mit dem Ereignis auseinandersetzten. Oftmals kann aber auch etwas ganz Banales Gruppenprozesse stark beeinflussen. Auf einer Lehrerfortbildung mussten wir in einem Haus wohnen, das von den Handwerkern noch nicht ganz verlassen worden war. Der Gruppenraum roch noch derart intensiv nach Farbe, dass einige Teilnehmer Kopfschmerzen bekamen. Wir haben in einem älteren Gebäude ein Ausweichquartier gefunden, wodurch die Störung behoben werden konnte. Die Gruppe und der Leiter / Lehrer sollten also darauf achten, dass die augenblickliche Befindlichkeit, die das Lernen fördern oder hemmen kann, immer Berücksichtigung findet.

Postulate und Hilfsregeln

Aus den oben genannten Axiomen leitet RUTH COHN Postulate ab; sie sind Forderungen auf der Basis des 'Paradox' der Freiheit in Bedingtheit (R. COHN, S. 120).

– *Sei dein eigener Chairman, der Chairman deiner selbst.*

  Chairman übersetzt sie nicht wegen des Doppelsinns des englischen Wortes: Chairman of myself = Leiter meiner selbst und Chairman of a group = Vertreter der Interessen aller in einer Gruppe.

  Dies bedeutet:

  a) Sei dir deiner inneren Gegebenheiten und deiner Umwelt bewusst.

  b) Nimm jede Situation als Angebot für deine Entscheidungen. Nimm und gib, wie du es verantwortlich für dich selbst und andere willst.

– Beachte Hindernisse auf deinem Weg, deine eigenen und die von anderen.
  Störungen haben Vorrang.
  Solche seien einfach da, „*sie fragen nicht nach Erlaubnis*". Es komme aber darauf an, wie man sie bewältige. „*Antipathien und Verstörtheiten können den Einzelnen*

versteinern und die Gruppe unterminieren; unausgesprochen und unterdrückt bestimmen sie Vorgänge in Schulklassen, in Vorständen, in Regierungen. Verhandlungen und Unterricht kommen auf falsche Bahnen oder drehen sich im Kreis." (COHN, S. 122)

Sie formuliert neun **Hilfsregeln** (S. 123–128), die aber in diesem Zusammenhang nicht ausführlich erörtert werden können:

1. *Vertritt dich selbst in deinen Aussagen: sprich per „Ich" und nicht per „Wir" oder per „Man".*

Der Einzelne wird dadurch in stärkerem Maße gezwungen, für sich Verantwortung zu übernehmen. Dies betrifft selbstverständlich nur Aussagen über eigene **Gefühle**, **Wünsche**, **Bedürfnisse** und manche **Erfahrungen**. Im Unterricht zeigt sich, dass gerade die Einhaltung dieser Regel den Jugendlichen besondere Schwierigkeiten bereitet.

„Die verallgemeinernden Wendungen von 'Wir', wie z. B. in 'Wir glauben', 'man tut', 'jedermann denkt', 'niemand sollte', sind fast immer persönliche Versteckspiele. [...] Wenn ich an meine eigene Aussage glaube, brauche ich keine fiktive, quantitative Unterstützung des andern. Wenn ich dennoch Bestätigung brauche oder wünsche, muss ich überprüfen, ob die anderen mir wirklich zustimmen. Aussagen einzelner Gruppenmitglieder wie 'Die Gruppe denkt', 'Wir langweilen uns alle', 'Alle sind anderer Meinung als du', 'Wir alle wollen eine Kaffeepause' sind oft nicht wahr. [...] 'Wir' als Träger von Aussagen ist nur authentisch, wenn die Gemeinsamkeitsfaktoren der Ichs überprüft worden sind. 'Man' bedeutet eine Aussage über alle Menschen oder eine definitiv bestimmte Gruppe größeren Ausmaßes."

2. *Wenn du eine Frage stellst, sage, warum du fragst und was deine Frage für dich bedeutet. Sage dich selbst aus und vermeide das Interview.*

„Echte Fragen verlangen Informationen, die nötig sind, um etwas zu verstehen oder Prozesse weiterzuführen. Authentische Informationsfragen werden durch die Gründe für die Informationswünsche persönlicher und klarer.
Fragen, die kein Verlangen nach Information ausdrücken, sind unecht. Sie können Vermeidungsspiele sein, um eigene Erfahrungen zu verschweigen oder dienen als Werkzeug inquisitorischer Machtkämpfe."

Das Interview wird meist als Aggression empfunden. Wenn z. B. die noch nicht volljährige Tochter in der Nacht spät nach Hause kommt und die Mutter einen Fragenschwall auf sie niederprasseln lässt (etwa: „Wo bist du gewesen? Warum kommst du so spät? Wer war bei dir? Warum hast du nicht angerufen?" usw.), dann hat das Mädchen kaum eine Chance zu einem Gespräch. Wenn dagegen die Mutter mitteilt, warum ihr die Fragen so wichtig sind (etwa: „Ich habe mir Sorgen um dich gemacht, deshalb möchte ich wissen..."), dann sind die Voraussetzungen für ein Gespräch gegeben.

3. *Sei authentisch und selektiv in deinen Kommunikationen. Mache dir bewusst, was du denkst und fühlst, und wähle, was du sagst und tust.*

„Wenn ich etwas nur sage oder tue, weil ich soll, dann fehlt dieser Handlung meine eigene bewährte Überprüfung, und ich handle nicht eigenständig. Ich spreche dann entweder auf der Basis einer unreflektierten Gruppennorm oder gehorche einem internalisierten (elterlichen) Soll; oder ich fälle Entscheidungen, ohne wirklich zu entscheiden, 'weil mir gerade so zumute ist', ohne Rücksicht auf mein eigenes Wertsystem oder mein Urteil über Gegebenheiten, und entziehe mich so gleicherweise autonomer Wahl. Wenn ich alles ungefiltert sage, beachte ich nicht meine und des andern Vertrauensbereitschaft und Verständnisfähigkeit. Wenn ich lüge oder manipuliere, verhindere ich Annäherung und Kooperation. Wenn ich selektiv und authentisch ('selective authenticity') bin, ermögliche ich Vertrauen und Verständnis. Wenn Vertrauen geschaffen ist, wird Filterung zwischen meiner Erfahrung und meiner Aussage weitgehend überflüssig. Je weniger solches Filtern nötig geworden ist, desto einfacher, produktiver und froher ist die Kooperation der Teilnehmer. Solches Vertrauen kommt nicht durch Konformitätsdruck und in Übereilung zustande."

4. Halte dich mit Interpretationen von anderen so lange wie möglich zurück. Sprich statt dessen deine persönlichen Reaktionen aus.

„Interpretationen können korrekt und zeitlich angebracht sein. Bestenfalls schaden sie nicht. Wenn sie richtig und taktvoll sind (zeitadäquat), zementieren sie das, was der Interpretierte weiß; wenn sie richtig, jedoch nicht zeitgerecht sind, erregen sie Abwehr und verlangsamen den Prozess. Häufig sind sie nichts anderes als Selbstbewunderungsspiele. Nicht-interpretative, direkte persönliche Reaktionen zum Verhalten anderer führen zu spontaner Interaktion. ('Du redest, weil du immer im Mittelpunkt stehen willst' versus 'Bitte rede jetzt nicht, ich möchte nachdenken' oder 'Ich möchte selbst reden.')"

5. Sei zurückhaltend mit Verallgemeinerungen

„Verallgemeinerungen haben die Eigenart, den Gruppenprozess zu unterbrechen. Sie sind am Platz, wenn ein Unterthema ausreichend diskutiert worden und der Wechsel des Gegenstandes angezeigt ist (z. B. als Hilfe, dynamische Balance herzustellen oder zu einem anderen Unterthema überzuleiten).'

Beide Regeln stehen in einem inneren Zusammenhang, denn „Interpretationen" sind häufig auch „Verallgemeinerungen", die den Interpretierten in eine Verteidigungsposition drängen, so dass die Auseinandersetzung leicht eskalieren kann. Wenn eine Frau beim Frühstück zu ihrem Mann sagt „Heute bist Du aber grantig!", dann ist das eine solche Verhaltensdeutung. Er entgegnet empört: „Ich bin **aber gar nicht** grantig!" Sie darauf: „Siehst du, du bist **also doch** grantig." Wenn dagegen der Partner die eigenen Beobachtungen und Gefühle wiedergibt, bleibt die Chance zu einer Erklärung erhalten, z. B. „Du wirkst auf mich so abgespannt und müde, hast du schlecht geschlafen?"

6. Wenn du etwas über das Benehmen oder die Charakteristik[1] eines anderen Teilnehmers aussagst, sage auch, was es dir bedeutet, dass er so ist, wie er ist (d. h. wie du ihn siehst).

„Diese Regel, zusammen mit der 'Frage-Regel' ('Frage nicht ohne Zufügung deiner Motivation'), verhindert das Phänomen des Prügelknaben. 'Interview' und 'Feedback' können Geheimwaffen für Ablenkungsmanöver und für Angriffe sein. Die Aussage darüber, wie ich einen andern sehe, ist immer meine persönliche Meinung. Ich kann nur meine Ansicht über den anderen aussprechen, nicht aber mit dem Anspruch auf allgemeine Gültigkeit. Wenn der Sprecher hinzufügt, was ihm seine Fragen und sein Feedback bedeuten, werden echte Dialoge begünstigt."

---

[1] *RUTH COHN spricht hier wohl vom Charakter* eines Menschen.

Beispiel: „Versteh mich nicht falsch, es liegt mir viel an der Freundschaft mit dir; aber du bist gestern an mir vorbeigegangen, ohne mich zu beachten. Auf mich wirktest du richtig arrogant."

7. Seitengespräche haben Vorrang. Sie stören und sind meist wichtig. Sie würden nicht geschehen, wenn sie nicht wichtig wären (Vielleicht wollt ihr uns erzählen, was ihr miteinander sprecht?).

„Wenn ein Gruppenmitglied Aussagen an seinen Nachbarn richtet, so ist er mit großer Wahrscheinlichkeit stark beteiligt. Es kann sein, dass er etwas sagen will, was ihm wichtig ist, aber er scheut sich, es zu tun; oder er kommt nicht gegen schnellere Sprecher auf und braucht Hilfe, sich in der Gruppe zu exponieren. Er kann auch aus dem Gruppenprozess herausgefallen sein und versucht nun, auf einem Privatweg wieder hineinzukommen. (Es ist wichtig, dass diese Regel als eine Aufforderung erlebt wird und nicht als Zwang. Die Angesprochenen werden aufgefordert und nicht erpresst.)"

Im Unterricht können solche Seitengespräche eine doppelte Bedeutung haben. Auf der einen Seite kann dieses Unterhalten mit dem Nachbarn eine starke Beteiligung anzeigen, so dass der Einzelne gar nicht abwarten kann, seine Beiträge ins Plenum einzubringen. Andererseits können vermehrte Seitengespräche etwa darauf hinweisen, dass die Arbeit am Thema langweilig geworden ist. Für den Lehrer ist es wichtig, die Aktionen und Reaktionen (einschließlich der körpersprachlichen Signale) sorgfältig zu beobachten und entsprechende Folgerungen zu ziehen.

8. *Nur einer zur gleichen Zeit bitte*

„Niemand kann mehr als einer Äußerung zur gleichen Zeit zuhören. Um sich auf verbale Interaktionen konzentrieren zu können, müssen sie nacheinander erfolgen. Der Gruppenzusammenhalt ergibt sich aus konzentriertem Interesse füreinander und für die Aussagen oder Aktionen jedes Teilnehmers.

Diese Regel bezieht sich primär auf verbale Aussagen. Manchmal können jedoch nichtverbale Kommunikationen wie Gesten, Paarbildungen usw. ebenso ablenkend sein wie verbale Äußerungen; sie werden deshalb am besten aufgegriffen und in den Gesamtstrom eingebracht. (Es gibt viele Situationen, für die diese Regel nicht gilt. Gleichzeitige Interaktionen sind erforderlich, wenn die Gruppe in Paare oder kleinere Arbeitsgruppen aufgeteilt ist oder bei Rollenspielen und Begegnungsübungen, die andersartige Spielregeln erfordern.)"

Gerade in der Grundschule ist die Beachtung dieses Gesprächsgrundsatzes besonders wichtig, da die Kinder noch sehr stark ich-zentriert agieren. So könnte das Durcheinander beim Erzählen im Morgenkreis zur induktiven Erarbeitung dieser Regel genutzt werden.

9. *Wenn mehr als einer gleichzeitig sprechen will, verständigt euch in Stichworten, über was ihr zu sprechen beabsichtigt.*

„Alle Anliegen derer, die gerne sprechen möchten, werden auf diese Weise kurz erörtert, bevor die volle Gruppenaktion weitergeht. Eine kurze Kommunikation mindert explosive Bedürfnisse, sich mitzuteilen, und befähigt die Gruppe zu wählen. Durch dieses Vorgehen wird die Entscheidung, wer sprechen soll, nicht allein vom Gruppenleiter übernommen, sondern kommt durch autonome Entscheidungen aller Teilnehmer zustande. Sprechordnung kann dann auf verschiedene Arten bestimmt werden, z. B.

a) durch das offenbar starke Bedürfnis eines der Teilnehmer,
b) durch das größere Interesse der Gruppenmitglieder für die eine oder andere Äußerung,

c) durch Identität zweier Aussagen,
d) durch ergänzende Aussagen.

Die rasche Stichwortkommunikation zwischen den Sprechenden vermittelt der ganzen Gruppe einen Überblick über die Vielfalt der Gesprächsfäden, die auch später wieder aufgenommen werden können. So fühlt sich niemand übergangen. Rivalisieren um des Rivalisierens willen wird weitgehend verhindert. [...]"

Diese Gesprächsgrundsätze werden in ähnlicher Form in den meisten Kommunikationstrainingsseminaren berücksichtigt. Mit den Postulaten und Hilfsregeln (auch nach SCHWÄBISCH / SIEMS oder SCHULZ VON THUN) ist ein konkreter Rahmen für eine menschliche Kommunikation gegeben, der durchaus ergänzt werden kann. SCHWÄBISCH / SIEMS entwickelten getrennte Regeln für die **Paarbeziehung** und für die **Gruppensituation**, wobei natürlich eine ganze Reihe von Gesprächsgrundsätzen identisch ist (S. 161 ff. und S. 242 ff.). Sie schlagen u. a. auch Feedback-Übungen vor, die bei RUTH COHN noch keine große Rolle spielen.

Ergänzend möchte ich die beiden **Feedback-Regeln** nach SCHWÄBISCH / SIEMS anführen:

Gib Feed-back wenn du das Bedürfnis hast

„Löst das Verhalten eines Gruppenmitgliedes angenehme oder unangenehme Gefühle bei dir aus, teile es ihm sofort mit, und nicht später einem Dritten.

Wenn du Feed-back gibst, sprich nicht über das Verhalten des anderen, denn du kannst nicht wissen, ob du es objektiv und realistisch wahrgenommen hast. Sprich nicht in einer bewertenden und normativen Weise. Vermeide Interpretationen und Spekulationen über den anderen.

Sprich zunächst einfach von den Gefühlen, die durch das Verhalten des anderen bei dir ausgelöst werden. Danach kannst du versuchen, das Verhalten des anderen so genau und konkret wie möglich zu beschreiben, damit er begreifen kann, welches Verhalten deine Gefühle ausgelöst hat. Lass dabei offen, wer der 'Schuldige' an deinen Gefühlen ist. Du benötigst dabei keine objektiven Tatsachen oder Beweise – deine subjektiven Gefühle genügen, denn auf diese hast du ein unbedingtes Recht.

Versuche vor deinem Feed-back die Einwilligung deines Gesprächspartners einzuholen, ihm dieses zu geben."

Wenn du Feed-back erhältst, hör ruhig zu

„Wenn du Feed-back erhältst, versuche nicht gleich, dich zu verteidigen oder die Sache 'klarzustellen'. Denk daran, dass dir hier keine objektiven Tatsachen mitgeteilt werden können, sondern subjektive Gefühle und Wahrnehmungen deines Gegenüber. Freu dich zunächst, dass dein Gesprächspartner dir sein Problem erzählt, das er mit dir hat. Diese Haltung wird dir helfen, ruhig zuzuhören und zu prüfen, ob du auch richtig verstanden hast, was er meint. Versuche zunächst nur zu schweigen und zuzuhören, dann von deinen Gefühlen zu sprechen, die durch das Feed-back ausgelöst worden sind, und erst dann gehe auf den Inhalt ein." (SCHWÄBISCH / SIEMS, S. 245)

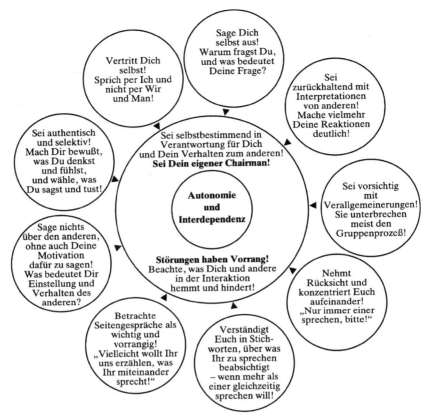

Nach RUTH COHN: Zur Grundlage des themenzentrierten interaktionellen Systems. In: Gruppendynamik 5, 1974, Stuttgart: Klett

3.6 Die Gestaltpädagogik (FRITZ PERLS)

FRITZ PERLS gilt als der Schöpfer der Gestaltpädagogik, auch PAUL GOODMAN hat an der Ausprägung dieser Disziplin Anteil.

Der Psychoanalytiker FRITZ PERLS (geb. 1893 in Berlin – 1970) musste als Jude wie RUTH COHN 1933 aus Deutschland fliehen. Der Exodus vieler Wissenschaftler in die USA führte zu Neuentwicklungen, die erst allmählich wieder in Deutschland und Europa rezipiert wurden. Seit etwa 1950 werden PERLS Forschungsergebnisse unter dem Begriff „Gestaltpädagogik" = GP diskutiert.

Die grundlegende Voraussetzung der Gestaltpädagogik ist die Annahme, dass das Ganze jeweils mehr als die Summe seiner Teile sei. In einem Teil des Ganzen finde sich das Ganze selbst in seiner Grundkonzeption wieder. Es ist eine holistische Theorie und enthält das Übersummationsprinzip.

Beispiel: Wenn ein Patient nervös mit den Fingern auf die Stuhllehne trommelt oder eine andere körperliche Auffälligkeit aufweist (und zwar im Hier und Jetzt), beginnt der Therapeut meist von dieser momentanen Beobachtung ausgehend zu arbeiten, da sie in Beziehung zur gesamten Persönlichkeit des Klienten steht.

Im Sinne der Gestalttherapie ist der Handlungsverlauf eine ständige lebendige Dynamik zwischen **Figur** und **Grund**:

Ein Beispiel:

Angenommen, in einem Wohnzimmer findet eine Cocktail-Party statt. Die meisten Gäste sind bereits da, Nachzügler kommen nach und nach herein. Ein Neuankömmling betritt den Raum. Er ist chronischer Alkoholiker und braucht dringend etwas zu trinken. Für ihn wird alles – die anderen Gäste, die Sessel, die Sofas, die Bilder an den Wänden – unwichtig sein und im Hintergrund (= Grund) bleiben. Er wird sich schnurstracks an die Bar begeben; sie wird von allen Objekten im Raum als einziges in den Vordergrund treten, die Bar wird für ihn Figur, Gestalt. Hat er sein Bedürfnis nach Alkohol nach einiger Zeit weitgehend befriedigt, so ist die Gestalt geschlossen, sie kann zerfallen und einer neuen Gestalt Platz machen. Das Bedürfnis nach Alkohol kann jetzt in den Hintergrund treten und ein neues Bedürfnis, z. B. den Wunsch nach Zuwendung und Zärtlichkeit Figur werden lassen. Seine Wahrnehmungstätigkeit wird sich jetzt darauf konzentrieren, wie er dieses Bedürfnis befriedigen, bzw. diese offene Gestalt schließen kann, d. h. er wird die auf der Cocktail-Party Anwesenden, vermutlich besonders die Frauen, unter dem Aspekt dieses Bedürfnisses 'mustern'. (BUROW / SCHERPP, S. 20/21)

3.6.1 Gestaltprinzipien

Die Gestaltprinzipien (nach BUROW/SCHERPP, S. 86 ff.) können nur angedeutet werden, manche weisen Gemeinsamkeiten mit den Grundsätzen der TZI auf.

– *Hier und Jetzt*

Die Psychoanalyse betont besonders das Früher, die Kindheit in ihrer Bedeutung für das Jetzt. Der Neurotiker findet es schwierig, ganz an der Gegenwart zu partizipieren – seine „unerledigten Geschäfte" aus der Vergangenheit sind ihm im Wege. Vergangenheit und Zukunft werden im Hinblick auf ihre Bedeutung für das Jetzt untersucht. „*Für mich existiert nichts außer dem Jetzt. Jetzt = Erfahrung = Bewusstheit = Realität. Die Vergangenheit existiert nicht mehr und die Zukunft noch nicht. Nur das Jetzt existiert.*" (PERLS, zitiert nach BUROW/SCHERPP, S. 73)

Die Schule ist naturgemäß vor allem auf die Zukunft hin orientiert. Ziele müssen erreicht werden, Leistungen sollen z. B. die Qualifikation für einen Beruf nachweisen. Ein auf eine so ferne Zukunft hin ausgerichtetes Lernen ist für viele Schüler nur schwer in ihr gegenwärtiges Handeln integrierbar. Denn Lernen findet im *Hier* und *Jetzt* statt, d. h. dass der Persönlichkeitsentwicklung des Schülers mit geeigneten Methoden mehr Aufmerksamkeit gewidmet werden sollte. Zentral für einen solchen Unterricht ist der Begriff der Erfahrung. Erfahrungsbezogenes Lernen ist in der Regel sehr viel wirksamer, da es möglichst alle Sinne im *Hier* und *Jetzt* anspricht. Erfahrungsraum ist zunächst die Schule, die Lehrer sollten sich aber auch immer bemühen, diesen engeren Rahmen zu weiten hinaus in die Lebensrealität.

– *Konzentration auf den Kontakt*

Die Grenze, an der Individuum und Umwelt sich berühren, ist nach PERLS die *Kontaktgrenze*. „*An dieser Kontaktgrenze geschieht im Idealfall ein lebendiger*

*Austausch zwischen Individuum und Umwelt. Es gibt eine **physische** Kontaktgrenze (die Haut, der Mund, der After, die Sinne) und eine **psychische** (der Wunsch nach Zärtlichkeit, der beim anderen z. B. auf den Wunsch nach Rückzug trifft)."* (BUROW / SCHERPP, S. 69) Der lebendige Austausch an der Kontaktgrenze könne durch gesellschaftliche und durch individuelle Bedingungen eingeschränkt werden.

Der psychisch gesunde Mensch werde immer wieder in lebendigen Kontakt zu sich selbst, aber auch zu seiner Umwelt treten. Nach PERLS könne aber auch der *Kontakt* vermieden werden; Aufgabe des Therapeuten sei dann die bewusste Herstellung von *bewusstem Kontakt* zu bisher vermiedenen Wahrnehmungen. Dazu können unterschiedliche Experimente behilflich sein, so z. B. die Technik des *leeren Stuhls*, auf dem ein fiktiver Gesprächspartner sitzt, dessen Rolle der Protagonist abwechselnd übernimmt, oder auch das *Konfliktrollenspiel* (siehe S. 203ff.).

– *Self-Support*

„Verschaffe dir selbst, was du brauchst und hoffe nicht auf andere!" (BUROW / SCHERPP, S. 100)

Nach Auffassung der GT hat jeder Einzelne ein Potential, um Situationen adäquat bewältigen zu können. Der Patient habe nur die Fähigkeit verloren, dieses Potential für sich selbst und die Befriedigung seiner Bedürfnisse einzusetzen. Dabei sei es wichtig, die Hilfe nicht von außen zu erwarten. Der Schlüssel zur Veränderung liege beim Einzelnen selbst.

Der Lehrer könnte dem Schüler durchaus behilflich sein, Self-Support-Kompetenzen zu entwickeln. Das Kind bzw. der Jugendliche ist in der Regel sehr unsicher in Bezug auf sein ihm innewohnendes Potential. Ziel sollte es aber zweifellos sein, seine Eigenständigkeit so zu fördern, dass der Schüler auf Hilfe und auch Zwang von außen, vom Lehrer und den Eltern, verzichten kann, um eine intrinsische Motivation aufzubauen, die sich um der Sache selbst willen über längere Zeit einstellt.

– *Übernahme von Verantwortung*

Es geht darum, *„rhetorische Wandschirme"* (PERLS) abzubauen und zu einer direkten, personalisierten Form von Kommunikation zu kommen. (Nicht: *„Man", „wir", „es gibt Leute"*, vgl. R. COHN)

Jeder soll sich als verantwortlich für sich selbst und sein Tun empfinden; damit aber hängt dieses Prinzip ganz eng mit dem *Self-Support* zusammen.

– *Lernen durch Erfahrung*

*„Unter Erfahrung wird hier die ganzheitliche Erfahrung verstanden, die den ganzen Menschen – physisch **und** psychisch – erfasst. Der Neurotiker ist in seinen Möglichkeiten, neue Erfahrungen zu machen, äußerst eingeschränkt. [...] Die Blockierungen, Kontaktgrenzen sind in der Therapie selbst wieder Gegenstand der Erfahrung."* (BUROW / SCHERPP, S. 103)

„Lass Dich auf Erfahrungen ein!" (Blickkontakt)

In der Schule soll sich erfahrungsbezogenes Lernen nicht nur auf die Gruppendynamik beziehen, sondern ebenso auf den Lerngegenstand (vgl. dazu RUTH COHN: das „Es"). Damit gewinnt das *Prinzip Lernen durch Erfahrung* eine ganz andere Dimension. Wirksames Lernen im Bereich *mündlicher Sprachgebrauch* wird nur dann zu dauerhaften Einstellungsänderungen führen, wenn die *Erfahrung* im Vermittlungsprozess eine zentrale Bedeutung einnehmen wird.

– *Prinzip der geschlossenen Gestalt*

„*Lass keine unerledigten Geschäfte entstehen!*" (BUROW / SCHERPP, S. 105) Solche *unerledigte Geschäfte* können Probleme mit den Eltern, dem Partner, unverarbeitete Erlebnisse und Erfahrungen sein, aber auch Krankheiten. Wenn allzu viele „*Gestalten*" offen bleiben, wird es schwierig, sich für etwas Neues (für eine neue Gestalt) zu engagieren, wir sind blockiert. Für den Lehrer ist es sehr schwierig, dem Schüler beim Schließen der Gestalten hilfreich zur Seite zu stehen, da er ihn häufig nicht nur in seinem schulischen Umfeld kennen müsste.

– *Prinzip der Freiwilligkeit*

„*Tu nur das, was du wirklich willst!*" (BUROW / SCHERPP, S. 107)

Dieses Prinzip ist vor allem auf die Therapiesituation ausgerichtet. Der Patient soll seine *Kontakt- und Rückzugs-Strategien* selbständig bestimmen. Wollte man diesen Grundsatz auf die schulischen Verhältnisse übertragen, dann dürfte die Gültigkeit vor allem dann eintreten, wenn Schüler z. B. gezwungen werden sollen, *Kontaktgrenzen* in Interaktionsspielen zu überschreiten, zu denen sie nicht bereit sind. Aber auch im Unterrichtsgespräch sollte der Lehrer Schüler nicht zur Preisgabe von allzu Persönlichem drängen.

3.6.2 Gestaltmethoden

– *Experiment*

„*Das Experiment ist die zentralste wesentlichste und in sich vielfältigste Methode von allen. Streng genommen sind auch alle übrigen Methoden, ob nun Phantasiereise, Identifikation oder Feedback, immer Experiment oder besser: eine spezifische Form von Experiment. Zumindest bergen sie alle etwas Experimentelles in sich.*" (BUROW / SCHERPP, S. 87)

Experimente (Übungen / Spiele) sind die zentralen Elemente auch in meinem Kommunikationstraining, auf das ich später noch eingehen werde.

– *Phantasiereise*

Man unterscheidet zwischen der gelenkten und ungelenkten Phantasiereise. Bei der ungelenkten kann der Teilnehmer bei geschlossenen Augen die Bilder und Phantasien auf einer weißen Leinwand entstehen lassen, die spontan in ihm aufsteigen. Bei der gelenkten gibt der Trainer Bilder und Situationen (z. B. Urlaub, Wiese, Strand – Begegnung mit einem fremden Menschen) vor.

In einem Unterrichtsmodell versuchen BLECKWENN / LOSKA (1988), durch die „*Phantasiereise*" dem Aufsatzunterricht neue Impulse zu geben. „*Dabei fiel uns auf, dass es gegenüber sonst von uns angewandten Verfahren den meisten Schülern relativ leicht fiel, die Texte zu schreiben. Offenbar werden bei der gelenkten Phantasie durch die verbalen Impulse des Lehrers unmittelbar Imaginationen bei den Schülern hervorgerufen.*" (S. 30)

– *Identifikation*
  – mit einem Tier (z. B. einer Schildkröte), mit einem Baum, einer Blume,
  – einem Menschen, einem toten Gegenstand usw.
Es kommen *unerledigte Geschäfte* (vgl. personal-kreatives Schreiben) hoch!
– *Feedback*
Sinn und Zweck ist es, etwas darüber zu erfahren, wie man in seinem Verhalten auf andere wirkt. Dazu gibt es ganz unterschiedliche Formen.
Selbstverständlich lassen sich *Gestaltmethoden und -prinzipien* auch auf den schulischen Bereich übertragen. (Vgl. dazu SCHUSTER, 1988)
Während RUTH COHN ganz konkrete Handlungsanweisungen gibt, kommt es FRITZ PERLS vor allem auch auf die Rahmenbedingungen an. Unsystematisch findet man allerdings auch einige bei RUTH COHN.

Menschliche Kommunikation ist ein außerordentlich komplexes Phänomen, weshalb eine Vielfalt von Erklärungsversuchen existiert, in welchen wiederum jeweils eine Besonderheit dieses Phänomens eindringlich in den Mittelpunkt des Erkenntnisinteresses gesetzt ist. So wären besonders zwei Richtungen der *Humanistischen Psychologie* noch zu nennen, nämlich die

– **Gesprächspsychotherapie** (nach CARL ROGERS, in Deutschland vor allem das Ehepaar TAUSCH) und die
– **Transaktionsanalyse** (nach ERIC BERNE).

Es würde hier zu weit führen, diese Richtungen ausführlicher darzustellen (Vgl. dazu mein Buch zum *Mündlichen Sprachgebrauch*, 1998).
Im Zusammenhang mit der Fähigkeit, **zuhören** zu können, ist die *Gesprächspsychotherapie* besonders bedeutsam. Der Therapeut sollte dem Klienten gegenüber im Gespräch folgende Eigenschaften zeigen:

– **Positive Wertschätzung** und **emotionale Wärme**;
– **einfühlendes Verständnis** und
– **Echtheit**.

Diese Verhaltensweisen sollte auch der Lehrer seinem Schüler gegenüber aufbringen.
SCHWÄBISCH / SIEMS haben die Grundsätze des **partnerzentrierten Gesprächs** nach der Gesprächspsychotherapie in ihr Konzept aufgenommen:

Stufe I: – **Das verständnisvolle Zuhören**
Stufe II: – **Das Paraphrasieren**

  Dies bedeutet, dass man die Aussage des Partners mit eigenen Worten wiederholt (und dabei im Detail variiert). Dieses Feedback ermöglicht eine Präzisierung und ein genaueres Erfassen des Problems bzw. Konflikts.

Stufe III: – **Das Verbalisieren emotionaler Erlebnisinhalte**

  „Anders als beim Paraphrasieren wiederholen wir hier nicht den ganzen Inhalt der Aussage des Gesprächspartners, sondern hauptsächlich die Gefühle, die hinter der Aussage stehen." (SCHWÄBISCH / SIEMS, S. 113)

Das sollten wir aber nur dann tun, wenn das Gespräch in einer akzeptierenden, positiven Atmosphäre erfolgt, da der Partner auch bereit ist, seine Gefühle anzuerkennen.

Grundsätzlich ist festzustellen, dass wir nur allzu gern und schnell bereit sind, unsere eigenen Erfahrungen mitzuteilen und Ratschläge zu geben und damit uns selbst in den Mittelpunkt zu rücken. OCKEL (1997) hat auf die Bedeutung des *Zuhörenkönnens* im Deutschunterricht eindringlich hingewiesen: *„Zuhörfähigkeiten zu entwickeln und zu entfalten, ist [...] von entscheidender Bedeutung. Natürlich steht und fällt der Versuch des Lehrers / der Lehrerin mit ihrer eigenen Hörsensibilität."* (S. 612) Entscheidend sei das Vorbild, die Modellwirkung der Lehrenden, wenn man bei der Entwicklung solcher sozialen Fähigkeiten erfolgreich sein wolle.

3.7 Lehrplanbeispiel

Als Beispiel für die Anforderungen im **mündlichen Sprachgebrauch** sei ein Auszug aus dem Grundschullehrplan Bayerns von 1981 abgedruckt. Der Lehrplan ist zwar relativ alt, aber gerade dieser Lernbereich ist auch heute noch hoch aktuell aufbereitet. Man kann aus den Lernzielen schon erkennen, welche umfassende Kompetenz vom Lehrer erwartet wird.

3. Miteinander sprechen
    Die beiden folgenden Ziele sind in natürliche Gesprächsanlässe einzubinden:
1./2. JAHRGANGSSTUFE
3.1 Auf einfache Gesprächsregeln aufmerksam werden
    – Aufgreifen von natürlichen Gesprächsanlässen
    – Beobachten von Gesprächen mit und ohne Gesprächsordnung (evtl. Tonbandaufnahme)
    – Überlegen, warum Gesprächsregeln notwendig sind
    – Aufstellen von einfachen Regeln für ein Gespräch, z. B. sich zu Wort melden; erst sprechen, wenn das Wort erteilt ist; anderen Sprechern zuhören; jeden Sprecher ausreden lassen; nicht auslachen, wenn jemand etwas Verkehrtes sagt
    – Einüben der Regeln
    – Allmähliches Einbeziehen einfacher Gesprächstechniken, z. B. das Wort an andere weitergeben, sich auf den Vorredner beziehen
    – Versuchen, auf den Partner einzugehen
    – Erproben verschiedener Gesprächsformen, z. B. Partner-, Gruppen-, Kreisgespräch
3./4. JAHRGANGSSTUFE
3.2 Einfache Gesprächsregeln aufstellen und anwenden
    – Schaffen von Sprechanlässen, z. B. Spielszenen
    – Planung von Unternehmungen
    – Formulieren und Einüben einfacher Gesprächsregeln
    – Überlegen, welche Gesprächstechniken für ein bestimmtes Gespräch notwendig sind, z. B. beim Thema bleiben, Beiträge der Gesprächspartner miteinander vergleichen, Anteilnehmen durch Rückfragen, Zustimmen, Ablehnen
    – Kontrollieren des Gesprächsablaufs, z. B. durch Mitschüler, anhand einer Tonbandaufnahme, durch Selbstkontrolle

4. Situationsbezogen sprechen

1./2. JAHRGANGSSTUFE

4.1 Erfahrungen sammeln, wie man sich in einfachen Sprechsituationen verhält, z. B.
- Grüßen, Verabschieden
- Bitten, Danken
- Nachfragen, Erkundigen
- seine Meinung sagen
- Entschuldigen
- Beglückwünschen

Aufgreifen und Schaffen von Sprechsituationen, z. B. etwas geschenkt bekommen, jemanden besuchen; Überlegen, wie man sich dabei äußert

Szenisches Darstellen von angemessenem Verhalten; Korrigieren von unangemessenem Verhalten

Üben verschiedener Äußerungen, auch beim Telefonieren

Anwenden auf weitere Situationen, z. B. beim Einkaufen, in der Schule, zu Hause

3./4. JAHRGANGSSTUFE

4.2 Sprechsituationen richtig einschätzen und angemessen sprachlich bewältigen, z. B.
- Kontaktaufnehmen
- Anteilnehmen, Ermuntern, Trösten
- Einladen
- Wünschen, Fordern
- Richtigstellen, Beschweren
- Vertreten seiner Meinung, Nachgeben
- Zustimmen, Anerkennen

Einfühlen in eine Situation und Überlegen, welche Äußerungen angebracht sind

Berücksichtigen, wen man anspricht, z. B. beim Einladen von Freunden, Verwandten, Fremden

Es dürfte jedem klar sein, dass dieser Lernbereich nicht nur in der Grundschule, sondern auch in den weiterführenden Schulen implizit und explizit einer ständigen Beachtung bedarf.

3.8 Organisatorische Maßnahmen für eine verbesserte Kommunikation

– Auflösung der Kolonnensitzordnung zugunsten von **Tischgruppen**

Die Kommunikation in der Gruppe wird erleichtert; Arbeitsaufträge können ohne größeren organisatorischen Aufwand schneller erledigt werden. GLÖCKEL wägt die Vor- und Nachteile einer solchen Anordnung sorgfältig gegeneinander ab:

„*Gruppentische* verstärken den Binnenkontakt der Gruppe, schwächen aber den Außenkontakt und zerteilen daher die Klasse mehr oder weniger deutlich. Oft ist ein Teil der Arbeitsplätze schlecht beleuchtet, was durch dauernd eingeschaltetes Kunstlicht nicht ausgeglichen werden kann. Ein Teil der Kinder muss sich beim Abschreiben von der Tafel umdrehen und zeigt eine entsprechend schlechte Körperhaltung.*" (1990, S. 86) Diese Sitzordnung sei die einzig richtige für den Gruppenunterricht. Für den Frontalunterricht sei sie von Nachteil, weil die Kinder vom Lehrer und der Sache ab- und aufeinander hingelenkt werden, es sei denn, der

Lehrer bestehe fest auf der Anweisung: „*Dreht euere Stühle jetzt so, dass ihr mich gerade anschaut und die Lehne im Rücken habt.*"
- In diesem Zusammenhang müssen auch die verschiedenen **Sozialformen** erwähnt werden: Großklasse, Partner- und Gruppenarbeit, Einzelarbeit, die jeweils mit entsprechenden Intentionen eingesetzt werden.
- Zeitweiliges Abgeben des **Aufrufrechts** durch den Lehrer an die Schüler
- Bilden eines **Gesprächskreises** (Grundschule den sog. „Morgenkreis"), wenn erzählt oder diskutiert werden soll. Der Gesprächskreis ermöglicht eine gewisse Intimität; jeder kann jeden ohne hinderliche Barriere anschauen.

Bei manchen Diskussionsformen wird sich die
- **Hufeisensitzordnung** mit oder ohne „Bankbarriere" besser eignen.

Wir unterscheiden verschiedenen Formen der Diskussion: **Stegreifdiskussion**, die nicht vorbereitet ist und sich spontan aus dem Unterrichtsgeschehen entwickelt, die **Podiumsdiskussion**, bei der 6–8 Sachverständige miteinander ein kontroverses Thema erörtern, das **Forum**, bei dem sich Publikum und Sachverständige gegenüberstehen und die **Plenumsdiskussion**, an der die ganze Klasse teilnimmt (Podiumsdiskussion und Forum sind in der Schule weniger wichtig) und die durch ein Kurzreferat oder Statement eröffnet werden kann. Wichtig ist der **Diskussionsleiter** (möglichst nicht der Lehrer, jedenfalls nicht regelmäßig), der die **Rednerliste** führt (kann getrennt werden) und die **Redeerlaubnis** erteilt. Der Diskussionsleiter sollte den Überblick über den stofflichen Stand der Diskussion haben.

Der Lehrer sollte schon bei kleinen Diskussionen entsprechende organisatorische Maßnahmen ergreifen. Er gibt damit auch etwas von seiner Leiterkompetenz an die Schüler ab. Er sollte in der Gesprächsrunde dann eben nicht an exponierter Stelle Platz nehmen, sondern sich eher unauffällig einfügen. In Diskussionen können auch andere methodisch-didaktische Maßnahmen notwendig werden (Rollen-, Stegreifspiel u. a.), die selbstverständlich wieder der Lehrer anleiten muss.

Die Einübung *rhetorischer Fähigkeiten* stand seit Beginn der 70er Jahre weniger im Mittelpunkt des mündlichen Sprachgebrauchs als die Erweiterung der kommunikativen Kompetenzen. Allerdings sind implizit dennoch Erkenntnisse aus der Kommunikationsforschung (etwa dem Bereich der Körpersprache) für das Abhalten von Kurz- und Langreferaten genutzt worden. In jüngster Zeit habe sich nach SPINNER (Autor des Basisartikels und Herausgeber des PRAXIS DEUTSCH Heftes Nr. 144, 1997 → *Reden lernen*) der Austausch zwischen Sprecherziehung und Sprachdidaktik verstärkt – „*und fast schon kann man von einer Wiederentdeckung der Rhetorik für den Sprachunterricht sprechen.*" (S. 16)

Vor der Klasse zu stehen, sollte danach „*eine oft wiederkehrende selbstverständliche Kommunikationssituation sein*". (S. 18)

Nach SPINNER geht es im Unterricht nicht nur um die frei gehaltene große Rede, die durchaus ihre Berechtigung hat, sondern darum,

> **vielfältige Situationen** zu nutzen, in denen Schülerinnen und Schüler kleine und große Redebeiträge einbringen können. Wenn ein Kind nach einer Freiarbeitsphase vor der Klasse über etwas berichtet, was es herausgefunden hat, oder wenn bei der Beschäftigung mit einem Film oder einem Buch eine Rechtfertigungsrede einer Figur improvisiert wird, so sind das kleine Bausteine für die Redeschulung. […]

Schließlich denke ich an die vielen Gelegenheiten, in denen Schülerinnen und Schüler kleine individuelle Aufträge übernehmen können, z. B. etwas bis zur nächsten Stunde im Lexikon nachsehen und darüber die Klasse informieren, wodurch ein Gefühl der Verantwortlichkeit entstehen kann, weil die Information ja für die weitere gemeinsame Arbeit gebraucht wird. Solche Gelegenheiten ergeben sich insbesondere auch im Rahmen anderer Schulfächer. (S. 22)
Im Übrigen sei auf die Modelle in diesem Heft verwiesen.

– Bei **Spielformen** müssen jeweils besondere organisatorische Maßnahmen berücksichtigt werden (siehe Kapitel 7).

Grundsätzlich kann gar nicht nachhaltig genug betont werden, dass räumliche, institutionelle und organisatorische Gegebenheiten über Erfolg oder Misserfolg von Unterricht mit entscheiden.

3.9 Einzelaspekte der nonverbalen Kommunikation

Der nonverbalen Kommunikation bzw. der Körpersprache, deren Details bei WATZLAWICK noch wenig Beachtung fanden, wurde von der Wissenschaft in den letzten eineinhalb Jahrzehnten besonderes Interesse entgegengebracht.

Unterschiedliche Richtungen sind an ihr beteiligt:

– die **Kommunikationswissenschaften**, die den Ist-Zustand durch empirische Beobachtungen zu beschreiben versuchen und dabei manchmal vorsichtige Schlussfolgerungen über die Funktion bestimmter nonverbaler Ausdrucksformen ziehen.

– die **Humanethologie** und **Verhaltensbiologie**, die die evolutionären Aspekte der menschlichen Körpersprache (einschließlich der Verwandtschaft mit den höher entwickelten Tieren) untersuchen. In der langen stammesgeschichtlichen Evolution sind viele unserer Verhaltensweisen erworben worden, die dem Menschen das Überleben in einer feindlichen Umwelt (der Steinzeit etwa) sicherten, die aber heute in unserer hochtechnisierten Umwelt oft sinnlos sind oder sich zum Nachteil der menschlichen Rasse auswirken. Auch die Bedeutung für den Deutschunterricht ist vielfach diskutiert worden.

Besondere Beachtung hat dabei das Körperausdrucksverhalten von **Mann** und **Frau** gefunden (siehe S. 89ff.).

Im Folgenden werden die Elemente der nonverbalen Kommunikation (der Ist-Zustand) dargestellt, wobei ich mich weitgehend an ELLGRING, H. (1995, 2. Aufl.) halte.

3.9.1 Nonverbale Kommunikation – Körpersprache

Nach SCHERER, K. R. (Die Funktionen des nonverbalen Verhaltens im Gespräch. In: D. WEGNER (Hrsg.): Gesprächsanalysen. Hamburg 1977, S. 175–297) können für das nonverbale Verhalten verschiedene para-semantische, para-syntaktische, para-pragmatische und zusätzliche dialogische Funktionen unterschieden werden.

„**Para-semantisch** kann nonverbales Verhalten den verbalen Inhalt ersetzen (*Substitution*), ihn erweitern (*Amplifikation*), ihm widersprechen (*Kontradiktion*) und ihn verändern (*Modifikation*). **Para-syntaktisch** kann nonverbales Verhalten den Sprachfluss segmentieren und synchronisieren. **Para-pragmatisch** dient nonverbales

Verhalten dem Ausdruck interner Zustände (Expression) oder der Vermittlung von Aufmerksamkeit, Verstehen und Bewertung (Reaktion). Als **dialogische Funktion** *reguliert nonverbales Verhalten den Interaktionsablauf und definiert die Relation der Personen zueinander."* (ELLGRING, 1986, S. 15).[1]

Verhaltensaspekte nonverbaler Kommunikation sind **Mimik, Gestik, Blickverhalten, räumliche Körperorientierung**, aber auch **Geruch, Gang, Körperwärme, Tastempfinden**. Keines dieser Signale ist für sich allein interpretierbar, sondern nur in Abhängigkeit von verbalen Elementen und der Situation. Denn Körperausdrucksverhalten kann **eindeutig** (bei starker emotionaler Erschütterung), aber auch **vieldeutig** (bei geringer nach außen gerichteter Emotionalität) sein. So ist es äußerst problematisch, wenn ein **Pantomime** wie SAMY MOLCHO (1984) bestimmte Elemente der nonverbalen Kommunikation pantomimisch demonstriert und ihnen eine eindeutige Interpretation zuschreibt: z. B. „*Ein Mann mit Achtung vor gesellschaftlichen Tabus: Das zurückgehaltene Becken verwehrt jede impulsive Reaktion.*" (S. 81) oder „*Spielbein, Standbein, rechts und links: Der Mann hat sich verabschiedet und sucht jetzt wieder sicheren Halt auf dem rechten Fuß, um sich nicht länger seinen Gefühlen zu überlassen.*" (S. 83)

Die pantomimische Situation ist immer eine künstliche, in der der Akteur auch die Gefühle simuliert und damit eindeutiger macht, als sie in der Regel in natürlichen Situationen auftreten.

Menschliches Körperausdrucksverhalten ist ein hochkomplexes System, das häufig nicht derart einfach zu deuten ist. Im Folgenden werden einzelne Aspekte isoliert, aber immer im Bewusstsein, dass zur jeweiligen Interpretation **alle die Situation bestimmenden Komponenten** des Körperausdrucksverhaltens beachtet werden müssen.

Mimik

Die Mimik ist die sichtbare Bewegung der Gesichtsoberfläche, meist eine kurzdauernde Aktion. Sie ist eng an **Emotionen** gebunden, übermittelt **momentane psychische Zustände** und steht beim Menschen hauptsächlich im Dienst der Kommunikation.

Mimik ist z. T. angeboren (bei Säuglingen und Taubblinden feststellbar; gleiche Erscheinungsformen in verschiedenen Kulturen), z. T. durch Lernverhalten bestimmt (z. B. „display rules" = Darstellungsregel: Wir haben gelernt, wem wir wann und wo welches Verhalten zeigen können.). Das Beherrschen der willkürlichen Mimik erfolgt erst relativ spät.

Die Mimik hat hohen Informationsgehalt und trägt dazu bei, eine Situation emotional zu definieren und zu steuern.

Blickverhalten

Der Blickkontakt ist eng an kognitive Prozesse gebunden. Er umfasst sowohl den Augenkontakt, als auch den Blick auf die Nasenwurzel oder die Mundregion. 80 %

---

[1] Da sich an dieser Stelle in der 2. Auflage (1995) ein störender Druckfehler eingeschlichen hat, verwende ich bei diesem Zitat die 1. Auflage.

der Information werden über das Auge aufgenommen. Das Blickverhalten hat (nach KENDON, A.: Some functions of gaze direction in social interaction. Acta Psychologica 26, 1967, S. 22–63) Überwachungs-, Regulations-, Ausdrucks-Funktion, Signalisierung von Kommunikationsbereitschaft oder -vermeidung. Nach ELLGRING wird in dyadischen Diskussionen 67 % Blickzuwendung beim Sprechen, beim Zuhören dagegen 94 % gewährt. Beim statistischen Durchschnitt (Personen, die sich über ein neutrales Thema bei 2 m Distanz unterhalten) sind es allgemein 60 % der Zeit, vom Zuhörer 70 %, vom Sprecher 40 %. Der Sprecher sucht also in der Regel immer neutrale „Zonen" (Wand, Decke, Boden z. B.) mit seinen Blicken, um dann wieder zum Angesprochenen „zurückzukehren". Wissenschaftler vermuten, dass wir uns beim Sprechen von der Flut der nonverbalen Signale des Gesprächspartners, die ja ebenfalls verarbeitet werden müssen, zu befreien versuchen. Die **Konzentration auf den Sprechvorgang** wird dadurch erleichtert.

In bestimmten Situationen kann sich diese Bedingung der Kommunikation bei einer Abweichung positiv oder negativ auswirken. Bei Verliebten ist der „ausdauernde" Blickkontakt zu beobachten, aber häufig mit der Folge, dass der Sprecher nicht mehr weiß, was er sagen wollte, weil er von der Fülle der emotionalen Botschaften verwirrt wird. Umgekehrt setzt die Polizei diese Möglichkeit der Verunsicherung ganz bewusst ein, eventuell auch durch einen Blick von oben (Dominanzverhalten) und ein Eindringen in die Intimdistanz (vgl. Körperorientierung und Distanz).

Der Blickkontakt im Gespräch dient auch der Selektion der eingehenden Information und der Rückmeldung beim Sprecher (vgl. auch WATZLAWICK, S. 39ff.).

Gestik

Sie umfasst alle Gebärden der Arme und die Sprache der Hände sowie viele Handlungen, wie z. B. das Ausdrücken einer Zigarette. Die Gestik ist eng mit der Sprache verknüpft und ist von allen nonverbalen Kommunikationssignalen am besten kontrollierbar, d. h. durch Übung zu schulen. Seit dem Altertum beziehen sich die Rhetorikkurse auf die Gestik.

Das folgende Schaubild auf gibt einen Überblick über Gesten.

Sprachbezogene Gesten		Manipulationen
objektgerichtete Bewegungen		körpergerichtete Bewegungen
Illustratoren	Embleme	Adaptoren
ZWECK: – weniger inhaltliche Bedeutung – geben Zusatzinformationen (bestimmte Gewichtungen werden deutlich) BEISPIELE: beziehen sich auf Sprache z. B. als – Taktgeber, die das Gesagte akzentuieren – spatiale Bewegungen, die auf räumliche Relationen verweisen usw.	– mitteilender Charakter – können die Sprache ersetzen – kulturell gelernt, oft in verschiedenen Kulturen mit unterschiedlicher Bedeutung – o.k.-Zeichen – Meldung in der Klasse	– haben informativen Wert: momentane Anspannung, Erregung, Emotion beim Gegenüber wird erkennbar. – Ballen der Faust – Reiben von Objekten
sind integriert in Sprechplanung und Sprechablauf		am weitesten sprachunabhängig

„Die Gestik mit den Untergruppen der **Adaptoren**, **Illustratoren** und **Embleme** ist meist an die Sprachproduktion gekoppelt, wobei eine allgemeine Erregungsregulation eine zentrale Rolle zu spielen scheint. Als am weitesten sprachunabhängige Bewegung zeigen die Adaptoren eine enge Beziehung zu negativen Erregungszuständen, während die Illustratoren eindeutig in den Sprechablauf und in die Sprech- und in die Sprachplanung integriert sind." (ELLGRING, 1995, S. 37).

Jedes Individuum wirkt auf seine Mitmenschen auch dadurch, dass es sich mit bestimmten **Artefakten** ausstattet (Kleidung, Schmuck, Hervorheben bestimmter körperlicher Ausstattung, z. B. der Haartracht). Mit Hilfe dieser „Kunsterzeugnisse", durch den Menschen Geschaffenes, wird Distanz, Unter- oder Überordnung (hierarchischer Strukturen), Zugehörigkeit zu einer Gruppe signalisiert. **Männliche und weibliche** Körpersprache ist schon immer durch **Artefakte** differenziert bzw. unterstützt worden. Die unterschiedliche Mode durch die Jahrhunderte gibt davon ein beredtes Zeugnis.

Körperorientierung und Distanz

Mit unserer Körperhaltung und der räumlichen Distanz zueinander vermitteln wir **Intimität, Zuneigung, Status und Macht.** *"Wie wichtig der persönliche Raum ist, wird sofort deutlich, wenn einem jemand 'zu nahe tritt', d. h. das eigene Territorium verletzt, oder wenn man sich selbst als Neuling in einer Konferenzrunde auf den Stammplatz einer ranghöheren Person gesetzt hat."* (ELLGRING, 1995, S. 37)

Aus der Körperhaltung gewinnen wir wichtige Eindrücke über die Einstellungen der Interaktionspartner und ihre Statusrelation. Man unterscheidet „asymmetrische" (z. B. Arme verschränkt, Beine übereinandergeschlagen, Oberkörper seitlich angelehnt) und „symmetrische" (z. B. Körper aufrecht, Hände auf den Oberschenkeln) Körperhaltungen, letztere wird eher von statusniedrigeren Personen eingenommen.

„Bei Frauen entspricht das Sitzen mit geschlossenen Knien der Konvention der Zurückhaltung und dem Schutz ihrer Keuschheit. Bei moralisch sehr ängstlichen Frauen gesellt sich dazu oft noch ein zweiter Schutz: sie nehmen die Handtasche vor den Schoß. Und wenn jetzt noch beide Füße knöcheleng geschlossen nebeneinander gestellt werden, ist die Haltung des 'Braven Kindes' vollkommen. Hinter dieser konventionellen Perfektion verbergen sich oft schlimme Verkrampfungen, Unsicherheit und Ängste." (MOLCHO, S. 108)

Ein weiterer Aspekt ist die Kongruenz der Körperhaltungen (identische, spiegelbildliche), die vor allem dann auftreten, wenn bei Paaren oder in Gruppen ein hohes Maß an emotionaler Übereinstimmung vorhanden ist, inkongruente lassen sich beobachten, wenn Dissonanzen und Spannungen die Beziehungsebene bestimmen.

Für die **Distanz** zwischen Personen stellte HALL, E. T. (Proxemics. Current Anthropology 9. 1968, S. 83–108) verschiedene funktionale Zonen fest:

Öffentliche Zone: Man versteht darunter jenen Abstand, der über 4 m hinausgeht. In dieser Zone werden Referate, Parteireden, überhaupt öffentliche Reden gehalten. Dem Sprecher wird in der Regel ein besonderer Status zuerkannt.

Soziale Zone (4 m – 1,20 m): Die meisten alltäglichen Interaktionen ereignen sich innerhalb dieser Distanz. Je formeller die Begegnung ist, desto weiter ist diese von der unteren Marke entfernt; Geschäftstreffen oder Sitzungen mit Klienten (Ärzte, Rechtsanwälte) werden meist zwischen 1,80 m und 4 m arrangiert. Büromöbel schaffen von vornherein räumlichen Abstand. Bei Lehrerfortbildungsveranstaltungen, in denen es mir auf die ungehinderte Interaktion der Teilnehmer ankommt, schaffe ich die Tische als hinderliche Barriere beiseite.

Persönliche Zone (1,20 – 0,35 m): Wir unterhalten uns in diesem Bereich mit Freunden und guten Bekannten; Gefühle, Erfahrungen, Persönliches ist meist der Inhalt der Gespräche.

Intim-Zone (0,35 – 0): *„Es ist ein Territorium, das für Freund, Freundin, Ehemann und Ehefrau bestimmt ist. Innerhalb dieser Zone lieben sich Leute, berühren sich, betreiben gegenseitige Körperpflege. Eine Verletzung dieses Territoriums durch Fremde wird als intensive Annäherung oder Bedrohung erlebt."* (ELLGRING, 1995, S. 39)

In diesem Zusammenhang habe ich mit Schülern im Praktikum folgende Übung gemacht:

Die Hälfte der Klasse wird vor die Tür geschickt, die andere bekommt die Anweisung, während eines Gesprächs die persönliche Zone bzw. die Intimdistanz ganz allmählich zu verletzen, d. h. einfach immer näher zu rücken. Wir konnten beobachten, wie ein Mädchen ihre Partnerin mit ganzem Krafteinsatz auf ihren Stuhl wegschob oder wie ein Paar durch das Klassenzimmer wanderte, bis die Wand es stoppte.

In diesem Zusammenhang sollte erwähnt werden, dass sich interkulturell verschiedene Distanzen entwickelt haben (geringere bei Südländern, besonders aber bei Türken und Arabern).

Körperkontakt ist in unserer Kultur strengen Regeln unterworfen und dem Sozialpartner vorenthalten. Ausnahmen sind in helfenden Berufen erlaubt, z. B. Ärzten, Krankenschwestern, Therapeuten. *„Körperorientierung, Berührung und Distanz sind Merkmale, die über die Intimität und die relative Haltung (Zuneigung, Status) der Personen zueinander Aufschluss geben. Im Gegensatz zum Ausdrucksverhalten, wie Mimik, Gestik, Blickverhalten, definieren diese Merkmale fast ausschließlich die Relation von Personen zueinander. Sie kennzeichnen damit die soziale Situation und Beziehungsaspekte der Interaktion."* (ELLGRING, 1995, S. 40)

ELLGRING geht im Weiteren noch auf die **vokale Kommunikation** ein, die aber schon andeutungsweise behandelt wurde.

3.9.2 Nonverbale Kommunikation im Deutschunterricht

An entsprechenden Stellen (vgl. z. B. WATZLAWICK) habe ich schon auf die Bedeutung der nonverbalen Kommunikation im Unterricht hingewiesen. Jeder Lehrer sollte sich bewusst sein (und auch über entsprechende Kenntnisse verfügen), wie sehr die Körpersprache den Unterricht beeinflusst. Selbst in der Wirtschaft werden heute gezielt Körpersprachseminare angeboten (vgl. H. RÜCKLE, 1987[5]).

ROSENBUSCH (Nonverbale Kommunikation. Die stille Sprache im Klassenzimmer. In: ROSENBUSCH / SCHOBER (Hrsg.), 1995) hat die Forschungsergebnisse und Funktion der nonverbalen Kommunikation zusammengefasst. Er unterscheidet verschiedene Bereiche, die ich hier nur andeuten möchte:

– **Inhaltsübermittlung**: Nonverbale Hervorhebungstechniken haben positive Auswirkungen auf die Informationsspeicherung. Übertriebenes nonverbales Verhalten allerdings lenkt vom Inhalt ab.

– **Prozessregulierung**: Sie dient vor allem der Disziplinierung (z. B. Blickkontakt, paralinguistische Mittel: Anheben oder Senken der Stimme, Unterbrechen des Sprechflusses oder Schweigen). Damit die Aufmerksamkeit der Schüler erlangt wird, schlägt HEIDEMANN (1992) vor, die Blicke der Schüler vor dem eigentlichen Unterrichtsbeginn „einzusammeln". Die Aufmerksamkeit scheint weiterhin um so größer zu sein, je näher sich der Lehrer beim Schüler befindet.

– **Beziehungsbotschaften**: Zwischen Lehrer und Schüler findet eine gegenseitige Stimmungsübertragung durch nonverbale Signale statt. Das räumliche Verhalten (Distanz-Verhalten) des Lehrers wird unterschiedlich erlebt. Vor allem jüngere Schüler finden in der Klasse arbeitende Lehrer angenehmer als hinter dem Pult unterrichtende. *„Umgekehrt halten Lehrer weiter vorne sitzende Schüler für aufmerksamer und angenehmer als hinten sitzende."* (ROSENBUSCH, S. 67) Auch die Kommunikation ändere sich mit der Distanz. Je weiter der Lehrer vom Schüler entfernt sei, desto dozierender, je näher sich der Schüler befinde, desto interaktiver spreche er. Schüler, die nonverbale Botschaften gut deuten können, sowie Schüler, die selbst positive nonverbale Botschaften aussendeten, würden von Lehrern für intelligenter und sozial kompetenter gehalten.

ROSENBUSCH geht auch ausführlicher auf die

– **Altersbedingten Besonderheiten nonverbaler Kommunikation ein.** In der Zusammenfassung ergibt sich dabei Folgendes:

Nonverbale Sensitivität entwickelt sich mit zunehmendem Schulalter. Offene kommunikative Signale, die einen genetischen Hintergrund haben, werden bald beherrscht und interpretiert. Soziale Signale, Kontrolle von nonverbalen Verhaltensweisen sowie nonverbales Täuschungsverhalten sind erst ab einer bestimmten Altersstufe möglich. Divergente oder kontravalente Signale sind von jüngeren Schülern, z. B. Grundschülern, selten decodierbar. So werden Ironie, Sarkasmus von Grundschülern kaum so verstanden, wie sie gemeint sind. Durch widersprüchliche kommunikative Mitteilungen werden Schüler sogar bis in höhere Altersstufen verwirrt und verunsichert, Aggressionen können entstehen [...] Für Lehrer, besonders in Klassen mit jüngeren Schülern, ist es daher unbedingt notwendig, auf Konvergenz und Eindeutigkeit verbaler und nonverbaler Mitteilungen zu achten. Lehrer, die ihren Unterricht dadurch beleben wollen, dass sie ohne Rücksicht auf die Entwicklungsstand der Schüler ‚witzige', (selbst-)ironische oder sarkastische Bemerkungen einsetzen, verunsichern im Allgemeinen die Schüler mehr, als dass sie eine heitere und gelöste Atmosphäre erzeugen. Hinzuweisen ist auf die Unterschiedlichkeit der Interpretation nonverbaler Verhaltensweisen durch Kinder aus unterschiedlichen Schichten sowie auf geschlechtsspezifische Unterschiede. (ROSENBUSCH, S. 188/89)

Wenn Körpersprache im Kommunikationsprozess so wichtig ist, muss sie zum Gegenstand des Unterrichts werden. Besonders das Spiel (vor allem die Pantomime, das Rollenspiel und das Interaktionsspiel) eignet sich besonders gut, um solche Körpersprachelemente beobachten und feststellen zu lernen (vgl. dazu das Kap. 7).

Als Beispiel möchte ich an dieser Stelle noch zusammenfassend auf die **männliche** und **weibliche Körpersprache** eingehen. (Vgl. dazu auch SCHOBER, O.: Körpersprache als Gegenstand des Deutschunterrichts. In: ROSENBUSCH /SCHOBER, 1986; und SCHOBER, O.: Körpersprache. München: Heyne 1989)

3.9.3 „Männliche" und „Weibliche" Körpersprache im Deutschunterricht

• **Männliche – weibliche Körpersprache unter dem Aspekt der Humanethologie und Biologie**

Die unterschiedlichen Aufgaben von *Mann* und *Frau* in der Evolution haben ein besonders auffälliges unterschiedliches Körpersprachverhalten zur Folge (vgl. dazu die verschiedenen Publikationen des englischen Humanethologen DESMOND MORRIS, 1984 und 1990 oder die von IRENÄUS EIBL-EIBESFELDT, 1986).

Einige geschlechtsspezifische Differenzen:

- Die unterschiedlichen Lauf- und Wurfleistungen der Geschlechter bedingen einen verschiedenen Körperbau. Der Mann als der Jäger war entsprechend breitschultrig und insgesamt kräftiger. Die Frau als Sammlerin hatte dagegen schmale Schultern und führte die Arme deshalb eng am Körper.
- Wesentlich für den Körperbau ist die biologische Bedingung, dass Frauen schwanger werden und Kinder gebären. Sie haben deshalb ein breiteres Becken, in dem die Oberschenkel etwas schräger verankert sind, wodurch das „*Beine-Flechten*" ermöglicht wird.
- Wenn die Frau die Beine nebeneinanderstellt, indem sich die Knie berühren, dann spricht man von der „*Rocksitzhaltung*". Der Mann bevorzugt dagegen die *offene, breite Sitzhaltung*, die häufig noch gesteigert wird, indem die Ferse auf das Knie des anderen Beines gelegt wird.
- Typisch für Frauen ist das „*Händeflattern*" aus dem Gelenk; Frauen lächeln und greifen sich häufiger ins Haar.
- Frauen verschränken häufiger ihre Arme vor der Brust als Männer.
- Typisch für Frauen sind auch geschlechtsspezifische Bewegungsabläufe im Menschengewühl; sie wenden sich seitlich ab, um ihren Busen zu schützen, während der Mann sich eher der Frau zuwendet.

Frauen, die besonders weiblich wirken wollen, **übertreiben** die geschlechtsspezifischen Unterschiede in besonderer Weise, was umgekehrt auch für Männer gilt, die sich z. B. durch Bodybuilding Muskelpakete antrainieren, als müssten sie jagend und werfend einen ganzen Stamm versorgen.

MORRIS bemerkt, die

vielschichtigen menschlichen Geschlechtsunterschiede – und damit Geschlechtsmerkmale – werden Schritt für Schritt enthüllt. Dadurch wird die 'Uni-sex'-Philosophie, die alle Unterschiede zwischen Mann und Frau mit Ausnahme der unmittelbaren fortpflanzungsrelevanten verneinen möchte, im Grunde ad absurdum geführt. Man kann schwerlich Verhalten abstellen, dessen man sich gar nicht bewusst ist. Natürlich könnte ein großer Teil des rein konventionellen, brutal männlichen oder albern weiblichen Beiwerks oder Verhaltens abgebaut werden. Schließlich geht der moderne Mann nicht mehr auf Beutejagd, und die Gebärquote der Frau ist drastisch zurückgegangen. Die Erde ist übervölkert und verstädtert, und die Zwänge, die einstmals die Menschheit in jagende Männer und gebärende Frauen aufteilten, bestehen nicht mehr. Die neue Situation wird soziale Anpassungsprozesse notwendig machen. Aber die ererbten Eigenschaften einer über eine Million Jahre dauernden menschlichen Evolution können nicht von heute auf morgen abgelegt werden. Künstliche, konventionelle Geschlechtskennzeichen mögen kommen und gehen, aber jene, die aus dem genetischen Erbe des Menschen stammen, werden sich als ungemein widerständig erweisen. (MORRIS, 1978, S. 359).

- **Soziologische Analysen zum Verhältnis von Dominanz und Abhängigkeit und deren Widerspiegelung in der Körpersprache**

    Merkmale weiblicher Körpersprache:

    z. B. eng aneinander gehaltene Beine; gerade oder nach innen gestellte Füße; eng am Körper angelegte Arme; „macht sich eng"; u. a.

Merkmale männlicher Körpersprache:

breite Beinhaltung, „Bein aufs Knie"; nach außen gestellte Füße; in Abstand zum Körper gehaltene Arme; nimmt viel Raum in Anspruch; „Machtdäumchen"; Frauen anstarren u. a.

Männer mit weiblicher Körpersprache (Beispiel „Dick und Doof") werden als komisch empfunden.

Während Sitzen in breiter Beinhaltung Macht demonstrieren soll, gilt es bei Frauen als sich selbst anbietende Pose.

(Vgl. M. WEX: „Weibliche" und „männliche" Körpersprache als Folge patriachalischer Machtverhältnisse. Hamburg: Verlag Marianne Wex 1980, 2. Aufl.)

- **Männliche und weibliche Körpersprache im Unterricht**

„Das Problem der Rollenfixierung von Frau und Mann beschäftigt viele Fächer, auch den Deutschunterricht. Nun stößt, wie die Erfahrung zeigt, abstrakte Vermittlung von Information zu diesem Thema leicht auf Langeweile, ja Abwehr. Deshalb setzt der Verfasser in einem Unterrichtsmodell für die neunte Klasse konkreter an: Schüler betreiben intensiv Selbst- und Fremdbeobachtung geschlechtstypischer Körpersprache." (SCHOBER, 1995, S. 237)

Sowohl in den einschlägigen Seminaren als auch in den Praktika haben wir diesen Lern- und Erfahrungsbereich mit Spielen, Übungen und Experimenten thematisiert, die im Allgemeinen erst mit Beginn der Pubertät, in der eine stärkere geschlechtsspezifische Ausrichtung erfolgt, möglich sind. In der 5. Klasse konnten wir z. B. überhaupt keine Unterschiede feststellen.

Exemplarisch seien hier nur wenige Übungen genannt und kurz beschrieben.

– Sitzen auf Stühlen in gemischter Reihe

Es ist eine ganz einfache Übung, die aber dennoch das männlich – weibliche Körperausdrucksverhalten eindringlich demonstriert. Die Stühle werden eng nebeneinander gestellt und abwechselnd von einer Frau / einem Mann besetzt, ohne dass die Kandidaten wissen, worum es geht. Die Zuschauer haben die Aufgabe, die Unterschiede zu registrieren.

SCHOBER (1995, S. 237/238) beschreibt pantomimische Szenen *„beim Zahnarzt"* und *„Warten auf den Zug"*. Auch hier werden die Schüler nicht über die Intention des Spiels unterrichtet. Bei mehreren Versuchen im Praktikum zeigten die Schüler eine starke motorische Unruhe, liefen auf und ab, machten das Fenster im Wartezimmer auf oder schauten den Fahrplan genauer an, während die Mädchen eher ruhig auf ihren Stühlen saßen, den Kopf in die Hand gestützt, zusammengekauert, mit entsprechender Beinhaltung. Für viele Schüler bedeutet die bewusste Wahrnehmung solcher Unterschiede ein echtes Aha-Erlebnis. SCHOBER geht des weiteren auf das *„Modellsitzen"* ein, wobei die Akteure / Akteurinnen die Aufgabe haben (als „Bildhauer"), die Mädchen bzw. Jungen zu unterstützen, geschlechtstypische Haltungen einzunehmen. Anschließend erfolgt der Rollentausch. Die Jungen erleben das steife Sitzen als „Mädchen" als sehr unangenehm, die Mädchen (als „Jungen") sind von der Lockerheit meist begeistert. Viele interaktionistische Übungen lassen sich in dieser Intention nutzen (vgl. Kap. 7).

Selbstverständlich sind solche körpersprachlichen Elemente auch in den Medien zu beobachten, so haben wir in einer 8. Klasse das Auftreten von Alexis aus der Serie „Denver-Clan" analysiert, die in der Lage ist, Sekt zu trinken, ohne dabei den Oberarm zu bewegen (siehe „Händeflattern"). Sie läuft sozusagen als weibliches „Superzeichen" durch die Welt. Die Werbung vor allem bietet einen vielfältigen Anschauungsunterricht. Nach SCHOBER können auch die Comics auf diese Weise von Schülern analysiert werden.

„Zur Zielsetzung solcher Arbeit gehört das betroffene Nachdenken darüber, dass Jungen automatisch Vorrechte eingeräumt werden (Raumanspruch, können sich locker geben), während Mädchen mit vielen erzieherischen Mitteln, diverse mediale Instrumente eingeschlossen, in der Regel auf eine abhängige Rolle vorbereitet werden." (SCHOBER, 1995, S. 240) Ziel solcher Arbeit sei es nicht, Verhaltensempfehlungen für eine veränderte Körpersprache zu geben. Vielmehr solle Erfahrungsaustausch, Selbstkritik, Betroffenheit bei der Verbalisierung des Nonverbalen ermöglicht werden. Ein Schüler in einer unserer Praktikumklassen zog daraus für sich den Schluss: „Mein Gott, ich muss mich in der Straßenbahn tatsächlich nicht immer so breit machen, dass das Mädchen neben mir fast vom Sitz fällt."

Die Sensibilisierung für solche Prozesse ist in diesem Teilbereich der Kommunikation wohl unbedingt notwendig, da die Gesellschaft meist Bedingungen generiert, die nicht geeignet sind, störungsfrei und **sich seiner selbst** bewusst zu kommunizieren.

Ausblick

Mit den hier behandelten Themen ist der mündliche Sprachgebrauch natürlich nicht erschöpft; ich verweise auf die Kapitel „Sprachreflexion" und „die lernbereichsübergreifenden Formen, Methoden und Probleme", wobei das Spiel in besonderer Weise zur Entwicklung der kommunikativen Kompetenz beitragen kann.

Weitere Themenbereiche, die zum Teil auch in Kapitel 6 *„Reflexion über Sprache"* anzusiedeln wären, können hier nicht behandelt werden:

- **Männlicher – weiblicher Sprachgebrauch im gesellschaftlich-öffentlichen Bereich**
  (Vgl. dazu: DRAGÄSSER, U. / FUCHS, C. (Hrsg.): Frauensache Schule. Frankfurt a. M. : Fischer 1990; TRÖMEL-PLÖTZ, S. (Hrsg.): Gewalt durch Sprache. Frankfurt a. M. : Fischer 1984; Dieselbe: Frauensprache: Sprache der Veränderung. Frankfurt a. M.: Fischer 1985; SPENDER, D.: Frauen kommen nicht vor. Frankfurt a. M.: Fischer 1985)
- **Aspekte der Kommunikation in den Medien**
  (z. B. Zeitung, Illustrierte → Werbung, Rundfunk, Fernsehen.)
- **Verbale und nonverbale Kommunikation in der Literatur**
- **Mündlicher – schriftlicher Sprachgebrauch**
  (Zusammenhänge – Unterschiede – Probleme)
  Ansatzweise wird darauf noch im Kapitel „Textproduktion" eingegangen.
- **Sprecherziehung**
- **Dialekt und Schule**
- **Sprachbarrierenproblematik**
- **Spracherwerb und Sprachentwicklung**

4 Textrezeption – Handlungs- und Produktionsorientierung

Die beiden Lernbereiche Textrezeption und -produktion lassen sich nur schwer voneinander trennen, da viele Verfahren und Methoden heute in einem modernen Literaturunterricht das **eigenständige** Produzieren in vielfältiger Form einschließen (z. B. der produktionsorientierte Literaturunterricht, der weiter unten beschrieben werden wird).

Literaturunterricht in seiner konkreten Form (und dazu noch in der historischen Dimension) lässt sich empirisch kaum erfassen, weshalb man auf „Zeugnisse", wie z. B. Lesebücher, Anleitungen dazu, Lehrpläne, Methodiken und Didaktiken angewiesen ist. Man muss sich allerdings bewusst machen, dass man dabei immer nur allgemeine Trends beschreiben kann, tatsächlicher Unterricht aber ganz anders aussehen konnte. Je neuer die Theorien sind, mit denen wir uns beschäftigen, desto ungewisser sind deren Auswirkungen in der schulischen Praxis.

4.1 Literaturdidaktik – Historischer Rückblick

4.1.1 „Lebenshilfe-Didaktik" nach 1945

In den Jahren unmittelbar nach 1945 wendete sich die Germanistik von der nationalsozialistischen „Blut- und Bodenideologie", mit der sie nicht mehr in Zusammenhang gebracht werden wollte, ab. Wirkliche Aufarbeitung eigener Verstrickungen erfolgte mit großer Verspätung erst in jüngerer Zeit und ist bis heute über sporadische Ansätze nicht hinausgelangt.

In der Literaturwissenschaft wurde die sog. „**werkimmanente**" Methode entwickelt. Der **Text an und für sich** enthalte alle zur Deutung wichtigen Signale. Wenn wir allerdings die Interpretationen aus jener Zeit daraufhin untersuchen, so können wir feststellen, dass kaum einer der Interpreten ohne einen Rückgriff auf die Geschichte und die Dichterpersönlichkeit ausgekommen ist.

Der Leser muss sich in die Lage des vom Autor intendierten Rezipienten versetzen (oft des historischen), um die beabsichtigte Wirkung nachvollziehen zu können. Auf dieser Grundlage sind von DILTHEY und STAIGER diese Verstehensprozesse ausdifferenziert worden, die von KÜGLER mit Hilfe folgender Darstellungen verdeutlicht werden:

Textrezeption – Handlungs- und Produktionsorientierung

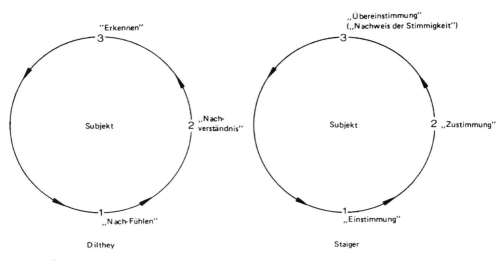

H. KÜGLER: Literatur und Kommunikation. Stuttgart: Klett 1975[2]

Die folgenden didaktisch-methodischen Fragestellungen von FINGERHUT basieren auf dem *hermeneutischen Zirkel*:
- *1. Eingangsfrage: Was denkt ihr über den Text, wie hat er euch gefallen? (Gesamteindruck)*
- *2. Erarbeitungsfragen: Wie ist der Text aufgebaut, welche sprachlichen Mittel sind zu erkennen? (Analytische Textarbeit)*
- *3. Sinnfrage: Was wollte der Dichter uns damit sagen? (Applikation)*
- *4. Wertungsfrage: Wie verhält sich das festgestellte Ergebnis der gemeinsamen Lektüre zu den ersten Textbeobachtungen? (Feststellung der Stimmigkeit des Textes, begreifen, was ergriffen hatte)* (FINGERHUT, K., 1996, S. 58)

Mit der ersten Frage ist allerdings nicht gemeint, das literarische Werk der hohen Literatur zu relativieren oder gar an ihm Kritik zu üben, sondern sie stellt eine subjektive Anäherung dar, „*wir sind [...] berührt*", wie es STAIGER ausdrückt (vgl. S. 70). Nach FINGERHUT hat jahrzehntelang diese literaturdidaktische Position den Unterricht bestimmt. „*Handlungsleitend war der Begriff der hermeneutischen Textinterpretation, aber in der Vereinfachung, dass im Unterrichtsgespräch vom Lehrer gelenkt ein Dialog mit dem Text ablief, der – idealiter – den Vorgang der Lektüre (als 'Gespräch' mit dem Text gedacht) abbildete.*" (S. 57)

Damit verbunden war die unbedingte Wertschätzung der sog. **Hohen Literatur**. STAIGER drückt es in seinem Buch „Die Kunst der Interpretation" (Zürich: Atlantis 1955) so aus:

Längst hat uns die Hermeneutik gelehrt, dass wir das Ganze aus dem Einzelnen, das Einzelne aus dem Ganzen verstehen. Das ist der hermeneutische Zirkel, von dem wir heute nicht mehr sagen, dass er an sich „vitiosus" sei. Wir wissen aus HEIDEGGERS Ontologie, dass alles menschliche Erkennen sich in dieser Weise abspielt. Auch die Physik und die Mathematik vermag nicht anders vorzugehen. Wir haben den Zirkel also nicht zu vermeiden; wir haben uns zu bemühen, richtig in ihn hineinzukommen. Wie vollzieht sich der hermeneutische Zirkel der Literaturwissenschaft?

Wir lesen Verse; sie sprechen uns an. Der Wortlaut mag uns fasslich scheinen. Verstanden haben wir ihn noch nicht. Wir wissen noch kaum, was eigentlich dasteht und wie das Ganze zusammenhängt. Aber die Verse sprechen uns an; wir sind geneigt, sie wieder zu lesen, uns ihren Zauber, ihren dunkel gefühlten Gehalt zu eigen zu machen. Nur rationalistische Theoretiker würden bestreiten, dass dem so ist. Zuerst verstehen wir eigentlich nicht. Wir sind nur berührt; aber diese Berührung entscheidet darüber, was uns der Dichter in Zukunft bedeuten soll.
[...] Es ist seltsam bestellt um die Literaturwissenschaft. Wer sie betreibt, verfehlt entweder die Wissenschaft oder die Literatur. Sind wir aber bereit, an so etwas wie Literaturwissenschaft zu glauben, dann müssen wir uns entschließen, sie auf einem Grund zu errichten, der dem Wesen des Dichterischen gemäss ist, auf unsere Liebe und Verehrung, auf unserem unmittelbaren Gefühl. Es fragt sich noch immer: Ist dies möglich? Ich stelle die Antwort noch weiter zurück und mache zunächst auf einige Folgen dieser Begründung aufmerksam. Beruht unsere Wissenschaft auf dem Gefühl, dem unmittelbaren Sinn für Dichtung, so heißt das fürs erste: nicht jeder Beliebige kann Literaturhistoriker sein. Begabung wird erfordert, außer der wissenschaftlichen Fähigkeit ein reiches und empfängliches Herz, ein Gemüt mit vielen Saiten, das auf die verschiedensten Töne anspricht. [...] Es wird verlangt, dass jeder Gelehrte zugleich ein inniger Liebhaber sei, dass er mit schlichter Liebe beginne und Ehrfurcht all sein Tun begleite. Dann wird er sich keine Taktlosigkeiten mehr zuschulden kommen lassen, und was er leistet, bedrückt oder ärgert die Freunde der Poesie nicht mehr – vorausgesetzt, dass er wirklich begabt ist und sein Gefühl das Richtige trifft. Darauf läuft es nun freilich immer hinaus. Das Kriterium des Gefühls wird auch das Kriterium der Wissenschaftlichkeit sein. (S. 11–13)

Wichtig scheint mir in diesem Zusammenhang Folgendes zu sein:

Der Literaturinterpret müsse ein **inniger Liebhaber** sein und sein Tun müsse von **schlichter Liebe** und **Ehrfurcht** begleitet sein. Die zukünftigen Deutschlehrer (vor allem für das Gymnasium) wurden unter solchen Prämissen ausgebildet.

Es ist also nicht verwunderlich, wenn ULSHÖFER in seiner Methodik folgende Voraussetzungen für den Beruf des Deutschlehrers formuliert:

Der Deutschlehrer kann wie kein anderer aus seinem eigenen Leben schöpfen, seinen Schülern Kamerad, Freund, Helfer sein. Jede eigene Lebenserfahrung, jede Einsicht in fremde Lebensbereiche, jede Liebhaberei bereichert seinen Unterricht. Er soll nicht trockener Philologe, weltfremder Träumer, abstrakter Philosoph, nüchterner Klügler sein: aber alles Philosophieren, Nachdenken über Geschichte, Recht, Religion, menschliche Verhältnisse, jeder Einblick in Technik, Wirtschaft, Architektur, Bildende Kunst, alle Kenntnisse in Botanik und Zoologie, alles Wissen über fremde Länder, jede sittliche und religiöse Erfahrung, jede Liebhaberei bereichern sein Wissen vom Wort, befruchten seinen Unterricht. Je mehr er Mensch ist, ursprünglich, einfach, klardenkend, heiter, welterfahren, Glück und Unglück bestehend, desto weckender ist er als Deutschlehrer. So lautet die Antwort auf die Frage: „Wie wird man Deutschlehrer?": „Öffne deine seelischen und geistigen Sinne dem Menschen, der Natur und Gott. Bilde deinen Sinn für Echtheit und Wahrhaftigkeit, beschäftige dich mit dem großen und kleinen Lauf der Welt, achte auf den Starenflug und das Blühen der Anemone, zergrüble dein Gehirn an den Widersprüchen des Tragischen und Komischen, aber verliere dich nicht darin. Nimm Anteil an der Welt und löse dich von ihr, decke die Sinnlosigkeit des Daseins auf und finde dahinter den Sinn, lass dich von der offenen und verborgenen Schönheit der Geschöpfe dieser Welt erfüllen und versenke dich in das Geheimnis der Sprache, doch mit ebenso viel Liebe in die Widersprüche der jugendlichen Seele. Sei Diener am Wort und Diener an der Jugend. Habe gesunden Menschenverstand und das Herz auf dem rechten Fleck.
ULSHÖFER, R.: Methodik des Deutschunterrichts 1. Stuttgart: Klett (1952) 1965[2], S. 1/2.

ULSHÖFER erklärt das Fach „Deutsch" zum „Fach der Lebenslehre" schlechthin (S. VII), weshalb der Deutschlehrer sich an einen hohen moralischen Standard messen lassen muss. Leitbild ist eindeutig der **„ritterliche" Mensch**. Es wird ein philosophisch engagierter Lehrer gefordert, der sich universal mit dem „Lauf der Welt" beschäftigt, der sich engagiert, aber dennoch sich nicht in den tagespolitischen Niederungen der Gesellschaft verliert. Er sollte sich nicht in solche Auseinandersetzungen hineinziehen lassen. Ein Schüler allerdings, der den hohen Werken der Literatur nicht die entsprechende „Ehrfurcht" und „Liebe" entgegenbrachte, war ihrer Werke nicht würdig. Beziehungskonflikte konnten unter solchen Voraussetzungen besonders häufig auftreten. Verdeutlicht werden kann diese Problematik am Stichwort der literarischen „Wertung" in W. KAYSERs (Hrsg.): „Kleinem lit. Lexikon" (Bern 1961 [3]) (von H. SEIDLER): *„Der Weg zum Wert geht überhaupt nur über das unmittelbare Werterleben, die konkrete persönliche Werterfahrung. Das Gefühl ist entscheidend, und zwar in zweifacher Hinsicht: es ist ein Erleben des Seinsollens und eine bestimmte Erfahrung von Kraft und Tiefe damit verbunden. Was am Gegenstand dieses Erleben auslöst, ist der Wert, der Gegenstand als Wertträger, daher ein Gut. [...] Nicht die Majorität des Werterlebenden ist entscheidend, denn es gibt auch Wertblindheit. Maßgebend ist innere Erfahrung des wesenhaften Menschen, aber Wertempfänglichkeit kann gebildet werden."* (S. 245)

Für H. SEIDLER war also nicht die *„Majorität des Werterlebenden"* entscheidend, der Deutschlehrer durfte sich auf Grund seines Studiums zu jenen *„wesenhaften Menschen"* zählen, die die *„innere Erfahrung"* von Wert gemacht haben. Wie dieser *„wesenhafte Mensch"* konkret beschaffen sei, wird nicht gesagt. Der Schüler war meist mit *„Wertblindheit"* geschlagen, die den Deutschlehrer verzweifeln ließ. Die „hohe" Literatur wurde als ein „Gut" begriffen, unantastbar, unveränderbar.

„Die Literaturdidaktiker greifen nach 1945 wieder stark auf die Theorie des Deutschunterrichts aus der Zeit vor 1933 zurück. Dies bedeutet, dass die Erlebnispädagogik zu einer wichtigen Grundlage der Theoriebildung wird und Alternativen zu einem gefühlsbetonten Umgang mit Literatur lange nicht in Sicht kommen." (SCHOBER, O., 1977, S. 35)

Allgemein spricht man von der sog. **Lebenshilfedidaktik**. Man begriff Literatur als *„Vehikel für Normen, Leitbilder, Lebensregeln"*, kurz, sie wurde als Mittel verwendet, *„vorgegebene Ziele zu erreichen. Texte werden als Erziehungsmedien gesehen bzw. so ausgesucht und im Unterricht vermittelt, dass man die gewünschten Einstellungen und Werthaltungen erreicht."* (SCHOBER, O., 1977, S. 35)

Damit geraten aber Werke und Texte, die diese Wirkung nicht versprechen, aus dem Blickfeld, da Literatur nicht unbedingt unter moralischen Gesichtspunkten produziert wird.

Dem Ziel einer Lebenshilfe sollte das sog. **Gesinnungslesebuch** dienen. Unmittelbar nach dem Kriege wurde sogar das Lesebuch ADALBERT STIFTERs aus der Mitte des letzten Jahrhunderts neu aufgelegt. Der Begriff Gesinnungslesebuch ist nicht sehr glücklich gewählt, da schließlich jedes Lesebuch eine Intention – in weiterem Sinn eine Gesinnung – verfolgt. Da diese Bezeichnung aber allgemein üblich ist, werde ich sie entsprechend verwenden. Gegliedert wird dieses Lesebuch in sog. Gesinnungskreise, z. B.:

Es war einmal – Jugend – Heimat – Tiere – Taten und Schicksale – Fabeln und lustige Geschichten (Lebensgut 2, Diesterweg-Verlag).

Wir können ein inhaltlich orientiertes Gliederungssystem feststellen, in das aber bereits gattungsspezifische Aspekte Eingang finden (z. B. Fabeln).

1953 kritisiert der französische Germanist ROBERT MINDER (ein Elsässer) die – im Vergleich zu Frankreich – mangelnde Einbürgerung des Dichters in die Gesellschaft in Deutschland. Speziell den Lesebüchern warf er eine unerträgliche **Realitätsferne** vor. Würde man Deutschland einzig durch seine Lesebücher kennenlernen, müsste man annehmen, dass es ein Land sei, in dem Bauern und Hirten die wichtigste gesellschaftliche Gruppe darstellten. Man käme wohl kaum auf die Idee, dass es sich um einen modernen Industriestaat handeln könnte. Mit dieser harschen Kritik begann die sog. **Lesebuchdiskussion**, die Rückwirkungen auf die Literaturdidaktik hatte.

Man muss noch anmerken, dass der Literaturunterricht in der Volksschule von dem der weiterführenden Schulen weitgehend abgekoppelt war. „Volkstümliche" und „wissenschaftliche" Bildung standen einander gegenüber. BAUMGÄRTNER stellt fest:

„So wie man der Spracherziehung der Volksschule als Ziel die Vermittlung einer sog. 'volkstümlichen Hochsprache' gesetzt hatte, die sich von der zur Abstraktion neigenden und syntaktisch differenzierteren Sprache der Wissenschaft und der Intellektuellen durch größere Bildhaftigkeit und eine schlichtere Struktur unterscheiden sollte, sah man auf dem Felde des Lesens als volksschulspezifische Aufgabe die Pflege einer besonderen Auswahl aus der Literatur, einer 'volkstümlichen' oder 'volkhaften', und das mit Hilfe einer mehr 'gemüthaften' Vermittlungsweise, die Rationalität, Analyse und Kritik ausschloss." (BAUMGÄRTNER, A. C., 1974, S. 16) Er forderte für alle Schularten die gleichen Bedingungen in Bezug auf den Literaturunterricht. Der Kampf gegen die Benachteiligung der Volksschulen wurde nicht nur auf der Ebene der Zielsetzungen und Inhalte ausgetragen, sondern auch standes- und bildungspolitisch geführt. Der Volksschüler sollte Anspruch auf einen wissenschaftlich voll ausgebildeten Lehrer haben. Nebenbei erhoffte man sich selbstverständlich eine bessere Besoldung. Dieses Bestreben führte dazu, dass mittlerweile auch die Grund- und Hauptschullehrer ein wissenschaftlich orientiertes Hochschulstudium mit entsprechend verlängerten Studienzeiten absolvieren müssen. In Bayern wurden deshalb die Pädagogischen Hochschulen aufgelöst und in die Universitäten integriert.

Es ist wichtig, diesen Hintergrund zu kennen, da man sich in der Fachwissenschaft um 1960 gegen die Funktion der Literatur als Lebenshilfe gewendet hat.

4.1.2 Sachstrukturell orientierte Literaturdidaktik seit 1965

Vorausgegangen war die Kritik der Hochschulgermanisten, vor allem von WOLFGANG KAYSER und WALTHER KILLY, an der „Lebenshilfedidaktik".

„Wir sollten utilitaristisch gemeinte Wörter wie Lebenshilfe im Zusammenhang mit Dichtung vermeiden und uns hüten, derart große, ungedeckte Scheine auszugeben, die der Lehrer vor der Klasse dann in Kleingeld umwechseln soll, um seine Schüler

für die Beschäftigung mit der Dichtung zu bezahlen." (KAYSER, W.: Die Wahrheit der Dichter. Hamburg: Rowohlt 1959, S. 55f.)

Noch kritischer äußert sich KILLY:

„Man bemerkt nicht, dass 'Lebenshilfe' nur eine Form des Religionsersatzes ist und dass die Aufstellung des hehren Zieles, der deutsche Unterricht müsse Dichtung als Lebenshilfe vermitteln, jede Annäherung an die höchsten Leistungen der Poesie verstellt. In Gedichten wird keine Weltanschauung auf Flaschen gezogen." (KILLY, W.: Große Worte – kleine Ergebnisse. In: DIE ZEIT Nr. 24, 1962, S. 14)

Seit Beginn der 60er Jahre begann sich die Universitätsgermanistik vehement in schulische Belange einzumischen, wodurch Entwicklungen und Tendenzen an den Hochschulen verstärkt auch im schulischen Bereich Beachtung fanden.

Die Diskussion um das Lesebuch führte schließlich zu einer Neuorientierung der Literaturdidaktik, zur Herausbildung eines „**literarästhetischen**" Ansatzes mit eindeutiger Ablehnung aller Pädagogisierungstendenzen. Nicht mehr die spezifischen Inhalte werden primär betrachtet, sondern **Gattungen der Literatur, Textsorten und -formen** stehen im Vordergrund, nach denen das fachspezifische Lesebuch geordnet ist. „Dichtung" wird wieder als „Dichtung" angeboten, wobei man sich streng an der Fachwissenschaft orientiert. Und dies gilt nun gleichermaßen für alle Schularten. Auch der Volksschüler sollte nun teilhaben an der formalen Bildung.

Als Beispiele seien das LESEBUCH 65 (Schrödel-Verlag) und das Klett-LESEBUCH genannt. Die Inhaltsverzeichnisse folgen streng formalen Prinzipien, z. B. das Klett Lesebuch 5. Schuljahr:

Vorspiel – **Erster Teil:** Fabeln – Märchen – Sagen – Legenden – Erzählungen – Bildgeschichte – **Zweiter Teil:** Kleinste Formen der Sprache – Gedichte.

Bezeichnend ist, dass es sogar peinlichst vermieden wurde, die Lesebücher zu benennen (im Gegensatz z. B. zu: „Die Fähre" oder „Lebensgut"). Dass sich bei einer derart nüchternen wissenschaftlichen Betrachtung von Literatur erhebliche Motivationsprobleme ergeben könnten, übersah man zunächst.

Einer der Hauptvertreter dieser Richtung war HELMERS.

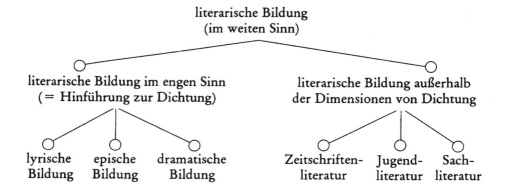

HELMERS, 1966, S. 256

HELMERS betont vor allem auch für die Hauptschule die Bedeutung literarischer Texte:

„Der literarischen Bildung steht in der Hauptschule ein ungleich kleinerer Entfaltungsraum zur Verfügung als in anderen Schularten. Das darf aber in der Hauptschule auf keinen Fall zur Resignation und zum Verzicht führen. Die Folgen im Hinblick auf die zu Bildenden wären äußerst unheilvoll, weil die Integration der modernen Gesellschaft einen Verzicht auf wesentlich geistige Bereiche nicht verträgt." (HELMERS, 1975[8], S. 263)

Es zeigt sich deutlich, dass die Forderungen nach einer gleichwertigen Bildung für Hauptschüler besonders nachdrücklich gestellt werden. An weiterführenden Schulen nämlich war dies in einem gewissen Ausmaß schon immer der Fall.

An diesem Ansatz kann man kritisieren, dass den formalen Elementen eines Textes oder Werkes ein Primat zukommt, fast wie bei der werkimmanenten Methode im Zusammenspiel mit dem Inhalt. Dabei werden die Bedürfnisse der Schüler vernachlässigt; die Lesebücher mit der trockenen Auflistung von Textsorten und Gattungen sind wenig motivierend. Neuere Lesebücher, die sich noch etwas diesem Prinzip verpflichtet fühlen, mischen die Text-Klassifikation mit inhaltlich bestimmten Überschriften.

4.1.3 Literaturunterricht als Information über die gesellschaftliche Wirklichkeit in den 60er Jahren

Die Kritik MINDERs in den 50er Jahren hatte sich vor allem an der Realitätsferne der Nachkriegslesebücher entzündet. Die gesellschaftspolitische Abstinenz von Wissenschaft und Unterricht wurde heftig angegriffen. Die Schüler sollten auch im Deutschunterricht über die **Wirklichkeit der Bundesrepublik Deutschland informiert** werden. Von KREFT wurden Vertreter dieser Richtung deshalb die „**Informatoren**" genannt (KREFT / OTT, 1976[3]). Man wollte nicht wieder denselben Fehler wie in der Weimarer Republik begehen und versäumen, die Schüler in einem demokratischen Sinne zu erziehen. GLOTZ / LANGENBUCHER nannten ihr Lesebuch Anfang der 60er Jahre deshalb **„Versäumte Lektionen"**. Es versteht sich eigentlich von selbst, dass Sach- und Gebrauchstexte meist besser als fiktionale Texte geeignet sind, über die Wirklichkeit zu berichten; in manchen Lesebüchern überwog sogar diese Art von Texten (z. B. das textbuch, Oldenbourg Verlag).

Man kann einwenden, dass es nicht primär Aufgabe des Deutschunterrichts ist, gesellschaftliche Realität zu behandeln; andere Fächer, wie Geschichte und Sozialkunde, wären hierfür geeignet. Zudem veralten Sach- und Gebrauchstexte bei den langen Benutzungszeiten von Lesebüchern recht schnell. Der Lehrer als pädagogischer Fachmann ist wohl in der Lage, aus Illustrierten, Zeitungen und anderen Printmedien die entsprechenden Artikel selbst oder zusammen mit den Schülern auszuwählen.

In der Literaturwissenschaft wurde die werkimmanente Methode durch einen **Methodenpluralismus** abgelöst. Besondere Bedeutung erlangte die **soziologische Literaturtheorie**, die deshalb kurz exemplarisch dargestellt werden soll.

Soziologie der Literatur

Sie hat seit der Infragestellung der werkimmanenten Methode eine besondere Bedeutung erlangt.

Zwei Auffassungen und Möglichkeiten:

1. Die **empirisch-positivistische Sozialforschung** der Literatur, die insbesondere nach notierbaren gesellschaftlichen 'Umständen' des literarischen Werkes zu fragen unternimmt und dabei bewusst auf eine Analyse und Wertung des Werkes verzichtet. Der Literaturbetrieb wird zum Untersuchungsgegenstand. Mögliche Fragestellungen sind: Wie kommt ein Bestseller zustande? Wie sieht die ökonomisch-gesellschaftliche Position des Schriftstellers aus?

Auch die Leserforschung gehört in diesen Bereich des wissenschaftlichen Fragens: Von welchen Schichten werden bestimmte Romane (eventuell Groschenhefte) gelesen und warum? Warum haben die Buchgemeinschaften so viele Mitglieder?

2. Die **werkbezogene Soziologie der Literatur**, deren Fragestellungen sich mehr auf den literarischen 'Gegenstand' selbst, den Text, richten, ohne ihn freilich, im Sinne der werkimmanenten Ästhetik zu isolieren, ihn vielmehr durchaus in die gesellschaftlichen Zusammenhänge einstellt und demnach untersucht, auf welche Weise sich gesellschaftliche Strukturen im Werk spiegeln (oder darzustellen hat). Aus der werkbezogenen Literatursoziologie ergeben sich zwei wissenschaftstheoretische und methodische Positionen:

2.1 Die **thematisch-inhaltliche Position** beruht auf dem Prinzip der einfachen (undialektischen) Abbildung und Widerspiegelung, der expliziten Thematisierung gesellschaftlicher Gehalte und Tendenzen im Werk.

2.2 Die **strukturell-immanente Literatursoziologie** bezieht sich auf die Theorie der dialektischen Vermittlung und geht aus von dem Grundsatz der Strukturhomologie (Übereinstimmung, Entsprechung): einer komplexen Beziehung zwischen der gesellschaftlichen Struktur und der Struktur des literarischen Werkes.

Selbst dann, wenn der Schriftsteller sich selbst von gesellschaftlichen Belangen zu distanzieren versucht, ist dies ein Indiz für sein Verhältnis zur Umwelt.
(Zum Teil nach DIETRICH STEINBACH: Literatursoziologie und Deutschunterricht. In: Der Deutschunterricht, Jg. 22, 1970, S. 5–14)

4.1.4 Literaturunterricht als Vermittlung zwischen schulischer und außerschulischer Lesewirklichkeit (sog. „Leseerzieher" nach DAHRENDORF)

Ende der 60er Jahre konstatierte DAHRENDORF: *„Die Initialerkenntnis, welche Ende der 60er Jahre das lese- und literaturdidaktische Denken in der Bundesrepublik veränderte, betraf zweierlei: die Diskrepanz zwischen schulischer Bemühung und häuslichem Verhalten und damit die weitgehende Folgenlosigkeit der Schularbeit."* (DAHRENDORF, M., 1976, S. 548).

Die Kluft zwischen der schulischen Lektüre und der häuslichen sollte geschlossen werden. Dazu musste zunächst in Erfahrung gebracht werden, „Was Kinder alles lesen" (FRANZ, K. / MEIER, B., 1983). Empirische Arbeiten (und Erhebungen, Befragungen) wiesen nach, dass außerschulisch Comics, Groschenhefte und auch Jugendbücher dominierten, selbstverständlich in Abhängigkeit von der jeweiligen Gesellschaftsschicht der Eltern (vgl. MEIER, B., 1981; HURRELMANN, B. / HAMMER, M. / NIESS, F., 1993).

Die **„Leseerzieher"** forderten schon Ende der 60er Jahre die Einbeziehung der Literatur, die Schüler „wirklich" lesen. In die Lehrpläne wurden allmählich **Kinder- und Jugendliteratur**, **Comics**, **Groschenhefte**, **Illustrierte** (wie z. B. die „Bravo") aufgenommen, wobei diese Textsorten in exemplarischer Form auch in die Lesebücher Eingang fanden.

4.1.5 Literaturunterricht als Ideologiekritik

Ab 1970 wurde Literaturunterricht verstärkt in Richtung eines „kritischen Lesens" und eines „emanzipierenden Verhaltens" des Schülers zu entwickeln versucht. Die Phase eines morbiden Spätkapitalismus sollte überwunden werden. Stellvertretend soll dazu das „BREMER KOLLEKTIV" zitiert werden:

„Der Literaturunterricht hat die Aufgabe, den ideologischen Charakter des Kunstwerkes herauszuarbeiten. Das kann sich nicht darauf beschränken, dass der ideologische Entwicklungsweg des Künstlers verfolgt wird, sondern er muss zentral an den literarischen Arbeitsformen festgemacht werden. Aus der Klassenbedingtheit der Ideologie ergibt sich, dass es in jeder nationalen Literatur zwei Traditionslinien gibt. Die eine ist mehr mit der herrschenden Klasse und ihrer Ideologie verbunden, während die andere im Gegensatz zu ihr steht. Die Geschichte der Literatur muss deshalb in Abhängigkeit von der Geschichte der Klassen dargestellt und die Ablösung einer Traditionslinie durch die andere untersucht werden. In die Betrachtungsweise muss der Wandel der literarischen Formen, der Gattungen, der Stilmittel usw. einbezogen werden, da die Struktur eines Werkes zugleich Ausdruck seines Inhalts ist."
(BREMER KOLLEKTIV, 1974, S. 328)

Die marxistische Theorie bot die Grundlage für die Beurteilung der Gesellschaft. Gerade diese Position ist wohl ein eher theoretisches Konzept ohne allzu großen Einfluss auf den Literaturunterricht geblieben. Seine Thesen allerdings sind in der didaktischen Diskussion heftig erörtert worden, gerade wegen ihrer extremen Stellungnahmen.

4.2 Handlungs- und produktionsorientierter Literaturunterricht

Bevor ich die weitere Entwicklung beschreibe, soll eine etwas längere Ausführung eines Literaturwissenschaftlers wiedergegeben werden, in der überzeugend deutlich gemacht wird, dass auch in universitären (wie auch in anderen gesellschaftlichen) Zusammenhängen bei Literaturvermittlungsprozessen subjektive Rezeptionsweisen eine entscheidende Rolle spielen. Diese Vorstellungen könnten in ein literaturdidaktisches Konzept ohne weiteres übertragen werden. Vergleichen Sie diesen Text mit dem EMIL STAIGERs zu Beginn des Kapitels (S. 69f.).

Lesarten

Methodisches Interpretieren ist in der Regel ein mehr oder weniger kontrolliertes „Hin-und-Her" (Sartre) zwischen kritischer Verständigung über den Wahrheitsgehalt und die Wirksamkeit des Textes, analytischer Überprüfung und Begründung der in den Verständigungsakten getroffenen Feststellungen und methodischer Reflexion. Aus dieser Feststellung folgt *erstens, dass literaturwissenschaftliche Interpretation ein kommunikatives Handeln ist und daher angewiesen auf den lebendigen Austausch von Meinungen, Fragen und Interessenäußerungen im mündlichen Gespräch; zweitens, dass es keine verallgemeinerbare Anweisung dafür gibt, wann und in welcher Form die Übergänge zwischen den verschiedenen Frage-Ebenen jeweils erfolgen sollen; drittens, dass die Verständigung über Lese-Erfahrungen unabdingbar der erste Arbeitsschritt ist und dass die Interpretation den steten Rückbezug auf diese Erfahrungen nicht ohne Schaden versäumen kann.* Dies ist ausdrücklich gegen all diejenigen Modelle der Interpretation gesagt, in denen die „einfache Beschreibung des Textbefundes" (also ein analytisches Handeln) an erster Stelle im Arbeitsprozess steht.

Lesarten als Ziel und Gegenstand der ersten Verständigung entstehen, indem die am Arbeitsprozess Beteiligten redend oder schreibend (oder auch agierend) Erfahrung freisetzen, gewissermaßen ausstellen und gegebenenfalls bewerten. Es geht dabei um die Erzeugung und Fixierung einer ersten kritischen Stellungnahme (im oben ausgeführten Sinn). Das macht Arbeit und geht gelegentlich – im Literaturunterricht in der Regel – nur gegen bestimmte Widerstände. Deren bedeutendster ist die Schwierigkeit von Studentinnen und Studenten, ihre subjektiven Erfahrungen mit dem Text, ihre durch diesen ausgelösten Gefühle, Phantasien und Gedanken freimütig mitzuteilen. Ein Grund für diese „Verweigerung" sind sicherlich die viel zu großen Seminare bzw. Arbeitsgruppen; ein anderer, nicht minder bedeutsamer ist das vorgängige Verständnis von Literaturwissenschaft, dessen entschiedenen Abbau ich für eine der dringendsten Aufgaben (nicht nur) der literaturwissenschaftlichen Einführungskurse halte. Die wissenschaftliche Methodik und Sprache wird als Gegensatz zur eigenen alltäglichen Erfahrung und zur Sprache der literarischen Werke erfahren und das Lese-Erlebnis erscheint entsprechend als unvereinbar mit den „Anforderungen". Die mangelnde Bereitschaft und Übung bei der Artikulation von Lese-Erfahrungen ist daher nur zu verständlich. [...] *Die Herstellung von Lesarten als Ausgangspunkt für die analytische Arbeit und die methodische Reflexion geschieht im literaturwissenschaftlichen Seminar sinnvollerweise mittels Fragen oder Aufgaben; erbeten werden könnte ein spontaner oder fragegeleiteter Kommentar, ein Gedichtvortrag oder etwa die Lesung mit verteilten Rollen. Die vielfältigen, im wissenschaftlichen Literaturunterricht noch viel zu wenig erprobten Formen des produktiven Umgangs mit Literatur (Rollenspiel, Umschreiben, Transformierung in andere Medien; [...]) könnten nach meiner Auffassung die Motivationen zu dieser Arbeitsphase und ihren Ertrag noch wesentlich steigern.*

Entscheidend für diesen ersten Schritt der Interpretation ist, dass die oft nur vage (und zuweilen gar nicht) voraussehbaren spontanen Lese-Reaktionen durch die vorgegebenen Aufträge oder Fragen nicht präjudiziert, eingeschränkt oder gar unterbunden werden. Deshalb sollen Fragen in dieser Phase nicht auf bestimmte Texteigenschaften zielen oder gar analytische Operationen verlangen, sondern möglichst eine Äußerung der subjektiven Betroffenheit gleich welcher Art provozieren. Die im alltäglichen Leseverhalten nach den Forschungen der Literatursoziologie relevantesten Anknüpfungspunkte für individuelle Lese-Interessen sind (neben auffälligen Details) die Bedeutung des Textes (als der ganzheitlich aufgefasste Mitteilungsgehalt), seine Bedeutsamkeit (als die von ihm ausgehende aktuelle Wirkung, sein 'Appell' im weitesten Sinne) und der je nach dem individuellen Rezeptionsvermögen als stärker oder schwächer empfundene Widerstand, den der Text aufgrund seiner Darbietungsweise dem Verständnis bietet [...]. – An diesen Kriterien können einleitende Fragestellungen sich orientieren, bei deren Formulierung im aktuellen Fall jedoch die Eigenschaften des zu lesenden Werks berücksichtigt werden sollten:

- (a) Findest du den Roman, die Erzählung, das Gedicht (...) interessant, spannend, bedeutsam?
- (b) Welche Gedanken und Gefühle hat die Lektüre ausgelöst?
- (c) Wie schätzt du die Haltung ein, die der Erzähler (Autor) gegenüber seinem Thema, seinem Helden einnimmt?
- (d) Welche Schwierigkeiten setzt der Text dem Verständnis entgegen? Was müsste man tun, um diese Schwierigkeiten zu überwinden; würde sich diese Mühe lohnen?

(SCHUTTE, J., 1985, S. 18–21; Kursivauszeichnungen nachträglich von mir eingebracht.)

4.2.1 Zur Begründung eines handlungs- und produktionsorientierten Literaturunterrichts

Die Theorie der Literatursoziologie in der ersten Hälfte der 60er Jahre mit sehr komplexen Fragestellungen wurde zur Konzeption (vgl. ISER, 1970 und 1976, KÖPF 1981) der **Rezeptionsästhetik und -pragmatik** ergänzt. Ende der 60er und Anfang der 70er Jahre wurde damit die Bedeutung des **individuellen Leseakts** erkannt und zu erfassen versucht. Während die historisch orientierte Literaturwissenschaft den historischen Rezipienten erforscht, nach Reaktionen von Zeitgenossen sucht und diese deutet, der **implizite Leser** (vgl. LINK, H., 1976) im Text ausdifferenziert wird, tritt nun besonders der individuelle Leseakt zunehmend in den Mittelpunkt des Interesses.

Nach ISER hat jeder dichterische Text sog. **Leerstellen**: *„Der Leser wird die Leerstellen dauernd auffüllen beziehungsweise beseitigen. Indem er sie beseitigt, nutzt er den Auslegungsspielraum und stellt selbst die nicht formulierten Beziehungen zwischen den einzelnen Ansichten her. Dass dies so ist, lässt sich an der einfachen Erfahrungstatsache ablesen, dass die Zweitlektüre eines literarischen Textes oftmals einen von der Erstlektüre abweichenden Eindruck produziert."* (ISER, 1970, S. 14)

Die Ursachen sind in der Befindlichkeit des Lesers zu suchen, wenn auch der Text selbst schon Bedingungen einer unterschiedlichen Realisierung durch den jeweiligen Rezipienten enthält.

Parallel zu diesen Methodendiskussionen gewannen die Kommunikationswissenschaften Einfluss auf die Didaktik und ebenso auf den Sprach- und Literaturunterricht.

Diese Phase war dadurch gekennzeichnet, dass man im Leser einen gleichberechtigten, wenn auch nicht gleichinformierten Partner des Autors mittels des Textes sah.

Thesenartig fasse ich die wichtigsten Konsequenzen zusammen, die sich für den **kommunikationsorientierten Literaturunterricht** ergeben (vgl. dazu meine Abhandlung *„Literaturunterricht unter kommunikativem Aspekt"*, 1978):

- „Text und Leser" bedeutet in der Schulwirklichkeit immer Autor/Text und Schüler/Lehrer. Der konkrete Leseakt des Schülers ist genauso bedeutsam wie der des Lehrers.
- Nicht der Lehrer allein steuert den Verstehensprozess, sondern die Schüler zusammen mit dem Lehrer.
- Es kann folglich keine *allein richtige* Interpretation geben.
- Spontane Reaktionen von Schülern auf Texte sind immer wahr, sofern sie authentisch sind. Es ist eine paradoxe Forderung: „Bringt dem Gedicht Begeisterung entgegen!" Begeisterung und Betroffenheit zu befehlen, ist ein Widerspruch in sich.
- Diese „wahren" Gefühle, die sich in spontanen Äußerungen (verbal und nonverbal) zeigen, sind noch keine Interpretation. Der Schüler kann bewusst die Rolle (bei verschiedenen Leserrollen) des Deutenden, Kritisierenden einnehmen und sich im Allgemeinen über hermeneutische Varianten verständigen.
- Der Protest gegen einen Text ist so legitim wie die Begeisterung oder Langeweile. Ein Literaturunterricht, der nur auf den identifikatorischen Nachvollzug von Text- und Inhaltsstrukturen abzielt, wird diese Gefühle zu ignorieren versuchen. Der Lehrer kann aber damit in Beziehungsschwierigkeiten zur Klasse geraten.
- Der Einbezug dieser spontanen Reaktionen kann vielmehr zur wirklichen Auseinandersetzung mit einem Werk beitragen.
- Wenn der Schüler als Leser ernst genommen wird, bedeutet dies nicht, ihm Lesestoffe, die für ihn sperrig sind, zu ersparen; im Gegenteil kann der Lehrer dem Heranwachsenden umso mehr „zumuten", je selbstverständlicher er dessen Gefühle akzeptiert.
- So kann Literatur wieder existentielle Bedeutung gewinnen.

Es ist folglich außerordentlich wichtig, den konkreten individuellen Leseakt zu erfassen. Im Unterricht wird dies nach der Textbegegnung in der **Phase der Spontanäußerungen** erfolgen, die der Lehrer möglichst wenig lenken sollte. Die Reaktionen können mündlich oder schriftlich erfolgen, wobei je nach Situation und Text die eine oder andere Form geeigneter ist.

Eine Möglichkeit, Spontanreaktionen bei einer **Ganzschrift** festzuhalten, ist das **Lesetagebuch**, mit dessen Hilfe sich der **Leseprozess** dokumentieren lässt. Und zwar sollten die Schüler ihre Gedanken, Gefühle, Deutungsansätze, Schwierigkeiten und Probleme nicht erst am Schluss niederschreiben, sondern jeweils nach einer Lesephase, so dass die Subjektivität des Schülers voll zum Tragen kommt. Die Lesetagebücher zum Roman „Nachdenken über Christa T." von CHRISTA WOLF, die die Schüler eines Kurses der Kollegstufe in einem Versuch anfertigten, waren höchst interessante Texte, die für sich schon Qualität und Wert besaßen. Darüber hinaus offenbarten sie eine engagierte Auseinandersetzung mit einem schwierigen Roman („*Langsam werde ich wütend: Bin ich etwa zu blöd für ein anspruchsvolles Buch,* *oder ist es tatsächlich so schwer verständlich?"*) Sie enthielten vielfältige Interpretationsansätze und hohe Erwartungen an den Kursleiter. Zum Teil hatten aber die Jugendlichen schon ihren eigenen Zugang zum Roman gefunden, der nur noch vertieft werden musste, was vielen allerdings nicht bewusst war. (Vgl. dazu: SCHUSTER, K.: Christa Wolf: Nachdenken über Christa T. In: LEHMANN, J. (Hrsg.), 1986[3], S. 469–487)

In den 70er Jahren blieb in der Theorie der Literaturdidaktik der Rezeptionsprozess noch weitgehend auf den kognitiven Bereich ausgerichtet.

In den 80er Jahren wurden verschiedenen Strömungen und Einflüsse wirksam, die die affektiven und psychomotorischen Momente des Leseaktes stärker berücksichtigten. Dies führte zur Entwicklung des **handlungs- und produktionsorientierten Literaturunterrichts** (SCHOBER in KÖPF, 1981; SPINNER, 1978 und 1980; HAAS, 1984; WALDMANN, 1984). WALDMANN stellt fest: *„Sinn ist nicht einfach etwas, das im Text enthalten ist, das sozusagen an den Wörtern und Sätzen und Textteilen haftet und automatisch und mechanisch übernommen wird, sondern Sinn ist ein Geschehen zwischen Text und Leser innerhalb eines übergeordneten Sinnsystems."* (S. 101)

Die Lebenswelt in ihrer Gesamtheit, in der sich der Einzelne bewege, liefere ihm die Wahrnehmungs-, Vorstellungs-, Deutungs- und Wertungsmuster für eine Interpretation seiner eigenen Situation, liefere ihm das Sinnsystem, mit dem er sich seine objektiven, gesellschaftlichen und individuellen Lebenszusammenhänge auffassbar, verstehbar und verfügbar machen könne. Wichtig sei der *„sinnstiftende Deutungsrahmen von Sinnsystemen"*. (S. 102) *„Damit ist Lesen Handeln des Lesenden, und es ist ein Teil eines besonders wichtigen Handelns: Das System von Sinnzuordnungen, das jemand aufweist, ist entscheidend geprägt durch seine Lebenswelt: durch die geschichtlichen Bedingungen, unter denen er lebt, und durch die Wahrnehmungs-, Urteils-, Verhaltens- und Rollenmuster, die Normen und Werte, die politischen, sozialen, ökonomischen Verhältnisse der Gesellschaft, in der er lebt; sein Sinnsystem ist entscheidend geschichtlich und gesellschaftlich geprägt."* (S. 103) WALDMANN weist eindringlich auf die Leistungen des Lesers hin, die er in eine kreative Rezeption einbringe:

– **seine Biographie** (mit unterschiedlichen individuellen Erfahrungen),
– **sein Sinnsystem**,
– **seine soziale Phantasie**.

Der Radikale Konstruktivismus kommt ebenfalls zu dieser Auffassung; die Verstehensprozesse eines Textes können jeweils nichts anderes sein als das individuelle Konstrukt des Rezipienten (siehe S. 6ff.).

Dazu kam in den 80er Jahren eine Unzufriedenheit mit den rein kognitiven Lernzielen und entsprechenden Verfahren im Unterricht in vielen Lernbereichen.

So wurde nun gefordert, dass der Zugang zum Text auch über die affektiv-emotionalen Kanäle erfolgen müsse. Diese Forderungen wurden zwar auch schon früher erhoben, doch fehlten Verfahren und Methoden weitgehend. In diesem Zusammenhang stößt man auf eine zweite Tendenz, die sich in der neueren Schreibbewegung erkennen lässt und die sich vor allem auf die Theorie und die praktischen Er-

Textrezeption – Handlungs- und Produktionsorientierung

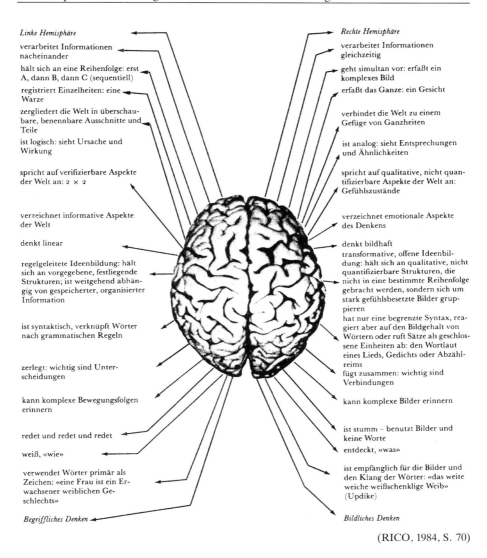

(RICO, 1984, S. 70)

fahrungen von G. L. RICO (1984) stützt. Sie geht von gehirnstrukturellen Erkenntnissen aus, wobei der jeweiligen Gehirnhälfte bestimmte Funktionen zugeschrieben werden, die aus neurophysiologischen Forschungen abgeleitet sind.

Die Ansätze RICOs, die hier nicht weiter ausgeführt werden können, lassen sich mühelos in das Konzept eines produktionsorientierten Literaturunterrichts integrieren, da die Autorin mit ihrer Clustering-Methode die rechte Gehirn-Hemisphäre, die für die kreativen, emotionalen, bildhaften Aspekte des „Denkens" zuständig ist, besonders trainieren möchte. Ihre Verfahren und Methoden sind teilweise sowohl für den Literaturunterricht als auch für den Aufsatzunterricht nutzbar. (Vgl. das Kapitel Textproduktion; S. 130ff.)

WALDMANN hat nun einen umfangreichen **Katalog von Verfahren und Möglichkeiten erstellt**, der wegen seiner Bedeutung hier in Auszügen aufgenommen werden soll. Bereits HELMERS (und auch ULSHÖFER) nannte produktionsorientierte Methoden in seiner Auflistung (S. 85), z. B. das „Erlesen /Ersprechen", das „Vorgestalten" (Antizipation). Schon immer hat es im Deutschunterricht Eigentätigkeiten im Sinne einer kreativen Produktion gegeben, die älteste Methode ist das **Nachgestalten einer dichterischen Vorlage**, allerdings oft mit der Intention zu demonstrieren, wie gut es der Dichter „kann" und wie groß doch die Qualitätsunterschiede zum Original seien.

WALDMANN nimmt diese bereits existierenden Versuche auf und systematisiert darüber hinaus auf einer umfassenden theoretischen Grundlage vielfältige Manipulationen am Text bis hin zur „angeleiteten und freien Produktion".

4.2.2 Systematischer Katalog von Formen produktionsorientierten Umgangs mit literarischen Texten (Auszüge)

1. Aktive und produktive Rezeption eines Textes

Bei den folgenden Verfahren geht es zunächst darum, dem Lesen ein eigenes Gewicht zu geben: durch verschiedene Zugriffe sollen Interesse und Freude am textgenauen Lesen geweckt und soll die Bedeutung eines genauen Lesens herausgestellt werden. In verschiedenen Verfahren ist sodann der Leseprozess mit seinen einzelnen handlungsbezogenen Elementen so gestaltet, dass Lesen zu einem aktiven und produktiven Umgehen mit dem Text wird bzw. führt. Die Eindrücke, Vorstellungen, Gedanken und Gefühle, die ein Text im Leser auslöst, sollen bewusster gemacht werden, um es den Schülern zu erleichtern, sie an ihre eigenen Einstellungen, Ansichten, Erlebnisse und Erfahrungen anzuschließen. Insbesondere die unterschiedlichen Formen der Darstellung des Gelesenen sind solche Formen aktiven und produktiven Lesens, die dazu dienen können, den Text so anzueignen, dass er auf die eigene Erfahrungswelt bezogen wird.

Aktives Lesen von Texten, z. B.
- Erlesen von Dramen, Balladen, aber auch von Erzählungen, wenn diese größere Gesprächspassagen aufweisen (in den Leserollen des Erzählens und der Figuren), mit verteilten Rollen.
- Gemeinsames, abschnittweises Erlesen eines Textes durch Lesen bis zu einzelnen Gelenkstellen, Feststellen der jeweiligen Handlungsfortschritte und Vermutungen darüber bzw. Antizipation dessen, wie es nach dem Vorangehenden weitergehen wird.
- Erlesen eines Textes in der Weise, dass die einzelnen Teilabschnitte nur von bestimmten Schülern oder Schülergruppen gelesen werden, die nacheinander den Textvorgang der Klasse erzählen.

Darstellung gelesener Texte, z. B.
- Szenisches Darstellen des entscheidenden Vorgangs eines Textes als dramatisches Spiel, als Pantomime, mit freierer Realisation der vorgegebenen Rollen als Rollenspiel.
- Szenisches Darstellen des entscheidenden Vorgangs eines Textes, etwa einer Konfliktsituation, in der Weise, dass ein Schüler eine Gruppe (oder die Gruppe sich selbst) als Standbild oder „Skulpturengruppe" aufbaut, die durch Körperhaltung, gestisch und mimisch etwa die Konfliktsituation darstellt: gegebenenfalls danach ähnliches Aufbauen des alternativen Gruppenbildes, das eine mögliche Lösung der Situation, etwa eine Lösung des Konflikts, darstellt: Diskutieren der Wege, die von der Konfliktsituation zur Lösungssituation führen bzw. führen könnten, und Vergleichen mit dem Textvorgang [vgl. das „Statuentheater" Boals, 1989, S. 71–73].
- Darstellen eines Textes durch Bewegung und Tanz (vgl. die Eurythmie) durch Laute (z. B. Darstellung von Handlungsvorgängen oder Stimmungsverläufen durch bestimmte Vokale und/

oder Konsonanten, gegebenenfalls auf bestimmten Tonhöhen) und Musik (z. B. mit Orff-Instrumenten).

2. **Produktive Rezeption eines modifizierten Textes**

Die Modifikationen des Textes geschehen, um seine Rezeption zu hemmen und so wichtige Aspekte des Textes, die im üblichen, oft flüchtigen, automatisierten oder massenmedial deformierten Lesen nicht wahrgenommen werden, auffällig und erkennbar zu machen. Sie sind nicht Selbstzweck, sondern dienen dazu, den Text intensiver aufzufassen und aktiver zu erfahren, wie durch die verschiedenen Formen literarischer Darstellung Wirklichkeit verschieden verarbeitet und dem Leser übermittelt wird. Dabei geschieht diese produktive Texterfahrung z. B. dadurch, dass der Umgang mit dem modifizierten Text Vorstellungsvorgänge und Phantasie fordert und die eigene Erlebniswelt des Lesers aktiviert, an die so der Text angeschlossen werden kann. Sind diese Eigentätigkeiten richtig angesetzt, bilden sie bereits eine, wenn auch unausdrückliche, Analyse des Textes.

3. **Produktive Konkretisation eines Textes**

Mit den dargestellten Verfahren soll das, was das rezeptionsästhetische Theorem vom Leser als Koproduzent meint, ausdrücklich praktiziert werden. Das, was der Leser auch sonst beim Lesen tut, dass er den Text nämlich über den bloßen Textbestand hinaus mit seiner Phantasie vorstellungsmäßig konkretisiert und erweitert und so eigenes Erleben und Fühlen, eigene Bedürfnisse und Erfahrungen in das Verstehen des Textes mit einbringt, soll hier in gesonderten Zugriffen praktiziert und dadurch bewusst gemacht werden. Diese Zugriffe sollen nicht Phantasie beliebig und um ihrer selbst willen entbinden, sondern sie sollten so angesetzt sein, dass sie dazu dienen, den Text, seine Inhalte und Strukturen, seine geschichtlichen und gesellschaftlichen Bezüge und die Formen seiner Rezeption und deren Sinnaktualisierungen deutlicher zu erfahren und differenzierter zu erfassen.

Konkretisation der Umwelt eines Textes, z. B.
– Genaueres, über den Text hinausgehendes Beschreiben wichtiger Handlungsorte (besonders wenn die Handlung in weiter zurückliegenden Zeiten spielt), also von Räumen, Gebäuden, Dörfern, Städten, Orten, Landschaften usw., in denen die Handlung spielt, in ihrer zeitbedingten, gegebenenfalls historischen Eigenart.
– Beschreiben von Gegenständen, die in der Handlung Bedeutung haben, und Erfinden ihrer Geschichte als einer „Biographie des Dings".

Konkretisation der Figuren eines Textes, z. B.
– Genaueres, über den Text hinausgehendes Beschreiben der Erscheinung: des Gesichts, der Gestalt, der Mimik, der Gestik, des Verhaltens, der Kleidung einer Figur.
– Genaueres Darstellen von Randfiguren, Erfinden einer Lebensgeschichte, die sich an entscheidender Stelle mit dem Textvorgang berührt.
– Hinzufinden einer Vorgeschichte, gegebenenfalls einer ganzen Lebensgeschichte, einer Figur (z. B. Jugenderlebnisse, Milieu, Erziehung, Berufserfahrungen), die ihr Handeln wie ihre Überlegungen, Gefühle, Absichten, Bedürfnisse bedingen und verständlich werden lassen.

4. **Produktive Veränderungen eines Textes**

Bei den dargestellten Verfahren geht es darum, dass der Leser selbst mit seiner Phantasie in den Text eingreift und ihn verändert, um auf diese Weise aktive Erfahrungen mit ihm zu machen: Im eigenen verändernden Umgehen mit dem Text soll der Leser dessen Inhalte und Strukturen, ihre Wirkungen und Leistungen aktiv erfahren und bewusst, gegebenenfalls kritisch auffassen. Im aktiven Abarbeiten an dem von ihm rezipierten Text soll der Leser sich seine Aktualisierung von Sinnsystemen und deren individuelle wie gesellschaftliche Bedingtheit bewusst machen und soll sie nach Möglichkeit kritisch auffassen. Wichtig ist, dass die Veränderungen des Textes nicht spielerischer Selbstzweck werden, sondern der Erhellung und damit der Analyse der geschichtlichen und gesellschaftlichen Bezüge des Textes, der literarischen Textstrukturen sowie der Erkundung der Leseprozesse, in denen sie aufgenommen werden, dienen.

Veränderung der Personen eines Textes, z. B.
- Verändern des Alters, Geschlechts, Berufs bzw. Vertauschen der alters-, geschlechts-, berufsspezifischen Rollenverhältnisse der Hauptpersonen.
- Verändern des Äußeren, des Verhaltens, der Charaktereigenschaften, Umdrehen aller Eigenschaften einer Person (Anti-Figur), Umändern des Helden / der Heldin in eine Feindfigur, des Bösewichts in eine Sympathiefigur: Vertauschen der Freund-Feind-Merkmale der Hauptpersonen.

Veränderung der Sprachform eines lyrischen Textes, z. B.
- Umformen eines kürzeren Gedichts (oder eines Gedichtausschnitts) in Alltagssprache; Vergleichen mit dem Original und Diskutieren der spezifischen Leistung der lyrischen Sprachform.

5. **Angeleitete und freie Produktion eines Textes**

Die dargestellten Verfahren umfassen ein ziemlich breites Spektrum von stark angeleiteten bis zu ganz freien Produktionen. Bei allen Produktionen geht es darum, Phantasie und auch Spielfreude freizusetzen, Kreativität zu entfalten und Möglichkeiten der Artikulation des Ich in seiner Lebenswelt, auch Möglichkeiten eigener Kritik zu gewinnen. Vor allem geht es für den Literaturunterricht darum, intensivere Erfahrung mit literarischen Gattungen und Formen und der Weise, wie durch sie Wirklichkeit verarbeitet wird, intensivere Erfahrung mit den geschichtlich-gesellschaftlichen Bezügen literarischer Texte und der Weise, wie durch sie Sinnsysteme entworfen und übermittelt werden, dadurch zu machen, dass man selbst in ihnen produziert. In der Eigenproduktion sollten so u. a. die Ergebnisse der kritischen Analyse angewendet und dadurch aktiv angeeignet werden; in sie geht damit die Textanalyse ein, so wie sie selbst zu einem Moment der Analyse wird. Die Eigenproduktion ist mithin im vorliegenden Kontext – anders als beim freien Schreiben – nicht vorrangig Selbstzweck, sondern zunächst ein Mittel des Unterrichts über Literatur.

(WALDMANN, in: NORBERT HOPSTER (Hrsg.), 1984, S. 98–141)

Vgl. das neue Buch von G. WALDMANN „Produktiver Umgang mit Literatur im Unterricht" (1998), in dem der systematische Katalog erheblich erweitert und ausführlich kommentiert wird (S. 62ff.).

Methoden des Literaturunterrichts

Bezeichnung	Unterrichts-Ablauf	hist. Ursprungsort (u. a.)	mögliche Vorteile	mögliche Nachteile	Beispiele der Anwendung
Erschließen durch Leitfragen	Nach dem Einhören oder dem Einlesen folgt ein Unterrichtsgespräch, das von Leitaufgaben gesteuert ist; die Leitaufgaben sollen in die Substanz des Textes führen.	Kategoriale Bildungstheorie. These: Zugang kategorial bestimmbar.	Freisetzung des Schülers und Planung durchdringen sich positiv.	Wenn Leitfrage falsch ansetzt, gerät Text außer Blick.	Fast überall anwendbar. Oft nötig bei schwierigen Texten.
Zergliedern	Der Ablauf ist bis ins einzelne vorgeplant. Dabei werden die Teile des Textes nacheinander systematisch „behandelt", zumeist durch Lehrerfrage – Schülerantwort.	Herbart-Schule. These: Unterricht in festen Stufen planbar.	Konsequentes Schema gibt gute Möglichkeiten einer eingehenden Planung.	Starres Schema wird nicht jedem Text gerecht.	Dichtung mit Chiffre-Charakter; besonders schwierige Texte.
freies Besprechen	Nach dem Einhören (Vortrag durch Lehrer oder Schüler; Wiedergabe einer Tonaufnahme) oder Einlesen (stilles Lesen) erfolgt eine im einzelnen ungeplante Besprechung.	Kunsterziehungsbewegung. These: Rezeption nicht planbar.	Vermieden wird die Gefahr der Zerstückelung und der Fehlplanung.	Ohnmächtiges Verharren vor der Substanz des Textes.	Literatur mit Aufforderungscharakter; leicht durchschaubare Texte.
Erlesen/ Ersprechen	Die eigentliche Arbeit besteht in dem Ausfeilen der Lese- und Vortragstechnik. Technische Fragen werden dabei zu Sinnfragen.	Sprecherziehung. These: Lesen ist Sinnerfassen.	Gute Verbindung mit Leselehre und Sprecherziehung.	Kursorisches Textfortschreiten erschwert evtl. Gesamtverstehen.	Dramatische und emphatische Literatur.
Vorgestalten (Antizipation)	Der Hinweis auf das Thema führt zu Überlegungen, wie das Werk gestaltet sein mag. Die Annahme wird am Text überprüft.	(Rhetorik?) These: Die Eigenschöpfung führt zum Verstehen.	Selbständiges Hineinvertiefen in Text.	Falsche Auffassung von Dichtung als „Redeschmuck" möglich.	Literatur mit starker Affinität zum Bewußtsein der Schüler.
selbständiges Erarbeiten	Nach dem Einhören oder dem Einlesen wird der Text nach vorher eingeübtem Schema erarbeitet; der Lehrer hält sich dabei weitgehend zurück.	Arbeits-Schule. These: „Fruchtbare Momente" ergeben sich nur im spontanen Zugriff.	Flüssiger Ablauf. Schüler haben das Bewußtsein eigener Erkenntnis.	Starres Schema ist nur verdeckt.	Auf Teilstrecken des Unterrichts; bei Unterrichtsprogrammen.

Aus: HELMERS, 1972[7], S. 317

4.2.3 Diskursiv-analytische Verfahren und Methoden im Literaturunterricht

Im Literaturunterricht ist eine **Methodenvielfalt** sinnvoll (siehe auch BREMERICH-VOS, S. 91 ff.). Allerdings sind die **diskursiv-analytischen Textverarbeitungsverfahren** ebenfalls wichtig und notwendig, oft auch als Vorbereitung zur Produktion. Dass man in einem Interpretationsgespräch einen Text, auch im Sinne der Hermeneutik (siehe auch die Zirkel S. 69), möglichst umfassend zu verstehen sucht, ist ein üblicher und alltäglicher Vorgang. Dabei kann es nicht darum gehen, „herauszubekommen", was der **Autor** mit dem Text wohl sagen wollte, sondern darum in einem komplexen Rezeptionsakt den Text als Konstrukt in das jeweils individuelle Sinnsystem einzufügen, d. h. der Text wird dabei wiederum zu einem Konstrukt. Die Aneignung geschieht jedoch nicht *handelnd oder produktiv*, sondern durch ein gelenktes Unterrichtsgespräch.

Wenn wir HELMERS' Methoden des Literaturunterrichts (S. 85) einzuordnen versuchen, dann sind vor allem das **Erschließen durch Leitfragen, das Zergliedern und das freie Besprechen** (mit einer gewissen Einschränkung) *klassische diskursiv-analytische Methoden.*

- *Erschließen durch Leitfragen:* Damit seien also Denkanstöße gemeint, die objektiv und subjektiv gesehen in die Substanz der Texte leiten. Der gebräuchliche Begriff „*Leitfrage*" sei ein wenig missverständlich: nicht um „Fragen" im engeren Sinne handele es sich, sondern genau genommen um Aufgaben, also *Leitfragen*. Diese *Leitfragen* (Impulse) könnten als provozierende Behauptung, als Aufforderung, als Problemstellung, als direkte Frage oder als ironische Feststellung erscheinen. Für den Effekt des Unterrichts hänge alles davon ab, ob die Unterrichtsvorbereitung des Lehrers die treffenden Leitfragen ergeben habe. Allerdings sei während des Unterrichtsvollzuges eine Korrektur der Fragestellung möglich und auch oft notwendig. Eine größere Leitfrage (Leitaufgabe), von der ein längeres Unterrichtsgespräch abhänge, gliedere sich zumeist in eine Reihe von Teilfragen die sich auf Teilpostionen bezögen. Die *zentrale Leitfrage* steuere die Gesamtdiskussion, die Teilfragen artikulierten das Unterrichtsgespräch während der einzelnen Unterrichtsschritte.

„Die Leitfragen-Methode ist bei vielen Texten aller drei Gattungen geeignet. Bei Texten mit hohem Schwierigkeitsgrad ist diese Methode (falls man nicht das Zergliedern vorzieht) oft sogar nötig." (S. 316) Tendenziell gerät also diese Methode bei HELMERS in die Nähe des *Zergliederns.*

Der Vorteil von *Leitfragen* sei nach HELMERS der, dass der Unterricht sowohl ein zu starkes Gängeln der Schüler wie auch ein ohnmächtiges Verharren vor dem Text vermeide. *„Systematisch gesehen liege die Leitfrage – was den Grad der Schüleraktivtät betrifft – zwischen dem Zergliedern (mit starker Führung) und dem freien Besprechen (mit schwacher Führung)."* (S. 316)

Leitfragen werden meiner Erfahrung nach häufig begleitend zur Lektüre von Ganzschriften eingesetzt, da sie die Aufmerksamkeit des Rezipienten auf bestimmte komplexe inhaltliche oder formal-strukturale Probleme fokussieren können.

Zur Tragödie *Don Carlos* von Friedrich Schiller habe ich folgende Leitfragen (in: *Drama – Theater – Kommunikation*, 1985) gestellt:

1. [Abdruck einer Kernszene, des berühmten Dialogs zwischen dem König Philipp und dem Marquis de Posa, dazu:] Wie wird der Dialog gestaltet? Warum schweigt der König so lange?
2. Mit welchen Argumenten versucht der Marqis de Posa, den König zu überzeugen?
3. Berühmt ist der Satz geworden:
„Ein Federzug von dieser Hand und neu
erschaffen wird die Erde. Geben Sie Gedankenfreiheit. – –"
Warum kann Philipp diesem Wunsch nicht entsprechen?
Warum kann Philipp den Marquis nicht einmal verstehen?
Denken Sie an die Epoche des Staatsabsolutismus zur Zeit Philipps II.!
4. Warum hat diese Forderung nach Gedankenfreiheit zur Zeit der Entstehung des Dramas eine ganz andere Aktualität? (Uraufführung 1787)
5. Wie beurteilen Sie heute diese Forderung Schillers? (Diskussion)
6. Warum verwendet Schiller den fünfhebigen Blankvers? Wie wirkt dieser Rhythmus auf Sie?
(S. 111)

- *Zergliedern:* Nach HELMERS folgt das Unterrichtsgespräch ganz genau den einzelnen Gliedern des Textes (den Sätzen, Absätzen, Versen oder Strophen) in der Reihenfolge ihres Aufbaus. So werde etwa bei einem Gedicht zunächst die erste Strophe, wenn nicht der erste Vers, besprochen; dann komme die nächste Strophe bzw. der nächste Vers usw. *„Damit die durch den Text vorgeschriebene Reihenfolge nicht durch assoziatives Abirren der Schüler verlassen wird, ist das Zergliedern zumeist an ein präzises Fragespiel zwischen Lehrer und Schüler gebunden."* (S. 316) Mit dieser Beschreibung ist das *Zergliedern*, die Schüler in kleinsten Lernschritten zur Erkenntnis zu führen, die klassische Methode des literarischen lehrergelenkten Diskurses eines Textes / Werkes, wenn auch häufig nicht mehr so strikt chronologisch der *„Gegenstand abgearbeitet"* wird.

HELMERS meint, dass seit der Reformpädagogik, die diese Methode heftig kritisiert habe, eher eine Abneigung bestehe, da durch eine allzu strenge Planung die Erfordernisse des literarischen Textes verfehlt würden.

- Das *freie Besprechen*, das aus der Kunsterziehungsbewegung der Reformpädagogik stammt, kritisiert HELMERS doch ungewöhnlich heftig, da nach dieser Auffassung jede Rezeption eines Kunstwerkes unplanbar sei. *„Deshalb wird zu Beginn der Stunde der Text durch Lehrer, Schüler oder Tonaufnahme kommentarlos vorgesprochen (Einhören) oder die Schüler erhalten den Auftrag, sich im stillen Lesen mit dem Text vertraut zu machen; auch kann das Einlesen als zweiter Schritt dem lauten Lesen folgen. Dann wartet der Lehrer auf Äußerungen der Schüler. Von Zufall und Assoziation ist es abhängig, wohin das folgende Gespräch der Schüler führt, an dem sich der Lehrer nur zurückhaltend beteiligt."* (S. 318)

Aus der heutigen Sicht beurteilen wir das *freie Besprechen* etwas positiver, da die Rezeptionsästhetik und -pragmatik den *individuellen Leseakt* entsprechend aufgewertet hat. Wir sind heute sehr daran interessiert, die *Assoziationen der Schüler* für das Interpretationsgespräch zu nutzen. Vor allem die *Artikulation der Spontanäußerungen* nach der Textbegnung wird zu einem wichtigen Schritt.

Es scheint mir nicht sinnvoll, die obigen Methoden getrennt „*anzuwenden*". In einem **diskursiv-analytischen** [1] **Interpretationsgespräch** können sich Methoden *des freien Besprechens und des Zergliederns* (und auch des *Erschließens nach Leitfragen*) je nach Intention des Unterrichts ergänzen, wobei selbstverständlich auch Phasen eingebaut werden können, die *handlungs- und produktionsorientiert* sind (vgl. WALDMANN, 1996a und b). Man kann z. B. strukturale Eigentümlichkeiten durch eigenes operational-handelndes Tun besser verstehen. Verfahren und Methoden im Literaturunterricht dürfen niemals zum Selbstzweck degenerieren, sondern müssen sich der jeweiligen Intention unterordnen.

4.2.4 Diskussion um den handlungs- und produktionsorientierten Literaturunterricht

Der *handlungs- und produktionsorientierte Literaturunterricht* wird weiterhin intensiv diskutiert. So haben GERHARD HAAS, WOLFGANG MENZEL und KASPAR H. SPINNER ein thematisch einschlägiges Heft PRAXIS DEUTSCH (1, 1994) vorgelegt. Sie fassen im Basisartikel die bisherige Diskussion zusammen und betonen, dass mit den traditionellen Verfahren allen „*nicht-analytischen Begabungen*" der Zugang zur Literatur verwehrt werde; und sie sehen darin einen Grund für den wachsenden Analphabetismus, für die Dominanz des Fernsehens und „*die entsprechende Buchferne vieler Erwachsener*" (S. 18). Und ihrer Meinung nach sei „*die Fundierung der Lesebereitschaft und die Ausbildung von Leselust*" die Grundlage „*für alle weiteren sinnvollen analytisch-intellektuellen Aktivitäten*" (S. 18). „*Dass damit allerdings eine unumkehrbare Reihenfolge bezeichnet ist, liegt auf der Hand: handlungs- und produktionsorientierter Literaturunterricht ist Ausgangspunkt und Basis – nie nur eine freundliche abschließende Verzierung!*" (S. 18) In der literaturtheoretischen Diskussion beziehen sie sich vor allem auf den *Poststrukturalismus*, der einen Zugang zum literarischen Text propagiere, „*der nicht auf den Aufweis der geschlossenen Ganzheit eines literarischen Textes zielt, sondern die Texte als dynamische Gebilde begreift, die durchzogen sind von verschiedenen Bedeutungssträngen, die sich durchaus widersprechen mögen. Dementsprechend kann der Umgang mit Texten nur in einem Eingreifen und einem Dekonstruieren (Aufbrechen) der scheinbaren Geschlossenheit bestehen. Ebenso legt die konstruktivistische Literaturtheorie, die in radikaler Weise den Sinn eines Textes als Konstruktion des Lesers betrachtet, einen produktionsorientierten Umgang nahe.*" (S. 18)

Die Autoren rücken die „*Selbsttätigkeit als Bildungsziel*" in den Mittelpunkt, berufen sich auf fachübergreifende Tendenzen, wie z. B. auf die *Reformpädagogik*. Sie kritisieren die „*geschickten Fragearrangements*", (vgl. S. 87) mit denen bei den Schülerinnen und Schülern das erwünschte Ergebnis hervorgelockt werde. (S. 18) In unserer Zeit, in der der Heranwachsende durch die moderne Konsumwelt in eine passive Haltung gedrängt werde, sei es notwendiger denn je, dass „*einfallsreichen,*

---

[1] diskursiv = von einer Vorstellung zur anderen mit logischer Notwendigkeit fortschreitend; *Diskurs* = u. a. Gedankenaustausch, Unterhaltung; *analytisch* = zergliedernd, zerlegend, durch logische Zergliederung entwickelnd

engagierten Menschen" die Bewahrung unserer Umwelt und das Zusammenleben in unserer Gesellschaft gelingen könnten. Ebenfalls wichtig scheint mir in diesem Basisartikel zu sein, dass sich die Autoren mit möglichen *Einwänden* beschäftigen und diese zu entkräften versuchen.

Sie selbst geben zu erkennen, dass sie unterschiedliche Schwerpunktsetzungen vornehmen:

Bei GERHARD HAAS liege „*mit Blick auf die im 'normalen' Unterricht zu kurz kommenden, nicht analytisch begabten Schülerinnen und Schüler der Schwerpunkt auf der* **sinnlich-individuellen Aneignung** *von Literatur.*" (S. 25) WOLFGANG MENZEL vertrete „*in erster Linie die operativen Methoden, die den Schülerinnen und Schülern einen* **experimentierenden Umgang mit Textelementen** *anbieten und Beobachtungen zu formalen und inhaltlichen Aspekten anregen.*" Dadurch ergebe sich bei ihm „*eine enge* **Verbindung von produktionsorientierten Vorgehen und Textanalyse.**" (S. 25; vgl. auch CH. KOEPPERT, 1997)

KASPAR H. SPINNER lege „*besonderes Gewicht auf die* **Entfaltung der inneren Vorstellungskraft** *und betont den Beitrag der produktiven Verfahren für* **Wahrnehmungssensibilisierung**, *die Identitätsentwicklung und die Fähigkeit, fremde Sichtweisen nachzuvollziehen.*" (S. 25, vgl. auch SPINNER, 1994)

Der „*systematische Katalog*" GÜNTER WALDMANNs (vgl. auch 1998) sei durch das „Auswahlverzeichnis" ergänzt, da es einem anderen Ordnungsprinzip folgt, wenn auch manche Methoden und Verfahren schon bei WALDMANN aufgeführt werden.

Auswahlverzeichnis der wichtigsten Verfahrensweisen des handlungs- und produktionsorientierten Literaturunterrichts

1. Textproduktive Verfahren
1.1 Restaurieren und Antizipieren
1.1.1 Einen Text aus seinen Teilen selber zusammensetzen (z. B. ein in seine einzelnen Verse auseinandergeschnittenes Gedicht – oder aus den alphabetisch aufgelisteten Wörtern ein eigenes Gedicht verfassen)
1.1.2 Texte entflechten (z. B. ein Gedicht, das von der Lehrkraft aus zwei Gedichten zusammengefügt worden ist)
1.1.3 Versgliederung herstellen (wenn ein Gedicht wie Prosa geschrieben vorgelegt wird)
1.1.4 Die syntaktische Struktur herstellen (bei einem Text, der mit veränderter Satzstellung vorgelegt wird – z. B. eine Gedichtstrophe von Hölderlin)
1.1.5 Ausgelassene Wörter/Sätze einfügen
1.1.6 Mit vorgegebenen Reimwörtern eines Gedichtes ein eigenes Gedicht machen
1.1.7 Ein reimloses Akrostichon schreiben, z. B. zu FRIEDE, KRIEG, LIEBE, FREUDE usw.
1.1.8 Zu einem Titel oder zu Schlüsselwörtern einen eigenen Text verfassen
1.1.9 Montage-Gedichte gestalten: aus vorliegenden Texten (z. B. Schlagzeilen, Kurzmeldungen, Anzeigen/Werbetexten usw.) ein Gedicht aufbauen
1.1.10 Den Schluß eines Textes selber verfassen
1.1.11 Während der Lektüre eines Textes an einer Stelle einhalten und eine Fortsetzung entwerfen
1.1.12 Sich durch eine Phantasiereise („Stell dir vor, du ...") in eine Textsituation hineinführen lassen und dazu einen Text verfassen
1.2 Transformieren
1.2.1 Eine mögliche Fortsetzung zu einem Text schreiben
1.2.2 Eine mögliche Vorgeschichte zu einem Text (bzw. zu einer einzelnen Figur) schreiben
1.2.3 Eine im Text nur angedeutete Handlung ausfabulieren
1.2.4 Paralleltexte verfassen. Z. B. schreiben die Schüler zu einem Gedicht mit dem Thema ‚Sommer' oder ‚Krieg' oder ‚Haß' usw. thematische Varianten in analoger Form
1.2.5 Einen inneren Monolog, eine erlebte Rede, einen Brief oder eine Tagebuchnotiz einer Figur verfassen

1.2.6 In Ich-Form Figuren des Textes vorstellen („Ich heiße Pippi ...")
1.2.7 Sich selber in einen Text hineindichten und eine Szene gestalten
1.2.8 Eine Figur aus einer Geschichte herauslösen und in einer anderen Welt auftreten lassen (z. B. Eulenspiegel sitzt eines Morgens in unserer Klasse)
1.2.9 Einen Text verkürzen (z. B. ein langes Gedicht verknappen) oder einen Text ausbauen (z. B. eine Kürzestgeschichte zu einer kleinen Erzählung ausbauen)
1.2.9 Einen Text für andere Adressaten bzw. in einem anderen Stil nacherzählen
1.2.10 Einen Text in eine andere Sprachvarietät umschreiben (z. B. eine Dramenszene in Dialekt setzen)
1.2.11 Einen Text aus veränderter Perspektive umschreiben
1.2.12 Dem Text eine andere Aufbaustruktur geben (z. B. vom Schluß der Geschichte her erzählen)
1.2.13 Einen Text in eine andere Textsorte umschreiben (z. B. aus einem Kurzprosatext ein Gedicht machen)
1.2.14 Interpretierendes Schreiben von Gedichten: Zwischen die originalen Zeilen werden Kommentare, Bemerkungen, Zwischenrufe, Gegenaussagen, Beschwichtigungen usw. eingefügt
1.2.15 Einen Gegentext schreiben, z. B. zu einem idyllisierenden Naturgedicht einen Text über Umweltzerstörung
1.2.16 Textcollagen herstellen
1.2.17 Nach dem Muster eines Textes selbst einen Text schreiben
1.2.18 Eine Hörszene zu einem Text erarbeiten
1.2.19 Ein Karten-/Würfel-/Quizspiel zu einem Text herstellen und durchführen (z. B. ein Würfelspiel zu einem Abenteuerbuch oder ein Quartett zu bekannten Kinderbüchern).

2. Szenische Gestaltungen
2.1 Eine Textsituation als lebendes Bild darstellen (als wenn ein Fotograf ein Foto einer Spielszene gemacht hätte)
2.2 Pantomimisch eine stillgesetzte Ausdrucksfigur (Statue) gestalten, die die Botschaft eines Textes (im genauesten Sinn des Wortes) zur Anschauung bringt (zwei bis sechs Personen)
2.3 Eine Textstelle pantomimisch darstellen

2.4 Innere Dialoge unter Anleitung eines Spielleiters führen (Leiter fragt z. B. eine Figur, was sie über eine andere denkt, fragt dann die andere, was sie zu diesen Gedanken sagt usf.)
2.5 Abstrakte Begriffe auftreten und sprechen lassen (z. B. zu Aschenbachs Versuch, Venedig zu verlassen: Der Tod, das Meer, die Liebe, die Kunst treten auf und reden zu Aschenbach, raten ihm zur Abfahrt oder zum Hierbleiben)
2.4 Einen Text oder Textteil auf spielerische Weise darstellen, auch als Puppen-, Marionetten-, Schattenspiel oder als Videoszene

3. Visuelle Gestaltungen
3.1. Einen Text in eine seine Aussage bezeichnende Schreib- oder Druckform übersetzen (Größe, Volumen, Farbe, Form der Buchstaben, Wörter, Sätze): sog. Schreibgestaltung
3.1 Bilder zu einem Text zeichnen/malen
3.2 Bildcollagen zu einem Text erstellen
3.3 Für eine Erzählung die graphische Verlaufskurve mit eingefügten Schlüsselsätzen oder -wörtern gestalten
3.4 Eine Literaturzeitung herstellen. Der mögliche Inhalt am Beispiel von Wedekinds Frühlings Erwachen: eine Inhaltsangabe – ein fiktives Gespräch mit einem Regisseur – die Charakterisierung der Figuren des Dramas anhand von Tagebucheinträgen, Briefen, Dialogen, Verhören, Nachrufen u. a. – fiktive Szenenfotos – die Personenkonstellation in Form einer Collage – ausgewählte Gedichte mit thematischen Anklängen – Dialog eines damaligen mit einem heutigen Lehrer – Äußerungen fiktiver Leser/Zuschauer – die Biographie Wedekinds u. a.

4. Akustische Gestaltungen
4.1. Mit verschiedenen Vortragsweisen experimentieren (einen Text z. B. ärgerlich, pathetisch, befehlend vorlesen)
4.2 Einen Text vertonen (z. B. mit Orff-Instrumenten)
4.3 Zum Vorlesen/Lesen eines Textes die passende Hintergrundmusik suchen, in der sich der Inhalt in gewisser Weise spiegelt oder in der sich die Gefühle der Hörer ausdrücken bzw. mit deren Hilfe Hörer den Text ‚interpretieren'

Selten wurde so konsequent die *lernbereichübergreifende Funktion* betont wie im Aufsatz zum *kreativen Schreiben* von K. H. SPINNER (PRAXIS DEUTSCH, Nr. 119, 1993a): *„Zu berücksichtigen ist freilich, dass mit den Methoden des kreativen Schreibens auch literaturdidaktische Zielsetzungen verfolgt werden können. Die Untersuchung literarischer Techniken gewinnt dann Bedeutung für die Texterschließung. In der Verbindung von Lesen und Schreiben, von Gestalten und Reflexion gewinnt ein Literaturunterricht, der sich produktiver Verfahren bedient, sein besonderes Profil."* (S. 22)

Kurz sollen noch einige kritische Anmerkungen zitiert werden, die exemplarisch jene immer wieder auftauchenden Befürchtungen und Einwände gegen einen *handlungs-und produktionsorientierten Literaturunterricht* enthalten. Das Heft 5 des *Deutschunterrichts „Literatur beim Wort nehmen"* widmet sich z. B. fast ganz diesem Thema (KLOTZ, P.; NUTZ. M.; PAEFGEN, E. K.; JENSEN, U., 1997). Als erfreulich lässt sich festhalten, dass an die Stelle einer generellen Ablehnung eine differenzierende Diskussion getreten ist (vgl. auch FINGERHUT, K., 1997, S. 104 f.). Es wird aber trotzdem manchmal noch argumentiert, als gäbe es nur ein Entweder-Oder. Sicherlich lassen sich bestimmte Aspekte diskursiv-analytisch besser vermitteln als mit den Methoden und Verfahren des handlungs- und produktionsorientierten Literaturunterrichts. Wie schon der Titel des obigen Heftes ausdrückt, steht meist im Zentrum der Kritik die Befürchtung, der literarische Text könnte zu sehr aus dem Blickfeld geraten, ja er könnte als ästhetisches Produkt verfehlt werden.

HANS KÜGLER (1996) formuliert diesen Aspekt darüber hinaus leicht polemisch: *„Dass sich literarische Rezeption mit gezielt verstümmelten Texten selbst aufhebt, zeigt zugleich die Herrschaft jenes Literaturverhältnisses an, das ich eingangs mit dem doppeldeutigen Begriff der Bevormundung zu bezeichnen versuchte. Ich revidiere den Begriff jetzt: die zulässige Bevormundung der Literaturdidaktik, das befristete Sprechen für den literarischen Text im pädagogischen Diskurs, Plädoyer für Texte in der Schule hat sich hier längst in sein Gegenteil verkehrt. Die Literaturdidaktik setzt sich an die Stelle der poetischen Texte, sie spricht nicht für sie, sondern an ihrer Stelle. Genauer noch: Sie spricht an ihrer Stelle zugleich gegen sie. Indem sie durch ihre gezielten Eingriffe die unverzichtbare Autonomie der Texte (heute als überholte 'Werkästhetik' abgetan) bewusst außer Kraft setzt, entzieht sie auch die dem Text immanenten Wirkungsbedingungen, unter denen der Text allein für sich (und damit auch zum Leser) sprechen kann. Diese Literaturdidaktik bevormundet die Texte nicht nur, sie entmündigt sie im handelnden Zugriff zur Rezeptionsfalle für den Schüler-Leser. Ein anderer Leser als der Schüler-Leser würde sich für dieses Verfahren auch nicht finden lassen."* (1996, S. 22)

In derselben Publikation (BELGRAD, J. / MELENK, H. (Hrsg.), 1996) antwortet BREMERICH-VOS, indem er die Strömungen und Positionen zusammenfasst und kommentiert. Er kommt zu folgenden *„vorläufigen Fazit":*

„*Warum lässt man im Literaturunterricht nicht viele Blumen blühen? Es ist m. E. durchaus vertretbar, literarische Texte auf vielfältige Arten zu thematisieren. Ob die Zwecke, die Lehrpersonen jeweils verfolgen, gerechtfertigt sind, kann nur von Fall zu Fall entschieden werden. [...]
Es ist also m. E. an der Zeit, den Streit um 'produktiv' oder 'nicht-produktiv' bzw. 'bloß rezeptiv' als unproduktiv zu erkennen. Der Gegensatz, der hier konstruiert wird, ist unecht.*" (1996, S. 45/46)

Eine neuere Publikation von JÜRGEN BELGRAD und KARLHEINZ FINGERHUT (Hrsg., 1998) weist schon durch ihren Titel „*Textnahes Lesen*" auf die Befürchtung des *textfernen Lesens* hin. Die Theorie des Radikalen Konstruktivismus bestätigt die folgende Aussage der beiden Herausgeber: „*Zum anderen ist die Anzahl der Lesarten deshalb begrenzt, weil wir neben unserer eigenen Individualität als Leser immer auch Mitglieder eines sozialen Verbandes sind und dessen kollektive Anteile teilen.*" (S. 7, vgl. dazu S. 6f. und S. 80) Deshalb wird die Begründung selbst fragwürdig.

ELISABETH K. PAEFGEN formuliert sechs Thesen zum textnahen Lesen:

1. These: Textnahes Lesen soll im Folgenden verstanden werden als genaues, langsames, gründliches Studieren eines literarischen Textes; als ein Lesen mit Stiften, mit Papier, mit Zeit und Geduld für den Satz, den Absatz, die Seite; als ein statarisches Lesen, das häufiges Zurückblättern ebenso wenig scheut wie wiederholtes Lesen ein- und derselben Passage, ein- und desselben Textes.
2. These: Textnahes Lesen ist eine didaktische Herausforderung. Freiwillig lesen Schüler, lesen Lernende nur selten 'textnah'. Textnahes Lesen gehört zu den Leseformen, die gelehrt und gelernt werden müssen; in der Schule, aber nicht nur dort.
3. These: Eine solche Leseform wird durch vielerlei erschwert: Die leichte Zugänglichkeit von Lesestoff steht dem ebenso entgegen wie die Fülle des Gedruckten, die lesend zur Kenntnis genommen werden soll. Textnahes Lesen ist nach dem Verlust des Kanons, der einen selbstverständlichen Textkorpus des immer wieder neu gelesenen voraussetzte, fast eine antiquierte Angelegenheit geworden.
4. These: Je fremder ein Text dem Leser gegenübersteht, umso stärker muss dieser versuchen ihn textnah zu lesen. Das Übersetzen fremdsprachiger Texte erzwingt auf 'natürlichste' Art textnahes Lesen.
5. These: Textnahes Lesen steht in Abhängigkeit von den Gattungen: Lyrik wird am textnächsten gelesen; dramatische Texte stehen an zweiter Stelle. Am Schwersten haben es die epischen Texte, die – wie auch immer – eine Geschichte erzählen.
6. These: Methodische Verfahren, die zu textnahem Lesen auffordern, sind: Reduktion der zu lesenden Textmenge, Diktieren, Abschreiben; überhaupt: Lesen mit Schreiben verbinden. Theoretische Bezüge können sein: Dekonstruktion, Nachvollzug in Formulierungsentscheidungen, tiefenhermeneutische Spurensuche, Intertextualität etc. (S. 14/15)

Immer wieder begegnet man einem seit den Anfängen existierenden Missverständnis, dass handlungs- und produktionsorientierter Literaturunterricht ein *textfernes Lesen* sei. Genau das Gegenteil ist der Fall. Wer in Schule und Hochschule miterlebt hat, wie immer wieder einzelne Textstellen überprüft wurden (auch durch langsames, wiederholtes Lesen mit entsprechenden Markierungshilfen), ob der Umgang ihnen entsprechen könne, der wird die völlig andere *Qualität des textnahen Lesens* bestätigen. Freilich stehen daneben auch Umgangsformen, die das Einfügen in die jeweils individuelle subjektive Perspektive beabsichtigen. Manchmal drängt sich der Verdacht auf, dass besonders kritische Gegner selbst noch relativ wenige konkrete

Erfahrungen zum handlungs- und produktionsorientierten Literaturunterricht gesammelt haben könnten.

HAAS / MENZEL / SPINNER haben in dem bereits zitierten Aufsatz (1994) die möglichen Einwände vorwegzunehmen versucht. Sie seien abschließend zusammengefasst aufgeführt.

1. *„Das hat doch mit dem natürlichen Lesen nichts mehr zu tun!"*
Die Autoren möchten mit diesen Methoden und Verfahren *„die Auseinandersetzung mit dem Text verzögern, zeitlich verlängern und intensivieren."* Diese Verfahren sollten also gerade nicht von den Texten ablenken, sondern eine genauere und vertiefte Textwahrnehmung anregen und so einer bloß flüchtigen Rezeption entgegenwirken.

Die Autoren wollen durch den Vergleich mit eigenen Gestaltungen, die Aufmerksamkeit für den Originaltext steigern, *„Kernstellen"* in den Blick rücken, *„die Eigenart der poetischen Machart auffällig werden lassen. Das Besondere eines literarischen Textes tritt erst vor dem Hintergrund der eigenen Wirklichkeits- und Texterfahrungen wirksam zutage. Und diese Erfahrungen müssen hervorgelockt und explizit gemacht werden. Sie wirken ja immer auf das Verstehen eines Textes ein, auch wenn sie noch so unbewusst sind; sie sind die Folie für die Verwunderung oder Verblüffung, Irritation, Verärgerung oder das Unverständnis, das eine poetische Aussage bei uns bewirken kann."* (S. 22)

2. *„Die produktiven Verfahren eignen sich doch nur für kurze, moderne Texte!"*
Die Autoren betonen, dass vor allem Modelle von kurzen Erzähltexten und Gedichten, insbesondere auch solche unserer Zeit, erarbeitet worden seien. Aber inzwischen sind überzeugende Beispiele in der didaktischen Literatur veröffentlicht worden. Ich denke, dass eine Langform ja nicht als Ganzes handlungs- und produktionsorientiert aufbereitet werden muss, sondern dass es genügen kann, einzelne Aspekte auszuwählen.

3. *„Da verselbständigen sich doch die Methoden!"*
Dem wird entgegnet, *„dass die genaue Passung der Methode und Zielsetzung unverzichtbare Aufgabe der Planung von handlungs- und produktionsorientierten Unterrichtseinheiten ist. Welches Verfahren allerdings für einen Text das angemessenste und für eine Textbegegnung das ergiebigste ist, lässt sich allgemein nicht sagen. Das hängt u. a. von den Zielen des Unterrichts ab, von der Textgattung, von den charakteristischen Eigenheiten eines Textes, von der Entstehungszeit eines Textes, auch gewiss von den Inhalten und nicht zuletzt von der jeweiligen unterrichtlichen Situation."* (S. 22) Im Übrigen ist dies auch ein Hauptvorwurf von HANS KÜGLER.

4. *„Da geht doch der Respekt vor der Literatur verloren!"*
Dieser Vorwurf könnte aus den 50er Jahren stammen, als noch das „unantastbare hohe" Kunstwerk den Literaturunterricht bestimmte. HAAS / MENZEL / SPINNER sehen sich im Einklang mit den Auffassungen der neueren Literaturwissenschaft und der Autoren selbst. *„Literarische Texte wirken produktiv – Schriftsteller*

schreiben immer wieder alte Stoffe, Motive und Formen um." (S. 23) Im Übrigen führe gerade die produktive Auseinandersetzung in der Regel zu einer intensiven Wahrnehmung des Originaltextes; dadurch könne sich durchaus eine Hochachtung vor dem Text eines Dichters einstellen, weil die Gestaltung vor dem Hintergrund des eigenen Versuches nicht mehr als selbstverständlich hingenommen werde.

5. *„Das Original entwertet die Schülertexte!"*
Diese Gefahr, der Entwertung der Schülertexte durch das Original, könne vermieden werden, wenn die Schülerproduktionen nicht an dem Anspruch gemessen würden, sie müssten das Original einholen. Ich selbst plädiere dafür, dass die Schülertexte für sich selbst stehen sollten.

6. *„Dafür habe ich doch keine Zeit!"* (S. 22–25)
Ich kann HAAS / MENZEL / SPINNER nur zustimmen, wenn sie meinen, dass handlungs- und produktionsorientierte Verfahren *keineswegs immer* mit großem Aufwand verbunden seien. *„Natürlich ist die Inszenierung eines Textes im darstellenden Spiel oder die Herstellung eines Buches aufwendig; aber es zeichnet den Ansatz aus, dass er auch eine Vielzahl weniger aufwendiger Möglichkeiten eröffnet – vom Ausfüllen von offenen Stellen in einem Text bis zur szenischen Vergegenwärtigung eines Textteils in einem Standbild (ohne Bewegung und Sprache, nur die Haltung der Figuren vorstellend)."* Ich möchte ergänzen, dass viele Verfahren der *aktiven und produktiven Rezeption* wenig Zeit in Anspruch nehmen.

Der *handlungs- und produktionsorientierte Literaturunterricht* beginnt sich allmählich in der Schule, also in der Praxis, durchzusetzen, *„in allen Bundesländern finden [...] die handlungs- und produktionsorientierten Formen des Literaturunterrichts zusehends Eingang in die Lehrpläne; neuere Lesebücher und Unterrichtsmaterialien kommen kaum noch ohne entsprechende Anregungen aus."* (1994, S. 17; vgl. das Lesebuch *„Unterwegs"* des Klett-Verlags, siehe S. 108)

Als Beispiel sei aus dem neuen Lehrplan (1997, HS) für die 5. Jahrgangsstufe zitiert:

Die von mir kursiv markierten Auflistungen sind eindeutig dem *handlungs- und produktionsorientierten Literaturunterricht* zuzuordnen, zu dessen Gunsten sich die Gewichtung verschoben hat. Problematisch scheint mir die beispielhafte Auswahl, ohne auf den übergeordneten Bezugsrahmen hinzuweisen, den wohl nur der „fortgebildete" Lehrer zu realisieren vermag.

Zugang zu literarischen Texten finden
- ausgewählte Beispiele literarischer Texte, auch aus anderen Ländern, kennen lernen: Gedichte, z. B. Natur- und Erlebnisgedichte; Klang- und Sprachspiele; epische Kleinformen, z. B. Erzählung, Fabel, Sage, Legende, Märchen, Schwank; einfache Dialogstücke
- *flüssig, sinnerfassend und klanggestaltend vorlesen und vortragen, z. B. in Sinnschritten lesen, mit verteilten Rollen lesen*
- Ort, Zeit, Personen und Handlungsverlauf herausstellen, *z. B. durch Ausmalen der eigenen über den Text hinausgehenden Vorstellungen*

- *sich in Empfindungen literarischer Figuren einfühlen und sich mit ihren Motiven und Verhaltensweisen auseinander setzen, z. B. Gedanken als Monolog oder als Tagebucheintrag*
- *auffällige sprachliche Mittel und Formelemente erkennen, z. B. durch Wiederherstellen des verändert angebotenen Ausgangstextes*
- einfache Zusammenhänge zwischen Inhalt, Form und Wirkung eines Textes erkennen
- Texte miteinander vergleichen: Gemeinsamkeiten und Unterschiede herausarbeiten (z. B. in Bezug auf Thema, Handlungsfiguren, Textart, Formelemente)
- *die Wirkung von Gedichten erfahren (z. B. durch aktives Hören, durch visuelles Darstellen, durch Schreiben und Spielen) und anderen mitteilen (z. B. Klassenfeier)* (S. 98)

4.3 Aspekte der Kinder- und Jugendliteratur

Im Rahmen einer *Einführung* können nur einige wenige auffällige Aspekte der KJL dargestellt werden.

Bisher sind wir wie selbstverständlich von der Annahme ausgegangen, dass es wünschenswert sei, Kinder und Jugendliche zu Lesern zu erziehen. Bei der Konkurrenz der audio-visuellen Medien ist diese Zielsetzung zu begründen. Ein Film wie „*Pippi Langstrumpf*" kann schneller und leichter konsumiert werden als das entsprechende Buch.

GERHARD HAAS hat die Vorzüge der Teilhabe an der Literatur aufgelistet, die ebenso für die KJL Geltung haben:

- *Literatur ist ein Element der imaginativen und gedanklichen Welterkundung über die jeweils gelebte individuelle Erfahrung hinaus.*
- *Literatur ist neben allem anderen auch ein Element der Lebensschmückung wie in gleicher Weise partiell Musik oder bildende Kunst und verbindet so die im Folgenden zu nennenden Bildungsfunktionen nahtlos mit der der Unterhaltung und einer wie auch immer gearteten interesselosen ästhetischen Erquickung. [...]*
- *Literatur dient der Aufklärung über die innere Befindlichkeit und Erfahrungen des Menschen sowie als starker Impuls für die Ausbildung einer emotionalen Intelligenz.*
- *Literatur gibt Ausdrucksformen, sprachliche Bilder, letztlich eine ganze poetische Grammatik vor, in der der Leser seine Erfahrungen, Gedanken und Gefühle gespiegelt findet und mit deren Hilfe er zugleich über sie hinausgeführt wird.*
- *Literatur ist gedankliches und imaginatives Spiel des Möglichen. [...]*
- *Literatur stellt ein ästhetisches System dar, dessen Erkundung auf der Grundlage von Lesebereitschaft und entwickeltem Leseinteresse auch schon für die Schule einen wissenschaftlichen Reiz ausüben kann, vergleichbar der Erkundung noch unbekannter Landschaften oder einer geologischen Formation. [...]* (1997, S. 34/35)

Man kann die Vorzüge, die *Literatur für den Rezipienten* generell bereit hält, ergänzen durch die positiven Wirkungen speziell auf den noch *heranwachsenden Leser:*
- Da erst durch den Leseakt das Buch zum „Leben erweckt" wird, ist dazu prinzipiell *(soziale) Phantasie* und *Kreativität* eine Voraussetzung. Im Film oder Fernsehen wird der *Phantasie* nur bedingt Raum gegeben. *„Pippi Langstrumpf"* hat durch die kindliche Schauspielerin Körperlichkeit angenommen, so dass sie damit zu einer individuellen Person wird, so wie der Freund oder die Freundin. Die Vorstellung wird eingeschränkt eben auf diese Person.
- Der junge Leser braucht *Ausdauer,* da sich ein Buch nur langsam erschließt (im Gegensatz zum Film oder zum Fernsehen). Er lebt damit länger in der fiktiven Welt; die Spannung zu lösen, wird nur sehr verzögert eingelöst. Die Bedürfnisbefriedigung wird zeitlich hinausgeschoben. Es können generalisierbare Haltungen angebahnt werden, die den Erziehungsprozess positiv beeinfussen. Leser verfügen *„über ein besonderes Maß an Persönlichkeitsstärke und sozialer Kompetenz".* (Stiftung Lesen, 1996, Abschnitt 5.4)
- Damit die Handlungsimpulse, Denk- und Gefühlmuster in literarischen Werken nachvollzogen werden können, benötigt der Schüler **Empathie**, die Fähigkeit, sich in die Personen einzufühlen, die wiederum dem Jugendlichen helfen kann, seinen Alltag zu bewältigen. Der Begriff der *emotionalen Intelligenz* (vgl. dazu DANIEL GOLEMANs Buch, 1996, mit demselben Titel) ist umfassender definiert.
- *„Fernsehen, Video und Computerspiele konkurrieren mit den Printmedien um Stücke des großen 'Freizeitkuchens'. Aufgrund seiner Bedeutung für die Entwicklung von Strukturierungs- und Abstraktionsfähigkeit ist das Lesen die kulturelle Basistechnik für die kompetente Nutzung aller Medien. Aufgabe der Leseförderung ist es, zur gezielten, produktiven Auswahl aus den Medienangeboten zu befähigen."* (Stiftung Lesen, 5.4)
- *Stiftung Lesen* betont, dass die Sprach- und Lesefähigkeit notwendige Voraussetzungen für den Fortbestand und die aktive Teilnahme am Leben in modernen, komplexen Gesellschaften seien. *„Nur eine Gesellschaft, die liest, ist eine Gesellschaft, die auch denkt und deshalb gegen Populismus und Manipulation gefeit ist."* (Stiftung Lesen, 5.4) Eine so weitgehende Behauptung ist sicherlich problematisch; vorsichtiger sollte man in diesem Zusammenhang eher solche Fähigkeiten und Fertigkeiten als Voraussetzung für derartige gesellschaftliche Wirkungen annehmen.

4.3.1 Zur Lesesozialisation

BETTINA HURRELMANN hat in ihrem Buch zur *„Lesesozialisation: Leseklima in der Familie"* empirische Untersuchungen zu diesem Themenkomplex vorgestellt. Danach hängt eine positive *Lesesozialisation* vom **Leseklima in der Familie** ab.
„Kinder entwickeln also ihre Lesebereitschaft und ihre Erfahrungen mit dem Bücherlesen im Zusammenhang einer gemeinsamen kulturellen Praxis in der Familie.

Vor allem die gesprächweise Einbindung des Lesens in der Form eines Austausches über Bücher, die die Kinder, aber auch Erwachsenen gelesen haben, stellt eine wirkliche Unterstützung der Leseentwicklung der Kinder dar. Wiederum zeigt sich, dass die Mütter ihre Leseinteressen denen der Kinder häufiger anpassen und dass ein großer Anteil der Mütter (ca. 50 Prozent) sich regelmäßig mit den Kindern über deren Bücher unterhält." (S. 39) Dies lasse sich nur von einem Viertel der Väter sagen. So seien also die Lesehäufigkeit und -dauer der Mutter für die Lesefreude und -frequenz der Kinder von ausschlaggebender Bedeutung.

Nach BETTINA HURRELMANN ist also das **positive Leseklima** in der Familie die entscheidende Variable. Solche Kinder werden auch zu Lesern, ohne dass wir sie in der Schule besonders fördern müssten. Die Kinder, die kein solches Elternhaus haben, sind auf eine gezielte schulische Förderung angewiesen. „*Für die Leseförderung ist es eine essentielle Voraussetzung, dass die institutionellen Grenzen von Schule und Unterricht geöffnet werden, dass die außerschulische Lese- (und Medien-)praxis der Kinder berücksichtigt wird und Anregungen gegeben werden, die auch außerhalb der Schule für die Kinder verwertbar sind.*" (S. 206) Nach dieser Untersuchung zeigt sich, dass die Bereitschaft der Kinder, sich in ihrer Freizeitlektüre durch die Schule beeinflussen zu lassen, durch entsprechende Anregungen nicht annähernd ausgeschöpft werde. „*Nur knapp die Hälfte der Kinder bestätigt, dass die Lehrerin es 'toll' findet, wenn sie Bücher lesen. und sie dafür auch 'lobt' (46,5%). Auf die Frage, ob die Lehrerin sich mitunter erkundige, welche Bücher die Kinder zu Hause lesen, antworten knapp 78 Prozent mit 'selten' oder 'eigentlich nie'*". (S. 206) Buchempfehlungen für die Feizeitlektüre bekämen mehr als die Hälfte der Kinder (54%) „*selten*" oder „*eigentlich nie*". Insgesamt werde deutlich, dass ein Großteil der Kinder keinen verbindenden Brückenschlag von der Schule zur häuslichen Lektüre wahrnehme. So lernten sie, dass es sich hier um zwei unterschiedliche „*Lesewelten*" handele, deren Texte und Leseweisen man auseinanderzuhalten habe. Immerhin hätten aber 44,5 Prozent behauptet, dass sie schon einmal einer Leseempfehlung der Lehrerin gefolgt seien, und etwa der Hälfte von ihnen hätte schließlich auch das Buch gefallen. Als Fazit kann man festhalten, dass in der Schule noch viel für die Leseförderung der Kinder getan werden könnte.

Die schärfste Konkurrenz erwächst der Buch-Lektüre sicherlich durch den *Medienkonsum*, insbesondere durch das *Fernsehen*. Interessant sind dazu einige Nutzungszeiten. Die tägliche Sehdauer der 6–13-jährigen West ist im Vergleich 1985/1992 generell geringfügig gestiegen von 92 auf 97 Minuten = $1\,^{1}/_{2} - 1\,^{3}/_{4}$ Stunden (Ost: 1992 → 124 Minuten, also gut 2 Stunden).

Im nachfolgenden Schaubild S. 98 sind die folgenden Jahrgangsgruppen in Bezug auf den Medienkonsum zusammengefasst, die Daten stammen zwar aus den 8oer Jahren, wichtig ist für uns die Tendenz und nicht unbedingt, ob sich der Konsum um einige Minuten verringert oder zugenommen hat. Interessant an der Tabelle erscheint, dass die 16–24-jährigen zu denen zählen, die das Fernsehen am wenigsten nutzen (wieder etwa wie Kinder zwischen 6 und 13), weil diese Altersgruppe am stärksten außerhäuslich orientiert ist und die Nutzung anderer Medien zunimmt.

Zusammenfassend kann man festhalten, dass die
6–13-jährigen etwa 1 ½ Stunden, die
12–15-jährigen fast 2 Stunden, die
16–24-jährigen etwa 1 ½ Stunden, die
25–29-jährigen fast 2 Stunden das Fernsehen nutzen.
Die Nutzungsdauer schwankt also etwa zwischen 1 ½ und 2 Stunden, wobei selbstverständlich individuell und auch je nach Schichtzugehörigkeit große Unterschiede auftreten können.

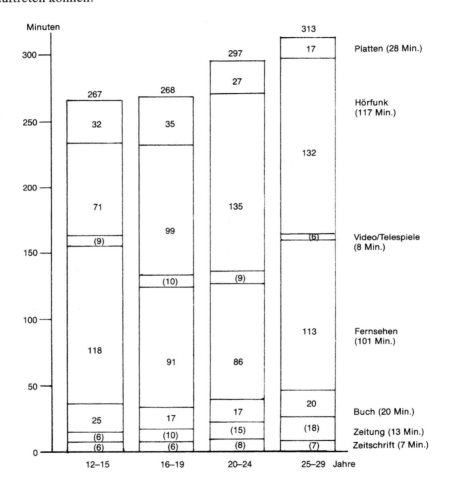

Medienkonsum in Minuten pro Tag im Altersablauf
Aus: Lesen. Grundlagen, Ideen, Modelle zur Leseförderung. Stiftung Lesen 1996, S. 1.3

Nach dem Medienbericht der Bundesregierung (1993) betrug die **Sehdauer allgemein** im Westen durchschnittlich 199, im Osten 209 Minuten. Nach der GfK (Gesellschaft für Konsumforschung Nürnberg) säßen die unter 30-jährigen etwa 100 Minuten, die 29–49-jährigen 160 Minuten, die 50-jährigen und Älteren 220 Minuten vor dem Fernseher, durchschnittlich also für die **Gesamtbevölkerung etwa 3 Stunden** (1993). Ähnliche Zeiten ergab auch die Studie „Telvision 98", nämlich für Europa durchschnittlich 198 und für Deutschland 196 Minuten.

Es erscheint mir sehr wichtig festzuhalten, dass die Kinder und Jugendlichen (einschließlich der jungen, meist noch kinderlosen Erwachsenen) zu den Wenig-Fernsehern gehören, die Fernsehnutzungsdauer aber *ab dreißig geradezu sprunghaft zunimmt*, so das man keineswegs von einer vorbildhaften Modellwirkung der Eltern- und Großelterngeneration sprechen kann. Unter diesem Aspekt bekommt die *Medienerziehung einen außerordentlich hohen Stellenwert* in der Schule.

4.3.2 Zu einigen Grundfragen der Kinder- und Jugendliteratur

Es würde in diesem Zusammenhang zu weit führen, wollte den Bereich der KJL (= Kinder- und Jugendliteratur) auch nur halbwegs ausführlich darstellen; die Literatur ist kaum noch überschaubar (vgl. S. 218ff.). Allerdings spiegelt sich darin die Bedeutung, die man der KJL beimisst, wider. Im Rahmen einer *Einführung* können die Themenkomplexe lediglich benannt werden.

FRANZ / MEIER verstehen unter KJL:

1. *alle von Erwachsenen für Kinder und Jugendliche verfassten Texte*
2. *alle von Kindern und Jugendlichen rezipierten Textsorten [...]*
3. *alles von Kindern und Jugendlichen für die Zielgruppe „jugendliche Leser" selbst Produzierte [...]* (S. 9)

FRANZ / MEIER verwenden einen weiten Textbegriff, indem sie auch akustische und audiovisuelle Rezeptionsformen mit einschließen. Da in diesem Zusammenhang die Vorzüge des Lesens in Freizeit und Schule diskutiert werden sollen, beschränke ich mich auf die Printmedien, verwende also einen engeren Begriff von KJL.

Die KJL wird nach verschiedenen Prinzipien geordnet. FRANZ / MEIER listen folgende Klassifizierung auf:

1. *Formale Kriterien: z. B. Bilderbuch, Comics*
2. *Literarische Gattungen: z. B. Kinderlyrik, epische Langform*
3. *Ursprung, Entstehung: z. B. Volkspoesie*
4. *Zielgruppen: geschlechtsspezifisch: Jungenbuch, Mädchenbuch*
   alterspezifisch: Kinderbuch, Jugendbuch
5. *Pragmatische oder ästhetische Autorintentionen: z. B. Sachbuch, Unterhaltungsbuch*
6. *Stoffliche Kriterien. z. B. Kriminal- und Detektivgeschichte.* (S. 10)

MARQUARDT (1986) gliedert z. B. folgendermaßen:

Das Bilderbuch – Kinderlyrik – Das Märchen – Das Kinderbuch (Realistische und phantastische Kindergeschichten) – Das Mädchenbuch – Das Jugendbuch – Das Abenteuerbuch – Das Sachbuch – Das religiöse Kinder- und Jugendbuch – Comics

– *Kinder- und Jugendliteratur auf Schallplatten und Tonkassetten.* – *Kinder- und Jugendzeitschriften*

Themen der KJL

Jede Gesellschaft hat ein elementares Interesse, ihr gesellschaftliches Ordnungssystem (die Werte und Normen) an die nächste Generation weiterzugeben, und dies schon seit ihrem Entstehen im aufklärerischen 18. Jh. Die KJL, die häufig pädagogisch-moralische Intentionen einschließt, eignet sich in besonderer Weise für diesen Zweck. So spiegelt die KJL wie ein **Seismograph den Wandel der Gesellschaft** wider. Die Gründe sind nach BAUMGÄRTNER (1982) dafür offenkundig. *"Da es sich bei ihr [der KJL] bisher um ein primär pädagogisches und erst in zweiter Linie um ein literarisches Phänomen gehandelt hat (was zu bedauern, vielleicht jedoch nur partiell zu ändern ist), sind in ihr höchst nachdrücklich die wechselnden Auffassungen von den Zielen der Erziehung wirksam geworden, die ihrerseits von den jeweils herrschenden Vorstellungen vom Menschen, seiner Stellung in der Welt und vom Sinn seines Daseins abhängig sind."* (S. 174) Es bestehe also ein eindeutig aufzuweisender Zusammenhang zwischen der „Jugendliteratur" und dem, was BAUMGÄRTNER mangels einer treffenderen Bezeichnung „Zeitgeist" nennt, *„verstanden gewissermaßen als 'kollektive Philosophie' einer Epoche"*. (S. 174)

Wenigstens ganz kurz sollen die Themen angedeutet werden, wobei ich vor allem der Darstellung BAUMGÄRTNERs (1982) folge (vgl. auch REINER WILD: *Geschichte der deutschen Kinder- und Jugendliteratur, 1990*):

- **Nachkriegszeit**: Es publizierten Autoren, die schon vor dem Krieg bekannt waren, wie z.B. *Erich Kästner* (1899–1974), dessen Bücher neu aufgelegt wurden. Sein Verdienst ist es, sein kleines Publikum genauso ernst genommen zu haben wie sein großes.

  Dazu stoßen Autoren, die nach 1945 zu schreiben begonnen haben, wie z.B. *Kurt Lütgen, Ursula Wölfel, Otfried Preußler, James Krüss und Michael Ende.*

  „Am Anfang der sechziger Jahre finden wir nicht nur eine breit entfaltete, vielgestaltige und zum Teil qualitativ hochstehende Kinder- und Jugendliteratur vor. Auch das für sie bezeichnende und daher bis heute erhalten gebliebene, ja eher noch ausgeweitete Umfeld aus einer Vielzahl vermittelnder Instanzen ist bereits gegeben." (S. 172) BAUMGÄRTNER nennt den „Arbeitskreis für Jugendliteratur" (1955), zuständig für die Verleihung des Deutschen Jugendbuchpreises, das *"Deutsche Jugendschriftenwerk"* (1956), die Zeitschrift *Das gute Jugendbuch* (seit 1980 in *Jugendbuchmagazin* umbenannt).

- **Neue Themen in den 60er Jahren**: „Zu den bisher behandelten Themen war ein neues getreten: die Aufarbeitung der historischen Erfahrung während der Zeit des Nationalsozialismus". (S. 172) Man hatte sich allerdings schon länger einer eher moralischen Aufgabe gewidmet: „Dem Nationalismus stellten sie die Völkerversöhnung entgegen, dem Kriegswillen die Verständigungsbereitschaft, dem kämpferischen Abenteuer die Bewährung im Dienst an den Mitmenschen. Das geschah so gut wie nie an Hand von Stoffen aus der jüngsten Vergangenheit

selbst." (S. 173) Als Beispiel sei *Erich Kästner „Konferenz der Tiere"* genannt. Beispiele: *Franz Bahls „Schwarze Vögel" (1957); Willi Fährmann „Das Jahr der Wölfe" (1962); Hans Peter Richter „Damals war es Friedrich" (1961); Frederik Hetmann „Blues für Ari Loeb"; Hans-Georg Noack „Stern über der Mauer" (1962)*

Das Thema ist auch heute noch aktuell: Vgl. dazu *Stiftung Lesen (Hrsg.): Jugendbücher zum Thema: Drittes Reich und Kriegs- und Nachkriegszeit, Heft 8, 1995*

- **Ende der 60er / Anfang der 70er Jahre** beeinflusste, beginnend mit den Studentenunruhen, Zeit- und Gesellschaftkritik auch die KJL. *"Auf der einen Seite nämlich setzte sich die mit den antiautoritären und emanzipatorischen Texten eingeleitete 'Kulturrevolution im Kinderbuch' in gerader Linie mit den sogenannten 'realistischen Problembüchern' fort. Früher tabuisierte Phänomene kamen geradezu geballt auf die jungen Leser hernieder: Sozialfälle, Kriminelle, Süchtige, kaputte Ehen, zerfallene Familien, Kindesmisshandlung, Elternhass, Vergewaltigung, Abtreibung, Homosexualität..."* (S. 176) Weitere Themen waren *Jugendalkoholismus, Behinderte, Gastarbeiter, Fürsorgeerziehung und Alter / Tod.*

    Daneben etabliert sich eine Gegenentwicklung, die das **Phantastische im Jugendbuch** betont. *Michael Ende* mit seiner *„Unendlichen Geschichte"* (1979) von ihrem gedanklichen Gehalt her gesehen, *„um die Frage nach dem Verhältnis von Realität und Traum, Alltagswirklichkeit und Phantasiewelt und um das Problem des rechten Verhaltens zu beiden."* (S. 177) Nach BAUMGÄRTNER hätten die 70er Jahre die *„Rückkehr zur Vielfalt"* gebracht, und dies nicht nur auf der Inhalts- sondern auch auf der Strukturebene. *„Es ist heute wieder möglich, die ästhetischen Qualitäten eines Textes zu diskutieren, statt bloß seine gesellschaftliche Relevanz; man darf wieder nach den emotionalen Werten eines Buches fragen, und nicht nur nach den kognitiven Lernzielen, die mit seiner Hilfe zu erreichen sind; wo einmal der bare Inhaltsfetischismus herrschte, sind Strukturanalysen wieder gestattet, und man kann auch literarischen Formen wie dem Märchen oder der phantastischen Geschichte unersetzbare Funktionen für das Kind zuschreiben, statt nur dem Lernspiel oder der politischen Parabel, ohne gleich als romantischer Reaktionär verschrieen zu werden."* (S. 178)

    Selbstverständlich sind die *Familie* (auch die nicht-intakte) und weitere *gesellschaftliche Problemfelder* auch heute Themen der KJL, allerdings nicht mehr in einer ideologischen Ausrichtung. (Vgl. dazu *Stiftung Lesen (Hrsg.): Jugendbücher zum Thema: Familie 1990; und zum Thema Erwachsenwerden 1991*)

Die „*Vielfalt*" der KJL ist auch heute noch, **Ende der 90er Jahre** charakteristisch für die KJL. Einige Themen sind aber entsprechend den gesellschaftlichen Entwicklungen hinzugekommen:

- *Ökologische Sachverhalte* werden nicht nur in Sachbüchern abgehandelt, sondern auch häufig in spannende Kriminalerzählungen verpackt.

Beispiele: *Nicolai von Michalewsky: Im Kielwasser des Todes (Herder); Burghard Bartos: Abenteuer Greenpeace (Ueberreuter); Burghard Bartos: Ich bin Karlchen, ich will leben (Ueberreuter)*
(Vgl. dazu: Stiftung Lesen (Hrsg.): *Jugendbücher zum Thema: Umwelt, 1991*

- *Altersdarstellungen mit verschiedenen Intentionen*
  Zwar gab es schon immer Darstellungen des Alters (der Großelterngeneration) vor allem im Kinderbuch. Dieser Lebenskreis und der Bezug zu den Enkeln beschränkt sich nicht mehr nur auf das konventionelle Muster:

  1. Die traditionellen Großeltern, die die typische Rolle als Oma bzw. Opa übernehmen und zum Teil auch ausfüllen, sind eher alt und passiv. Veränderungen der Vorstellungen vom Alter wirken sich auch im Kinder- und Jugendbuchbereich aus.

  2. Die neue Großelterngeneration – die Menschen werden immer älter – lässt sich nicht mehr als senil und verkalkt charakterisieren, jedenfalls so lange sie noch dem jüngeren Alter angehören (zwischen 55 und 70). Häufig sind sie vital und haben vielfältige Interessen, sie verlieben sich neu und verreisen häufig. Dieses neue Oma- und Opa-Bild transportieren vor allem die Kinderbücher der 80er und ausgehenden 90er Jahre.
     Beispiele: *Margot Lang: Als Oma Josefine wurde. Fischer Boot 1980; Kirsten Boie: Opa steht auf rosa Shorts. Oettinger 1988; Günter Görlich: Omas neuer Opa. Arena 1991*

  3. Die kranken, sterbenden Großeltern, die den Enkeln den Umgang mit dem Tod erleichtern.
     Beispiele: *Elfi Donelli: „Servus Opa, sagte ich leise". Dressler 1977; Monika Hartig: Joschi und Uri. Arena 1989*

MALTE DAHRENDORF (1997) beschreibt die Entwicklungstendenzen der KJL in Deutschland Ende der 90er Jahre folgendermaßen:

Seit etwa 25 Jahren hat sich die KJL grundlegend gewandelt. Im Prinzip ist während dieses Umbruchs alles erzählbar geworden, alle inhaltlich-thematischen Tabus sind peu à peu gefallen. Die zerfallende Familie – Scheidung und „Neuorientierung" der Eltern – sowie alternative Familienformen werden den Lesern und Leserinnen inzwischen im Kinder- und Jugendbuch, ja sogar in vielen Bilderbüchern für Vorschulkinder zugemutet. Die problematische Jugend mit ihren Unsicherheiten, ihrer Gewaltbereitschaft und ihrem Drogenkonsum sind selbstverständliche Gegenstände der KJL geworden. Vor allem ein Bereich ist von der Enttabuisierung betroffen: die Sexualität. Die erste Liebe mit allen Spielarten zwischen Zärtlichkeit und sexuellem Vollzug, sexueller Missbrauch, Homosexualität zählen zum Spektrum des in der KJL Darstellbaren. Auch die politisch-gesellschaftlichen Bereiche kommen heute ganz selbstverständlich vor: Herrschaftsprobleme, Drittes Reich und Genozid an den Juden, Rechtsextremismus und Neonazismus, handele es sich nun um „Moden" oder nicht. Die Diskussion geht nicht mehr darum, ob und inwieweit die Darstellungen ihren Gegenständen gerecht werden und ob nicht neue Formen und Erzählweisen notwendig sind, um den neuen Gegenständen gerecht zu werden. Statt der „Jugendliteratur" oder dem jugendliterarischen „Problemroman" wird ein neuer Begriff von Jugendliteratur in die Richtung des „Jugend- und Adoleszenzromans" gesucht, der nicht mehr Jugendliteratur im vermeintlich überholten Sinne ist. (S. 188/189)

- *Internationalität und Multikulturalität als Thematik in Jugendromanen* (vgl. dazu den Aufsatz von SEIFERT mit demselben Titel 1994 und HANS-HEINO EWERS (Hrsg.): *Jugendkultur im Adoleszenzroman* 1994)

Nach SEIFERT dominierten in den 80er Jahren Integrationshilfen, kulturelle Abgrenzungen der Türken, Verständigungsprobleme der Deutschen, „so ändert sich das in den 90er Jahren vollständig angesichts des Ausbruchs immer radikalerer Formen von Fremdenhass und Verfolgung." (S. 64) Seien die 80er Jahre noch von multikulurellen Ideen und Hoffnungen erfüllt gewesen, so zeigten die Romane der 90er Jahre ein Überhandnehmen von Fremdenhass, Überfällen und Mordtaten (Hass gegen Juden, Andersaussehende, Asylanten). An die Stelle utopischer Ideen *„sind schonungslose Darstellungen und Entlarvungen der Wirklichkeit getreten, welche das Problem aufdecken und mehr Problembewusstsein anstreben als Problemlösungen vorführen."* (S. 67) Was bleibe, seien Appelle zur Gegenaktivität der Demokraten sowie die Hoffnung auf die Aufklärung.

Beispiele: *Marie Hagemann: Schwarzer, Wolf, Skin. Thienemann (1993); Carlo Ross: Eine Mordskameradschaft. Fast (k)ein Roman. LKG (1995); Ingrid Kötter: Die Kopftuchklasse. Arena (1989)*

Didaktische Aspekte

Zur Behandlung der KJL können ganz besonders ebenfalls *handlungs- und produktionsorientierte Methoden und Verfahren* eingesetzt werden, die dem Lerngegenstand, der Behandlung einer Ganzschrift, angepasst werden sollten. Im Einzelnen sollen sie hier nicht aufgeführt werden.

Wie man aber der **KJL in besonderer Weise gerecht** werden kann, wurde in der Publikation der *Stiftung Lesen: Grundlage, Modelle, Ideen zur Leseförderung (1996)* aufgelistet:

Leseförderung im Unterricht / auf Klassenebene

- gemütliche Leseecke einrichten
- Klassenbücherei aufbauen, ausbauen, gemeinsam lesefreundlich gestalten
- Bücherschwemme im Klassenzimmer
- freie Lesestunde
- regelmäßige Vorlesestunde
- AutorInnen in den Unterricht einladen
- Autorenlesung
- Gespräche zum Vorgelesenen, über Bücher, übers Schreiben etc.
- Literarische Werkstatt mit einem Schriftsteller durchführen eine Autorenpatenschaft entwickeln
- ein Buch, Gedicht, eine Geschichte, einen Schriftsteller des Monats aussuchen und auf Plakaten bekanntgeben
- Literaturbrett – „Schwarzes Brett" für Literatur, Ankündigungen zu Fernsehsendungen, Hörspielen, Lesungen, Literaturveranstaltungen, Buchbesprechungen, mit Texten der SchülerInnen, Comics, etc.
- Vorlesewettbewerb
- Schuldruckerei – Einblick ins Handwerkliche
- Besuche in Buchhandlungen
- eigene Schaufenstergestaltung
- Gespräche über Arbeit des BuchhändlersIn
- Lesung in Buchhandlung besuchen
- Besuche in der Bücherei
- Büchereiführung
- Gespräch mit BibliothekarIn
- Schnüffelstunde in der Bibliothek
- Vorstellung neuer Kinder- und Jugendbücher
- Lesung / Werkstatt mit SchriftstellerIn
- gemeinsam Bücherflohmarkt besuchen etc.
- Interviews mit Buchhändlern, Bibliothekaren, Journalisten, Druckern etc.

- Besuch eines Verlages
- Besuch einer Druckerei
- Besuch einer Buchbinderei
- Besuch bei der Presse
- einen Lektor eines Kinderbuchverlages einladen
- Besuch beim ZDF oder einer ARD-Anstalt – Gespräche mit Redakteuren über Kindersendungen
- an der Aktion „Das lesende Klassenzimmer" des Börsenvereins des Dt. Buchhandels teilnehmen
- Schreib-Wettbewerbe durchführen
- Lesenacht
- Bundesverband Dt. Zeitungsverleger-Projekt: „Zeitungen lesen in der Schule"
- Lyrikplakate
- Lesezeichen mit Texten für Schüler erstellen
- Alphabet rund ums Buch entwickeln, evtl. mit Bildern
- Comics mit neuem Text, neuer Geschichte versehen
- Schreibspiele ausprobieren
- Gemeinsam eine Kurzgeschichte „spannend" erzählen
- Programm für ein Lesefest, eine Literaturwoche etc. herstellen
- Werbemittel herstellen und für das Fest werben
- Einladungsbriefe schreiben an Eltern, Politik, Presse
- ein Motto, ein Signet etc. für das Fest finden, auf Buttons malen, Plakate, Handzettel
- Lied oder Gedicht für das Fest schreiben und einstudieren
- Zeichnungen und Raumgestaltungen für das Lesefest erstellen
- Buchempfehlungen / Buchhitlisten ermitteln / erstellen
- gelesene Texte umwandeln in eine Pantomime, in Dialog mit Regieanweisungen
- Dialoge im Sprechgesang vortragen
- Hörspielszenen, Filmszenen, Tonbilddiaserien

Textrezeption – Handlungs- und Produktionsorientierung

- Mischgeschichte von Text und Bild entwickeln
- als Bildergeschichte umschreiben
- zum Text malen
- als Bilderbuch umgestalten
- Klappentexte entwerfen
- Umschlagentwurf anfertigen
- Buchbesprechung schreiben
- Werbeplakat entwerfen
- Lesezeichen basteln
- Brief mit Fragen an AutorIn
- Text als Rollenspiel, Puppenspiel, „Fernsehspiel" umschreiben und erproben
- Geschichte weiterschreiben, neues Kapitel schreiben, Schluss umschreiben, eigene Geschichte erfinden
- Umwandlung von Texten in Lieder und Tänze – Moritat, Ballade, Bänkelsong
- Hintergrundmusik für den Vortrag ausgewählter Textstellen aussuchen / selber machen
- Elternabend zum Thema Lesen
- Einsatz eines Jugendbuchs im Unterricht mit anschließender Autorenlesung
- Gemeinsames Proben, Theater- oder Filmbesuche
- Theater in der Schule
- Berufsschauspieler gehen in die Schule und entwickeln mit den Schülern eigene Szenen, Stücke
- Theater AG
- Filme zum Thema Lesen (Bildstelle)
- Bücherrätsel entwickeln, durchführen
- gemeinsam Buch- / Verlagsprospekte durchsehen
- Lesekoffer zusammenstellen
- Einsatz des Lesekoffers in Bücherstunden
- Bücherwurm herstellen, Lied oder Gedicht dazu erfinden
- Büchertauschmarkt
- Bücherflohmarkt
- Talkshow zum Thema „Lesen", „Bücher" vorbereiten und durchführen
- Ausstellungstisch zu einem Thema – Texte, Lieder, Gedichte, Bilder, Gegenstände
- Interviews zum Thema „Lesen", „Bücher"
- Lehrer befragen zur Lieblingslektüre
- Stöbern in der Schulbücherei
- alte Lesebücher untersuchen und mit den Schullesebüchern vergleichen
- eine Märchenstunde für die Kleinen entwickeln
- Vorlesestunde für Kindergartenkinder entwickeln, erproben (im Kindergarten vorlesen oder Kindergartenkinder in die Klasse / Schule einladen)
- Lesestunde im Altenheim
- den Eltern Märchen erzählen – bei Kaffee und Kuchen
- Kinder / Eltern lesen abwechselnd vor
- SchülerInnen lesen aus ihrem Lieblingsbuch
- LehrerInnen lesen aus ihrem Lieblingsbuch
- SchülerInnen lesen ihre eigenen Texte den Eltern, Mitschülern vor
- SchülerInnen erzählen von ihren Büchern
- Lesetagebuch erstellen (jeder Schüler einzeln / die gesamte Klasse)
- eine Anthologie von beliebten Geschichten, Auszügen, Gedichten, Bildern zusammenstellen und drucken
- gemeinsam „Klassenbuch" schreiben, Geschichten, Ereignisse aus dem Schulalltag
- gemeinsam ein Buch zu einem Thema schreiben
- Herstellung eines Tierlexikons, eines Märchenbuches, Gedichtbandes, Rätsellexikons, Witzbuches, Bilderbuches
- eigenes Hörspiel oder eine Literaturkassette produzieren / besprechen
- Kinder- und Jugendzeitschriften vorstellen, untersuchen
- eigene Artikel schreiben und an die Zeitschriften schicken

Leseförderung auf Schulebene

- Einrichtung eines Leseclubs
- Erweiterung / Neubelebung des schon vorhandenen Leseclubs
- Einrichtung von Lese-/Schmökerecken
- Lesecafe
- Aufbau, Ausbau, Aktivierung der Schülerbücherei
- Literaturseite in der Schülerzeitung
- Schülerzeitung zum Thema „Bücher"
- Literaturbrett in der Schule – Ankündigungen, eigene Texte, eigene Rezensionen, Hitlisten, Buchempfehlungen der Schüler und Lehrer
- Buch, Gedicht, Geschichte, Autor des Monats als Plakatwand
- Buchaustellungen zu einem Autor, einem Thema evtl. mit Schulbücherei / Buchhandlungen
- Vorlesewettbewerb, evtl. mit Börsenverein des Dt. Buchhandels
- Bücherrätsel
- Vorstellung von Kinder- und Jugendbuchverlagen (Verlage schicken auf Anfrage von Schülern recht viel Material)

- Buchfachleute einladen zum gemeinsamen Gespräch, Lektor eines Verlages, Buchhändler, Bibliothekare, Kulturamt als Veranstalter von Lesungen etc.
- Veranstaltungen für Schüler oder Schüler / Eltern / Lehrer
- Aufbau einer Erzählwelt – zu einem Thema oder zu einem Buch evtl. gemeinsam mit Eltern
- Talk-Show zum Thema „Lesen", „Bücher" - mit örtlicher Prominenz, Eltern etc.
- Schulspiel, -theater zum Thema „Lesen"
- Einladung einer örtlichen Theatergruppe
- Workshops mit Schauspielern, eigenes Stück zum Thema entwickeln, inszenieren
- Kabarettprogramm zum Thema
- Buch-Ausstellung mit Rahmenprogramm
- Schreibwettbewerb
- Geschichtenwettbewerb (ähnlich Vater-Sohn-Geschichten)
- Workshop-Schreibspiele
- Autorenlesungen
- Autorenwerkstätten
- Veranstaltungen für Eltern zum Thema „Kinder- und Jugendtheater" – Vortrag, Gespräch mit Lehrern, Autoren, Fachleuten
- Büchertauschmarkt
- Bücherflohmarkt
- Schüler verfassen dazu lustige, skurrile Flohmarkttexte, Anpreisungen, Kleinanzeigen, Plakate
- Prominente der Stadt / des Stadtteils lesen vor
- Eltern / Schüler lesen im Wechsel
- Einladung von verschiedenen Gruppen für Lesungen der Schüler – Senioren, Sportler eines Vereins (Sportgeschichten), Kindergartengruppe etc.
- Untersuchung, Ausstellung von Mädchenbüchern
- Ergebniswand
- Lesung aus Mädchenbüchern (Jugendbüchern), evtl. Autorenvortrag zum Thema
- Guck mal über'n Tellerrand
- Lesungen von ausländischen Kindern aus ihren Lieblingsbüchern
- aus Büchern zum Thema „Ausländerkinder"
- Lesungen aus alten Kinder- und Lesebüchern
- evtl. Eltern
- Teilnahme am Projekt „Bücherfrühling" der Stiftung Lesen, „Autorensuchspiele" der Stiftung Lesen
- Computerecke oder Ausstellung von Computertexten, Graphiken, Wortspielereien etc.
- Aufführung eines „Buchtanzes", -Balletts, einer Pantomime, -Musicals
- Ergebnisausstellung aus den Aktivitäten der einzelnen Klassen / Schüler, Wandzeitung etc.
- Herstellung einer Dokumentation zum Schulfest, drucken, werben, verkaufen
- Schulfest als Summe der Aktivitäten der einzelnen Klassen
- Lesungen

(-, 1)

4.4 Das Lesebuch

Im Laufe der Darstellung der geschichtlichen Entwicklung der Literaturdidaktik musste immer wieder auf bestimmte **Typen von Lesebüchern** verwiesen werden, da sie neben theoretischen Aussagen durch ihre Gestaltung Rückschlüsse auf literaturdidaktische Konzeptionen zulassen, sie sind gleichsam ein Spiegel der jeweiligen kontroversen literaturdidaktischen Auffassungen. (Vgl. H. GEIGER, 1977)

Genannt wurden bereits:

- **das Gesinnungslesebuch** (nach 1945)
- **das literarästhetische Arbeitsbuch** (HELMERS)
- **das Lesebuch als Informatorium der Wirklichkeit** (GAIL)
- **die Leseerziehung mit dem Lesebuch** (DAHRENDORF)

Ende der 70er, Anfang der 80er Jahre wurde das **kommunikationstheoretisch (und meist auch handlungs-) orientierte Lesebuch** entwickelt, das durch folgende Merkmale gekennzeichnet ist:

- **Vorwort der Herausgeber** an die Benutzer (im „Kritischen Lesen" des Diesterweg-Verlags mit Passbild der Herausgeber und der Aufforderung an die Schüler, eventuelle Kritik mitzuteilen.)
- **Nachwort an die Eltern** (*„Leserunde"* vom Dürr-Verlag), in dem erklärt wird, wie die Benutzung des Lesebuchs gedacht ist.
- Wichtigster Bestandteil, der von vielen Herausgebern übernommen worden ist, sind **Fragen** im Anschluss an Texte an Schüler und Lehrer. Ungünstig dabei ist, dass eine sehr enge Rezeptionslenkung stattfinden kann, was sich besonders bei sehr offenen metaphorisch-chiffrierten Texten als problematisch erweist. Zudem könnten die Fragen naiv suggerieren, dass sie die einzig möglichen zum Text seien. Andererseits haben Fragen den Vorteil, den Stellenwert des Textes im Gesamtzusammenhang zu bestimmen. Im Lesebuch wird damit der Übergang vom **Begleit- zum Leitmedium** ermöglicht. Manche Textsequenzen werden durch den „leitenden" Kommentar des Lesebuch-Autors überhaupt erst möglich (z. B. eine Sequenz über die Werbung).
- Die **Quelle des Textes** wird genau angegeben, oft auch der Zusammenhang beschrieben, aus dem der Text gelöst wurde.
- **Handlungsanweisungen** („Leserunde") direkter Art fordern Schüler auf, das **literarische Umfeld** zu erkunden (und z. B. auch Bibliotheken, Stadtbüchereien, Buchhandlungen, Zeitungsverlage und -druckereien, Verlage, Stadttheater zu besuchen).
- Thematisierung der **medialen Umwelt**, z. B. des Fernsehens und der dazugehörigen Publikumszeitschriften.
- Eine **Bebilderung**, die schülergemäß ist und Anreize zu Stellungnahmen und Handeln bietet.

In diesem Zusammenhang ist eine Entwicklung der 90er Jahre einzuordnen, das **spezifisch handlungs- und produktionsorientierte Lesebuch**, z. B. das des Klett-Verlages „Unterwegs" (1992 ff.) für die Sekundarstufe I (erarbeitet von KATRIN BOTHE, GÜNTER LANGE und GÜNTER WALDMANN u. a.). Die Texte werden zunächst unkommentiert dargeboten, erst in einem 2. Teil werden entsprechende Unterrichtseinheiten und Projekte zusammengestellt. (Vgl. die Anleitung auf der nächsten Seite)

Ein *handlungs- und produktionsorientiertes Lesebuch* muss nicht automatisch an jeden Text entsprechende Arbeitsaufträge anfügen. Wichtig ist die gesamte Intention, die z. B. bei *„Unterwegs"* in Lehrerbegleitheften deutlich gemacht wird. Zusätzlich wird darin z. B. die Unterrichtseinheit *„Gedichte nach Rezept"* erläutert: *„Die eigentliche Arbeit mit Gedichten geht nicht von fertigen Texten und der Analyse ihrer Formmerkmale aus, sondern von einer Produktionserfahrung. Die Schülerinnen und Schüler sollen nach einem einfachen Muster zunächst selbst ein Gedicht schreiben. Die weitere Arbeit orientiert sich dann an ihren Gedichten und ihren Erfahrungen beim Schreiben."* (LEHRERHEFT zu Bd. 6, S. 65)

In den neueren Lesebuchentwicklungen ist darüber hinaus ein eklektizistisches Vorgehen zu beobachten, das je nach Zusammensetzung des Herausgebergremiums **pragmatische Mischtypen** hervorbringt.

Gedichte nach Rezept

'Elfchen'

Grau
Der Nebel
Er umschließt mich
Ich sehe nichts mehr –
Allein

1. Das 'Elfchen' ist ein kurzer Text aus nur elf Wörtern. Es ist so aufgebaut, daß seine elf Wörter sich auf fünf Zeilen in dieser Weise verteilen:
   1. Zeile: eine Farbe (1 Wort)
   2. Zeile: etwas, was diese Farbe hat (2 Wörter)
   3. Zeile: genauere Bestimmung, etwas wo es ist oder was es tut (3 Wörter)
   4. Zeile: etwas über sich selbst, mit „ich" beginnend (4 Wörter)
   5. Zeile: ein abschließendes Wort (1 Wort)

   Schreibt selbst ein solches Elfchen.

Haiku

Dort auf dem Wasser
Des wilden Bachs der Anblick
Von Weidenkätzchen!
Kijo

Schön schillernder Lachs
Voll Lebenskraft flussaufwärts
Ins Netz des Fischers
Schülertext

2. Das Haiku ist ein japanisches Kurzgedicht. Bei ihm sollten in drei Zeilen nach Möglichkeit siebzehn Silben so untergebracht werden:
   1. Zeile: fünf Silben
   2. Zeile: sieben Silben
   3. Zeile: fünf Silben

   In einem Haiku kommt meist ein in der Natur genau beobachteter Gegenstand oder Vorgang oder auch ein Lebewesen vor. Das Gedicht kann dabei von Gegensätzen handeln.
   Schreibt selbst ein Haiku.

3. Mit Elfchen und Haiku habt ihr jetzt selbst zwei kleine Gedichte geschrieben. Könnt ihr auch sagen, was diese Texte eigentlich zu Gedichten macht?

In: „Unterwegs" Klett-Verlag Lesebuch 6

Grundsätzlich kann zum Lesebuch Folgendes festgehalten werden:

Kommunikationstheoretische Bedingungen des Lesebuchs

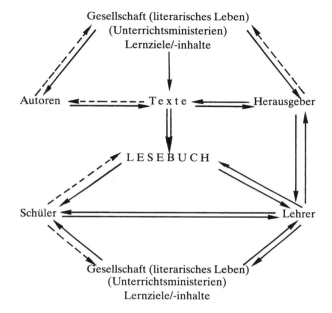

Folgende Relationen bestimmen die Grundsituation des Lesebuchs:

1. **Texte – Autoren:** Die Autoren verfolgen oft verschiedene Intentionen, die weder vom Lehrer noch vom Schüler ohne weiteres fassbar sind.

2. **Die Lesebuchherausgeber:** Sie haben mit jedem Text eine eigene Absicht (Intention), die nicht einfach ableitbar ist aus der Autorintention. Der Text erhält seinen Stellenwert durch die zusammenfassende Überschrift (Thema) oder durch die Nachbartexte.
Die Intention, einen älteren Text ins Lesebuch aufzunehmen, kann eine doppelte sein: entweder als Möglichkeit zur Identifikation oder zur kritischen Distanz.

   Fazit: Die Intention des Autors (Textes) deckt sich nicht automatisch mit der der Herausgeber.

3. **Gesellschaft:** (Unterrichtsministerien)
Die Gesellschaft nimmt durch die Unterrichtsministerien Einfluss auf die Gestaltung der Lesebücher. Lernziele und Lerninhalte sind zum Teil vorgegeben und müssen von den Herausgebern berücksichtigt werden, wenn sie die Genehmigung zum unterrichtlichen Gebrauch erhalten wollen. Freilich ist dies kein einseitiges Abhängigkeitsverhältnis. Die Herausgeber können als Teil der Gesellschaft Einfluss auf Lernziele und Lerninhalte nehmen.

4. **Der Lehrer:** Aufgrund seiner Kompetenzen wird der Lehrer in der Regel den Text im Sinne eines verstehenden (hermeneutischen) Interpretierens zu analysieren vermögen. Auch heute neigen viele Lehrer dazu, sich mit der Textintention zu identifizieren.

5. **Der Schüler:** Er ist häufig weder in der Lage, die Intention des Autors herauszufinden, noch die der Herausgeber. Freilich wird von ihm das Lesebuch häufig unreflektiert als „Geschichtenbuch" benutzt. Oft genug aber (mit zunehmendem Alter) reagiert er mit Verdrossenheit und Ablehnung.

6. **Folgerungen:** Der Umgang mit dem Lesebuch, die Kommunikationskonstituenten sollten in den Unterrichtsprozess einbezogen werden. Dabei sind dem Lehrer und dem Schüler von den Herausgebern entsprechende Informationen zu vermitteln, die nicht nur die Absicht der Autoren kundgeben, sondern auch ihre lernzieltheoretischen Begründungen. Dabei würden neben dem Verfasser die Herausgeber weitere Kommunikationspartner.

Bei der Textauswahl wird man wohl niemals Maximalforderungen erfüllen können. Die Auswahl wird wohl vermittelnd zwischen verschiedenen Polen erfolgen müssen. Ein Lesebuch ist nicht allein schon deshalb brauchbar, wenn es Comics oder Sach- und Werbetexte enthält; ohnedies sollte gefragt werden, ob es nicht sinnvoller sei, durch Eigentätigkeit der Schüler solche Texte sammeln und auswerten zu lassen.

Der sogenannte **erweiterte Literaturbegriff** spielt sicher eine entscheidende Rolle, aber wichtiger ist es doch, die Lesebücher im kommunikativ-handlungsorientierten Sinne zu benutzen. Selbst ein „reaktionär-konservativer" Text kann Anlass zur Reflexion sein, wenn Schüler und Lehrer gelernt haben, den Inhalt kritisch zu lesen. Solange aber eine Lesart, die auf Einfühlung und Identifikation abzielt, die Norm im Deutschunterricht darstellt, wird der Ruf nach fortschrittlichen Lesebüchern vom Trugschluss geleitet, ein progressiver Lesestoff an sich bewirke automatisch Emanzipation (Kritikfähigkeit). Auch hier wird unzulässig die **Interpretation mit der Wirkung** gleichgesetzt.

Die Lesebucharbeit ist nur ein Teilbereich unserer schulischen Wirklichkeit, kann vorhandene Erziehungstendenzen sicher verstärken, aber für sich keine umwälzenden Bewusstseinsveränderungen bewirken.

Zu bedenken ist heute auch die Möglichkeit, mit dem **Xerokopierverfahren** die Texte zu vervielfältigen, die der Lehrer gerne im Unterricht behandeln möchte. Das Lesebuch hat damit die einstmalig beherrschende Monopolstellung längst eingebüßt. Nur wenn über dem gesamten Unterricht jene übergeordneten Lernziele stehen und wirken, erfüllt das Lesebuch als Lernmittel seinen Zweck. Es sollte nicht länger für alle „*versäumten Lektionen*" verantwortlich gemacht werden, von dem man die Emanzipation des Schülers und damit der Nation erwartet.

Ausblick

In einer Einführung können nur allgemeine Probleme und Möglichkeiten des Literaturunterrichts behandelt werden.

Weitere wichtige Themenkreise:
- **Didaktik** der verschiedenen Gattungen:
  der lyrischen,
  der dramatischen,
  der epischen Groß- und Kleinformen;
- **Didaktik und Methodik von literaturgeschichtlichen Fragestellungen**;
- **der Trivialliteratur, der Comics, der Sach- und Gebrauchstexte** (einschließlich der **Werbung**);
- **der Medien**;
- **des Theaters und Spiels** (vgl. Kapitel 7)

5 Textproduktion

Dieser Lernbereich wird unterschiedlich benannt, traditionell als **Aufsatzunterricht** oder wie im bayerischen curricularen Lehrplan als **schriftlicher Sprachgebrauch**. Manchmal wird auch nur von **Schreiben** gesprochen (vgl. das Kapitel 2 zu den Lernbereichen), in den 70er Jahren häufig auch von **schriftlicher Kommunikation**; diese Formulierung wird heute meist nicht mehr akzeptiert, da Schreiben auch andere Funktionen haben kann.

Von den Deutschlehrern wird der Aufsatzunterricht als sehr wichtig eingestuft, so dass sich häufig die Deutschnote fast ausschließlich darauf bezieht. Der Aufsatz gewährleistet vermeintlich objektivierbare Leistungen auf der Grundlage von allgemeingültigen Normen. Deshalb sind Veränderungen in der Praxis nur schwer durchzusetzen.

Anfang der 60er Jahre beschäftigte die Deutschdidaktik vor allem die **Lesebuchdiskussion** mit den entsprechenden Folgen für die literaturdidaktischen Konzeptionen, in den ausgehenden 60er Jahren war es die **Umstrukturierung** des **Sprachunterrichts** durch die sogenannte kommunikative Wende; zu Beginn der 70er Jahre geriet der **Aufsatzunterricht** heftig ins Kreuzfeuer der Kritik. Die Auseinandersetzung, die sich in den 80er Jahren vor allem mit den **personal-kreativen Schreibformen** befasste, ist bis zum heutigen Tag noch nicht abgebrochen.

Ein kurzer Blick auf die **traditionellen Aufsatzformen** erleichtert ein Verstehen der aktuellen Diskussion.

5.1 Traditionelle Aufsatzformen

– **Der „gebundene" Aufsatz**

Im 18./19. Jh. wurde von den Schülern verlangt, Lebensweisheiten zu erörtern, Begriffe zu klären und sachkundliche, moralische und vaterländische Stoffe aus den Sachfächern und der Dichtung aufzuarbeiten, freilich nicht nach Gutdünken, sondern nach strengen im Unterricht erarbeiteten Vorgaben. Von der späteren Didaktik wird dieses Reproduzieren als eine „Dressurleistung" beurteilt; JEAN PAUL hat diese Art des Schreibens mit den Worten gegeißelt: *„Ein Nichts schreibt an ein Nichts"*. Noch im beginnenden 20. Jh. mussten sich Schüler in dieser Schreibweise üben; so wäre BERTOLT BRECHT beinahe der Schule verwiesen worden, weil er das Horaz-Zitat *Dolce et decorum est pro patria mori* („Süß und ehrenvoll ist es für das Vaterland zu sterben") nicht in dem erwartet positiven Sinne beantwortet hat.

– **Der „freie" Aufsatz**

Mit Beginn des 20. Jh.s wurde im Geist der **Reformpädagogik** und **Kunsterziehungsbewegung** vor allem für die Volksschulen der „freie" **Aufsatz** entwickelt (Anreger: die Volksschullehrer A. JENSEN, W. LAMSZUS, E. GANSBERG, H. SCHARRELMANN, P. MÜNCH; RUDOLF HILDEBRAND: Vom deutschen Sprachunterricht in der Schule und von deutscher Bildung und Erziehung überhaupt. 1867; 27. Aufl. 1962).

Das Kind sollte mit Hilfe seiner Phantasie Erlebnisse erzählen und schildern, zwar angeleitet, aber nicht gegängelt werden. Ziel der sprachlichen Gestaltung war die **dichterische Sprache**, das Kind wurde als **kleiner Künstler** gesehen.

Allerdings wurden die Schülerprodukte bald auch kritisch betrachtet, einer Stilanalyse unterzogen, die den Normen des künstlerischen Schaffens nun doch meist nicht zu genügen vermochten. Dennoch war es das Verdienst dieser Neuerer, radikal das Kind selbst als Bezugspunkt des Schreibens anzunehmen. Kreative Ansätze der 70er Jahre haben in veränderter Form darauf Bezug genommen.

- **Der „sprachgestaltende" und „sprachschaffende" Aufsatz**
  (Anfang der 20er Jahre)

Vertreter dieser Richtung waren WILHELM SCHNEIDER (Deutscher Stil- und Aufsatzunterricht. 1926, 9. Aufl. 1956), der die **Zwecksprache** in den Mittelpunkt rückte, und WALTHER SEIDEMANN (Der Deutschunterricht als innere Sprachbildung. 1927. Dieses Buch hat auch nach 1945 große Verbreitung gefunden. 7. Aufl. 1965), der den Begriff der **„inneren Sprachform"** (hergeleitet von HERDER und HUMBOLDT) prägte, diesen aber niemals genauer zu definieren versuchte. FRITZ RAHN, der als Mitherausgeber eines Sprachbuches für das Gymnasium bis in die 60er Jahre hinein diesen Lernbereich maßgeblich beeinflusste, wollte erreichen, dass die Schüler ganz bestimmte Stilformen einüben sollten.

Der sprachgestaltende und sprachschaffende Aufsatz hat bis in die heutige Zeit einen entscheidenden Einfluss behalten. Denn sein zentrales Bemühen um die **Aufstellung von Regeln** (der Sprachgestaltung) bis hin zu einer **Systematik von Darstellungsformen** kam und kommt den Bedürfnissen des Lehrers entgegen, das Aufsatzschreiben nach vorher festgelegten Regeln lehr- und lernbar und auch bewertbar zu machen.

„*Stilarbeit und vor allem das Angebot einer klaren Systematik von Aufsatzarten sollten die entscheidende Hilfe für den Unterricht werden. Der Kern einer solchen Systematik ist die Unterscheidung in ich-orientierte und sachorientierte Formen, die wiederum danach differenziert werden, ob sie sich auf ein zeitliches Nacheinander oder ein räumliches Nebeneinander (u. U. auch auf wiederholbare Vorgänge) beziehen.*" (SCHOBER, 1988, S. 97)

SCHOBER (1988) erörtert damit ein bei WEISGERBER wiedergegebenes Schema.

	objektiv (sachbezogen)	subjektiv (personenbezogen)
zeitliches Nacheinander	Bericht	Erzählung
räumliches Nebeneinander	Beschreibung	Schilderung

Entwicklungspsychologisch wird argumentiert, dass der Schüler vom **subjektbezogenen Erzählen** über das **objektive, sachbezogene Berichten und Beschreiben zum Erörtern** kommen sollte. Dem **Erörtern** wird eine Zwischenposition zwischen objekt- und subjektbezogenen Formen eingeräumt. Die Progression des Schreibens kann man so heute nicht mehr akzeptieren, da bereits im Kindesalter großes Interesse an sachbezogener Darstellung zu registrieren ist und schließlich bis in die späte Kindheit Aneignung von Realität erfolgt.

Grundsätzlich sind immer bestimmte **Normen und Regeln** einzuhalten, die nicht unbedingt von der Funktion der Textsorte abgeleitet wurden, sondern **positive Setzungen** der Schulpraktiker darstellen.

Als Beispiel sei dafür die **Erlebniserzählung** angeführt. Die folgenden Ausschnitte stammen nicht aus der Zeit vor der Aufsatzdiskussion, sondern sind einem neueren Sprachbuch zu Beginn der 80er Jahre entnommen.

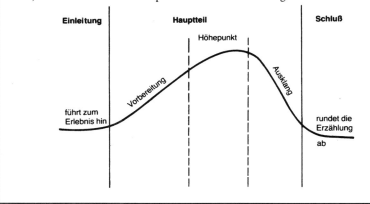

Deutsch 5, Sprachbuch, München: Bayerischer Schulbuchverlag 1980, S. 32

Ich möchte die Kritik an der Erlebniserzählung zusammenfassen und halte mich dabei vor allem an ROLF GEISSLER (Die Erlebniserzählung zum Beispiel. (1968) In: SCHAU, 1974, S. 35–48), der Ende der 60er Jahre diese heftig angegriffen hat:

„*Was immer man von den modernen Formen des Erzählens sagen kann, eines ist sicher: sie entspringen nicht mehr wesentlich dem Erlebnis. Vielmehr ist das moderne Erzählen bestimmt von der* **Fragwürdigkeit der Realität**, *deren naives Abbild nicht schon sinn- und bedeutungsträchtig ist.*" (S. 39)

Darüber hinaus ist der Aufbau dem des **klassischen Dramas** nachempfunden. Ein Höhepunkt und Wendepunkt müssen unbedingt vorhanden sein (siehe das Schema S. 114). Dies führt nach GEISSLER zu einem billigen **Sensationalismus**: „*Ist es problematisch, in welcher Weise durch die Struktureigentümlichkeit von Erlebnissen Wirklichkeit erfahren wird, so stellt sich vom Erlebenden her die zusätzliche Frage, ob der so auf Erlebnis und Sensation, auf das Außerordentliche hin gespannte Erlebende sich nicht im Erlebnis befriedigt, so dass er an Erkenntnis und Wahrheitswillen verliert.*" (S. 43)

Hinzufügen kann man noch, dass in einer Zeit, die in der Berichterstattung vor allem auf **die Sensation** (oft auch um jeden Preis) setzt, es gefährlich und unverantwortlich erscheint, den Schüler in diesem Sinne zu erziehen. Auch das „schlichte" Erleben ist erzählenswert. Außerdem gerät das Kind oft in das Dilemma, einen Höhepunkt erfinden zu müssen, selbst wenn es doch gar keinen erlebt hat. Die Nähe zur Phantasieerzählung wird deutlich. Nicht mehr tatsächlich Erlebtes wird dargestellt, sondern **Klischees** werden produziert. Hinter dem unheimlichen Geräusch, das Angst in der Dunkelheit erzeugt, verbirgt sich eben dann oft das kleine Kätzchen, das am Vorhang hochzuklettern versucht.

Auch **altersstiltypische Erkenntnisse** sprechen gegen diese dramatische Form des Erzählens. „*Die sprachlichen Möglichkeiten des Schülers im 1. und zum Teil noch im 2. Schuljahr sind geprägt von jener typischen additiven 'und-da' Reihung, deren syntaktische Abgeschlossenheit noch durch den vorherrschenden Gebrauch des Perfekts unterstrichen wird. Die jeweiligen Einzelsätze sind inhaltlich noch sehr weit und unbestimmt und die dargebotenen Bewusstseinsinhalte äußerst komplex.*" (GEISSLER, S. 40)

Auch SANNER bemerkt zur kindlichen Ausdrucksweise, dass die „*Dominanz der berichtenden Wiedergabe*" (SANNER, R.: Aufsatzerziehung und Ausdruckspflege in der Volksschule. München 1964, S. 12) unverkennbar sei, und ich meine, dies trifft auch auf die späte Kindheit bis zum Beginn der Pubertät zu. GEISSLER stellt fest, dass die kindlichen Intentionen und Realisationen auf „*kommunikative Mitteilung*" hinzielten und nicht dem erlebnisbedingten subjektiven Ausdruckszwang entsprängen. Neben den Formen des Berichts ließen sich auch schon deutlich solche der Beschreibung aufzeigen. „*Und sieht man aufs Ganze, so liegt in der parataktischen Gesamtstruktur mit der Gleichrangigkeit der Einzelelemente mehr die Form eines epischen, beschreibenden Berichts vor als die der spannungsreichen, dramatischen Erzählung.*" (GEISSLER, S. 40)

Unter anderen Voraussetzungen ist das Erzählen eine wichtige Fertigkeit des Schülers, wenn man z. B.:
- auf die authentisch dramatische Ausgestaltung eines Höhepunkts verzichtet, (Man kann allerdings bewusst *fiktional dramatisierend* erzählen.)
- auch **berichtendes, beschreibendes Erzählen** (siehe weitere Akzentuierungen im Schaubild) akzeptiert,
- versucht, an die kleinen Erlebnisse der Schüler heranzukommen, z. B. durch die Cluster-Methode (siehe S. 130 ff.),
- und damit eine klischeeerzeugende Themenstellung vermeidet, eventuell höchstens einen weiten Rahmen (etwa „Ferien" oder „Wochenende") absteckt.

BECK spricht von *Erzählweisen* (1993a, S. 95) und hat in einem Schaubild die verschiedenen Ausprägungen anschaulich dargestellt:

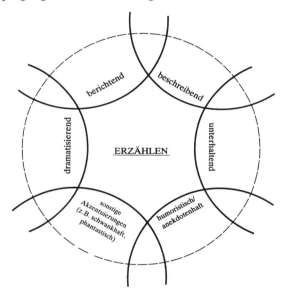

Erzählweisen (vorwiegend)

Beck/Hofen, 1993a, S.96

5.2 Zur Diskussion des schriftlichen Arbeitens in den 70er Jahren

BEISBART / MARENBACH haben die Kritikpunkte am traditionellen Aufsatzunterricht zusammengefasst:

- Viele der Formen sind reine „Schulformen". Sie kommen im Alltag des Erwachsenen nicht vor, während öffentliche Schreibformen den Unterricht nicht beschäftigen.
- Einige der Formen sind an einer Geschichte gewordenen Literaturtradition (Erlebnisaufsatz, Schilderung) orientiert und an einer vereinseitigten Sprachauffassung, die den Bezug zwischen Sprache und Welt (Sprachinhaltstheorie) über die Sicht der Sprache als Kommunikationsmodell stellt.

- Formale und stilistische Normen bestimmen den Unterricht (Gestaltkennzeichen, Ordnungs- und Gliederungstrukturen, Stilregeln, in einer lernzielorientierten Form, die dem Schüler keine Möglichkeiten lässt, eigene Gestaltungen zu entwickeln).
- Eine Trennung in „objektive" und „subjektive" Aufsatzformen führt zu Spitzfindigkeiten der Unterscheidung (Erlebnisbericht – Sachbericht), ist wirklichkeitsfremd, da Schreiben stets perspektivisch ist.
- Kombiniert mit der Unterscheidung subjektiv-objektiv wird eine Phasenlehre dem Aufsatzunterricht zugrunde gelegt, die entwicklungspsychologisch nicht haltbar ist.
- Eine fatale „Die Wahrheit-liegt-in-der-Mitte-Ideologie" (Besinnungsaufsatz) fördert Anpassung und verhindert ein kritisches Engagement für eine Sache oder ein Problem.
- Auf schichtspezifische Probleme wird keine Rücksicht genommen. Die Gattungen sind hochsprachlich oder literatursprachlich orientiert.

(BEISBART / MARENBACH, 1990, S. 158)

Gemeinsam ist allen Neuansätzen bis in unsere Zeit hinein, dass die **Normen und willkürlichen Setzungen** der traditionellen Aufsatzdidaktik entschieden abgelehnt werden. Es lässt sich allerdings nicht bestreiten, dass manche Schüler in einem solchen Deutschunterricht tatsächlich gut Aufsätze zu schreiben gelernt haben. Inwieweit von diesem Ansatz Transferleistungen, allgemeine Fähigkeiten und Fertigkeiten erzielt wurden, ist noch nicht ernsthaft untersucht worden. Die Schüler in einem traditionellen Aufsatzunterricht zu motivieren, ist dagegen unbestritten äußerst schwierig.

Ausgangspunkt der massiven Kritik – ich erinnere an die sog. kommunikative Wende Anfang der 70er Jahre – war zunächst der fehlende Adressatenbezug des Schreibens.

5.2.1 Schreiben als Kommunikation

KARL BÜHLERs Organonmodell der Sprache (vgl. S. 32) hat in diesem Zusammenhang anregend gewirkt. Von den drei Sprachfunktionen Ausdruck – Darstellung – Appell ist letzterer unberücksichtigt geblieben. So werden der **Adressatenbezug**, die **Schreibintention**, und die **Bedingungen der Situation** als Konstituenten des Schreibprozesses anerkannt. „*Der Schüler soll aus konkretem Anlass und mit genau fixiertem Ziel lernen, schriftlich zu loben und zu tadeln, zu werben, zu beschwören, anzuklagen und zu verteidigen, zu verdeutlichen und zu verschleiern, zu übertreiben und zu untertreiben, Ablehnung, Zustimmung, Begeisterung, Abscheu, Empörung, Genugtuung, Angst, Furcht, Mitleid und Liebe nicht nur zum Ausdruck zu bringen, sondern im anderen zu erwecken. Indem wir so natürliche und reale Sprachanlässe schaffen, fördern wir die Sprachbereitschaft und erziehen Schüler dazu, sich nach dem Adressaten und Zweck zu richten und entsprechend Rücksicht auf den Gebrauch der Sprache zu nehmen. Sie lernen so ein 'beredtes Schreiben', das die gemeinte Bezugsperson oder Schicht auch erreicht. Nur so können sie eines Tages auch Einfluss auf die öffentliche Meinung gewinnen.*" (LEHMANN, J., 1974, S. 209)

W. BOETTCHER, J. FIRGES, H. SITTA, H. J. TYMISTER (1973) vertraten strikt die Auffassung, dass Schreiben nur in **Realsituationen** stattfinden sollte. „*Schreiben kann nur eingesetzt und geübt werden in echten Situationen mit interessebesetzten*

Intentionen, konkreten Partnern gegenüber, bei denen Wirkungen erzielt werden sollen, von woher sich die Wahl eines bestimmten Soziolekts und einer Textsorte bestimmt." (S. 18)

HAUEIS und HOPPE bezogen schon sehr bald **fiktive Partner** und simulierte Schreibsituationen im schriftlichen Kommunikationsprozess mit ein. (HAUEIS, E. / HOPPE, O. 1972)

Die Schule als Lerninstitution kann in den verschiedenen Fächern und Lernbereichen auch im Aufsatzunterricht auf das **Moment der Simulation** nicht verzichten. Man stelle sich nur vor, wieviele Klassen sich in Großstädten direkt an den Oberbürgermeister mit Bitten und Eingaben wendeten. Auch solche Situationen entsprächen ebenfalls nicht mehr der Realität. Freilich sollte der Deutschlehrer immer dann reale Schreibsituationen nutzen, wenn sie sich zwanglos und sinnvoll ergeben. Warum etwa sollten Schüler bei der Vorbereitung einer Klassenfahrt nicht selbst den Schriftverkehr erledigen? Als wir im Praktikum mit Schülern Schlagertexte verfassten und auch sangen, kam spontan die Idee auf, diese an Thomas Gottschalk, der sich zu der damaligen Zeit noch als Moderator beim Bayerischen Rundfunk betätigte, zu schicken. Automatisch wurde diskutiert, wie man Gottschalk ansprechen sollte, doch wohl nicht „Sehr geehrter Herr Gottschalk", sondern „Hallo Thomas". Der Briefabschluss bereitete Kopfzerbrechen. Schließlich entstand nach langer Diskussion folgender Brief:

Klasse 7b   Scheßlitz, den ....
Staatliche Realschule
Burgholzstraße 6
8604 Scheßlitz

An den
Bayerischen Rundfunk
„Pop nach 8"
Postfach
8000 München 2

Hallo Thomas!
Wir, die Schülerinnen der Klasse 7b aus der Realschule Scheßlitz, haben unter der Leitung von Studenten der Universität versucht, Schlagertexte zu verfassen. Vielleicht kannst du sie mal durchlesen. Sollte dir das Lied auf der beiliegenden Cassette oder ein anderer Text gefallen, dann wäre es toll, wenn du einen Text oder das Lied in „Pop nach 8" vorstellen würdest.
Wir warten natürlich gespannt, wie du entscheiden wirst.
Herzklopfend und zitternd
deine 7b

KOCHAN. D. C. (1974, S. 20f.) hat eine systematische Gliederung vorgelegt:
1. Schriftliches Sprachverhalten mit der (überwiegenden) Intention, den Leser zu informieren
   a) über Gegenstände und Personen
   b) über Vorgänge und Sachverhalte
   c) über Probleme
2. schriftliches Sprachverhalten mit der (überwiegenden) Intention, an den Leser zu appellieren
   a) in der Form kooperativer Kontaktaufnahme (z. B. einladen, auffordern)
   b) in der Form der Beeinflussung (z. B. aufrufen, werben)
   c) in der Form des Kampfes (z. B. Auseinandersetzung, Kritik, Polemik)
3. schriftliches Sprachverhalten mit der (überwiegenden) Intention, etwas zu erzählen
   a) um zu fabulieren (im Sinne der subjektiven Kundgabe oder aus Freude am Ausspinnen einer Geschichte)
   b) um einen Leser anregend zu unterhalten.

Auch traditionelle Aufsatzthemen lassen sich kommunikationsorientiert formulieren, unter Berücksichtigung der Intention, des Adressatenbezugs und der Situation.

So existiert die **Inhaltsangabe** nicht an und für sich, sondern **ihre Funktion** ist von entscheidender Bedeutung. *„Immer wieder wird es notwendig sein, dass wir Inhalte zusammenfassen müssen. Je nach Intention wird eine solche Zusammenfassung verschieden gestaltet sein; z. B. thesenartige Zusammenfassungen; genaue Wiedergabe des Geschehens, der wichtigsten Gedanken; adressatenbezogene Ausschnittsschilderungen."* (SCHUSTER, K., 1982, S. 70).

In der Schule aber wird noch immer eine Inhaltsangabe verlangt, die der in einem literarischen Lexikon entspricht. Auch erörternde Themen können entsprechend formuliert werden, etwa „Stellen Sie sich vor, Ihr bester Freund möchte nach dem Abitur kein Studium aufnehmen, Sie aber wollen ihn davon überzeugen, dass dieses für ihn in vielerlei Hinsicht einen persönlichen Gewinn darstellt."

So orientiert sich der Schreiblehrgang in der Grundschule in den ersten Schuljahren zum Teil an diesen schriftlichen kommunikativen Grundbedürfnissen: z. B. *„Formulieren von Wünschen und Fragen in einem Satz"; „Gestalten von Einladungen"; „Schreiben von Verkaufs- und Tauschanzeigen"; „Sich zustimmend oder ablehnend äußern, z. B. zu einem Vorschlag oder Geschehen"; „Formulieren von persönlichen und gemeinsamen Anliegen, z. B. Gestaltung des Klassenzimmers"; „Aufschreiben von Gründen und Gegengründen".* (Bayer. Grundschullehrplan Nr. 20, 1981, S. 588)

Nicht der große zusammenhängende Text ist zunächst gefragt, sondern kleinere schriftliche Fixierungen, die dem Schüler bewusst machen, dass diese für ihn wichtig und vorteilhaft sind.

J. LEHMANN hat, ausgehend vom Organonmodell der Sprache BÜHLERs (siehe S. 47) einen **Textsortenzirkel** entwickelt, den er um die kreative Dimension in Bezug auf die „Sprache" erweitert hat. Gleichzeitig wird deutlich, dass neben den üblichen schulischen Aufsatzformen eine Vielfalt von in der Wirklichkeit existierenden Textsorten in das Blickfeld geraten. LEHMANN kommentiert den Zirkel folgendermaßen:

> Der viergeteilten Intention des Schreibers entsprechen vier Bezugsmöglichkeiten: der expressiven Intention bzw. Sprachfunktion der dominierende Schreiberbezug; der informativen Funktion der überragende Sachbezug; der appellativen Funktion der betonte Leserbezug; der kreativen Funktion der besondere Sprachbezug. Zwischen den jeweiligen Bezugspunkten finden sich Beispiele für Textmöglichkeiten eingetragen, und zwar in derselben Entsprechung: betont kommentierend – wertend, referierend – darstellend, normierend – werbend – agitierend und fabulierend – spielend. Die überholte Dichotomie von außerpoetisch und poetisch kodierten Texten wird überwunden. (S. 38/39)

Es wird deutlich, dass LEHMANN einer verengten Sichtweise von schriftlicher Kommunikation eine deutliche Absage erteilt, die einseitig die **nur** appellative Funktion gelten lässt. Deshalb ist die aus heutiger Sicht heftige Kritik an dem kommunikationsorientierten Ansatz, er sei zu instrumentell, zu zweckorientiert ausgerichtet, nicht ganz gerechtfertigt.

Als eine der Möglichkeiten behält dieses **Schreiben als Kommunikation** auch in Zukunft seine Bedeutung.

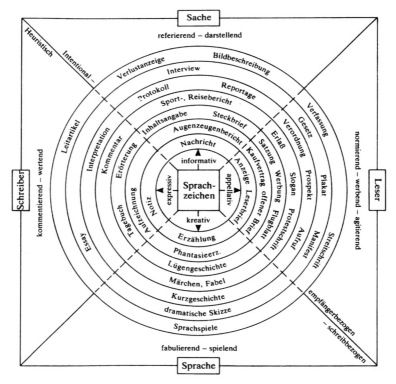

LEHMANN, J. / STOCKER, K. (Hrsg.): Handbuch der Fachdidaktik. Deutsch 2. München 1981, S. 38.

5.2.2 Schreiben als heuristischer Prozess

„Der heuristische Ansatz, angereichert durch emanzipatorische Zielstellung, wird konsequent erstmals von WERNER INGENDAHL vertreten (1972). Für ihn ist Aufsatzschreiben kein primär kommunikatives Handeln, sondern 'der Schüler schreibt, um sich – schreibend – über sich selbst und sein Verhalten zur Wirklichkeit klar zu werden (...)'. Damit tritt der Partnerbezug auf Kosten individueller Bewusstseinsbildung zurück. [...] Die der emanzipatorischen Zielstellung angemessenste Sprachform ist für INGENDAHL – im Gegensatz zu Vertretern einiger soziolinguistischer Theorien – die Hochsprache, weil sie die 'sozialste Form' von Sprache ist, weil sie allen Mitgliedern einer Sprachgemeinschaft Kommunikation (...) ermöglicht, weil sie **den** Grad von Allgemeinheit hat, der nötig ist, um Schranken zu überwinden und sich selbst im Rahmen eigener, sozialer und umweltbedingter Determinanten bestmöglich zu verwirklichen'. (INGENDAHL, 1972, S. 53) Insgesamt zeigt der INGENDAHLsche Beitrag zur Aufsatzdidaktik also den Versuch, aus der Tradition heraus neue didaktische Formen des Aufsatzunterrichts zu entwickeln. Sprachbegriff, Zielsetzung, Verfahrensweise und Terminologie weisen ihm eine Zwischenstellung zu zwischen dem sprachgestaltenden und dem kommunikativ orientierten Aufsatzunterricht, wobei allerdings der heuristische Ansatz dominiert."
(BECK / PAYRHUBER / STEFFENS, 1981, S. 13)

Auch INGENDAHL, W. (1972) lehnt den normativen Aufsatzunterricht ebenfalls entschieden ab, allerdings bleiben seine Vorschläge für die konkrete Arbeit sehr blass. Seine Gedanken sollten aber für die personalen Schreibformen der 80er Jahre wieder besondere Bedeutung gewinnen.

5.2.3 Schreiben als kreativer Prozess

Zum einen wird an den „freien" Aufsatz der Reformpädagogik wieder angeknüpft, zum anderen werden die kreativen Schreibformen betont in Opposition zu den kommunikationsorientierten gebracht. F. OSTERMANN (1973) hebt die kreativen Prozesse hervor; zentrale Aufgabe des Schreibunterrichts sei es, das kreative schriftliche Gestalten zu fördern und zu trennen von dem sogenannten „*Sprachhandlungsunterricht, zu dessen Aufgaben u. a. die Tätigkeiten und Übungen im Schreiben gehören, die reproduktive und kompensatorische Funktion haben.*" (S. 12)

Ganz entschieden muss allerdings betont werden, dass auch im kommunikativen Ansatz die kreativen Schreibformen nicht ausgeschlossen wurden, im Gegenteil, man wollte sie ins System integrieren (siehe den Textsortenzirkel von LEHMANN).

BEISBART / MARENBACH (1994) stellen für die augenblickliche Diskussion stark differierende Richtungen fest:

- **Förderung des sprachlichen Repertoires**
- **Kreatives Schreiben**
- **Personales Schreiben**
- **Freies Schreiben**
- **Schreiben als Prozess**
- **Schreiben zur Kognitionsförderung** (S. 157).

Ich möchte mich zunächst dem personal-kreativen Schreiben zuwenden, an dem viele charakteristische Überlegungen der 80er und 90er Jahre aufgezeigt werden können. Die übrigen Auflistungen sind nicht so bedeutsam und beziehen sich auf unterschiedliche Kategoriensysteme.

5.3 Das personal-kreative Schreiben

„Die jüngere Diskussion um den schulischen Aufsatz lässt zum einen eine tiefgreifende Skepsis gegen die in den 70er Jahren vorherrschende 'kommunikative Aufsatzdidaktik erkennen und ist zum andern durch eine in dieser Entschiedenheit neue Einbeziehung der Person des schreibenden Kindes und Jugendlichen, seiner Subjektivität', in die didaktische Reflexion gekennzeichnet. Allen in diesen Zusammenhang gehörenden Arbeiten – zu nennen sind insbesondere BOEHNKE / HUMBURG (1980), FRITZSCHE (1980), MATTENKLOTT (1979), SENNLAUB (1980), SPINNER (1980), aber auch schon GÖSSMANN (1979) und KOCHAN (1977) – ist gemeinsam, dass sie bei aller Unterschiedlichkeit im Einzelnen die zentrale Aufgabe des Aufsatzunterrichts darin sehen, dem Kind und Jugendlichen Gelegenheit zu geben, **sich selber in den Schreibprozess einzubringen.**" (BOUEKE / SCHÜLEIN, 1985, S. 277, HEIN / KOCH, 1984)

Welche Entwicklungstendenzen in Schule und Gesellschaft führten zu diesem „personenorientierten Schreiben" (BOETTCHER, W., 1982, S. 4–47) oder, wie allgemein gebräuchlich, zum „*personalen Ansatz*"?

Ich möchte zunächst einige Konzepte kurz umreißen:

– SPINNER:

„Identitätsgewinnung als Aspekt des Aufsatzunterrichts" (1980)

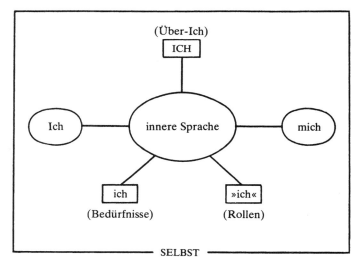

Das Modell des Ich-Bewusstseins (S. 72)

- **Die Ich-Identität**:

soziale (Rollen-) Identität   Ich-Identität   persönliche Identität

- **Soziale Identität**:
  - Der Heranwachsende wird mit gesellschaftlich bereitgestellten Rollenerwartungen konfrontiert.
  - Das Individuum hat mehrere soziale Rollen zu übernehmen, z. B. als Staatsbürger, Berufstätiger, Tochter, Sohn usw.
- **Persönliche Identität**:
  - Das Individuum distanziert sich von sozialen Rollen.
  - Dies ist besonders bei Jugendlichen in der Pubertät stark ausgeprägt.
- **Die Sprache** wird dabei zum Instrument der **Selbstreflexion.**
  Im Prozess der Interpretation des eigenen Ich leistet die Sprache die symbolische Repräsentation des Ich, das sich in diesem Vorgang selbst gegenübertritt und sich so selbst auslegen kann.

Folgerungen für die **praktische Realisierung** einer Förderung der **Identitätsbildung im Unterricht:**

- **Schreibanlässe**

Den Kindern soll die Gelegenheit gegeben werden, freiwillig und ohne Zwang von eigenen Erlebnissen, Erfahrungen, Wünschen und Träumen in unterschiedlichen Situationen und Formen schriftlich zu berichten.

- **Austauschformen**

Da das Interesse anderer an der eigenen Person das Selbstbewusstsein stärkt, sollen Möglichkeiten eines Austausches der schriftlichen Schülerarbeiten geschaffen, die verschriftlichten subjektiven Erfahrungen veröffentlicht und zur Diskussion gestellt werden.

- **Aufsatzbeurteilung**

Statt das Produkt des Einzelnen an einem einheitlichen Maßstab zu bemessen, wie es bei der Notengebung der Fall ist, sollte der Lehrer den sich manifestierenden Identitätsprozess beurteilen (siehe S. 149 ff.).
- FRITZSCHE (1980): Er stellt drei Funktionen des Aufsatzes fest:
  - Lernkontrolle
  - Lerngegenstand
  - Lernmedium

  Vier Kompetenzen (nach HABERMAS / KREFT) werden ausgebildet:
  - kognitive
  - interaktive

- ästhetische
- Konstitution der Lebensgeschichte und Identifikation

Die Funktionen sollen mit den Kompetenzen in Beziehung gesetzt werden, indem die einzelnen Aufsatztypen den Kompetenzen zugeordnet werden. (Vgl. auch FRITZSCHE, 1994)

- MATTENKLOTT (1979): Struktur des Schreibkonzeptes, Prinzipien:
  - Kreative Schreibprozesse sollen Schreibhemmungen lösen;
  - der subjektive Eindruck des Schreibens wird betont;
  - gruppendynamisch spezifisch strukturierte Schreibsituationen sollen gefördert werden.

  Ziel: Der Unterricht soll Perspektiven öffnen auf Formen der Selbstverwirklichung in spielerischer Art und ästhetischem Genuss. *„Im Schreiben lernt der Schüler sich selbst, seine Wünsche und Bedürfnisse erst einmal ernst und wichtig zu nehmen."* (S. 48)

- SENNLAUB: *„Spaß am Schreiben oder Aufsatzunterricht?"* (1980)

  Schwerpunkt soll erlebnisorientiertes und expressives Schreiben sein. Das Individuum hat die Freiheit zu entscheiden, wann, ob und über was es schreiben möchte. Der Schüler soll von sich aus schreiben!

BOEHNCKE / HUMBURG (1980) sind der Auffassung, *„dass die Menschen – und insbesondere die Kinder – gern schreiben, wenn man sie nur lässt."* (BOUEKE / SCHÜLEIN, 1985, S. 294)

  Ziel: Der natürliche Schreibdrang soll nicht durch die *„Methodenmühle"* (S. 9) der Schule gehemmt oder unterdrückt werden. *„Schreiben [...] verstehen wir u. a. als Organisations- und Verteidigungsmedium von Subjektivität."* (BOEHNCKE / HUMBURG, S. 80)

Dass Jugendliche und junge Erwachsene ihre **Ich-Identität** entwickeln sollen ist nicht nur eine Forderung der Deutschdidaktik, sondern auch der Pädagogik, Psychologie und Soziologie. Seit der zweiten Hälfte der 60er Jahre lässt sich in der Gesellschaft eine zunehmender Auflösungsprozess traditioneller Norm- und Wertvorstellungen beobachten.

Der Soziologe ULRICH BECK spricht von einer **„Individualisierung"** des Menschen: *„Die Biographie der Menschen wird aus traditionalen Vorgaben und Sicherheiten, aus fremden Kontrollen und überregionalen Sittengesetzen herausgelöst, offen, entscheidungsabhängig und als Aufgabe in das Handeln jedes Einzelner gelegt. Die Anteile der prinzipiell entscheidungsverschlossenen Lebensmöglichkeiten nehmen ab, und die Anteile der entscheidungsoffenen, selbst herzustellenden Biographie nehmen zu.* **Normal***biographie verwandelt sich in* **Wahl***biographie – mit allen Zwängen und 'Frösten der Freiheit', die dadurch eingetauscht werden."* (BECK, U. / BECK-GERNSHEIM, E.: Das ganz normale Chaos der Liebe. Frankfurt/M.: Suhrkamp 1990, S. 12/13) Und THOMAS ZIEHE referierte in Stuttgart auf dem Deutschen Germanistentag 1985 über „JUGENDKULTUREN – angesichts der Entzauberung der Welt – Veränderte Möglichkeitshorizonte und kulturelle Suchbewegungen". „*Insgesamt sehe ich in den drei kulturellen Tendenzen, die ich hier angeführt habe – REFLEXIVITÄT, MACHBARKEIT, INDIVIDUIERUNG – eine bedeutsame Veränderung von Möglichkeitshorizonten, die dem Einzelnen zur Verfügung stehen, ihm aber auch aufgenötigt sind.*" (S. 13) Diese veränderten Möglichkeitshorizonte seien ein Produkt der Moderne. Bisherige Handlungsmuster, das Moderne biographisch zu bewältigen, würden damit schubartig entwertet. ZIEHE registriert in diesem Zusammenhang sogenannte „kulturelle Suchbewegungen": eine davon sei die **Subjektivierung**, die von der Sehnsucht nach Expressivität getragen werde. Sich authentisch ausdrücken zu können, körperbezogene Workshops, Tanzkurse, Theaterereignisse zu besuchen, wurde hoch angesehen und erfreute sich dementsprechend großer Beliebtheit. In der **Ontologisierung** gehe es um die Suche nach Gewissheit. „*Versuche der Wiederverzauberung würde ich hier einordnen, z. B. neoreligiöse Gruppen und gewachsenes Interesse für Spiritualität.*" (S. 20) Bei der **Potenzierung** werde nach ZIEHE etwas künstlich mit Bedeutung aufgeladen. „*Gesucht wird nicht Nähe, auch nicht Gewissheit, sondern Intensität.*" (S. 21) Der eigene Habitus, Form, Stil werde zum vorherrschenden Geltungskriterium. Dies könne zum Ausdruck kommen durch die Dauerfaszination des Computerbildschirms, „*es können Leidenschaften sein, sich in Graffitis auszudrücken, und es kann sich um die Zeichen handeln, die ich mir selbst zuordne, Embleme, die bis in die Bedeutungs-Subtilitäten hinein nur von gleichgesinnten Kennern decodiert werden können.*" (S. 22) ZIEHEs Darstellung hat auch heute nichts an Aktualität eingebüßt.

Schule und insbesondere der Deutschunterricht sollten m. E. derartige gesamtgesellschaftliche Tendenzen nicht außerschulischen Angeboten und Mitbewerbern überlassen. Allerdings werden in diesem Zusammenhang nicht nur der schriftliche Sprachgebrauch, sondern auch die anderen Lernbereiche eine Antwort finden müssen.

Dass das **Schreiben** in besonderem Maß geeignet ist, zu dieser Identitätsgewinnung beizutragen, ergibt sich aus dem Unterschied zwischen gesprochener Sprache und Geschriebenem:

Schreiben ist nicht, wie manche unterrichtliche Praxis immer noch nahelegt, bloße Verschriftlichung gesprochener Sprache, sondern eine Umsetzung des Sprechdenkens in geschriebene Sprache. Ausgehend von dieser Prämisse kann die mögliche Leistung des Schreibens für die Identitätsgewinnung in folgenden Punkten verdeutlicht werden:
1. Stärker als das mündliche Reden kann das Selbstgeschriebene als ein eigenes Produkt erfahren werden, in dem Inneres vergegenständlicht nach außen getreten und somit fassbar ist. Solche Selbstobjektivation stärkt die Selbstgewissheit.
2. Da dem Ich im Geschriebenen Selbsterlebtes, Gefühltes, Gedachtes materiell gegenübertritt, entsteht eine ausdrückliche Bewußtheit davon, dass das Ich Subjekt seiner Erlebnisse, Gefühle und Gedanken ist. Das vergegenständlichte Eigene wird interpretierbar, das Betroffensein von der Umwelt zum Nachdenken über die Betroffenheit.
3. Im Schreiben von sich selbst kann Biographie als Vergewisserung des eigenen Lebensbezuges geleistet werden und das lebensgeschichtlich gewonnene Selbst-Sein durch Strukturierung Gestalt gewinnen. In manifester Weise erhält im biographischen Erzählen das Vergangene Dauer und erweist sich so als sichtbarer Teil der Identität.

4. Im Schreibakt selbst ist die Sprachproduktion im Vergleich zum Sprechdenken und zur mündlichen Sprache verlangsamt und wird deshalb mit begleitender Reflexion durchsetzt. Sofern es beim Geschriebenen um eigene Gefühle, Gedanken, Erlebnisse geht, kommt ein Selbstreflexionsprozess in Gang.

5. Beim Lesen des Selbstgeschriebenen wird das Subjekt in manifester Weise zum Adressaten der eigenen Äußerung und tritt auch dadurch sich selbst gegenüber.

Zusammenfassend ist festzuhalten, dass die im Sprechdenken oft diffus und in geringer Bewusstheit ablaufenden Identitätsprozesse beim Schreiben bewusster, greifbarer und beherrschbarer werden können. Diese Rolle geschriebener Sprache als Stütze im Identitätsprozess wird entwicklungspsychologisch fassbar in der Pubertät als der Phase der größten Identitätserschütterungen, wenn Tagebuch, bekenntnishafte Briefe und poetische Versuche mit der Tendenz der Selbstdeutung zum häufigsten Medium der Ich-Bewältigung werden. (SPINNER, 1980, S. 74/75)

Folgende gesellschaftliche Entwicklungen müssen ebenfalls Berücksichtigung finden:

– Die **Schreibbewegung** allgemein wendet sich gegen eine Vereinnahmung durch die Massenmedien, durch die eine Konsumhaltung provoziert wird bis hin zur verplanten Freizeit- und Feriengestaltung (z. B. in bestimmten Clubs). So existieren in der Bundesrepublik vielfältige Schreibgruppen, in Universitäten und Volkshochschulen (vgl. ROLFES / SCHALK, 1986; ERMERT, K. / BÜTOW, TH. (Hrsg.): Was bewegt die Schreibbewegung? Kreatives Schreiben – Selbstversuche mit Literatur. Loccum 1990) und als freie Vereinigungen.

Impulse bekam die Schreibbewegung vor allem aus dem anglo-amerikanischen Raum. Diese hat sich in den USA, schon beginnend in den 40er Jahren (1944 der legendäre *Iowa Writers Workshop*) auf allen Ebenen (vor allem in den Universitäten und Schulen, aber auch in außerschulischen Institutionen) etablieren können, zum Teil auch mit entsprechenden Studienabschlüssen (vgl. dazu CHRISTA HEIN: Kreatives Schreiben in den USA. In: Projekt Kreatives Schreiben, 1990, S. 45–51).

Schreiben in solchen Gruppen soll zur Persönlichkeitsentwicklung (z. T. auch in therapeutischer Form) beitragen; literarische Intentionen (mit Veröffentlichungsabsicht) werden meist nicht vorrangig verfolgt. In einem Faltblatt des Segeberger Kreises (in dem ich Mitglied bin) wird festgestellt: *"Der Segeberger Kreis versteht Schreiben als eine Form kreativer Selbstäußerung. Wer schreibt, gestaltet seine Gedanken, Gefühle, Erfahrungen und wird für andere erfahrbar. Der Segeberger Kreis möchte Konsumenten zu Produzenten machen und damit zu einer demokratischen Schreibkultur beitragen."*

Viele Verfahren und Methoden des *personal-kreativen Schreibens* sind zunächst hier erprobt und erst anschließend für schulische Bedürfnisse aufbereitet worden.

Ich habe schon im Zusammenhang mit dem handlungs- und produktionsorientierten Literaturunterricht darauf hingewiesen, dass verstärkt in den 80er und 90er Jahren die Bedeutung der **rechten Gehirnhälfte** (vgl. dazu das Schaubild von RICO, S. 31) für den Schreibvorgang erkannt worden ist.

5.3.1 Zur Abgrenzung des personal-kreativen Schreibens

Die kreativen Schreibformen werden also auch heute nur selten konsequent von den personalen zu unterscheiden versucht. Dies ist insofern leicht erklärbar, da diese Art zu schreiben, fast immer auch den Anspruch erhebt, kreativ zu sein.

Ich habe mich für den Begriff „*personal-kreativ*" entschieden, da eine Trennung nur der Tendenz nach möglich ist (siehe das Schaubild auf dieser Seite). **Man kann sagen, dass jedes personale Schreiben kreativ sein sollte, umgekehrt aber ist nicht jedes kreative Schreiben personal.** Das *personale Schreiben* hat als gemeinsamen Fluchtpunkt die *Subjektivität des Schreibvorgangs*, das ins *Therapeutische* übergehen kann, ohne gestalterischen Anspruch, als bloßes Notieren der Umstände, Gedanken und Gefühle, was ich keineswegs abwerten möchte und was als ein erster Schritt durchaus seine Bedeutung haben kann. Beim *kreativen Schreiben* ist *auch das Sprachspielerische, der experimentelle Umgang mit Sprache, das ästhetisch formale, in künstlerisch auffälliger Weise codierte Schreiben* wichtig. Allerdings ist dabei das subjektive Moment, wenn oft auch sehr indirekt, erkennbar, so wie jeden Menschen auch eine ganz individuelle unverwechselbare Handschrift auszeichnet. Deshalb sollte man mit diesen Schreibformen pragmatisch umgehen, selbst wenn sie sich nicht eindeutig zuordnen lassen.

Das Umfeld des personal-kreativen Schreibens

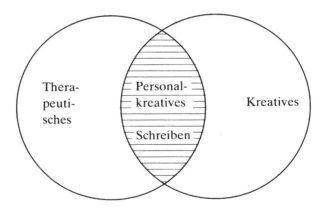

Therapeutisches — Personal-kreatives Schreiben — Kreatives

WALDMANN hat dazu in seinem Buch „Produktiver Umgang mit Lyrik" (1998) eine Fülle solcher Operationen beschrieben.

SPINNER befasste sich als Herausgeber des PRAXIS DEUTSCH-Heftes (Mai 1993) erneut mit dem Thema des kreativen Schreibens und stellte fest, dass man lange gezögert habe, *„das kreative Schreiben zum Thema eines Heftes zu machen; die fast inflationäre, modische Verwendung des Kreativitätsbegriffes und die Tatsache, dass wir fast regelmäßig in unseren Heften Schreibanregungen geben, die man als kreativ bezeichnen kann, erklären unsere Zurückhaltung. Inzwischen zeichnen sich unter dem Begriff des kreativen Schreibens die Umrisse einer neuen Schreibdidaktik ab, so dass eine zusammenfassende klärende Bestandsaufnahme sinnvoll erscheint."* (SPINNER, K. H., 1993a, S. 17)

In der Tat *erscheint es sinnvoll,* immer wieder die theoretische Basis abzuklären. Im ersten Teil des Aufsatzes beschäftigt sich SPINNER mit dem Wandel des Kreativitätsbegriffes. Er stellt fest, dass in den 70er Jahren dieser in Bezug auf *divergentes Denken* eine wichtige Rolle gespielt habe (nach J. P. GUILFORD), auch um die kreativen Potentiale *„für den auf Innovation angewiesenen volkswirtschaftlichen Fortschritt nutzbar zu machen."* (S. 17)

In den 80er Jahren sei nun eine Subjektivierung des Kreativitätsbegriffs eingetreten: *„Unter Kreativität wird nun in erster Linie Selbstausdruck, Entäußerung der verborgenen inneren Welt, Entwurf einer neuen, subjektiven Wirklichkeit verstanden."* (S. 17)

Für SPINNER zählen zum kreativen Schreiben das *freie Schreiben, das personale Schreiben und Schreiben als Prozess.* Im *freien Schreiben* werde die *Reformpädagogik* wieder entdeckt mit dem erlebnisorientierten Schreiben, bei dem den Kindern freigestellt sei, *„wann, wo und worüber sie schreiben."* (S. 18) Beim *Schreiben als Prozess* (vor allem von BAURMANN und LUDWIG seit Jahren vertreten) werde in Anlehnung an die kognitivistische Schreibforschung betont, *„dass stärker als bisher im Aufsatzunterricht die Teilhandlungen des Schreibens in den Blick kommen müssen – vom Sammeln der Ideen über den Entwurf und die erste Niederschrift bis zur Überarbeitung."* (S. 18) Nicht nur der fertige Text, sondern auch der Weg zu ihm zähle. Unter den *personalen Schreibformen* versteht SPINNER vor allem die subjektbezogenen *„als eine Suchbewegung auf dem Weg zur eigenen Identität"* (S. 18). Beim *kreativen Schreiben* sei dies eine wichtige, aber nicht die einzige Zielsetzung. In einer weiteren Publikation *„Vom kommunikativen über den personalen Ansatz der Aufsatzdidaktik zum geselligen Schreiben"* meint SPINNER (1993b): *„Im personalen Ansatz findet man diesen geselligen Charakter des Schreibens durchaus schon vorbereitet, wie man z. B. bei Sennlaub sehen kann. In seinem Unterricht lesen die Kinder einander eigene Geschichten vor, reden darüber und nehmen auch gemeinsam die Bewertung vor. In der aufsatzdidaktischen Diskussion aber haben Anfang der 80er Jahre die sozialen, gruppenbezogenen Aspekte des Schreibens noch keine zentrale Rolle gespielt, sondern werden eher beiläufig abgehandelt."* (S. 80) SPINNER hat hierin wohl Recht, doch kann das *gesellige Schreiben* kaum als eine gleichberechtigte Form neben das *personale* treten. Es handelt sich um ein

Textproduktion 129

Krisenpunkte in Sitzungen der poetischen Selbstanalyse

PÄDAGOGISCHE PHASEN	1. Schreibanregung (5 Minuten)	2. Schreibarbeit (10 Minuten)	3. Textarbeit (20 Minuten)	4. Textdeutung (60 Minuten)	
KREATIVITÄTS-PHASEN	Inspiration Freie Assoziation Imagination	Incubation	Illumination: Kognition Strukturierung	Verifikation: Freie Assoziation Kognition	
PSYCHOLOGIE DES SCHREIB-PROZESSES	1. Tagesanlaß/Stimulus 2. Tagtraum/Assoziation 3a. Verdrängte Gefühle, Erinnerungen aus Jugend, Kindheit, Traumen, 3b. narzißt. Libido 3c. Archetypen	Ich-Ideal 8. Urtext 5. Widerstand 4. Latenter Text	Literarisches Über-Ich 9. Überarbeiteter Text 7. Zensur 6. Phantasiearbeit, Verdichtung, Verschiebung, Symbolisierung, Darstellung	10. Gedeuteter Text	ÜBER-ICH ICH-IDEAL ICH VORBEWUSSTES ES KOLLEKTIVES UNBEWUSSTES
KRISEN-PUNKTE	Regressionsfurcht	Schreibblock		Schuld, Angst Narzißtische Euphorie Aggression, Depression	Sublimierung

v. Werder, 1993, S. 28

anderes Kategoriensystem. Salopp formuliert könnte man sagen, *personales Schreiben* wird *gesellig in der Gruppe* praktiziert, wodurch sich natürlich eine äußerst intensive Dynamik entfalten kann. Das wird jeder bestätigen, der diese Schreibformen schon einmal erprobt hat.

Die konkreten Vorschläge, die in der früheren Abhandlung (1993a) gemacht werden, sind allerdings nicht besonders neu. Aber immerhin wird in dieser Zwischenbilanz wieder eine Standortbestimmung vorgenommen, die den Stellenwert des personal-kreativen Schreibens im Aufsatzcurriculum zu beschreiben versucht.

„Schülerinnen und Schüler, die im Unterricht kreativ schreiben, werden nicht einfach zur Befolgung gesetzter Regeln, aber auch nicht zur narzisstischen Selbstbespiegelung angehalten, sondern sie sind offen für Versuche und Entdeckungen, sie wissen, dass ihr Selbst nie abgeschlossen ist, und entwickeln die Fähigkeit, andere zu verstehen. Sie nehmen sich selbst, aber ebenso andere als Subjekte ernst, auch da, wo Normen, Institutionen und Sachzwänge auf Nivellierung drängen." (S. 23)

Es müsse mit Nachdruck festgehalten werden, dass das *kreative Schreiben* allein solche Zielsetzungen nicht erreichen könne. Nur wenn Schülerinnen und Schülern grundsätzlich zugestanden werde, *„dass sie selbst Problemlösungen suchen und finden, dass sie sich mit ihren Einfällen einbringen, dass Irrtümer nicht nur verzeihlich, sondern für jeden Lernprozess notwendig sind, dann entsteht jene Grundhaltung, die letztlich das Ziel eines jeden kreativen Unterrichts ist."* (S. 23)

Deutlich wird aber auch, dass die Grenzen zwischen schriftlichem Sprachgebrauch und dem produktionsorientierten Literaturunterricht fließend sind. Während bei WALDMANN kaum Vorschläge zum personalen Schreiben zu finden sind, sind die meisten Übungen bei LUTZ von WERDER „Lehrbuch des kreativen Schreibens" (1993) *subjektiv* orientiert.

5.3.2 Verfahren und Methoden des personal-kreativen Schreibens

Seit Beginn der 80er Jahre habe ich selbst in der Schreibbewegung Erfahrungen gesammelt und mit Studenten / Lehrern (in der Fortbildung) und mit Schülern im Praktikum verschiedene Schreibformen erprobt.

■ **Die Cluster-Methode**

– Das **Clustering** (G. L. RICO) ist ein **nicht-lineares Brainstorm-Verfahren**, das auf der freien Assoziation basiert (Cluster = Haufen, Schwarm, Anhäufung, Traube). Dabei soll das bildliche Denken gefördert, die unnachgiebige Zensur des begrifflichen Denkens umgangen werden. Der Schreibende soll eventuelle Schreibängste verlieren. Das „Clustering" wird von RICO als die „Kurzschrift des bildlichen Denkens" bezeichnet.

Um ein **Kernwort** werden spontan und möglichst schnell Assoziationsketten notiert, um die Zensur und Kontrolle auszuschalten.

Textproduktion

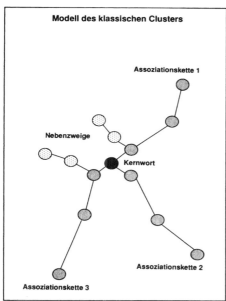

Nicht alles, was im Cluster festgehalten wurde, muss auch für das Schreiben verwendet werden. Der Schüler soll das *Netz* immer wieder überfliegen und den Teil (u. U. auch nur ein Wort) auswählen, bei dem ihm Gedanken, Gefühle und Erlebnisse einfallen (siehe auch das Schema vom Umschalten von der rechten auf die linke Gehirnhälfte S. 135).

Timmy hat bei seinem *Cluster* „Licht" den Teil eingekreist, den er als Schwerpunkt gewählt hat. (Siehe den Text dazu auf der nächsten Seite!)

von Werder, L., 1993a, S. 33

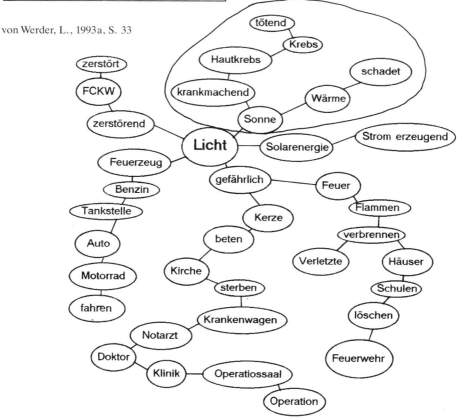

Timmy

Die Ozonschicht

Immer mehr Menschen sterben oder werden verstümmelt wegen Hautkrebs. Hautkrebs wird dadurch verursacht, weil man zu lange in der Sonne war. Früher war die Sonne noch angenehm. Aber da war unsere Ozonschicht, auch genannt Schutzfilm, noch vorhanden, der die gefährlichen Strahlen, die die Sonne mit den angenehmen ausstrahlt, filtert. So kommt es in einigen Ländern häufig zu Hautkrebs. Und diese Leute sterben dann ohne viel Hoffnung.

Wir müssen aufhören, giftige Gase zu produzieren (FCKW, Abgase), sonst wird die Sonne uns nicht mehr wärmen, sondern töten. Wir müssen die Ozonschicht schützen, denn sie schützt uns, aber nicht mehr lange.

Timmy, 5. Klasse

Das Beispiel zeigt deutlich, dass mit Hilfe des *Clusters* nicht nur subjektiv-persönlich orientierte, sondern durchaus schon ansatzweise erörternde Texte entstehen können, die zwar auch subjektiven Charakter haben, da in diesem Falle das Phänomen der schwindenden Ozonschicht den Schüler beunruhigt, die sich aber dennoch nicht explizit auf das eigene Innenleben beziehen müssen. Die Zuordnung des Textes zu einer bestimmten traditionellen Aufsatzform ist nicht ohne Einschränkung möglich.

Bei der Einführung des *Clusters* haben wir eigentlich relativ häufig feststellen müssen, dass entgegen der Intention nicht frei und unzensiert assoziiert, sondern dass sehr wohl kognitiv orientiert Stoff gesammelt wurde. Dies ist leicht an der enzyklopädischen Ausrichtung eines *Clusters* zu erkennen. Dies ist ein Zeichen dafür, dass die Schüler wenig oder kaum noch gewohnt sind, ihrer Phantasie freien Lauf zu lassen.

Obwohl das *Clustering* ein *individuell subjektives Verfahren* ist, hat es sich bei unseren Versuchen bewährt, mit einem *Gemeinschafts- oder Gruppencluster* zu beginnen. Auf diese Weise lässt sich das Methodenverständnis (Prinzip der Assoziation) leichter vermitteln, nämlich was ein Cluster ist und was man damit machen kann. Jedem fällt sicher ein Gedankenstrang ein, und man regt sich gegenseitig an. Solch ein Gruppenprodukt ist das *Cluster* zum Kernwort *Traumwelt* (7. Klasse, HS), das von vier Mädchen erarbeitet wurde. Neben den formalen Aspekten ist es sehr interessant, dass auf diesem *Cluster* viele soziale Wünsche geäußert werden, z. B. *dass die Männer nicht die Frauen schlagen; dass die Eltern nicht die Kinder schlagen; dass sich die Eltern nie trennen; kein Ausländerhass* usw.

Textproduktion

(handschriftliche Mind-Map zum Thema „Traumwelt")

Traumwelt (zentrales Oval)

- andere Welt erforschen oder wesen
- Mit Raumschiff überall fliegen
- keine Umweltverschmutzung, daß die Atmen Lade der geschützt werde
- auf den Wolken fliegen
- daß die Verwandten bei uns sind
- immer gesund schwanger werden
- andere Wesen
- nie sterben / immer jung bleiben
- unter Wasser leben
- keine Tiefenquelle
- kein Ausländerhaß – keine älteren Erwachsenen ärgern
- keine Einbrüche
- keine Kriminalität / Mörder
- kein Streit / Krieg oder Zorn
- daß die Männer nicht die Frauen schlagen
- daß die Eltern nicht die Kinder schlagen
- daß sich die Eltern nie nie streiten
- nie Streit unter Freundinnen
- keine Babyhändler
- keine Babies aussetzen
- daß alle Wünsche in Erfüllung gehen
- keine Alpträume
- Geld und Glück
- daß die Schule dann beginnt, wenn man ausgeschlafen hat
- einen guten Freund
- einen guten Partner
- keine vorweise

Wichtig ist die sorgfältige Wahl des *Kernwortes*. Grundsätzlich ist keine Wortart ausgeschlossen. Je mehr ein Wort bereits von Klischees besetzt ist, desto häufiger werden diese auch produziert werden. Wer in der Vorweihnachtszeit das Wort *Dezember* oder *Weihnachten* wählt, braucht sich nicht zu wundern, wenn sehr viele ähnliche Entwürfe entstehen werden. Selbstverständlich kann ein in diesen Verfahren Geübter auch dagegen anschreiben.

Es nützte bei unserem Unterrichtsversuch wenig, dass vor der Niederschrift geclustert worden ist; fast alle Schüler ließen sich durch das oben genannte *Kernwort* auf die weihnachtliche, winterliche Schiene locken.

Adjektive und *Verben* sind semantisch meist nicht genau festgelegt, so dass sie einen weiten Assoziationsspielraum haben.

Gute Erfahrungen habe ich auch mit *Konjunktionen* und *Adverbien* gemacht, wie *dennoch, manchmal, oft, trotzdem, weil, obwohl, wenn* usw. Dabei entstehen meist außerordentlich unterschiedliche Texte. Man kann natürlich auch einen ganzen *Satz, ein Sprichwort, eine metaphorische Redewendung oder einen Vers (Teilsatz) eines Gedichtes* als Clusterbegriff verwenden. Dadurch können oft besonders intensive Assoziationen angeregt werden. Gedichtrezeptionen mit Hilfe der Clustermethode erscheinen mir besonders reizvoll-kreative Annäherungen.

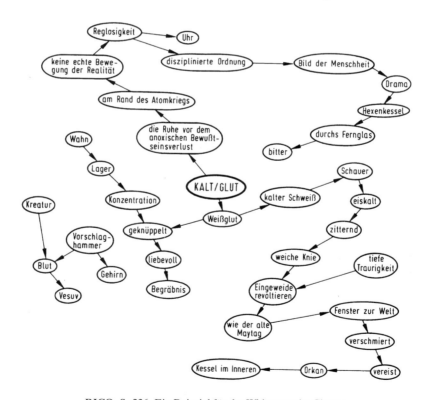

RICO, S. 236. Ein Beispiel für das Widerspruchs-Cluster

Das Clusterverfahren umfasst folgende Schritte:

```
RECHTE          LINKE Gehirnhälfte

    1. Assoziationsanreiz
    2. Kernwort
      3. Cluster bilden
        4. Versuchsnetz / Umschalten
          5. Dominantes Gefühl / zentrale Aussage
            6. Kurztext
```

(v. WERDER, 1986, S. 92)

Das Cluster mobilisiert die kindlichen Sprachmuster, die kindlichen Mythen. Es durchbricht die Schale des genormten Realismus der Klischees der Alltagsrede, die nur zu oft im Schreiben alle Lust abblocken. Das Kind lebt weitgehend mit der rechten Gehirnhälfte (dem Unbewussten). Erst durch die Sozialisation baut sich die Macht der linken Gehirnhälfte auf (das Bewusstsein), die alle Spontaneität im Denken durch das Zensieren der Gefühle unterbindet. Das Clusterverfahren setzt: Freie Asscziation gegen sterile Systematik, Bild gegen Begriff, Originalität gegen Konvention, Ganzheit gegen Detail und kindliche Originalität gegen erwachsene Routine.
(v. WERDER, 1986, S. 92)

LUTZ von WERDER (1986) hat die Regeln übersichtlich und einprägsam zusammengefasst:

Therapeutisch ergiebig sind:
1. Texte über wichtige Bezugspersonen (Vater, Mutter, Großeltern, die Geliebte, den Freund, den Gegenspieler).
2. Texte, die die Bilder des Unbewussten anregen (Traumbilder, archetypische Symbole, Gattungserfahrungen in Urphantasien).
3. Texte, die die Lebensprobleme des Schreibers aufgreifen (Probleme des Alters, Familienkonflikte, Ängste, Körpergefühle, Schreibbarrieren).
4. Texte, die tiefe Gefühle ausdrücken (Trauer, Einsamkeit, Schmerz, Freude).
5. Texte, die die Widersprüche des Lebens, die Gefühlsambivalenzen, kreativ verarbeiten (Liebe – Tod, Ohnmacht – Macht).

Literarische Regeln:
Die Berücksichtigung literarischer Regeln verbessert nicht nur die Wirkung eines Textes nach außen, ihre Befolgung kann auch die Qualität der Abarbeitung von Verdrängtem verbessern helfen. RICO betont folgende literarische Stilmittel:
1. Einbau wiederkehrender Sprachelemente: Jeder Text sollte einen roten Faden besitzen. Ein geschlossener Gedankenkreis im Text gibt diesem eine besondere Kraft. „Kehren Sie am Ende Ihres Textes zu dem Bild des Anfangs zurück."
2. Entwicklung von Sprachrhythmen: Musik in Worte bringen. Den Sprechrhythmus von Dichtern nachahmen: die langen Sätze Thomas Manns, die lyrischen Explosionen von Thomas Wolfe usw.
3. Metaphern gebrauchen: Bilder aus Kunst und Literatur benutzen, die Außergewöhnliches mit Alltäglichem verknüpfen. Ästhetik des Schocks, der Expression, der Dichte.
4. Kreative Spannung erzeugen: Widersprüche tanzen lassen, beide Seiten des Lebens raus lassen, die Konflikte, die überall sind.

5. Überarbeitung des Textes: Überflüssiges, Triviales, Klischees streichen und die expressiven Seiten der Sprache verstärken.

Die literarischen Prinzipien heißen: Ganzheitlichkeit, Bilder, Sprachrhythmen, Metaphern, Wiederkehr entscheidender Gedanken, kreative Spannung, Schließen des Kreises, Überarbeitung.

Poesietherapeutische Prinzipien:
1. Gelassenheit bei der Arbeit am Cluster
2. Erinnerungen an Bezugspersonen
3. Das magische Denken der Kindheit beleben
4. Mit Träumen arbeiten
5. Die Kräfte der Meditation nutzen
6. Aktive Imagination betreiben
7. Die persönlichen Erfahrungen transzendieren
8. Einen ganzheitlichen Entwurf versuchen (v. WERDER, 1986, S. 92–95)

Im schulischen Bereich lässt sich die Clustermethode universell einsetzen. Im Bereich des **Erzählens** (ich sage bewusst nicht Erlebniserzählung) könnte schon in der Grundschule „geclustert" werden, so dass der Schüler nun tatsächlich durch das „Versuchsnetz" auf Persönliches, Authentisches stößt, das er gerne aufschreiben möchte, zunächst für sich selbst, aber auch um anderen von sich mitzuteilen. Insofern haben diese Schreibformen auch *kommunikativen Charakter*. Allerdings sollte man das **Prinzip der Freiwilligkeit** des Vorlesens nicht verletzen, wenn einem Schüler sein Text zu persönlich erscheint, als dass er ihn gern anderen zugänglich machen wollte.

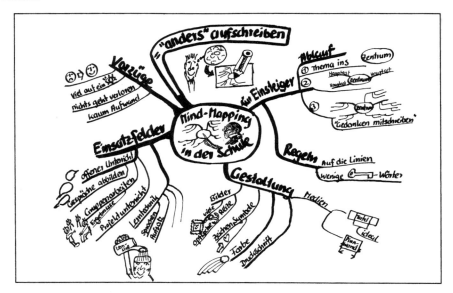

LIPP, U., 1994, S. 22

Auch beim **Erörtern** kann man mit einem Cluster oder mit dem (damit verwandten) *Mindmapping* (ein auf Sachthemen und Handlungsvorhaben angewandtes, strukturiertes *Cluster*, vgl. dazu KIRCKHOFF, M., 1989; WERDER v. L., 1992) beginnen, was in etwa einer Stoffsammlung entspricht, allerdings mit dem Unterschied, dass bei diesem Brainstorming-Verfahren alle Gedanken und Ideen zugelassen, ja erwünscht sind. Eine scheinbare Ordnung wird durch die Form des Clusters vermieden. Allerdings müsste der Lehrer in diesem Zusammenhang abweichende, kreativ-unkonventionelle Ausarbeitungen akzeptieren. Denn gerade der Schüler, der in personal-kreativen Schreibformen geübt ist, wird, so bestätigen Lehrer immer wieder, auch bei den traditionellen Aufsatzformen versuchen, originell-subjektive Lösungen zu produzieren, sofern er mit der Zustimmung und dem Verständnis des Lehrers rechnen kann. (Vgl. dazu 5.3.3 *Das personal-kreative Schreiben und der traditionelle Aufsatzunterricht*, S. 142ff.)

■ **Aktivierung von Körpergefühlen**

Charakteristisch für viele personal-kreative Schreibformen ist, dass die übliche traditionelle Themenstellung durch andere Verfahren, die versuchen, **die Person als Ganzes mit ihren Emotionen und Erfahrungen** anzusprechen und dabei auch die „Bedürfnisse" der rechten Gehirnhälfte zu berücksichtigen, abgelöst wird.

Ein solches Vorgehen bedeutet das Aktivieren von Körpergefühlen. Jeder Mensch speichert in seinem Gehirn Bilder, Erfahrungen, Erlebnisse, Gefühle, zu denen er nicht ohne weiteres Zugang hat, weil sie sich einem rationalen Zugriff entziehen, u. U. auch nicht durch das Clustering evoziert werden können.

Die **Körpergefühle** beziehen sich dabei auf alle **fünf Sinne**:

Tasten – Riechen – Hören – Sehen – Schmecken.

Beim Tasten, Riechen und Schmecken haben wir jeweils bei unseren Versuchen die Augen verbunden, um die Konzentration auf **einen** Sinn zu erleichtern, da es darauf ankommt, sich einer subjektiv-bedeutsamen Ebene zu nähern.

Dieser Vorgang, dem eine neue, intensive Weise, sich selbst wahrzunehmen, vorausgehen muss, bedarf u. U. längerer Zeit. Wir stellten fest, dass die meisten Schüler nicht gewohnt waren, tastend mit einem Gegenstand umzugehen und boten deshalb als Hilfestellung folgenden Fragenkatalog an (in einer 5. Klasse, HS):

tasten → fühlen → denken

	erst: vorsichtig	dann: genauer
fest? – weich?	„Für mich angenehm?"	
spitz? – stumpf?	„Woran denke ich, was fällt mir ein?"	
groß? – klein?	„Was fühle ich?" Kälte? Wärme?	
gleichmäßig?	„Was bewirkt der Gegenstand?" Duft?	
fest? – weich?	„Für mich angenehm?"	
unregelmäßig?	Aufmerksamkeit, … Geräusche?	

> Versuche durch Tasten, den Gegestand möglichst genau kennen zu lernen und darauf zu achten, welche Ergebnisse dir dabei einfallen.

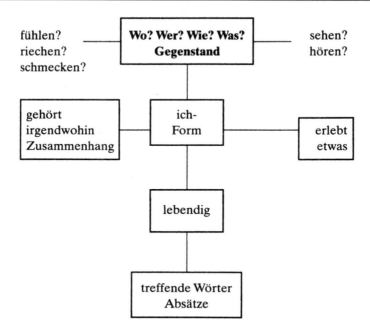

Damit der erste Schritt erleichtert wird, haben wir den Schülern als Möglichkeit die **Identifikation mit dem Gegenstand** in der Ich-Form angeboten. Je geübter eine Klasse sein wird, desto weniger werden solche Hilfen notwendig sein. Die Gegenstände müssen sorgfältig ausgewählt werden (bei uns z. B. Muschel, verschiedene Steintypen, Holzkästchen, Keramikfigur, Tomate). Wir haben solche Dinge zu vermeiden versucht, die schon von vornherein negative Gefühle (z. B. Essig oder Knoblauch) auslösen könnten. Auch bei Versuchen mit anderen Körpergefühlen haben wir sorgfältig Arrangements vorbereitet. Es würde zu weit führen, diese im Rahmen einer Einführung darstellen zu wollen.

Beispiel eines Textes aus einer 5. Klasse:

Ich, der arme Stein

Ich bin ein Stein, wie es so viele auf der Erde gibt. Doch bestimmt werden nicht alle Steine so schlecht behandelt wie ich. Ich will euch mal eine kleine Geschichte aus meinem Leben erzählen. Als ich gerade fünf Jahre alt war, wurden ich und drei von meinen Freunden auf einen hohen Laster geworfen. Der Laster war mindestens zwei Meter hoch. Na was solls! Auf jeden Fall landeten ich und meine Freunde auf einem hohen Steinberg. Als wir ungefähr zwei Monate auf dem Steinberg waren, passierte etwas Schreckliches. Meine Freunde wurden von einer riesigen Schaufel verschleppt. Seitdem war ich allein und musste mich ohne meine Freunde zurechtfinden. Das war nicht sehr einfach, ich musste viel durchstehen und hatte oft Glück. Jetzt bin ich hier am Rande dieser schrecklichen Fabrik.

(Die Rechtschreibfehler wurden beseitigt.)

Der Schüler hat in diese Geschichte seine ganze Biographie verpackt. Damit wird auch deutlich, dass die Grenzen hin zum therapeutischen Schreiben fließend sind.

Die Studenten in den Schreibseminaren und die Lehrer in der Fortbildung hatten diese Verfahren selbst eingeübt.

So fordert SCHOBER zu Recht: „*Für die Ausbildung von Deutschlehrern ist deshalb eine entsprechende Selbsterfahrung zentral. Nur wenn die Studierenden in der Gruppe erfahren haben, wie ein Virulentmachen von Themen in Gesprächen oder Spielen zum Schreiben führt und wie im so vorbereiteten Schreibakt authentische Texte entstehen, die beim Vorlesen die Zuwendung aller haben, suchen sie auch in der Klasse nach Ansatzpunkten solchen Schreibens und entwickeln den Mut, sich, wie es notwendig ist, mit den Schülern auf die gleiche Stufe zu stellen, also mitzuschreiben und auch selbst das Eigene vorzulesen. Schreibseminare an der Hochschule, möglichst in Verbindung mit Praktika, leisten hier die beste Vorbereitung.*" (SCHOBER, O., 1988, S. 144)

Es ist deshalb in meinen Veranstaltungen ein Grundprinzip, dass die Lehrer (bei der Fortbildung) und Studenten an der Hochschule **selbst schreiben**, was ich auch praktiziere, nicht unbedingt im Sinn des Musterhaften, sondern als Modell, sich auch in den Erfahrungsprozess einzubringen.

Im Folgenden sollen weitere Verfahren nur angedeutet werden:

- **Situatives Schreiben**

Alles, was man in einer **Situation** vorfindet (z. B. Raum, Gegenstände, Gerüche, Menschen, optisches und akustisches Material) kann zum Schreiben anregen. Das Schulhaus und die nähere Umgebung werden zum Schreibanlass, zum überdimensionalen Cluster. Dabei ist es wichtig, nicht nur die Situation als Ganzes wahrzunehmen, sondern das Ganze setzt sich aus vielen Details zusammen. Mit einer 7. Klasse einer Schule in Nürnbergs Süden begaben wir uns z. B. in den Hauptbahnhof und haben dort geschrieben.

Die Freude der Menschen

Wenn ich die Menschen sehe, denke ich daran, dass sie sehr glücklich sind, wenn sie zu ihren Verwandten, wie z. B. Opa und Oma, Tanten und Onkels oder zu Schwestern und Brüdern fahren. Sie haben Freude daran, dass sie einmal nach Jahren ihre Verwandten sehen können. Wenn der Zug kommt, steigen die Menschen aus, die froh sind, endlich wieder zu Hause zu sein. Es sind aber auch manche dabei, die sehr traurig sind, von ihrer Schwester oder ihrem Bruder so weit weg zu wohnen. Manche Leute kommen zum Bahnhof, um die Ankömmlinge abzuholen. Die Freude, die sie dabei mitbringen, ist so groß, dass, wenn sie zu Hause sind, sie sich erst einmal alles erzählen und sich dabei öfter einmal um den Hals fallen. Es ist schon erstaunlich, dass so viele Menschen so viel Geld ausgeben, nur um ihre Verwandten zu sehen. Sie fahren Tag und Nacht, aber wenn sie wirklich erst in der Nacht ankommen, ist die Schwester z. B. darauf vorbereitet. Und wieder einmal ist eine große Freude in der Familie, dass man sich nach so langer Zeit wieder sieht.

Janine

Beispiele für „natürliche" Schreibsituationen:
- Unter einer Tribüne; einsam in einer Landschaft (ohne noch Häuser zu sehen und ohne Begleitung); auf einem hohen Kran; auf dem Kirchturm; im Leichenhaus oder auf dem Friedhof; in einer Krypta; im Kindergarten; in der Grundschule; Museum; Heuboden oder überhaupt auf einem Bauernhof;
- Café, Kneipe, Wochenend-Disco (z. B. auch Techno), McDonald's, Fernsehturm oder auf einem anderen hohen Turm (z. B. einer Kirche), Burgruine,
- Alte Fabrikhalle, Werkstätten verschiedenster Art, Autoverkaufssalon, Schrottplatz, Autofriedhof, Flughafen (Ankunfts-, Abflughalle),
- In der Natur (im Wald), weit weg von aller Siedlung, in einem kleinen Dorf, Hauptverkehrsstraße in einer Stadt, Schlachthof, Hallenbad, Krankenhaus, botanischer Garten, Gewächshaus,
- Volksfest, in einem Fußballstadion (leer oder voll), Theater,

Man kann neben diesen *natürlichen Situationen* auch *künstliche* schaffen. In einer Schule in Fürth hatte der Hausmeister auf unsere Bitte hin den Müll von zwei Tagen gesammelt. Dieser wurde in der Mitte des Klassenzimmers – die Schüler saßen im Kreis – ausgeschüttet. Im „Angesicht" des Mülls und dessen Geruchs wurden die Texte verfasst.

Der Dreck stinkt und sieht fürcherlich aus. Am liebsten würde ich an die frische Luft, in den Pausenhof gehen.
Aber vor mir: Ekelige verklebte Plastiktüten, Cola- und Limodosen, Apfelreste und schwarze Bananenschalen, Papierreste, zerissene Hefte, Tempotaschentücher (hatten wohl viele einen Schnupfen), Weckla mit alter Wurst und eine Menge Brotreste, ein altes T-Shirt. Haben wir das wirklich alles in nur 2 Tagen weggeschmissen?
Ich denke an die armen Leute in anderen Ländern, die könnten lässig von unseren Resten leben.
Der Müll wird uns noch umbringen.

Karin (HS)

Beispiele von weiteren Arrangements:
- Schreiben mit verbundenen Augen; Schreiben mit der linken Hand (die linke Hand ist mit der bildlich denkenden rechten Gehirnhälfte verbunden)
- Schreiben mit ständigem Blick auf die Uhr; Schreiben während des Gehens
- Der Raum wird verdunkelt, jeder Schüler hat vor sich ein großes Blatt, auf dem er notiert, was ihm in der Dunkelheit einfällt. Dies können auch nur Wortfetzen sein. Variante: Teelichter werden angezündet (Musikeinspielung). Während des gesamten Schreibexperiments ist absolute Stille einzuhalten.
- Schreiben in einem Café. Man muss jemanden ansprechen und ihn oder sie bitten, etwas zu diktieren. Auf der Grundlage des Diktats wird dann der Text geschrieben.
- Verschiedene Veränderungen des Klassenraumes; z. B. Bänke und Stühle werden auf den Kopf gestellt, in dieser unbequemen Sitzhaltung wird geschrieben; Bänke

und Tische werden an den Rand geschoben, geschrieben wird im Sitzen auf dem Boden (evtl. mit Musikeinspielung).

- **Schreiben in Selbsterfahrungsprozessen**

Alle Gedanken, Assoziationen, Gefühle – statt wie gewöhnlich in der Reflexionsphase mündlich in einem Gespräch mitgeteilt zu werden, werden schriftlich fixiert. Die schriftliche Form hat ein höheres Maß an Objektivität (siehe SPINNER, S. 125f.), so dass häufiger Divergentes festgehalten wird, da Vermittlungsprozesse wegfallen.

Wichtig ist, dass es uns dabei nicht um die Form des therapeutischen Schreibens geht, nur um das Notieren der Gefühle, sondern um das Gestalten eines Textes. Allerdings sind die Grenzen fließend.

In der Schule genügen schon einfache Warming-up-Übungen (siehe S. 213ff.) als Schreibanlass.

- **Schreiben in Gruppenprozessen, als Gruppenprozess**

Diese Form ist mit der vorherigen verwandt, weshalb in allen diesen Bereichen Überschneidungselemente festgestellt werden können.

Schreiben **„in Gruppenprozessen"** bedeutet, dass man sich gegenseitig wahrnimmt, z. B. ein Porträt oder eine Kurzcharakteristik anfertigt auf der Grundlage eines Partnerinterviews. – Jeder schreibt **ein Wort** auf, das ihm spontan einfällt und wirft es in die Mitte. Man kann sich auf ein Wort einigen oder jeder „leiht" sich eines. – Nach dem Vorlesen wählt jeder einen Text aus, auf den er **antworten** möchte.

Schreiben als Gruppenprozess bedeutet auch, dass man gemeinsam an einem Text arbeitet. Jeder beginnt mit zwei/drei Sätzen und gibt dann seinen Anfang weiter, so dass am Ende etwa 5–7 Schüler mitgearbeitet haben. Wichtig ist dabei zu lernen, sich in den jeweiligen Text einzufühlen. Variante: Nur der letzte Teilsatz ist sichtbar, der Rest wird umgeknickt. Das ergibt meist absurde Ergebnisse.

Da subjektiv orientiertes Schreiben immer auch kreativ sein sollte, sind mit diesem Bereich Überschneidungen zu konstatieren.

Zwar wird jedes Gruppenmitglied zunächst für sich schreiben, aber doch bereits im Hinblick auf die späteren Zuhörer, die Gesprächspartner, *insofern ist dieses Schreiben auch ein außerordentlich kommunikatives* (SPINNER, 1993b, nennt es ein „*geselliges*").

- **Manche Verfahren der Humanistischen Psychologie**

z. B
- die **„Phantasiereise"** (nach der Gestaltpädagogik)
- die **Identifikation**
- das **Experiment**

Ich verweise auf S. 53f., wo ich im Zusammenhang mit der Gestaltpädagogik diese Methoden dargestellt habe.

■ **Schreiben zur biographischen Selbstvergewisserung (Ich-Identität) – Schreiben in Regressionsprozessen**

Einfache Übungen (etwa zum eigenen Namen und zur Familie) wird man schon in der Grundschule einsetzen können, mit Beginn der Pubertät sind auch Schreibverfahren möglich, die eine gewisse Selbstreflexion zur Voraussetzung haben.

Aber auch hier werden bevorzugt Verfahren eingesetzt, die die Imagination erleichtern, z. B.:

o Eigene **Kinderfotos** die mitgebracht und in Kleingruppen besprochen werden, können in vielfältiger Weise Schreibanlass sein.
o **Gegenstände aus der Kindheit** (Spiele, Tiere, Gebrauchsartikel wecken Erinnerungen.)
o **Videoaufzeichnungen**

GUDJONS, H. u. a. (Auf meinen Spuren. Entdecken der eigenen Lebensgeschichte. Hamburg 1986) schlagen eine Fülle von praktischen Übungen vor, von denen etwa ein Drittel schriftlich auszuführen ist.

Regression bedeutet *„das Zurückschreiten, Zurückgreifen sowohl im Sinne der Rückbildung als Atrophie, Degeneration, Dissimilation als auch das Zurückgreifen auf frühere Entwicklungsstadien."* (DORSCH, F., 1987[11], S. 560)

Im Zusammenhang mit dem Schreiben bedeutet dies, sich durch **aktive Imagination** in frühere Entwicklungsstadien zurückzuversetzen, etwa in die frühe Kindheit. Wichtig sind dabei Räume, Gegenstände und wichtige Bezugspersonen. Die Regression wird hier bewusst provoziert und darf deshalb nicht negativ gewertet werden, sie dient der Vergegenwärtigung wichtiger Entwicklungsphasen des Menschen. Allerdings können dabei in besonderem Maße bedrängende Gefühle und Erlebnisse den Schreibvorgang bestimmen.

■ **Manche Verfahren des handlungs- und produktionsorientierten Literaturunterrichts** (vgl. den systematischen Katalog, S. 82ff.)

Beispiele: Brief aus ganz persönlicher Sicht an eine literarische Figur; z. B. an Effi Briest (Fontane) oder Nora (Ibsen).

Identifikation mit einer Person; Darstellung, wie der Schüler (Rezipient) persönlich an deren Stelle gehandelt hätte.

Der Leser/Schüler schreibt aus subjektiver Perspektive einen anderen Schluss.

5.3.3 Das personal-kreative Schreiben und der traditionelle Aufsatzunterricht

Das *personal-kreative Schreiben* könnte sich im schulischen Bereich sicher schneller durchsetzen, wenn sich die *Methoden und Verfahren* wenigstens teilweise auch im traditionellen *Aufsatzunterricht* als nützlich und brauchbar herausstellten.

Auf der folgenden Seite habe ich eine Übersicht über die Formen des Schreibens am Gymnasium (Bayern) aufgenommen, da sie sehr gut den augenblicklichen Stand der

Textproduktion

Synopse „Schriftlicher Sprachgebrauch" im Deutschen

Aufsatzformen nach dem Lehrplan Deutsch (KWMBl I 1992 So.-Nr. 7 S. 301-371)

Zeichenerklärung:
- [2V] verpflichtende Schulaufgabenform (mit Angabe der Anzahl)
- (60) Richtwert für die Dauer der Schulaufgabe
- (F) fakultative Schulaufgabenform
- (G) Grundwissen (und Grundfertigkeiten)
- ◇ als Schulaufgabe nicht zulässig
- ☞ Weiterführung einer Aufsatzform in höheren Jahrgangsstufen
- Verweise auf den „mündlichen Sprachgebrauch"
- Im Leistungskurs zusätzlich: Facharbeit

Jahrgangsstufen	5	6	7	8	9	10	11	12 d/D	13 d/D
Schulaufgabenzahl	5	5	4	4	4	3 u. 1 HA	3 u. 1 HA	GK:2 LK:4	GK:2 LK:2
ERZÄHLEN und SCHILDERN	[2V] (G) (45) ERZÄHLEN: erlebte, erfundene, vorgegebene Geschichten	[2V] (G) (45)	[1V] (G) (60) SCHILDERN	(60) (F)					
	[1V] (G) (45) persönlicher BRIEF								
INFORMIEREN		(45) (G) (F) sachlicher BRIEF	(60) (G) BERICHTEN	[1V] (G) (60)	(G) (60) PROTOKOLL				
			[1V] (G) (60) BESCHREIBEN		LEBENSLAUF BEWERBUNG				
ARGUMENTIEREN			(60) (F) STREITGESPRÄCH	[1V] (80) (G) begründete STELLUNGNAHME	(G) einfache ERÖRTERUNG	[1V] 135 (G) ERÖRTERUNG	[1V] 135 (G)	[1V] 135 (G*) PROBLEMERÖRTERUNG	Gk 12: 135 ● Gk 13: 240 ● Gk 13: 300
Arbeit an Texten			[1V] (60) (G) ZUSAMMEN-FASSUNG einfacher Texte	[1V] (60) (G) INHALTSANGABE poetischer Texte	[1V] 135 (G) erw. INHALTSANG. poetischer Texte	[1V] 135 (G) literarische CHARAKTERISTIK	[1V] 135 (G) INTERPRETATION eines poet. Textes	literarische ERÖRTERUNG auch als Teil von Analyse und Interpretation	ERSCHLIESSUNG und INTERPRETATION poetischer Texte
				[1V] (60) (G) INHALTSANGABE nichtpoet. Texte	[1V] (60-90) (G) erw. INHALTSANG. nichtpoet. Texte	einfache literarische ERSCHLIESSUNG	ERSCHLIESSUNG nichtpoet. Textes	[1V] 135 (F) ANALYSE nicht-poetischer Texte	ANALYSE nichtpoetischer Texte in Verbindung mit einem Erörterungsauftrag
						ANALYSE nicht-poetischer Texte		*Argumentationstechnik	
sprachliche Gestaltung / gestalterisches Schreiben	z. B. Umformung einer poetischen Vorlage zur Dialoggeschichte	z. B. Geschichten in Anlehnung an literarische Vorbilder; Sammlung mit Schülererzählungen	z. B. Texte umschreiben, weiterschreiben, verändern, verfremden; Parallelgeschichte	freie gestalterische Formen des Schreibens; Reportage	ggf. gestalterisches Schreiben in Verbindung mit Aufsatz- und Literaturunterricht	auch gestaltende Interpretation: analoge Texte, Gegentexte	Versuche gestalterischen Schreibens nach literarischen oder journalistischen Vorträgen; freie Versuche	GK: sprachliche Gestaltung; ggf. gestalterische Formen des Schreibens	LK: sprachliche Gestaltung; gestalterische Formen des Schreibens (verpflichtend)
Bezüge zum mündlichen Sprachgebrauch	☞ Erzählen ☞ Berichten	☞ Erzählen ☞ Informieren	☞ Erzählen ☞ Informieren	☞ Informieren ☞ Schildern	☞ Informieren ☞ Argumentieren	☞ Informieren ☞ Argumentieren			

© Juan Otto Kerber, Mariengymnasium Kaufbeuren/Überarbeitung Wieland Zirbs, ISB München

aufsatzdidaktischen Entwicklung wiedergibt. Die Auflistung orientiert sich an dem in den 90er Jahren revidierten Lehrplan. In unserem Zusammenhang würde es zu weit führen, dieses Schaubild insgesamt zu interpretieren. Leider ist auch hier festzustellen, daß *Erzählen, Schildern und auch Informieren* mit Ende der 9. Jahrgangstufe beendet wird, übrig bleiben das *Argumentieren und die Arbeit an* Texten. Neu in den Lehrplan wurden *sprachliche Gestaltung* und *gestalterisches Schreiben* (bezogen auf den *handlungs- und produktionsorientierten Literaturunterricht* und die *personal-kreativen Schreibformen,* die auch nicht voneinander unterschieden werden) aufgenommen. Dies ist einerseits erfreulich, da diese Formen des Schreibens sich durch alle Jahrgangsstufen hindurchziehen, andererseits wird optisch schon deutlich, welch geringes Gewicht man ihnen zubilligt, da sie auch nicht immer verpflichtend gemacht wurden.

Um so wichtiger erscheint es mir, festzuhalten, daß im *personal-kreativen Schreiben* auch Elemente der traditionellen Aufsatzformen zu finden sind, man denke nur an die vielfältigen Textsorten, die von Schülern (im freien Schreiben) produziert werden; umgekehrt erscheint es durchaus möglich, mit Methoden und Verfahren des *personal-kreativen Schreibens* das übliche schulische Schreiben zu modernisieren. Denn in der Tat können manche *Schreibspiele, -anlässe und -situationen* auch im traditionellen Aufsatzunterricht Verwendung finden.

Wissenschaftstheoretisch spricht nichts gegen eine Einschränkung des völlig *freien Schreibens* in verschiedener Hinsicht, etwa in der *Wahl der Gattung,* der Textsorte oder der *Art und Weise des Schreibens.* Allerdings müssen die Einschränkungen in Bezug auf die jeweils individuelle Schreibaufgabe begründet werden. Willkürliche Normen, Bedingungen um ihrer selbst willen sollten nur gesetzt werden, wenn man sie auch mit entsprechenden Intentionen versehen kann (z. B. absurde Situationen mit der Absicht surrealistische Texte zu provozieren). Vor allem sollten sie nicht verlangt werden, um die Lernzielkontrolle zu erleichtern. Es müsste auch immer wieder, wenn es dem Schreiber zwingend notwendig erscheint, erlaubt sein, gegen eine der gesetzten Normen verstoßen zu dürfen.

■ Erzählen – Berichten

Exemplarisch sollen einige Möglichkeiten angedeutet werden. BECK/HOFEN (1993) spricht von *informieren – berichten – beschreiben* (Grundschule), vgl. das Schaubild S. 116. Da der Verwendungszusammenhang weitgehend die Textkonstitution bestimmt, geht der Schreiber in Bezug auf die Wahl der formalen Mittel meist eklektizistisch vor. Das *personal-kreative Schreiben* gibt nun dem Einzelnen die Chance, sich selbst in den Schreibprozess (durch verschiedene Formen des Erzählens in unmittelbarer oder etwas distanzierender Art und Weise) einzubringen. Deutlich wird dies auch beim Sich-Gegenseitig-Vorlesen der Texte. Da in der Regel jeder in unterschiedlichem Ausmaß etwas von sich preisgibt, wird dies zu einem spannenden Ereignis. Da Klischees weitgehend vermieden werden, *können auch fiktionale Texte ein hohes Maß an Authentizität* aufweisen. Auch wenn ich eine bildhafte, metaphorisch verschlüsselte Darstellungsweise wähle, hat der Text dennoch *elementar etwas mit meiner Person* zu tun.

- Mit dem *Clustering können persönliche Erfahrungen, Erlebnisse, Einstellungen, Empfindungen*, Gefühle und selbstverständlich auch Gedanken aus unserem Gedächtnis hervorgeholt werden (siehe S. 130 ff; genaue Beschreibung des *Cluster-Verfahrens*), von denen man erzählen, berichten, oder die man auch schildern kann. Selbst wenn man also eine Einschränkung akzeptiert, dann sollte aber dennoch die Freiheit bestehen, je nach Sujet und der jeweiligen Aussageintention die Textgestalt entsprechend zu entwerfen. Wenn man die Texte sichtet, dann stellt sich häufig heraus, dass nicht selten auch Mischformen anzutreffen sind.
- *Phantasiereise und* Identifikation mit einem Gegenstand, Tier oder einer Pflanze (siehe S. 53) oder auch mit einer Figur oder Gestalt aus der Literatur oder Geschichte
- *Biographisches Erzählen* (auf der Grundlage von Fotos, Gegenständen und Spielzeug aus der Kindheit, von Befragungen der Eltern und Geschwister; Nachforschungen zum eigenen Namen: Befragung der Eltern und evtl. der Geschwister; tagebuchartiges Erzählen über Erlebnisse des Alltags, der Gedanken und Gefühle)
- *Erzählen über bedeutsam Orte und Bezugspersonen* (Vater, Mutter, Geschwister, Nachbarn, Freunde)
- *Phantasiegeschichten* auf der Grundlage von willkürlich zusammengestellten Reizwörtern oder auf der Grundlage von künstlich hergestellten Situationen
- *Berichtende* Texte auf der Grundlage von Interviews, von Reportagen, von Recherchen, wobei durchaus transkribierte, authentische Ausschnitte (in Sinne der Origininaltonreportagen) aufgenommen werden können.
- *Perspektivenwechsel:* Jeweils ein Paar erzählt sich gegenseitig eine authentische Geschichte. Im Anschluss daran schreibt jeder die Geschichte seines Partners nieder (aus dessen oder der eigenen Perspektive).

Nur ganz kurz seien noch Möglichkeiten für weitere Aufsatzarten angedeutet.

■ Schildern

Möglichkeiten und Verfahren zum Schildern:

- „Mit den Augen des anderen"

Zunächst nimmt jeder die gegebene Situation (Pausenhof, Kaufhaus, Bahnhof usw.) alleine wahr (je nach Komplexität unterschiedlich lange) und darauf führt jeweils der Partner den anderen zu ausgewählten Stellen, Objekten etc. und erklärt jeweils kurz, was daran für ihn interessant gewesen sei. Anschließend werden jeweils die Eindrücke des Partners geschildert.

- Schildern zu ungewöhnlichen Tageszeiten (z. B. nachts um 2 Uhr) und an ungewöhnlichen Orten.

Insgesamt lässt sich festhalten, dass sich die Situationen, die ich beim *situativen Schreiben* (siehe S. 139 ff.) aufgelistet habe, meist auch zum Schildern eignen.

■ Erörtern

Eine Themafrage oder ein Problem *zu erörtern, sich Gedanken zu machen, abzuwägen, Argumente* einzubringen, das ist eine Grundfertigkeit, die der Mensch im Leben immer wieder benötigt. *„Während sich der Gegenstand, über den man schreibt, beim Erzählen und Berichten zeitlich erstreckt und beim Beschreiben und Schildern räumlich vorhanden ist, geht es beim Erörtern um die Entwicklung eines gedanklichen Zusammenhangs."* (FRITZSCHE, 1994, S. 114)
So wird diese Aufsatzform (wobei auch unterschiedliche Ausprägungen auftauchen, wie *Sacherörterung, Problemerörterung, Besinnungsaufsatz*), in je unterschiedlichem Schwierigkeitsgrad in Hauptschule, Realschule und Gymnasium gefordert, meist ab der 8. Jahrgangsstufe. Und es können weiterführende Formen, wie *Facharbeit, Referat* und an den Hochschulen *Seminar- und Zulassungsarbeiten*, ja letzten Endes auch *Dissertationen* auf diese *forschend neugierige* Grundhaltung, die das *Erörtern* auszeichnet, zurückgeführt werden.

Bei einer kleinen Umfrage in einigen Sekundarstufe-I-Klassen gaben wenigstens einige Schüler an, eigentlich ganz gern *Erörterungen* zu schreiben.

„*Erörterungen sind leicht zu schreiben, vor allem bei gerade aktuellen Themen, über die man meistens durch die Medien gut informiert ist."* „*Bei Erörterungen kann man ganz schön hochtrabendes Geschmarri schreiben und kriegt am Schluss wegen diesem nach Fachwissen aussehenden Geschreibe 'ne gute Note."* „*Man kann in der Erörterung am einfachsten überzeugend seinen Standpunkt darstellen. Man wird aufgefordert, sich mit der eigenen Meinung gründlich auseinanderzusetzen, und es kann durchaus vorkommen, dass jemand plötzlich merkt, dass seine Gründe für sein Verhalten keine richtigen Gründe sind. Man kann scheinbar unbegreifliches Verhalten irgendwelchen Mitmenschen nach einer Erörterung des Themas vielleicht besser verstehen."*

Die zuletzt aufgeführte Begründung einer Schülerin genügt fast didaktischen Ansprüchen, betont die *heuristische Funktion*, die Selbsterkenntnis dieser Schreibform. Im *kommunikationsorientierten* Sinne kann die Erörterung eines Problems auch Information oder eine Entscheidungshilfe für andere sein.

Dabei pendelt das Erörtern je nach Thema zwischen den Polen von *Subjektivität und Objektivität*. Die Behandlung einer Sachfrage erfordert Expertenwissen, das erst gesammelt werden muss (z. B. zum Problem der Atomkraft), das aber dem Schüler häufig nicht zur Verfügung steht. Wert- und Orientierungsfragen (z. B. zur Lebensführung) können dagegen meist von der subjektiven Einstellung heraus beurteilt und bearbeitet werden.

Das *Erörtern* wird in der Regel zum kognitiv *strukturierten Bereich* der menschlichen Aktivität gezählt. Nachdenken, Abwägen, Sammeln und Auswerten von Informationen werden in diesem Zusammenhang eingebracht. Dennoch sollte man berücksichtigen, daß auch viele Themenfragen eine *emotional-affektive Komponente* haben, und oft lassen sich solche Zusammenhänge herstellen, d. h. man sollte alles versuchen, um ein **ganzheitliches Lernen** möglich zu machen.

Wenn in einer Themafrage ein *Konflikt* auftaucht, so kann dazu das *Konfliktrollenspiel* eingesetzt werden, das Wirklichkeit simuliert, soziale Rollen thematisiert und einen Konflikt enthält. In der Gespächssituation werden manche Argumente (vor allem solche aus dem emotional effektiven Bereich) ins Bewusstsein gehoben, die durch eine Stoffsammlung nicht so ohne weiteres gefunden werden.

Das Thema *„Welche Motive sind dafür verantwortlich, dass wir zu Rauchern oder Nicht-Rauchern werden?"* haben wir mit Hilfe des *Konfliktrollenspiels* aufbereitet (8. Kl., HS), das ein gutes Beispiel für die subtile bis brutal bedrängende Überzeugungstaktik in solchen Gruppenprozessen ist. Folgende Details wurden in der Reflexionsphase erarbeitet:

– *Bagatellisierung des Rauchens*
  Man raucht ja passiv sowieso mit; Dioxin und Umweltverschmutzung sind schlimmer, da kommt es auf ein bisschen Rauchen nicht an. Manche Raucher werden uralt.
– *Statussymbol und Gruppendruck*
  Man gehört dazu, ist erwachsen, kein Baby mehr. Identifikation mit der Konsumwelt. Die Clique will eine Konformität erzwingen, der sich der Einzelne kaum entziehen kann. Es wird versprochen „in" zu sein und akzeptiert zu werden. Die ersten Zigaretten werden umsonst sein. Möglichkeit, ein mäßiger Raucher zu werden.
– *Jugendjargon*
  Durch die Verwendung des eigenen Sprachcodes wird es dem Einzelnen noch schwieriger, standzuhalten. Gegensatz zwischen dem Bedürfnis nach Identifikation mit der Gruppe und dem, Herr der eigenen Entschlüsse zu bleiben.

In der *Reflexionsphase* wurde von Schülern geäußert, dass dies wohl oft die Grundsituation für den Einstieg in Drogen überhaupt darstelle. Insgesamt kann man wohl behaupten, dass in einer Diskussion übers Rauchen viele Argumente nicht gefunden worden wären. Denn kognitiv sind Gründe fürs Rauchen nur schwer formulierbar. Dass Rauchen schädlich ist, weiß heutzutage jeder. Warum aber so viele doch rauchen, dies liegt auf einer anderen Ebene. Durch das Rollenspiel wurde dieser Zusammenhang den Schülern bewusst. Es wurde ausdrücklich darauf hingewiesen, dass sie auch die Beobachtungen und Erfahrungen aus dem Rollenspiel in ihre Argumentation einbeziehen könnten.

Schülertext:

[...] Es ist nicht leicht, über die Vorteile des Rauchens etwas zu finden, da jeder weiß, dass Rauchen der Gesundheit schadet, wie es so schon auf jedem Werbeplakat abgedruckt ist.

Wir haben in unserer Klasse ein Rollenspiel dazu durchgeführt. Dabei sollten vier Raucher mit allen Mitteln einen Nichtraucher überreden, der mit ihnen Karten spielen wollte. Sie haben den ganz schön fertig gemacht, ihn gewaltig unter Druck gesetzt, dass er z. B. ein Baby sei, dass er es ja noch nicht probiert hat. Deshalb kann er gar kein Urteil abgeben. Die Raucher sagten, er raucht sowieso mit, und in unserer Umwelt gibt es so viele Gifte, dass es auf ein bisschen Nikotin auch nicht mehr ankommt. Aber am schlimmsten empfand ich doch, dass sie ihn ganz gewaltig unter Druck gesetzt haben. „Entweder du rauchst oder du gehörst nicht zu uns." Sie meinten, dass er nur immer eine Zigarette rauchen soll, so dass er auch seinen guten Willen zeigt. Und am Schluss gibt er dann doch nach, obwohl er alle guten Argumente für sich hat. Ich fand, dass er sich wahnsinnig lange hartnäckig und überzeugend gewehrt hat. Und obwohl er die besseren Argumente auf seiner Seite hat, kann er am Schluss dem Druck doch nicht standhalten. Ich habe lange Zeit geglaubt, dass er es schafft.

Ich glaube, dass diese Situation oft für uns Jugendliche zutrifft, wir wollen in der Clique nicht auffallen und machen halt dann doch mit, obwohl wir davon nicht überzeugt sind. Und wenn du dich eben mal an den Qualm gewöhnt hast, ist schlecht wieder davon wegzukommen.

Christian Harrer, 8. Kl. (HS)

Weitere Möglichkeiten:

- Einsatz des *Clusters* und des *Mind-Mapping* (siehe auch S. 130ff. und S. 136f.) Grundsätzlich sollten auch alle Gedanken und Ideen zugelassen werden, die bei der Erstellung des *Clusters* und des *Mind-Mapping* auftauchen, auch solche, die anscheinend nichts mit dem Thema zu tun haben. Oft kann sich daraus eine besonders originelle Einleitung oder ein besonders interessanter Diskussionspunkt ergeben.
Wenn der subjektive Zugang zu einem Thema beim Schreiben besonders in der Vordergrund tritt, wenn der Leser auch geistreich unterhalten werden soll, wenn Assoziationen und Einfälle einbezogen werden, dann wird der Übergang zum *essayistischen Schreiben* vollzogen, das ein größeres Maß an Freiheit bietet und das durchaus schon in der Sekundarstufe I (und zu unserer Verblüffung ab und zu schon in der Grundschule) zu beobachten war. Bevorzugt wählten aber Schüler der Sekundarstufe II diese etwas freiere Form.

- Darüber hinaus sollten alle Möglichkeiten ausgeschöpft werden, die einen erfahrungsbezogenen (evtl. auch emotionalen) Zugang zur gestellten Aufgabe ermöglichen (vgl. auch das *Konfliktrollenspiel*): Befragen von Experten (u. U. auch von Leuten, die gar nichts mit dem Problem zu tun haben), von Zeitgenossen bei einem historischen Thema. Sammeln von Informationen aus Zeitungen, Zeitschriften und Illustrierten, selbstverständlich auch in der entsprechenden Literatur, aber dies ist nicht unbedingt im obig entfalteten Sinne erfahrungsbezogen. Versenken in die Erinnerung, in das passive Gedächtnis, um alles herauszuholen, was einen Bezug zum Thema hat; z. B. Erinnerungsskizzen anfertigen.

- *Sich an Orte begeben*, die für das Thema von Bedeutung sind und die Eindrücke festhalten. Dabei ist es wichtig, nicht nur *die* Orte aufzusuchen, die sich offensichtlich mit der gestellten Aufgabe etwas zu tun haben, sondern auch diejenigen, die nur *entfernt einen Bezug* dazu zu haben scheinen.

- *Skizzen, schematische Darstellungen* oder *Zeichnungen* anfertigen, die Detailfragen klären.

- *Wechsel des Schreibortes*. Zur Bekämpfung von Schreibschwierigkeiten und -blockaden kann ein Wechsel des Schreibortes nützlich sein. Schreiben in einem Café (ein beliebter Ort der Expressionisten), auf der Terrasse, in der Mensa (vgl. auch die Auflistung von *natürlichen Situationen* S. 140).

Man könnte nun vielleicht der Auffassung sein, dass bei einem kognitiv orientierten Thema solch ein Aufwand nicht notwendig sei, da das Problem durch Nachdenken gelöst werden kann. Wenn jedoch klischeehafte Lösungen vermieden werden sollen, müssen auch ungewöhnliche Methoden akzeptiert werden. Dies bedeutet freilich, dass nicht nur das Endergebnis der Bemühungen schreibend festgehalten wird, sondern auch der Weg dahin.

Damit wird aber deutlich, dass die Erledigung einer solchen Schreibaufgabe als Klassenarbeit (mit den üblichen Standards) nur bedingt möglich ist. Unter diesem Aspekt gewinnt der aus anderen Gründen diskriminierte Hausaufsatz eine ganz andere Funktion.

5.3.4 Zur Bewertung und Beurteilung (insbesondere von personal-kreativen Texten)

Die Probleme der Bewertung und Beurteilung sollen in diesem Kapitel exemplarisch angedeutet werden, da es Schwierigkeiten in ähnlicher Form ebenfalls in den anderen Lernbereichen gibt. (Vgl. dazu WEBER, A., 1978)

„*Ein eigenes, didaktisches Aufgabenfeld ist die Aufsatzbeurteilung. Es hat sich gezeigt, dass der alte Schulaufsatz trotz einer Reihe von Regeln und Normierungen einer objektiven Beurteilung nicht zugänglich gemacht werden kann, zu viele Faktoren mitspielen, die vor allem nicht alle objektiv gewichtet und rational durchdacht in die Bewertung einbezogen werden können.*" (BEISBART / MARENBACH, 1990, S. 163)

Schon die Semantik der für die *Benotung* üblichen Begriffe bedeutet Unterschiedliches und weist auch auf unterschiedliche Prozesse hin. FRITZSCHE nimmt zu Recht folgende Differenzierungen vor. Danach werde unter

- **Bewerten** das Feststellen und Beurteilen von Kenntnissen und Fähigkeiten verstanden;
- beim **Beurteilen** werde das Festgestellte auf Normen bezogen;
- unter **Benoten** sei das Zusammenfassen unter einer Ziffer gemeint;
- mit **Korrigieren** werde das Verändern und Kommentieren benannt, das zu Überarbeitungen (Verbesserungen) führen könne.
- Der Begriff **Leistungsmessung** ist nach FRITZSCHE problematisch, „*weil er suggeriert, die im DU zu erwerbenden Kenntnisse und zu entwickelnden Fähigkeiten könnten exakt quantifiziert und wie im Sport mit Messlatte und Stoppuhr bestimmt werden.*" (1994, S. 208)

Die Diskussion zu Problemen der Beurteilung in den 60er und 70er Jahren wies hin auf:

- abweichende Zensuren bei verschiedenen Beurteilern,
- abweichende Zensuren des gleichen Beurteilers zu verschiedenen Zeiten,
- auf ungleiche Bewertungen in verschiedenen Schulklassen,
- auf die Beeinflussung des beurteilenden Lehrers durch Vorinformationen (z. B. Sozialstatus der Eltern, allgemeine Leistungsfähigkeit des Schülers, man denke an das berühmte Rattenexperiment in der amerikanischen Psychologie → Erwartungshaltung des Lehrers),
- auf die Beeinflussung der Bewertung durch den Reihenfolgeeffekt beim Korrigieren,
- auf die Beeinflussung der Bewertung durch die Länge des Aufsatzes, durch die Rechtschreibung oder auch die Schrift.

Ende der 60er, Anfang der 70er Jahre sollte unter dem Einfluss von psychologischen Testverfahren, für die man die Gütekriterien *Objektivität, Reliabilität und Validität* entwickelte, die Bewertungsverfahren weitgehend standardisiert werden.

Objektiv ist eine Messung, wenn verschiedene Beurteiler, die nach dem gleichen Verfahren messen, zum selben Ergebnis kommen. *Reliabilität* ist der Fachausdruck für die Genauigkeit einer Messung, d. h. wiederholte Messungen zu einem späteren Zeitpunkt sollten zu demselben Ergebnis führen. *Valide* (gültig) ist ein Messverfahren, wenn es auch das misst, was es vorgibt, zu messen.

Man begab sich mit der Übernahme dieser Kriterien auf ein ganz gefährliches Terrain. Denn die Psychologen arbeiten mit standardisierten Testverfahren, die aufwendig entwickelt werden, viele Probe- bzw. Vortests überstehen müssen, bis sie schließlich für den Praxisbedarf Verwendung finden. Die Aufgabenstellungen der Lehrer sind aber jeweils individuell und subjektiv orientiert. Sie lassen z. B. kaum eine Wiederholung der gleichen Aufgabe zu, da die Situation in einer Klasse wohl selten einer anderen gleicht. *„Viele Fachschaften und zahlreiche Veröffentlichungen beschäftigten sich mit dieser 'Perfektionierung des Unmöglichen', indem Punktesysteme und Notenschlüssel ausgeklügelt wurden, die den Schüler von der Objektivität der Messung und damit der Zensur überzeugen sollten. Um den Vorwurf der allzu großen Beliebigkeit, d. h. der Abhängigkeit der erreichten Ergebnisse von der subjektiven Einstellung des Beurteilers zu entgehen, setzte man in vielen Vorschlägen anstelle einer Gesamtwürdigung die Korrektur nach einem Kriterienkatalog."* (STAATSINSTITUT f. Schulpädagogik und Bildungforschung, 1993, Bd. II, S. 220)

Man operierte mit „*Bewertungseinheiten*", die auch als „*Rohpunkte*" bezeichnet wurden. Ganz ist dieses Verfahren aus den Schulen noch nicht verschwunden, vor allem in den Fremdsprachen ist es sicherlich eine noch sinnvoll gängige Praxis, wenn sich die Schularbeit aus sehr vielen verschiedenen Einzelaufgaben zusammensetzt.

Die Ursache für diesen Trend ist auch mit darin zu suchen, dass (vor allem am Gymnasium) besonders die Auslesefunktion in den Vordergrund rückt, auf dem Hintergrund eines immer schärferen Numerus clausus. Das Noten- und Punktesammeln drängt die pädagogische Intention des Bewertens ganz in den Hintergrund. Die Note muss u. U. juristischen Überprüfungen standhalten. Diese Anforderungen werden ebenso an die mündlichen Leistungen gestellt. Wichtigstes Kriterium für die Unanfechtbarkeit ist dabei der Eintrag ins Notenbuch mit Datum (und Uhrzeit). Dass sich mündliche Leistungen z. B. sicherer und gerechter ermitteln lassen, wenn der Lehrer den Schüler über einen längeren Zeitraum beobachtet, dürfte jedem Pädagogen klar sein. Das Punktsystem suggeriert eine Objektivität, die es bei einer genaueren Prüfung nicht besitzt. Dabei sei unbestritten, dass es bei gewissen Aufgabenstellungen, etwa der Textanalyse mit vielen einzelnen Detailfragen, Vorteile bietet.

In den Handreichungen zum gymnasialen Lehrplan Bayern wird deshalb kritisch zu diesem Verfahren angemerkt: *„In der Praxis hat sich dieses Verfahren, wurde es konsequent angewandt, nicht bewährt. Ja, Methode und Anspruch des Schreibens innerhalb eines geisteswissenschaftlichen Faches wurden nachgerade missverstanden, da ein Objektivitätsbegriff zugrunde gelegt wurde, der sich wissenschaftstheoretisch aus dem empirisch-analytischen Paradigma der Naturwissenschaften oder der Sozialwissenschaft ergibt."* (S. 221)

Nach den EPA (Einheitliche Prüfungsanforderungen in der Abiturprüfung Deutsch, 1.6.1979, Neuwied: Luchterhand) seien für das Fach Deutsch unter anderem *hermeneutische Erkenntnisprozesse* charakteristisch; sie bestimmten auch die Darstellungsleistungen. Dies bedeute hier, dass Prüfungsleistungen nicht als Summe von Einzelergebnissen, sondern nur in ihrer Bezogenheit aufeinander zu erfassen seien. Da der hermeneutische Erkenntnisvorgang gekennzeichnet sei durch das wechselseitige Erfassen von Einzelnem und Ganzem, lasse er sich in der Form punktueller Einzelanforderungen nicht hinreichend beschreiben.

Die *Beurteilung von personal-kreativen Schreibformen* ist auf verschiedenen Ebenen problematisch:

- Da die Schüler oft Persönliches einbeziehen oder einbeziehen sollen, erscheint es fragwürdig, einen solchen Text zu benoten.
- Der Text soll möglichst originell sein; dies schließt häufig auch ein, dass sehr divergent geschrieben wird, oft schon äußerlich sichtbar in der sehr unterschiedlichen Länge der Texte.
- Die Vergleichbarkeit der Texte untereinander ist damit in den meisten Fällen nur sehr eingeschränkt möglich.
- Die Texte haben meist auch einen hohen Mitteilungscharakter, da sie entweder in der Kleingruppe oder in der Großgruppe vorgelesen werden. Es ist äußerst schwierig, in einer solchen Situation Bewertungen vorzunehmen, auch wenn sie behutsam erfolgen und konstruktiv sind.

Es gibt auch wichtige Argumente, die *für eine Bewertung* sprechen, und man kann sagen, dass sich langsam ein Konsens in Bezug auf die Befürwortung abzeichnet. *„Auf Dauer sollte der Bereich des Kreativen Schreibens bei der Beurteilung der Schülerleistung aber nicht unberücksichtigt bleiben; denn sonst besteht die Gefahr, dass das Kreative Schreiben nicht ernst genommen und nur auf wenige Stunden oder besondere Gelegenheiten (z. B. Projekttage) beschränkt wird. Im Übrigen sollen die Schüler erkennen, dass auch Phantasie, ästhetische Gestaltung und spielerischer Umgang mit Sprache als Leistung anerkannt werden."* (FRITZSCHE, S. 210)

Auch SPINNER (1993) spricht sich für eine Bewertung kreativer Schreibleistungen aus:

Wenn man dem kreativen Schreiben einen grundlegenden Stellenwert im Unterricht beimisst, kommt man unter den gegebenen Schulverhältnissen nicht um eine Bewertung und Benotung kreativer Schreibleistungen herum. Von den Unterrichtenden ist dabei eine besondere pädagogische Sensibilität gefordert, weil gerade Kreativität durch Beurteilung leicht abgeblockt wird. An die fachliche Kompetenz werden neue Anforderungen gestellt, vor denen Lehrerinnen und Lehrer verständlicherweise oft noch zurückschrecken. Grundsätzlich ist jedoch nicht einzusehen, warum es Deutschkräften nicht ebenso möglich sein soll, kreative Texte zu beurteilen, wie es Kunstlehrkräfte mit Bildern von Schülerinnen und Schülern tun. Gemeinsames Besprechen von Schülertexten unter Kolleginnen und Kollegen und auch mit Schülerinnen und Schülern hilft, Kriterien zu klären und Sicherheit zu gewinnen. In welchem Maße jeweils Einfallsreichtum, Anschaulichkeit, semantische Dichte, Kohärenz, stilistische Konsequenz, Variabilität der Ausdrucksmittel usw. gewichtet werden, hängt vom Schreibarrangement ab.

Wichtig bleibt allerdings, dass die Lern- und Bildungsziele Vorrang vor der Ausrichtung an der Bewertung behalten; auf Möglichkeiten eines als sinnvoll erkannten Unterrichts zu verzichten, weil man wider der Bewertung in Schwierigkeiten gerät, verkehrt den Bildungsauftrag in sein Gegenteil und macht die Schule zu einer Institution der Verhinderung von Bildung. (S. 23)

Im Einzelnen ist Folgendes zu berücksichtigen:

- Schreibformen, die im schulischen Alltag nicht in die Note eingehen, werden also in der Regel von den Schülern als weniger bedeutsam erlebt.
- Sehr oft haben wir beobachtet, dass vor allem, im traditionellen Aufsatzunterricht, schwache Schüler im *personal-kreativen Schreiben* besonders gute Leistungen zustande brachten.
- Es zeigte sich auch, dass die Zuhörer ein sehr feines Gespür für die Qualität der Texte hatten, so dass der Beifall und die Kommentare entsprechend gewählt wurden. Selbstverständlich ist dies nur als Trend zu verstehen, bei dem subjektive Abweichungen nicht erfasst werden.
- Auch im *Kunstunterricht* müssen Arbeiten bewertet werden (siehe oben SPINNER), und dies eigentlich schon immer. Der Kunstlehrer hat dieselben Probleme bei der Benotung seiner Schülerarbeiten.

Man kann in der Schule nach FRITZSCHE drei Gruppen von Schülerleistungen unterscheiden:

1. Mündliche Leistungen: *Beiträge zum Unterrichtsgespräch, Mitwirkung bei Spielszenen und im Rollenspiel, mündliche Mitarbeit bei Projekten, Vorlesen und Vortragen von Texten, mündliches Referieren und andere tatsächlich mündliche Leistungen.*

2. Schriftliche Leistungen: *Übungen, Notizen, Mitschriften, schriftliche Beiträge zur Partner- und Gruppenarbeit, poetische und rhetorische Texte, die zu Hause oder im laufenden Unterricht angefertigt werden.*

3. Klassenarbeiten (Klausuren), *die ausschließlich der Lernkontrolle dienen.* (S. 209)

Problematisch dabei ist die Tatsache, dass in den meisten Bundesländern die unter Punkt 2 subsummierten schriftlichen Leistungen dem mündlichen Bereich (jeweils 50%) zugeschlagen werden, so dass rechnerisch ein Übergewicht der vier bis fünf Klassenarbeiten zu verzeichnen ist.

Für das *personal-kreative Schreiben* könnte man sich unterschiedliche Formen der Bewertung vorstellen, wobei man berücksichtigen muss, dass diese Möglichkeiten noch wenig erprobt wurden.

- Die *Klassenarbeit Aufsatz*, bei der die Schüler in der Regel eine Stunde Zeit haben, ist in der Tat ein Verfahren, das für kreative Schreibprozesse nicht so recht geeignet erscheint. Unberücksichtigt bleibt z. B., dass auch in üblichen Schreibprozessen oft vor der endgültigen Fassung mehrere Überarbeitungen erfolgen. Man sollte sich überlegen, welche Arbeitsweisen sinnvoll sind.
- Voraussetzung für das Bewerten, auch für die konstruktive Kritik, ist ein sozialintegratives Klassenklima. Man sollte immer darauf achten, dass mit den Produk-

ten der Schüler behutsam und mit dem entsprechenden Respekt umgegangen wird. Es sollte auch die Bewertung nicht unangemessen in den *Vordergrund* gerückt werden, sondern eher ein *Nebenaspekt* bleiben. Wenn ein Schüler Persönliches mitteilt, das ihn auch emotional sehr beschäftigt, dann muss natürlich die Auseinandersetzung mit seinen Problemen im Vordergrund stehen. Der Lehrer benötigt sehr viel Einfühlungsvermögen, um nicht ungewollt Verletzungen zuzufügen.

- In der Phase der *Einführung* in diese Schreibformen sollte in der Regel auf eine *explizite Bewertung* verzichtet werden. Erst wenn der Schüler eine gewisse Sicherheit gewonnen hat, könnte man sich an eine Bewertung herantasten.

  Möglich wäre in dieser Übergangsphase, dass nur diejenigen Texte bewertet werden, die die Schüler dafür freigeben. Dies gibt vor allem den Schülern Auftrieb, die im üblichen Aufsatzunterricht eher Misserfolgserlebnisse registrieren mussten.

- Die Texte werden im Laufe des Schuljahres in einer Mappe gesammelt, die auch künstlerisch gestaltet werden könnte. Gewertet würde dann die Gesamtpräsentation.

- Das Endprodukt wird bewertet, wobei der Lehrer durchaus auch den Prozess des Schreibens berücksichtigen (z. B. verschiedene Fassungen desselben Textes) könnte. Auch MERKELBACH (1986) betont: „*Alle im zweiten Teil der Arbeit dargestellten Forschungsbeiträge verweisen auf die Notwendigkeit einer hermeneutisch orientierten Reform der Aufsatzbeurteilung. Sie dekouvrieren alle die Pflicht zur Zensur als ganz massiven unterrichtlichen Störfaktor. Die didaktische Konsequenz – dies ebenfalls der gemeinsame Nenner aller Studien – heißt dialogische Korrektur, was bedeutet, nicht den ersten unter Zeitdruck entstandenen Textentwurf zu benoten, sondern dem Schüler die Chance zu geben, in Ruhe und zeitlicher Distanz, mit Korrektur-Hinweisen des Lehrers und der Mitschüler, seinen Textentwurf zu überarbeiten.*" (S. 142) Nur so werde der Unterricht dem spezifischen Gegenstand „Text" gerecht und vermeide die Diskrepanz zwischen Klassenarbeit als Standardsituation der Schule und jeder Art belangvollen Schreibens außerhalb der Schule, wo Korrektur als Textüberarbeitung vor jeder Form von Veröffentlichung eine Selbstverständlichkeit sei.

- Was könnte nun bewertet werden?
  Ich liste noch einmal die obigen Kriterien von SPINNER auf:
  Einfallsreichtum, Anschaulichkeit, semantische Dichte, Kohärenz, stilistische Konsequenz, Variabilität der Ausdrucksmittel.
  Weitere Kriterien wären: *Ungewöhnliche Metaphern und Chiffren, Symbolik, leitmotivische Gestaltung, inhaltliche Überraschungsmomente, Authentizität.*

  Ich denke, dass sich der Lehrer bei den Bewertungprozessen immer ins Bewusstsein rufen muss, nicht **sein** Verständnis von *Klischee und Konvention* anzuwenden, sondern er sollte versuchen, die jeweils altersspezifischen Denk- und Fühlweisen von Kindern und Jugendlichen zu berücksichtigen.

NUSSBAUMER / SIEBER (1995) haben das „Züricher Textanalyseraster" (S. 40–41) entwickelt und ähnlich wie bei den Schreibkonferenzen in der Grundschule legen sie auch in der Sekundarstufe II größten Wert darauf, „über Textualitäten reden zu lernen." (S. 36) Ihr *Modell* (siehe das Schaubild auf dieser Seite) könne den Lehrern der S II in verschiedener Weise eine Hilfe sein.

Die Bewertung der Qualität eines Textes kann dennoch nicht durch Abhaken eines *Kriterienkataloges* – so verdienstvoll es ist, einen zu erstellen – erfolgen, sondern ausschlaggebend muss **der Gesamteindruck sein, u. U. kann schon die auffällige und zwingende Verwendung einer einzelnen Stilfigur die Wirkung des Textes entscheidend prägen.** Im Sinne der Gestaltpsychologie ist die Gesamtheit der Einzelaspekte mehr als lediglich deren Addition (Übersummationsprinzip). *Die Bewertung ist also ein* **hermeneutischer Prozess**. Jeder Beteiligte (einschließlich der Schüler) sollte sich immer darüber im Klaren sein, dass es den einzig richtigen Maßstab bei der Beurteilung künstlerischer Produkte (und weitgehend auch bei anderen Texten) nicht gibt, sondern dass die Bewertungsprozesse immer subjektiv orientiert sein werden. Dies bedeutet aber auch, dass der Lehrer hier eine *ganz besondere Verantwortung* zu übernehmen hat. Und je nach Altersstufe kann er durchaus die Schüler daran teilhaben lassen. Diese Teilhabe sollte langfristig gesehen, die Bewertungskompetenz der Schüler entwickeln, wobei durch die eigenen Produktionen die Sensibilität für derartige Prozesse gefördert werden soll. Solche Fähigkeiten können natürlich auch die Qualität der eigenen Texte beeinflussen.

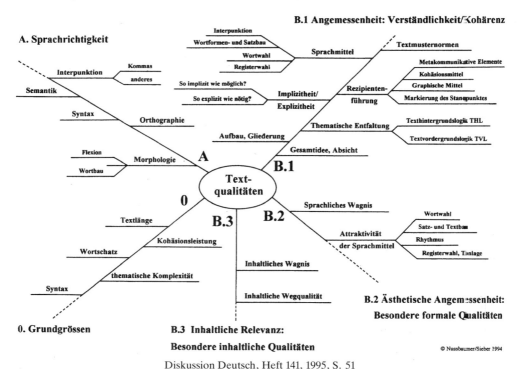

Diskussion Deutsch, Heft 141, 1995, S. 51

Ausblick

Ein besonderes Problem dieser zwei Jahrzehnte andauernden Diskussion um das Schreiben mit zweifellos beeindruckenden Innovationen, die den Aufsatzunterricht zu revolutionieren in der Lage wären, ist die Tatsache, dass sich erst in jüngster Zeit Erfolge abzuzeichnen beginnen. Es wären vermehrt Seminare anzubieten, die Studenten darauf vorbereiten, und Lehrer sollten in Fortbildungsveranstaltungen die Grundlagen dazu erwerben können.

Wie beim *handlungs- und produktionsorientierten Literaturunterricht* haben Formen und Verfahren des *personal-kreativen Schreibens* Eingang in neuere *Sprachbücher* (wie z. B. in *Praxis Sprache des Westermann Verlags*) und in die *Lehrpläne* gefunden, so z. B. in den Lehrplan für Gymnasien in Bayern mit folgender Bemerkung: *„Darüber hinaus gibt das Schreiben in der Schule dem Schüler Gelegenheit, eigene Gefühle auszudrücken und sich ihrer dadurch bewusst zu werden, mit Sprache kreativ-spielerisch umzugehen und Gedanken und Sachverhalte zu klären."* (KWMBl, Nr. 3/1990, S. 151)

Auch in den *Handreichungen* (zum Lehrplan) des ISB (*Staatsinstitut für Schulpädagogik und Bildungsforschung München*) wird dem *„gestalterischen Schreiben"* viel Platz eingeräumt (Bd. I, 1992, Unter- und Mittelstufe, S. 195–268, und Bd. II, 1993, Oberstufe, S. 143–200, Donauwörth: Auer). Dabei wird lernbereichsübergreifend auch der produktionsorientierte Literaturunterricht einbezogen, sofern es sich um das Verfassen von Texten handelt.

Der bayerische Lehrplan von 1997 für die Hauptschule listet eine ganze Reihe von konkreten Vorschlägen zum *personal-kreativen (freien) Schreiben* auf, z. B.:

5: Jahrgangsstufe: *Formen des freien Schreibens erproben, z. B. Schreiben nach Sinneseindrücken (z. B. zu Musik, zu Gerüchen), Schreiben in der Gruppe (z. B. Fortschreibegeschichten) (S. 97)*

6. Jahrgangsstufe: *Formen des freien Schreibens erproben, z. B. Schreiben nach Cluster, Schreiben nach einer Phantasiereise (S. 145)*

7. Jahrgangsstufe: *Formen des freien Schreibens pflegen, z. B. Schreiben nach Cluster, Schreiben an bestimmten Orten (S. 191)*

8. Jahrgangsstufe: *Formen des freien Schreibens erproben, z. B. Schreiben an bestimmten Orten, Schreiben zu persönlich wichtigen Gegenständen (S. 249)*

(Vgl. dazu mein Buch „Das personal-kreative Schreiben", 1999[3], in dem detailliert oben genannte Schreibverfahren dargestellt sind.)

Meine Schlussbemerkung zu diesem Kapitel in den letzten Auflagen der *Einführung* kann vielleicht doch schon historisch gesehen werden:

„So positiv es ist, dass diese Schreibformen nun offiziell Beachtung finden, so muss man dennoch anmerken, dass sich tendenziell in den konkreten Vorschlägen für die Arbeit im Unterricht dann doch wieder eine recht konventionelle oder zumindest instrumentelle Sichtweise, die mir widersprüchlich erscheint, feststellen lässt. Die Umsetzung in die Schulrealität ist wohl nur in einem langfristigen Prozess möglich." (S. 171)

Ohne eine Schulung der Lehrer erscheint eine Umsetzung des Lehrplans dennoch problematisch, so dass doch mit einem längeren Prozess zu rechnen ist, auch wenn man die noch überaus zurückhaltende Berücksichtigung in den gymnasialen Lehrplänen bedenkt. Andererseits hätten sicherlich die Protagonisten der modernen Aufsatzdidaktik vor 10 Jahren nicht die Prognose gewagt, einen solchen Durchbruch auf Lehrplanebene zu erzielen.

6 Reflexion über Sprache

Zunächst muss man feststellen, dass selbstverständlich auch in anderen Lernbereichen des Deutschunterrichts über Sprache nachgedacht wird. Besonders in Kapitel 3 „Das Prinzip Kommunikation im Deutschunterricht" wurde Grundlegendes erörtert. Dass dennoch ein eigenes Kapitel für die *Reflexion über Sprache* reserviert wird, hat seinen Grund darin, dass viele sprachliche Phänomene (etwa der Grammatik, der Orthographie, der Semantik) noch nicht diskutiert wurden. In vielen Lehrplänen taucht der Begriff **„Sprachbetrachtung"** auf, der **vom mündlichen Sprachgebrauch** (vgl. auch die Ausführungen zu den Lernbereichsgliederungen S. 26ff.) unterschieden wird.

Dagegen nimmt BOUEKE (in: HOPSTER, 1984, S. 339) Stellung: *„Dass eine 'Übersetzung' des Begriffs 'Reflexion über Sprache' durch den dafür gelegentlich gebräuchlichen traditionellen Begriff 'Sprachbetrachtung' für eine solche Bestimmung nicht ausreicht, versteht sich von selbst."* Er gliedert Sprachbetrachtung unter in folgende Bereiche:

– *Reflexion über Fragen des Sprachsystems (systemlinguistischer Aspekt)*
– *Reflexion über Fragen des Sprachgebrauchs, des sprachlichen Handelns, und zwar entweder* **fremden** *oder* **eigenen** *sprachlichen Handelns (pragmalinguistischer Aspekt)*
– *Reflexion über unterschiedliche auf Sprache bezogene Fragen (Sammelgruppe für verschiedene Aspekte).* (S. 340)

Es ist zwar wichtig, sich über die Abgrenzung der Lernbereiche Gedanken zu machen, da dies auch Rückwirkungen auf die inhaltliche Füllung hat, doch dürfte eine solche Diskussion vornehmlich heuristischen Wert haben; wir verfahren also pragmatisch, da im Deutschunterricht die einzelnen Lernbereiche doch nicht isoliert abgehandelt werden sollen. Dennoch meine ich, den Bereich **menschliche Kommunikation** hier ausklammern zu dürfen, da ihm **zentrale Steuerungsfunktion** zukommt. Man könnte dem Herausgeber N. HOPSTER vorwerfen, selbst inkonsequent gewesen zu sein, denn neben dem oben erwähnten Aufsatz „Reflexion über Sprache" (mit Einschluss der Kommunikation) finden wir im selben Buch einen eigenen über die „*Mündliche Kommunikation*" (BAYER, S. 307–333).

EICHLER (1994) umschreibt den Bereich *Grammatikunterricht*, den er nicht *Reflexion über Sprache* nennen möchte, folgendermaßen: *„Grammatikunterricht ist, mit dem besonderen Erkenntnisinteresse auf generell geltende Regeln des Sprachgebrauchs und die Grundstruktur der deutschen Sprache, Reflexion über Sprache und heute mehr und mehr auch über den indididuellen alters- und geschlechtsspezifischen Sprachgebrauch; diese, sowie die Reflexion über Psychologie und Soziologie der Kommunikation findet auch außerhalb, neben oder in Begleitung durch den Grammatikunterricht statt."* (S. 252)

6.1 Grammatikunterricht

Der *Grammatikunterricht* ist in den letzten zwei Jahrzehnten (nach heftig geführten Diskussionen in den 70er und beginnenden 80er Jahren) etwas aus dem Blickfeld des didaktischen Interesses geraten. Größere Publikationen zu diesem Thema sind selten! So bemerkt EICHLER: „*Der Grammatikunterricht ist – eigentlich seit Beginn der 'Zeitrechnung' der Methodik und Didaktik – ein wenig geliebtes Kind der Schule und der SchülerInnen.*" (S. 252) Die Aufmerksamkeit wurde absorbiert von der Aufsatzdidaktik, dem personal-kreativen Schreiben, und vom handlungs- und produktionsorientierten Literaturunterricht. Im Gegensatz dazu wird dieser Lernbereich im Allgemeinen als besonders wichtig eingestuft, da nur ein solider Grammatikunterricht eine Sprachbewusstheit und gleichzeitig auch Grundlagen für einen erfolgreichen Fremdsprachenunterricht zu schaffen vermag.

Ich möchte im Folgenden einen kurzen Blick auf die (historische) Entwicklung des Grammtikunterrichts werfen. Meist lassen sich bestimmte methodisch-didaktische Konzeptionen an Hand ausgewählter Sprachbücher demonstrieren, ähnlich der Geschichte des Lesebuchs. Allerdings wird das Sprachbuch als Medium auch für den *mündlichen Sprachgebrauch (mündliche Kommunikation)*, für den *Rechtschreibunterricht* und für den *Aufsatzunterricht* eingesetzt. Manchmal werden auch die Grenzen hin zum Lesebuch überschritten. Im Sinne eines *verbundenen* oder *lernbereichsübergreifenden Deutschunterrichts* sind solche Konzeptionen durchaus legitim.

6.1.1 Grammatikunterricht: Rückblick und Positionen

Das ganze Mittelalter hindurch wurden die *Septem artes liberales* (zunächst an den Lateinschulen) gelehrt; erst die Universitäten sollten darüber hinaus gelangen. Trivium und Quadrivium bildeten die Grundlagen des Lernens. Zum *Trivium* gehörte die *Grammatik*; dazu kamen noch *Dialektik* und *Rhetorik*. Das Quadrivium umfasste: *Astronomie, Arithmetik, Geometrie und Musik*. Die **Grammatik** vermittelt zunächst einfach die Sprachregeln und die Orthographie. Darüber hinaus beinhaltete sie auch die Lehre von den *figürlichen Redeweisen*, den Metaphern, Topoi und dergleichen. Die Grammatik wurde bis ins 16. Jh. hauptsächlich an lateinischen Dichtern und Schriftstellern eingeübt. Die deutsche Grammatik entstand erst mit der Entwicklung einer deutschen Schrift- und Verkehrssprache. Bis heute sind im Wesentlichen die Strukturen des an der *lateinischen Sprache* gewonnenen grammatikalischen Systems erkennbar. Mit der Etablierung der Germanistik im ausgehenden 18. und beginnenden 19. Jh. nimmt das Interesse an der deutschen Sprache zu, die als lebendiger Organismus begriffen wird; das Forschungsinteresse konzentrierte sich vor allem auf historisch-etymologische Entwicklung der Sprache aus dem Germanischen bzw. Indogermanischen. Die gegenwartsbezogene systematische Erfassung der deutschen Sprache spielte bis weit in die 50er Jahre hinein eine geringe Rolle.

Da weite Bevölkerungskreise praktisch orientiertes Wissen dringend nötig hatten, wurde neben der akademisch orientierten Ausrichtung der Forschung eine *„gegenwartssprachliche, volksgrammatische Ausrichtung"* (EICHLER; S. 254) notwendig, und so fand *Die Deutsche Grammatik* des Arztes L. BECKER weite Verbreitung. Lesen, Schreiben und Rechnen waren die Grundfertigkeiten, die immer weitere Bevölkerungskreise benötigten.

So blieb die deutsche Schulgrammatik *„bis zum Ende des zweiten Weltkrieges und in die 50er Jahre hinein eine Mischung aus der lateinischen Schulgrammatik und deutschen Begrifflichkeiten, die auf die Volksschule und BECKER zurückgehen."* (S. 254) Im Folgenden sollen **die hauptsächlichen Positionen einer Grammatikdidaktik** nach dem Zweiten Weltkrieg kurz angedeutet werden (vgl. dazu EICHLER, 1994; ERLINGER, 1988).

- **Die inhaltsbezogene Grammatik (nach Hans Glinz)**

*„Es ist doch eigentlich seltsam. Wir alle besitzen eine Sprache, unsere deutsche Muttersprache, wir leben in ihr und bedienen uns ihrer in jedem Augenblick; wir alle haben ein ziemliches Stück deutsche Grammatik gelernt in Schule und Universität, wir verwenden die Begriffe dieser Grammatik in unserer wissenschaftlichen Arbeit und in unserm Unterricht, wir bringen sie in soundsoviel Schulstunden unsern Schülern bei. Wie kommt es, dass dann die Meinungen über 'Grammatik und Sprache' so weit auseinandergehen können, ja dass die Grammatik dem einen als der **Inbegriff** der Sprache, dem andern als der **Tod** der Sprache erscheint? Handelt es sich um bloße Missverständnisse oder um Wesensgegensätze?"* (GLINZ, H., 1959, S. 129)

GLINZ versuchte, das Wesen der Sprache vom **Inhalt** aus zu erfassen (vgl. vor allem dazu sein Buch „Die innere Form des Deutschen", 1. Aufl. 1952, letzte, 6. Aufl. 1973). Er griff auf Gedanken und Ideen zurück, die LEO WEISGERBER schon vor dem Zweiten Weltkrieg entwickelt hatte (vgl. dazu L. WEISGERBER: Muttersprache und Geistesbildung. 1929; Muttersprachliche Bildung. 1932, und nach dem Kriege dann sein vierbändiges Werk „Von den Kräften deutscher Sprache", 1949–1957; zum Standardwerk in der Lehrerbildung wurde: Das Tor zur Muttersprache. Düsseldorf: Schwann 1950). Im Zentrum sollte die **muttersprachliche Bildung** stehen.

*„**Muttersprache** ist die Sprache der Menschen, die zu einer historisch entstandenen Sprachgemeinschaft gehören. Über die Jahrhunderte hinweg wurde die Muttersprache, wie sie sich heute darstellt, von den Angehörigen der Sprachgemeinschaft entwickelt. Damit wurde sie auch von Weltbild, Werten und Denkweisen der Sprachgemeinschaft geprägt, sie wirkt mit dieser Ausprägung auf die Sprachgemeinschaft zurück. Das Kind wächst somit zugleich mit seiner sprachlichen Entwicklung in das Weltbild und die geistigen Möglichkeiten seiner Sprachgemeinschaft hinein."* (BARNITZKY, 1987, S. 10) Die muttersprachliche Sozialisation, das Hineinwachsen in die Wert- und Normvorstellungen einer Kultur, ist auch nach der Theorie des Radikalen Konstruktivismus überhaupt Voraussetzung, dass wir uns verständigen können. (Vgl. auch S. 35f.)

- Muttersprache wird als die hochsprachliche Variante verstanden.
- HUMBOLDTs Begriff der inneren Sprachform ist der Bezugsrahmen.
- Der Lehrer ist Sprach-Vorbild und Modell für die Schüler (Bereich Sprachpflege, Gesprächs- und Sprecherziehung).

„In den Lehrplänen und Richtlinien der ersten Nachkriegsjahrzehnte tauchten folglich die Begriffe muttersprachliche Bildung und Muttersprache sehr oft auf, und letzterer fand sich auch in den Titeln von Sprachbüchern dieser Zeit, die sich mitunter bei teilweise gewandelter Konzeption bis in die Gegenwart gehalten haben." (KREJCI, in: STOCKER / LEHMANN, 1981, Bd. 2, S. 170).

Nach EICHLER liegen die besonderen Leistungen der **inhaltsbezogenen Grammatik**: eben auf der Inhaltsseite, also der Bedeutungslehre, der Zeichenbildung, den Leistungen der Wortbildung, „während die Formseite der Sprache in den Hintergrund tritt. Insbesondere die Wortfeldtheorie (die Theorie der Sinnbezirke [...] hat neue Elemente in den Grammatikunterricht gebracht." (S. 255)

Besonders bekannt wurden die sog. **Proben**, die vielfach auch heute noch in den Sprachbüchern zu finden sind, da es sich hier um sinnvolle operationale Prozesse handelt: **Umstellprobe, Ersatzprobe, Streichprobe, Klangprobe**.

Mit der *Umstellprobe* kann die syntaktische Gliederung eines Satzes (in Satzglieder) festgestellt werden, können aber auch Stilvarianten erprobt werden.

> *Der Hund / benagt / den Knochen.*
> *Den Knochen / benagt / der Hund.*
> *Benagt / der Hund / den Knochen?*
> aber nicht:
> *Der Knochen benagt den Hund. Oder: Knochen der benagt Hund den.*

Mit der *Ersatzprobe* können Rollen der Satzglieder und ihre Besetzung mit verschiedenen Wörtern (Wortarten) bestimmt werden, aber auch Stilvarianten erzeugt werden.

> *Der Hund / benagt / den Knochen.*
> *Viele Hunde / benagen / gute Fleischknochen.*
> *Sie / benagen / Hölzer.*
> *Er / benagt / Holz.*

Mit der *Streichprobe* können – syntaktisch, nicht inhaltlich! – nicht unbedingt notwendige Satzglieder (Attribute, Adverbiale) erkannt werden.

> *Viele Hunde benagen gute Fleischknochen gern.*
> *Hunde benagen   Fleischknochen gern.*
> *Hunde benagen   Knochen.*

Mit der *Klangprobe* kann durch Erprobung beim Vorlesen oder Sprechen anhand von Intonation, Stimmführung und Sprechpausen der großräumigere syntaktische Aufbau (Satzart, Gliederung der Satzgefüge und Satzreihen, Textaufbau, Interpunktion) untersucht werden. (EICHLER, W., S. 255/256)

Nach EICHLER würden durch diese Art der „operativen" Grammatik Einsichten vor allem durch Sprachhandeln gewonnen und damit auch eine Schulung der aktiven Kompetenz geleistet. GLINZ hat seine Grammatikkonzeption in das Sprachbuch „Deutscher Sprachspiegel", das ab 1956 erschien, eingebracht.

„*Der vierte Teil* **Einsicht in den Bau der Sprache** *hat die Aufgabe, die gesicherten Ergebnisse der modernen Sprachforschung in eine schulgemäße Form zu bringen; dar-*

um weicht er in mehrfacher Hinsicht vom herkömmlichen Grammatikunterricht ab. Die dabei entwickelte Sprachbetrachtung ist so angelegt, dass sie sich nicht auf die Darbietung der berichtigten grammatischen Begriffe beschränkt, sondern darüber hinaus zu einer vertieften Auffassung der Sprache und stufengerecht zur Interpretation des sprachlichen Kunstwerks führt. Darum gingen die Verfasser grundsätzlich nicht von konstruierten Einzelbeispielen aus, sondern vom gültig gestalteten Sprachwerk, das so zugleich als Ausgangspunkt und als Ziel der Arbeit erscheint. [...]
Der Schüler soll sich sein Verhältnis zur Sprache, seine Gestaltungsweisen und seine Einsichten durch eigenen Umgang mit der Sprache erwerben."
(Deutscher Sprachspiegel, GLINZ, S. 3)

Allerdings hat sich die *inhaltsbezogen funktionale Sprachauffassung* erst langsam in den Sprachbüchern nach 1945 durchsetzen können, die traditionelle Auffassung von Sprache war damit allerdings nicht überwunden und macht sich bis heute über die Phase der Linguistisierung des Sprachunterrichts hinweg in Mischkonzepten bemerkbar.

Ein konservativ-traditionelles Sprachbuch ist z. B. das von RAHN-PFLEIDERER „Deutsche Sprach-Erziehung" (o. J.), das in den 50er und 60er Jahren den Sprachunterricht im Gymnasium dominiert hat. Der Band für die 5. Klasse wird gegliedert in *Reden und Schreiben* (vor allem der *Aufsatzunterricht;* das *Reden* beschränkt sich auf das *Erzählen* eines Erlebnisses als Vorbereitung für den Schreibvorgang), *Sprachlehre,* die untergegliedert wird in *Satzlehre (Wort und Satz; Die Satzarten; Subjekt und Prädikat* usw.), in *Wort- und Formenlehre (Die Wortarten; Substantiv und Artikel; Die Deklination* usw.), in *Lautungs- und Rechtschreiblehre (Selbstlaute und Zwielaute; Die Schärfung; Der S-Laut* usw.) und in *Sprachkunde (Familiennamen; Tier- und Pflanzennamen, Necken und Schelten).*

Gegliedert wird nach formalen Kriterien, wobei diese noch weitgehend am Modell der *traditionellen, der lateinischen (bzw. griechischen) Grammatik* erarbeitet werden. Es wird an Einzelsätzen bzw. an isolierten Beispielen ohne inneren Zusammenhang demonstriert und geübt. Inhaltsbezogene Betrachtungen findet man kaum. Das Interesse wird auf die schriftlich fixierte Sprache gelenkt, weniger auf das Sprechen. Man wird nicht bestreiten können, dass diese Art der Grammatikbetrachtung vor allem „Zuliefererdienst" für die Fremdsprachen leistete, aber weniger zu einem vertieften Verständnis der deutschen Sprache beitrug. Aber gerade deshalb wird sie auch bis in unsere heutige Zeit betrieben, da sie von einem klaren Kategorien- und Definitionssystem ausgeht.

- **Die Entwicklung in den 70er Jahren (und die Linguistisierung des Grammatikunterrichts)**

In der zweiten Hälfte der 60er, Anfang der 70er Jahre konnte sich ein Sprachbuch etablieren, das sich an der damals an den Universitäten besonders intensiv betriebenen Systemlinguistik orientierte.

„*Die didaktische Adaption* [der linguistischen Theorieentwürfe] *war begierig – man hoffte wirklich, mit einem ganz neuen Zugriff der sprachsystematischen Reflexion als methodengeleitetem, an naturwissenschaftlichen Prinzipien orientiertem Handeln die Probleme des traditionellen Grammtikunterrichts los zu werden. Die Didaktik verstand sich überwiegend als Umsetzungsdidaktik, d. h. als Versuch der Elementarisierung, Plausibilisierung und unterrichtspraktische Funktionalisierung der fachwissenschaftlichen Theorien.*" (EICHLER, W., 1994, S. 256)

Eine solche Konzeption finden wir im Sprachbuch des Klett-Verlags (1970). Verschiedene wissenschaftliche Grammatik-Systeme werden mit einbezogen: Die Dependenz- oder Valenzgrammatik (von LUCIEN TESNIERES) wird bevorzugt berücksichtigt, aber auch auf die Konstituentengrammatik (Phrasenstrukturgrammatik) und die generative Transformationsgrammatik wird Bezug genommen. (Es ist hier nicht der Ort, die Grammatiksysteme vorzustellen.) Die Linguistisierung des Sprachunterrichts konnte allerdings weder bei Lehrern noch bei Schülern wirklich Fuß fassen. Dies lag auch mit daran, dass es in der kurzen Zeit der didaktischen Umsetzung nicht gelang, die Schülerbedürfnisse angemessen zu berücksichtigen.

Allerdings werden hier schon erste Anzeichen der kommunikativen Wende erkennbar, (so im Bd. 5 z. B. *Auskunft geben und einholen; Wie stellt man Fragen? Kannst du Anzeigen aufsetzen?).* Gleichzeitig werden die Sprachbücher attraktiver vom Layout her; Bilder, Comics, Fotos werden einbezogen und als Sprechanlass genutzt, ein Trend, der sich bis heute fortgesetzt hat.

KREJCI beschreibt noch einen weiteren Typ des Sprachbuchs, das **„als Medium zur Erfahrung von Sprache in Wirklichkeitszusammenhängen"** (S. 171) genutzt und vor allem in der Grundschule eingesetzt wurde (Titel: Unsere neue Welt, Sachbuch und Sprachbuch, 1967; ergründen – verstehen – mitteilen. Sprachbuch zum Sachunterricht in der Grundschule, 1973).

Ende der 60er Jahre wurde die „Muttersprachliche Bildung" im Sinne LEO WEISGERBERs durch verschiedene Entwicklungen radikal in Frage gestellt. Vor allem sprachsoziologische Untersuchungen stellten fest, dass es die Sprachgemeinschaft und die Muttersprache gar nicht gebe. Man konstatierte, dass verschiedene soziale Schichten auch ein unterschiedliches Sprachverhalten aufwiesen. BASIL BERNSTEIN (Studien zur sprachlichen Sozialisation. Düsseldorf 1973) hat mit seinen Untersuchungen (in England) größten Einfluss auch auf die deutsche Diskussion genommen. Er unterschied zwischen dem elaborierten Code (ausdifferenzierenden) der Mittelschicht und dem restringierten (eingeschränkten) der Unterschicht. Er löste in der Bundesrepublik Deutschland eine Welle soziolinguistischer Forschungen aus (vgl. dazu OEVERMANN, U.: Sprache und soziale Herkunft. Berlin 1970; SCHLEE, J.: Sozialstatus und Sprachverständnis. Düsseldorf 1973). Was als die Muttersprache angenommen wird, ist danach nichts anderes als das Sprachverständnis einer bürgerlichen Schicht.

Im Gefolge der Studentenunruhen (nach 1968) wurden auch Muttersprache und Sprachfähigkeit nicht als Werte an und für sich begriffen, sondern auch die Erkenntnis, dass mit Sprache auch manipuliert und Macht ausgeübt wird, relativierte diese hehren Vorstellungen. Sprache wurde nun im Verwendungszusammenhang gesehen, als *Möglichkeit der Kommunikation*. Das Phänomen der muttersprachlichen Sozialisation wird heute wieder differenzierter diskutiert.

- **Die kommunikative Wende und der situationsorientierte Grammatikunterricht seit Mitte der 70er Jahre**

Die Wende zum kommunikationsorientierten Sprachbuch vollzog Mitte der 70er Jahre keines so radikal wie das des Diesterweg-Verlags (1. Aufl. 1975).

Im Inhaltsverzeichnis für die 5. Klasse lesen wir z. B.: *Elemente der Kommunikation: Kommunikationsweg, Sprachbesitz – Elemente der Kommunikation: psychische und soziale Faktoren – Analyse eines Rollenspiels, Elemente der Kommunikation – Situation und Sprachgebrauch – Adressatenbezogenes Sprechen – Sprache als System (Satzglieder, Umstell- und Ersatzprobe) – Formen der asymmetrischen Kommunikation (Modalverben)*. Man bedenke, dass dieses Sprachbuch für Zehnjährige gedacht war (dieser Trend setzte sich im Sprachbuch für die 6. Klasse nahtlos fort)! Eher fühlt man sich in ein Proseminar an der Universität versetzt; WATZLAWICK wurde auf diese Weise in die Schule „transportiert".

Nicht nur Syntax, Semantik finden nun Berücksichtigung, sondern auch die Pragmatik. Die Grundfrage für alle Sprachbücher lautet nun *„Was vermögen sprachliche Phänomene im Sprachverwendungszusammenhang zu leisten?"* Die **Funktion** im Kommunikationszusammenhang rückt in den Mittelpunkt, die Bezeichnung und Benennung des sprachlichen Elements genügt nicht. (Vgl. DIEGRITZ, 1980)

Eine Position, nämlich Grammatikunterricht in Situationen zu betreiben, hat vor allem die 70er und noch die 80er Jahre beherrscht, angeregt vor allem durch W. BOETTCHER und H. SITTA (mit ihrem Buch *„Der andere Grammatikunterricht"*). Nach den beiden Autoren ist die **Situationsorientierung** des Sprachunterrichts kein Verzicht auf Wissenschaftlichkeit, im Gegenteil die dadurch gegebene Komplexität des Untersuchungsgegenstandes, die Subjektivität und Deutungshaftigkeit der Untersuchungsbefunde seien prinzipiell auch in sprachtheoretischen Zusammenhängen gegeben. *„Wenn Schüler in für sie wichtigen Verständigungssituationen Wirkungen und Bedingungen von (problematischer) Sprachverwendung reflektieren und über ihre verschiedenen Einschätzungen miteinander reden und Gründe dieser Verschiedenartigkeit herausfinden und wiederum ihre daraus resultierenden Einschätzungen mit Überlegungen anderer (in Sprachbüchern usw.) vergleichen lernen, so liegt darin ein entschieden höheres Maß an Wissenschaftlichkeit als in einer reproduzierenden Einübung z. B. in Verfahren und Termini der Transformationsgrammatik nach einem Sprachbuch."* (BOETTCHER / SITTA, 1980, S. 219/220)

EICHLER (1994) hat die Vor- und Nachteile dieser Konzeption zusammengefasst:
a) Es kann mehr von den (Augenblicks)-bedürfnissen der Schüler ausgegangen werden, von einer realen Situation in der Klasse, von der Sprachverwendung der Schüler.
b) Es werden bessere Motivationen, vielleicht überhaupt Primärmotivationen für die Sprachbetrachtung aufgebaut / ausgenützt.
c) Es wird das vielkritisierte „Regelpauken" eingeschränkt.
d) Es kann der Nutzen analytischer Tätigkeiten für das Sprachverhalten erkannt werden.
e) Es kommt zu einem „natürlichen" Curriculum.

Die Einwände:
1. Das Curriculum wird dem Zufall „reale Situation" überlassen, der Lehrer befindet sich im „Wartestand", wenn er reale Situationen nutzen will.
2. Die Mehrzahl der bei W. BOETTCHER und H. SITTA 1978 angegebenen Unterrichtsbeispiele und ansonsten berichteten Situationen überzeugt nicht, und ein Lehrmittel – Sprachbuch – kann auf der Basis dieses Konzepts nicht vorgelegt werden.
3. Der Anspruch an die Situationssensibilität und an die fachlich-didaktischen Qualifikationen des Lehrers ist erheblich höher, die Chancen für sog. „Schneeglöckcheneffekte" (die Schüler verweigern den Wechsel von der Inhaltsdiskussion zur grammatischen Übung oder Reflexion, diese wirkt „aufgesetzt") sind groß.
4. Dem stillschweigenden (und zügig voranschreitenden) Abbau jeglicher grammatischen Reflexion wird wegen der oben angedeuteten Schwierigkeiten Vorschub geleistet: Folgen mangelnder, weil „ausgefallener" Sprachreflexion und systematischer Übung spüren wir bereits jetzt im Bereich der schriftsprachlichen Kompetenz. (S. 258/259)

Ähnlich dem kommunikationsorientierten Aufsatzunterricht, bei dem zunächst nur reale Situationen zugelassen werden sollten, stellte man auch beim Grammatikunterricht sehr schnell fest, dass diese Konzeption ohne die Simulation nicht auskommen konnte.

„In der neuesten Diskussion [...] geht die Umorientierung [weg vom Prinzip des Ausgehens von Realsituationen hin zu fiktiven, geplanten Situationen] *noch weiter, nachdem man eingesehen hat, dass Vieles in diesem Konzept Versprochene nicht eingelöst werden konnte: Man aktzeptiert – kulturwissenschaftlich motiviert – wieder einen bildungstheoretisch fundierten Grammatikunterricht, spricht und forscht über grammatisches Wissen und sieht im Unterricht in Grammatik auch ein Stück der Auseinandersetzung mit und Findung der (sozio-)kulturellen Identität. So wird die Situationsorientierung eher ein Unterrichtsprinzip (Tu's, wenn du kannst, aber erzwinge es nicht)".* (EICHLER, W., 1994, S. 259)

Eines der wenigen *handlungs- und situationsorientierten Sprachbücher* aus dieser Zeit ist *„Denken – sprechen – handeln"* (Hrsg. GIEHRL, H. E. / LEHMANN, J., Donauwörth, Auer 1976ff.). Die Sprachbücher (bis zum 10. Schuljahr und für alle Schultypen) werden nach Sprachhandlungssituationen gegliedert (z. B. 5. Klasse: *Einkaufen – Wir sind Verkehrsteilnehmer – Auf dem Weg zur Schule – Vater und Mutter arbeiten.* 6. Klasse: *Panne – Beim Arzt – Sparen – Auf dem Volksfest – Wohnen – Unsere Stadt – Menschen bei der Arbeit – Freizeit – Schule, Schüler, Mitschüler – Quiz für Leseratten.).* (Vgl. auch HEBEL, F., 1976, mit Hörspielkassetten)

In der Volksfestsituation wird nun das appellative Sprechen eingebaut am Beispiel eines billigen Jakobs (mit Kassettenrekorder aufgenommen). Auch *Phänomene der Massenkommunikation* werden aufgegriffen; das *Beschreiben von Vorgängen, der Schlager und die Diskussion, der Temporalsatz* und sogar die *Zusammen- und Getrenntschreibung* werden an Hand dieser Situation erarbeitet. Es wird deutlich, dass hier das integrative Konzept bevorzugt wird. Alle Leistungen der Sprache werden aus der Situation abgeleitet, dies gilt für den mündlichen und schriftlichen Sprachgebrauch gleichermaßen (ja auch einschließlich der Reflexion über Sprache). Begründet wird dieses Vorgehen mit der Lebensrealität, in der diese verschiedenen Formen auch ungetrennt vollzogen werden und damit, dass der Schüler befähigt werden soll,

gegenwärtige und zukünftige Lebenssituationen zu bewältigen (vgl. Kap. 2, RO-
BINSOHN; BEISBART, O.: Das Sprachbuch für die Grundschule. In: HACKER,
1980, S. 100ff.).

Dieses Konzept ist nicht ganz unproblematisch. Welche Situationen sollen exemplarisch von den Bearbeitern ausgewählt und wie sollen sie gelöst werden? Der Einfluss der jeweils spezifischen soziokulturellen Rahmenbedingungen der Bearbeiter lässt sich nicht ausblenden. Für den Lehrer stellte es sich als ziemlich problematisch heraus, dass keine Systematik der grammatikalischen Elemente angestrebt wurde, und damit auch der Schüler überfordert war. Ein Register konnte diesem immanenten Nachteil nicht abhelfen, so dass das Sprachbuch von der Lehrerschaft nicht angenommen wurde.

6.1.2 Zur gegenwärtigen Situation des Grammatikunterrichts

THEODOR DIEGRITZ (1996) fragt provokativ *„Wohin steuert der Grammatikunterricht?"* Er kommt beim Vergleich der Diskussion um 1980 und den beginnenden 90er Jahren zu folgendem Ergebnis:

– Aufbruchstimmung oder Reformwille versus Resignation der Reformer und Restauration, begünstigt durch den Einfluss von Lehrplänen, Sprachbüchern und einigen Fachzeitschriften.
– Die Vielfalt von v. a. an der (Linguistischen) Pragmatik orientierten Konzepten von „Reflexion über Sprache" um 1980 steht eine ziemlich weitgehende Vereinheitlichung der Fachdiskussion in Richtung auf Restauration des systemlinguistisch fundierten traditionellen Grammatikunterrichtskonzepts um 1990 gegenüber.
– Grammatikdidaktik wird um 1990 weithin auf bloße Methodik reduziert.
– Die Legitimationsfrage von Sprachreflexion war um 1980 heftig diskutiert und keinesfalls entscheidend und endgültig beantwortet. Um 1990 wird die Legitimationsfrage häufig nicht mehr gestellt oder bewusst abgeblockt oder mit neuen Legitimationsfiguren „Sprachbewusstsein bzw. Sprachwissen" oder Tradition europäischer Geistesgeschichte zu legitimieren versucht.
– War die Zeit um 1980 vom Selbstbewusstsein einer gegenüber den Fachwissenschaften unabhängigen Sprachdidaktik geprägt, finden sich nun wieder vermehrt abbilddidaktische Konzeptionen in Abhängigkeit von verschiedenen sprachwissenschaftlichen Theorien.
– Stand Sprachreflexion um 1980 noch meist in dienender Funktion für oberste Lernziele von Deutschunterricht, wie „Förderung der Kommunikationsfähigkeit" o. ä., werden Sprachwissen (oder „grammatisches Wissen" o. ä.) heute wieder vermehrt als nicht mehr hinterfragbar, als Selbstzweck hingestellt. (S. 92)

Kritisiert wird auch der *„eklatante Mangel an empirischer Forschung"* für beide Untersuchungszeiträume.

Die Bestandsaufnahme ist sicherlich berechtigt, und man mag den sich abzeichnenden Pragmatismus bedauern. Dass aber nach den großen grundsätzlichen Diskussionen Ende der 70er / Anfang der 80er Jahre eine eher nüchterne Rückkehr zu traditionell Bewährtem erfolgt ist, ist nicht verwunderlich, da die eindrucksvollen theoretischen Konzepte nun doch meist nicht das hielten, was ihre Vertreter versprachen. Wenn man allerdings die Sprachbücher sichtet, so ist der Einfluss der theoretischen Diskussion im Detail doch feststellbar.

KÖLLER, ein Vertreter des funktionalen Grammatikunterrichts (1997) schlägt folgende Prinzipien, die eine solche vermittelnde Position widerspiegeln, vor:

- *Prinzip der Verfremdung*

Da die Schüler im Alter von 10–12 Jahren ein vorbewusstes Wissen von den grammatischen Ordnungsformen ihrer Muttersprache haben und diese auch praktisch beherrschen, müssten grammatische Phänomene verfremdet werden, damit sie überhaupt erst diskutierbar werden könnten. *„Das Verfahren, dem praktisch Bekannten durch Isolation, durch überraschende Kontexte, durch ungewöhnliche Gebrauchsweisen oder durch Aufforderung zur begrifflichen Erfassung seine Selbstverständlichkeit zu nehmen, ist als sokratisches Verfahren didaktisch nicht neu, aber gleichwohl nicht leicht praktisch zu realisieren."* (S. 29)

- *Prinzip der operativen Produktivität*

„Im Grammatikunterricht soll **produktives Denken** *angeregt und praktiziert werden, wenn auch reproduktives Denken realistischerweise nie völlig ausgeschlossen werden kann."* (S. 29) Produktives Denken lasse sich am besten über Operationen an der Sprache auslösen (Umformungen, Streichungen, Ersetzungen usw.). Solche operative Verfahren forderten Schüler ständig auf implizite Weise auf, die Ergebnisse ihrer Operationen kognitiv zu bewältigen.

- *Das genetische Prinzip*

Das Fundament des genetischen Prinzips bestehe in der Überzeugung, dass es lernpsychologisch fruchtbarer sei, die Ordnungsstruktur eines Sachverhalts sukzessiv zu entwickeln, als eine von anderen ausgearbeitete Ordnungsstruktur einfach zu übernehmen.

- *Das funktionale Prinzip*

„Das funktionale Prinzip kann für den Grammatikunterricht auf zwei verschiedenen Ebenen wirksam werden. Zum einen wird es wichtig, wenn man den **Werkzeugcharakter** *der Sprache in den Mittelpunkt des Interesses stellt und nach den instruktiven und kognitiven Funktionen grammatischer Formen fragt. Zum anderen wird es wichtig, wenn man nach der* **Einbettung** *des Grammatikunterrichts in den allgemeinen Unterricht fragt."* (S. 30) KÖLLER unterscheidet in diesem Zusammenhang zwischen dem Konzept eines *systematischen Grammatikunterrichts in thematischen Sequenzen* und dem *eines situativen Grammatikunterrichts*.

- *Das integrative Prinzip*

Das *integrative Prinzip* überschneide sich in vielerlei Hinsicht mit dem *funktionalen*. *„Das Spektrum solcher integrativer Bezüge reicht auf verschiedenen Abstraktions- und Komplexitätsebenen von der Sprachphilosophie und Systemtheorie über die Textinterpretation und Textproduktion bis zur Sprachgeschichte und zum Sprachvergleich. Letztlich zielt dieses Prinzip darauf, die pragmatische und anthropologische Dimension grammatischer Phänomene herauszuarbeiten und das grammatische Wissen als Arbeitswissen und als Bildungswissen [...] zu verstehen."* (S. 31)

Auch EISENBERG / MENZEL (1995) betonen methodisch den Werkstatt-Charakter ihrer didaktisch-methodischen Position:

„*In einer Grammatik-Werkstatt ist das Material die Sprache. Die Arbeit an ihr vollzieht sich unter bestimmten Regeln. Planvolle Arbeit ist dies insofern, als mit Sprache und an ihr etwas getan werden muss, was nicht nur denkend, sondern auch experimentierend geschieht. Das 'Handwerkszeug' dabei sind grammatikalische Operationen. Was dabei herauskommt, sind Einsichten in den Aufbau und das Funktionieren unserer Sprache – das ist durchaus auch etwas, was das Verstehen und den Gebrauch von Sprache verbessern kann, ein geistiges Resultat also, das für uns und andere nützlich sein kann, wenn wir kritisch lesen, differenziert schreiben, rechtschreiben, interpretieren und mit anderen über Sprache reden wollen.*" (S. 14)

Die Sprachbücher sind heute eher pragmatische Mischtypen, die einen vermittelnden Weg zu beschreiben versuchen; je nach Einstellung der Herausgeber und Mitarbeiter wird mehr kommunikations- oder handlungsorientiert vorgegangen, wobei auch traditionelle Elemente untermischt werden. **Grammatiksysteme** werden auf den **pädagogisch-didaktischen Nutzen** *hin untersucht und schülergerecht aufbereitet.*
„**Klartext**" (vom Westermann-Verlag, Herausgeber FRANK, HOPPE, KOPFERMANN, MÖNNICH, SCHOBER 1994) ist ein solcher Mischtyp. Beispiel für die 5. Klasse: **Inselspiele oder Robinson & Co – Grammatik** (*Bastelbox; Satzarten; Wortarten, Satzglieder; Sätze*) – **Rechtschreiben** (*Mit fünf Tips zum richtigen Schreiben; Lauter Laute; Wör-ter tren-nen; Großschreibung; Komma*) - **Sprechen und Schreiben** (*Palmen, Meer und ein dunkelvioletter Stein; Was tun wir eigentlich, wenn wir erzählen? Jemand erzählt; Jeder kann noch besser erzählen; Erzählstufen; Schreibwerkstatt; Kontakt aufnehmen – Kontakt halten; „Wenn wir wieder daheim wären ..."*) – **Sprachwerkstatt – Arbeitstechniken** (*Wörter einprägen; Nachschlagen; Eine Wörterkartei anlegen; Fehler finden, Diktate verbessern; Texte überarbeiten: von der Rohfassung zur Reinschrift*) – **Erzählerinnen und Erzähler der Klasse 5.**

Eine kleine Akzentverschiebung hat sich bei „Klartext" insofern ergeben, als mit *Grammatik und Rechtschreiben* begonnen wird (im Vorgängerbuch „Praxis Sprache" standen diese Bereiche noch am Schluss). Das *integrative Moment* wird betont, indem der existentielle Charakter von Sprache thematisiert wird. Dadurch ergeben sich Überschneidungen mit dem Literaturunterricht (mit dem handlungs- und produktionsorientierten Lesebuch). Vgl. dazu den Band 9 **„Klartext"**: z. B. **Medien** (*Ein Thema in verschiedenen Medien, Programmstrukturen im Fernsehen, Wie informiert das Fernsehen? Wie unterhält das Fernsehen?*) – **Sprechen und Schreiben** – (*Ein Text und seine Inszenierung; Schreibend auf Texte antworten; Sprachlicher Umgang mit anderen; Wirkungsvoll vortragen; Opfer, Täter, Schuld; Literarische Texte verstehen; Das eigene Leben planen*). **Den Arbeitstechniken** wird in allen Jahrgangsstufen eine hohe Bedeutung eingeräumt. Der Schüler soll lernen, sich selbstständig Fertigkeiten anzueignen.

BOUEKE schlägt folgende Inhalte für den Grammatikunterricht vor:

I. Sprache als System von Zeichen
1. Zeichen als Mittel der Verständigung
a) nicht-sprachliche Zeichen
– parasprachliche Signale (Lautstärke, Sprechtempo, Pausen, Flüssigkeit des Sprechens usw.) – die „Sprache" des Körpers (Gestik, Mimik, Körperhaltung, ritualisierte Zeichen wie: Händeschütteln, Winken, Verbeugung, „Knicks" usw.) – die „Sprache" der Tiere („Bienensprache", „Sprache der Delphine", Laute, Gebärden, Bewegungen von Tieren allgemein) – Zeichen in der Öffentlichkeit (Verkehrszeichen, Hinweiszeichen, Zeichen mit politischer Bedeutung: Fahne, Hammer und Sichel, Bundesadler usw.) – religiöse Zeichen (Kreuzschlagen, Falten der Hände usw.) – Farbzeichen (schwarz für „Trauer", rot für „Gefahr" usw.) – mathematische und naturwissenschaftliche Zeichen (Gleichheitszeichen, Zeichen für „größer als" bzw. „kleiner als", Pluszeichen, Minuszeichen usw.) – Zeichen in Atlanten, Reiseführern, Prospekten usw. – Geheimzeichen / Geheimkodes – Morsezeichen – Flaggenzeichen – analoge (ikonische) und digitale (willkürliche / konventionelle) Zeichen
b) sprachliche Zeichen
– Unterschiede zwischen sprachlichen und nichtsprachlichen Zeichen – Wörter als Zeichen (Zweiseitigkeit, Konventionalität der Zuordnung von Form und Bedeutung) – lautmalende Wörter – Wörter und Sachen / Zeichen und Wirklichkeit – Modelle des sprachlichen Zeichens (Bühlers „Organon"-Modell, „semiotisches Dreieck")
c) Schriftzeichen
– Bilderschriften, Alphabetschrift – Druckschrift und Schreibschrift – Erfindung und Folgen des Buchdrucks (massenhafte Verbreitung von Texten) – graphische Gestaltung von Texten / Zeitungen / Werbeanzeigen / Büchern – Probleme der Zuordnung von Lauten und Buchstaben (Rechtschreibung / Rechtschreibprobleme)
2. Wörter als Einheiten des Zeichensystems „Sprache"
– Der Umfang des Lexikons (der Wortschatz) – die Häufigkeit der einzelnen Wörter / „Grundwortschatz" – Eigennamen (Personennamen, Straßennamen, Ortsnamen, Spitznamen, Kosenamen usw.) – Wortbildung (Zusammensetzung, Ableitung) – Gliederung des Wortschatzes: Wortarten – Wortfelder – Erbwörter / Lehnwörter / Fremdwörter
3. Die Grammatik des Zeichensystems „Sprache"
a) Ebene der Laute
– Vokale und Konsonanten – Umlaute, Doppellaute – Das Vokalsystem (Vokaldreieck bzw. -viereck) – das Konsonantensystem (Artikulationsart und Artikulationsstelle als Koordinaten)
b) Ebene der Wörter
– die Struktur der Wörter (Sprechsilben, Wortstämme, Vor- und Nachsilben, Morpheme) – Flexion der Wörter – Formen des Verbs: Präsens, Imperfekt usw. – Aktiv / Passiv – Indikativ / Konjunktiv / Imperativ
c) Ebene des Satzes
– Satzarten – Gliederung des Satzes – die einzelnen Satzglieder – Satzbaupläne – einfache / komplexe Sätze
d) Ebene des Textes
– Verknüpfung von Sätzen zu Texten – pronominale Verkettung von Sätzen – Textsorten

II. Sprache und Bedeutung
– denotative und konnotative Bedeutung – semantische Analyse von Wörtern (z. B. „Großvater" = Vater des Vaters oder der Mutter, männlich) – Ober- und Unterbegriffe – Homonyme (Bank – Bank, Tau – Tau usw.) – Synonyme – Antonyme / Gegenwörter (Tag und Nacht, rechts und links usw.) – Sprachbilder (Vergleiche, bildhafte Redewendungen, Personifikationen, Metaphern) – verhüllende / beschönigende Redeweise (Euphemismen wie „entschlafen" für „sterben", „freisetzen" für „entlassen" usw.) – stehende Redewendungen (Sprichwörter, Redens-

arten, Zwillingsformeln: Haus und Hof, Rat und Tat usw.) – Wortbedeutung / kontextuelle Bedeutung / situative Bedeutung

(BOUEKE, S. 347/48)

BARNITZKY (1987) fordert für die Umsetzung dieser Inhalte in der Grundschule vier Prinzipien:

– Prinzip 1: **Situationsbezug**
Sprachunterricht hat Situationen zum Ausgangspunkt, in denen Kinder sprachlich handeln und in denen sie ihr sprachliches Handeln als sinnvoll erfahren. Aus der Situation heraus begründet sich das Sprachlernen; in ihr verbindet sich die sprachliche Erscheinung mit einer inhaltlich-lebendigen Vorstellung.
– Prinzip 2: **Primat des Mündlichen**
Kinder bringen im Sprachunterricht ihre bereits erworbenen Sprachmöglichkeiten ein und handeln damit in der jeweiligen Situation. Dies ist zunächst vor allem Sprechen und Verstehen im mündlichen Sprachgebrauch.
– Prinzip 3: **Entwickelnder Sprachausbau**
Kinder bringen in Situationen (siehe Prinzip 1) ihre Sprachmöglichkeiten ein (siehe Prinzip 2). Dabei erfahren sie durch Mitschüler, durch die Lehrerin / den Lehrer, durch Texte neue Sprachmöglichkeiten und erproben sie. Neue Situationen des Klassenlebens und des Unterrichts erfordern solche erweiterten sprachlichen Fähigkeiten. Die Kinder lernen, aus ihrem Repertoire die angemessenen sprachlichen Mittel zu wählen, einzusetzen und zu beurteilen.
– Prinzip 4: **Sprachprinzip bei aller schulischer Arbeit**
Situationen, die sprachliches Handeln herausfordern und fördern, bestimmen über den Sprachunterricht hinaus weithin das Leben und Lernen in der Schule. (S. 38/39)

Aus diesen Prinzipien kann man ableiten, wie umfassend BARNITZKY Sprachunterricht hier versteht (kommunikations-, handlungs- und auch projektorientiert), so dass eine innere Differenzierung, wie oben dargestellt, notwendig wird.

Grundsatzdiskussionen über die Frage, ob Grammatikunterricht überhaupt notwendig sei (die sog. Legitimationsfrage), haben sich wohl erledigt. Wichtig erscheint mir, dass sich ein **schülerzentrierter Grammatikunterricht** etabliert hat, der grundsätzlich danach fragt, welche Erkenntnisse und Einsichten in die Struktur der Sprache den Schüler befähigen, auf verschiedenen Ebenen Kompetenzen zu erwerben, die wiederum zur Alltagsbewältigung und zu seiner Identität beitragen können.

6.2 Rechtschreibunterricht

6.2.1 Vorbemerkung zur Rechschreibreform

Kaum ein Thema aus dem Bildungsbereich hat in den letzten Jahren eine solche Aufmerksamkeit auf sich gezogen wie die *Rechtschreibreform*. Nicht nur die Fachleute begannen eine heftige Auseinandersetzung, in die sich auch der Mann auf der Straße bis hin zu Landtags- und Bundestagsabgeordneten einmischten. Selten blieben die Argumentationen auf der Inhaltsebene beschränkt. Die Emotionalisierung dieses an sich so nüchternen Themas springt einem geradezu in die Augen (siehe weiter unten: es wird vom „*Rechtschreibkrieg*" gesprochen). Auseinandersetzungen auf gerichtlicher Ebene blieben nicht aus. Kaum eine Zeitschrift (Fachzeitschriften sowieso) oder Illustrierte verzichtete auf dieses so umstrittene Thema. Die HÖR ZU widmete ein „*Special*" (Nr. 9 / Heft 37, September 1997) als Beilage mit großem Gewinnkreuzworträtsel der neuen Rechtschreibung.

DIE ZEIT titelte: „*Wie wär's mit Schif³ahrt. Von der Grundschule bis zum Institut für deutsche Sprache: Ein Frontbericht aus dem Rechtschreibkrieg*" (STOCK, U., in: DIE ZEIT, Nr. 38, 12. 9. 1997) Der Autor schrieb: „*Die großen Ferien konnten Lehrer, Eltern und Schüler gar nicht richtig genießen. Wann immer sie einen Blick in die Zeitung warfen, schlug ihnen ein neues Urteil zur Rechtschreibung entgegen. Zwölf Gerichtsentscheidungen bisher: fünf gegen die Reform, sieben dafür ... Der Ausgang des Kampfes um orthographische Missstände und etymologische Gräuel ist offen; am Ende werden das Bundesverfassungsgericht entscheiden und/oder der Deutsche Bundestag.*

Keiner weiß, wann, keiner weiß, wie."

Schon zwei Monate später widmete DIE ZEIT demselben Thema ein 5seitiges Dossier: *Wer schreibt am rechtesten? Die Reformgegner pochen auf sprachliche Integrität, suchen aber nur Schutz gegen jegliches Umlernen.* (14.11.1997, von DIETER E. ZIMMER)

Der Autor fragt:

„*Warum konnte sich die Erregung ausgerechnet auf einem Gebiet bis zur kollektiven Hysterie hochschaukeln, das die meisten immer für so langweilig wie lästig gehalten haben und das sich neben den anderen gesellschaftlichen Problemen der Jahrhundertwende geradezu frappierend unwichtig ausnimmt?*"

Er nennt dafür drei Gründe:

Erstens ist Rechtschreiben ein Thema, das wie kein anderes zur Haarspalterei einlädt. Wenn die Haarspalter dann noch Normperfektionisten sind, entsteht hier ein idealer Kampfplatz.

Zweitens glauben viele, die schreiben, und das sogar einigermaßen richtig, schon darum aus dem Stand mitreden zu können. Dass dazu ein gewisser Sachverstand nötig wäre, ja dass es einen solchen Sachverstand geben kann, kommt manchen niemals in den Sinn.

Drittens ist die Rechtschreibreform, die die Kultusminister vierzig Jahre vor sich hergeschoben hatten, unversehens in eine Periode allgemeinen Reformverdrusses gefallen. Reformen, welche auch immer, haben heute nichts Verlockendes mehr; sie drohen. Da kommt die Rechtschreibreform wie gerufen; als vielleicht letzte Gelegenheit, dem Staat, der Obrigkeit, den Experten klarzumachen, dass sich das Volk nicht alles gefallen lässt. Die Rechtschreibung muss den Euro vertreten. [...] Ihr einziger, bescheidener Zweck besteht darin, einige der Widersinnigkeiten der bisherigen Regelung auszumerzen und den Lernenden so das rechte Schreiben etwas leichter zu machen.

Diesen Zweck erfüllt sie, in Maßen, tatsächlich, aber die Lernenden haben keine Stimme, und sogar die Absicht muss sich die neue Norm zum Vorwurf machen lassen: Sie bringe eine „Nivellierung der Sprache nach unten", heißt es hier und da – ein unbewiesener Verdacht. (S. 18)

Interessant ist in diesem Zusammenhang eine Untersuchung (unveröffentlichtes Manuskript 1997) des ISB München „*Orthographie-Auswertung literarischer Text des 19. Jahrhunderts*" (Heinrich Kleist, Michael Kohlhaas und Adalbert Stifter, *Der Hochwald*). Als Ergebnis kann festgehalten werden, dass für die Aktualisierung beider Texte – ob in die bisherige oder die neue Rechtschreibung – nur geringer Änderungsbedarf besteht. „*Die Werte liegen für den Kohlhaas bei 3,24 % bzw. 3,86 % und für den Hochwald gar nur bei 2,1 % bzw. 3,05 %.*"

Die Autoren bemerken: „*Wer immer die 'Klassiker' als Kronzeugen für diese Veränderungsthese heranzieht, kennt entweder die Schreibungen literarischer Texte vom Ende des 18. Jahrhunderts bis zum frühen 20. Jahrhundert nicht oder er ignoriert sie bewusst und verhält sich damit irreführend.*" In den heute besonders heftig diskutierten Bereichen der Groß- und Kleinschreibung sowie Getrennt- und Zusammenschreibung fänden sich bei den Autoren des genannten Zeitraums eindeutige Belege einer Präferenz für die Großschreibung von sog. Scheinsubstantivierungen *(im Übrigen, im Großen und Ganzen, in Bezug auf usf.)*. Aufzuräumen gelte es vor allem mit dem Mythos, übertragene Bedeutungen müssten sich unbedingt durch Zusammenschreibung erweisen: Vielzitierte Beispiele für die angebliche „Verhunzung" unserer Sprache seien Wendungen wie das „frisch gebackene Ehepaar" oder „der schwer behinderte Mann". Für unsere Klassiker ergäben sich hingegen aus der Verbindung von Adjektiv und Partizip keine semantischen Probleme bei der Getrenntschreibung. Kleist schreibe daher: *Schwer bewaffnet* und *übrig gelassen*. Raabe *übrig gelassen*, Fontane *fertig geschrieben* und Thomas Mann *gut gemacht*. Das Heranziehen solcher Beispiele bedeute gleichwohl kein „Zurück ins 19. Jahrhundert". Es gehe vielmehr darum zu zeigen, dass es bei Getrenntschreibung von Wendungen in übertragener Bedeutung eben keinerlei Einbußen beim Textverständnis geben muss – von einem Verlust an Literarizität ganz zu schweigen.

HEINZ ZANGERLE fragt in PSYCHOLGIE HEUTE: „*Was hat sie* [die neue Rechtschreibung] *denn unseren Kindern gebracht?*" Wer dieser Frage nachgehe, werde feststellen müssen, dass die Reform bisher zu wenig an dem gemessen werde, was sie den primären Adressaten, nämlich den lernenden Kindern nütze. Kaum jemand frage nach, ob die deutsche Rechtschreibung vom Ballast überflüssiger, unlogischer und komplizierter Regeln tatsächlich befreit und auch wirklich für Kinder leichter erlernbar wurde. „*Was ist geblieben vom Bestreben, Ausnahmen auszumisten, Regeln nachvollziehbar zu machen, der Sprachlogik zu ihren Recht zu verhelfen? Denn eben dies waren ja die wesentlichen Ziele einer Schar von Sprachwissenschaftlern und Ministerialbeamten in nahezu 20jähriger Arbeit. Von Vereinfachung ist wenig zu spüren: Die alte Rechtschreibung ist im Wesentlichen die neue. Kinder, die Schwierigkeiten hatten, werden diese wohl auch künftig haben.*" (Heft 10, 1997, S. 35) Man begegnet bei dieser so heftig geführten Auseinandersetzung einer paradoxen Argumentation; wenn sich schon so wenig geändert hat, weshalb ist die Aufregung dann so groß? So hat das Kultusministerium von Niedersachsen festgestellt, dass von den 1417 Wörtern des Grundwortschatzes, die in den ersten vier Schuljahren eingeübt würden, sich nur 32 änderten, davon 28 von ß zu ss. Die restlichen vier Wörter seien: *heute Abend, gestern Abend selbstständig* und *zu viel*. Insgesamt sind von der neuen Rechtschreibung nur 3 % der Wörter betroffen, wobei unterschiedliche Prozentzahlen kursieren; je nach Intention als Befürworter oder Gegner werden mehr oder weniger Wörter in die Zählung aufgenommen. Dass mit der neuen Rechtschreibreform nicht schlagartig die Schwierigkeiten der Schüler behoben sein würden, hat wohl kaum ein Lehrer ernsthaft erwartet. Es fehlen aber dazu auch noch weitgehend – und wie könnte es auch anders sein? – entsprechende empirische

Untersuchungen, abgesehen von einigen dilletantischen Tests, die je nach Standpunkt Pro- oder Kontra-Argumente liefern sollen. Das Bayerische Staatsministerium hat allerdings eine durchaus gut abgesicherte Untersuchung (Auswertung von Deutschschulaufgaben) an Gymnasien durchführen lassen, deren Einzelheiten hier nicht aufgeführt werden können. Nur dazu soviel: Schon nach vier Monaten beherrschten die Schüler die neuen Regeln ziemlich souverän:

- Dass die Schüler offensichtlich schon nach kurzer Zeit (4-Monatsfrist als Voraussetzung der Teilnahme an der Befragung) in der Lage sind, die Neuregelung anzuwenden, wurde an der relativ hohen Umsetzungsquote von durchschnittlich 44,8 % deutlich. In Einzelfällen wurden Werte von über 70 % erreicht.
- Überholte Schreibungen spielen – und das ist auch interessant in Bezug auf die Geamtfehlerquote – kaum noch eine Rolle. Im Durchschnitt ist es nicht einmal eine (genauer Wert 0,97) überholte Schreibung pro Seite in allen Jahrgangsstufen. Besonders erfreulich an diesem Ergebnis, dass die Unterstufe mit 0,83 den besten Wert erzielte.
- Die Auszählung der Änderungen nach Neuregelungsbereichen macht deutlich, dass Laut-Buchstaben-Zuordnung mit knapp 70 % und Zeichensetzung mit gut 24 % den zu erwartenden Löwenanteil am Gesamtkuchen haben.
- Bezogen auf einen Gesamtänderungsanteil von 1,3 % spielen – was zu erwarten war – Getrennt- und Zusammenschreibung sowie Groß- und Kleinschreibung mit nicht einmal 0,1 % keine Rolle. (Auswertung von Deutschschulaufgaben zur Umsetzung der Neuregelung der deutschen Rechtschreibung, ISP, unveröffentlicht, September 1997)

Unter Fachwissenschaftlern dürfte unbestritten sein, dass das Reformwerk noch einige Widersprüche und Ungereimtheiten enthält, die sicherlich noch einer Überarbeitung bedürfen.

EISENBERG u. a. meinen, dass das unangemessen hohe Ansehen der Rechtschreibung mehrere Gründe habe. *„Sie hängt mit der Definition nationaler Identität durch die gemeinsame Sprache ebenso zusammen wie mit der Erfahrung des ständigen Wandels aller Einrichtungen und Werte in der modernen Gesellschaft, die den Menschen Angst macht und die sie sich deshalb um so fester an die Regeln klammern lässt, die sie unveränderbar wünschen."* (1994, S. 15)

6.2.2 Zur Geschichte der Rechtschreibung

Es soll nur die neuere Entwicklung kurz angedeutet werden, da damit auch die augenblickliche Situation besser verstanden werden kann. Die Normen der Rechtschreibung setzte bis in die heutige Zeit der DUDEN. Basis war die *erste Konferenz zur Herstellung größerer Einigkeit in der deutschen Rechtschreibung* **1876** in Berlin; Bayern und Österreich hatten nicht teilgenommen, weshalb der entscheidende Erfolg noch versagt blieb. Wichtiger wurde dann die **zweite Berliner orthographische Konferenz 1901**, bei der man sich im ganzen deutschen Sprachraum (einschließlich Österreichs und der Schweiz) auf ein gültiges amtliches Wörter- und Regelbuch einigte. KONRAD DUDEN, ein Gymnasialdirektor, hatte an beiden Konferenzen teilgenommen und schon 1880 ein *„Vollständiges Orthographisches Wörterbuch der deutschen Sprache"* (187 Seiten!, die 21. Auflage 1996 nun über 900 Seiten) herausgegeben. **1903** erscheint der sog. „Buchdruckerduden" auf Wunsch des graphischen

Gewerbes, da die relativ allgemein gehaltenen amtlichen Regeln zu viele Varianten zuließen, der sich **1915** mit dem allgemeinen Duden vereinigte und die etwas strengeren Regeln übernahm. Der Duden-Verlag wurde zur offiziellen Instanz für die deutsche Orthographie. Nach **1945** beginnt die Spaltung der deutschen Einheitsorthographie durch zwei Dudenverlage in *Mannheim und Leipzig*, die jeder für sich die Zweifelsfälle regelte.

Die im Duden festgelegten Schreibweisen wurden **1955** von der Kultusministerkonferenz der Bundesrepublik Deutschland als verbindlich anerkannt.

Die Dudenredaktion betrieb eine **deskriptive Normierung** der Orthographie, d. h. die Mitarbeiter sammeln täglich die in großen Publikationsorganen auftretenden Rechtschreibfälle, Wortneuschöpfungen und Fachtermini:

„*Der sich wandelnde Wortschatz der deutschen Gegenwartssprache, seine geradezu explosionsartige Ausfächerung macht eine Aktualisierung des Dudens in bestimmten zeitlichen Abständen unerlässlich. Gesellschaftliche und kulturelle Veränderungen, wissenschaftlicher und technischer Fortschritt führen zu neuen Wortschöpfungen, lassen Fachtermini in die Allgemeinsprache eindringen, begünstigen Entlehnungen aus anderen Sprachen. Die Dudenredaktion, die die Bewegungen im Wortschatz des Deutschen sorgfältig beobachtet und registriert, hat für die 19. Auflage der Rechtschreibung eine Fülle von neuen Wörtern aus allen Bereichen unseres Lebens erfasst und ihre Schreibung auf der Grundlage der amtlichen Regeln festgelegt.*" (Aus dem Vorwort zum DUDEN 1986)

Es war **nicht das Ziel** der Dudenredaktion, **die Orthographie zu vereinfachen**, sondern **die Veränderungen in der Sprachgemeinschaft** zu registrieren und nachzuvollziehen. Wenn häufig genug eine bestimmte (falsche) Schreibweise in wichtigen Printmedien auftauchte, dann wurde diese wohl auch mit der Zeit vom DUDEN zugelassen. Über neue Schreibweisen wurde in der Dudenredaktion abgestimmt, die häufig genug logisch nicht erklärbar waren. Ein privater Verlag hatte sich das Monopol, die deutsche Rechtschreibung zu regeln und entsprechende Wörterbücher herauszugeben, angeeignet. Durch die Rechtschreibreform wurde die juristische Legitimation wieder an staatliche Stellen zurückgegeben.

In Frankreich dagegen gibt es schon sehr lange eine **präskriptive (vorschreibende) Rechtschreibregelung** durch die Académie française, die von Ludwig XIV. gegründet wurde. Freilich lassen sich auch da nur schwer Änderungen durchsetzen, da Sprachgemeinschaften ein sehr starkes „Beharrungsvermögen" entwickeln.

Lange Zeit sind Versuche einer Vereinfachung der deutschen Rechtschreibung gescheitert (z. B. die recht weitgehenden Vorschläge der *2. Wiener Gespräche zur Reform der deutschen Rechtschreibung vom 21. bis 23. Mai 1990*). Durch die Wiedervereinigung der beiden deutschen Staaten ergaben sich 1990 neue Perspektiven.

Die Stationen zur Rechtschreibreform seien hier skizziert:
- Seit 1980 hatten sich verschiedene orthographische Forschungsgruppen zu Arbeitstagungen getroffen:
  - die Forschungsgruppe Orthographie der Universität Rostock und des Zentralinstituts für Sprachwissenschaft Berlin (Ost),
  - die Kommission für Rechtschreibfragen des Instituts für deutsche Sprache in Mannheim,
  - die Wissenschaftliche Arbeitsgruppe des Koordinationskomitees für Orthographie beim Bundesministerium für Unterricht und Kunst in Wien,
  - und die Arbeitsgruppe Rechtschreibreform der Schweizerischen Konferenz der Kantonalen Erziehungsdirektoren in Bern / Zürich.
- 1985 und 1989 Reformvorschläge in der ersten Fassung,
- 1992 gaben Mitglieder der Forschungsgruppen als Internationaler Arbeitskreis für Orthographie den Band *Deutsche Rechtschreibung, Vorschläge zu ihrer Neuregelung*, heraus. Es handelte sich hier um die Ergebnisse der jahrelangen Forschungsarbeit.
- 1986 und 1990 Konferenzen in Wien. Beamte und Wissenschaftler prüften die Möglichkeiten der politischen Umsetzung des Neuregelungswerkes in den verschiedenen Ländern.
- 1993 Anhörung in Bonn. Verbände, Vereine und Institute beteiligten sich mit schriftlichen Eingaben, die in einer erneuten Überarbeitung teilweise Berücksichtigung fanden. In der Schweiz und in Östereich gab es ein ähnliches Prüfungsverfahren.
- November 1994 auf der Grundlage der Überarbeitung *3. Wiener Gespräche*
- 1995 wurde der mehrfach überarbeitete Text als *Deutsche Rechtschreibung, Regeln und Wörterverzeichnis, Vorlage für die amtliche Regelung* herausgegeben.
- Auch die obige Fassung wurde überarbeitet, die dann die Grundlage für die Unterzeichnung am 1.7.1996 bildete.
- 14.07.1998 Positive Entscheidung des Bundesverfassungsgerichts zur Zulässigkeit der Rechtschreibreform.

Wenn man den langen Entstehungsprozess mit entsprechenden Veröffentlichungsphasen betrachtet, dann ist es doch verwunderlich, dass sich der wütende Protest der Entrüstung erst so spät, nach Abschluss der politischen Entscheidung, bemerkbar machte.

Da sich die deutsche Sprache über Jahrhunderte hinweg entwickelt hat, ist sie nicht widerspruchsfrei. Es gibt zwar Prinzipien, die aber untereinander konkurrieren, und immer wieder durchbrechen Ausnahmen die Regel. OSWALD WATZKE hat diese Prinzipien zusammengestellt, die auch heute noch, nach der Rechtschreibreform, Geltung haben, wenn auch versucht wurde, einige den Prinzipien widersprechende Ausnahmen zu beseitigen.

Prinzipien der deutschen Rechtschreibung

I Beinlich	II Helmers	III Riehme
1. **Das Lautprinzip** Unsere Schreibweise ist ihrem Wesen nach noch eine Lautschrift. Bis in die erste Hälfte der mhd. Zeit erhielt nur Gehörtes ein Zeichen und umgekehrt wurde jeder Buchstabe gesprochen.	1. **Das phonologische Prinzip** Z.B.: „so", „gehen".	1. **Das phonologische Prinzip** Nicht Lautschrift im herkömmlichen Sinne, sondern Phonemschrift – Das führende Prinzip in unserer Rechtschreibung.
2. **das historische Prinzip** Beibehaltung von Schriftbildern trotz Wandlung der gesprochenen Sprache, z.B. sp geschrieben, obwohl schp gesprochen; aus „stahel" wurde „Stahl" („stummes" h).	2. **Das historische Prinzip** Z.B.: „Schuh" weil früher „schuoch" gesprochen, also Beibehaltung früherer Schreibweisen trotz sprachlicher Veränderung.	2. **Das etymologische (morphologische) Prinzip** Z.B:: „väterlich" zu „Vater"; „gab" zu „Gabe".
3. **Das ästhetische (oder pseudoästh.) Prinzip** Zusätzlich willkürliche Zeichen aus finanziellen oder „Schönheitsgründen", z.B.: GOtt, unnd, Walldt; für i am Ende ein y (auch j); Verstoß des Dehnungs-h vor oder in der Nähe von Ober- und Unterlängen (jedoch nicht konsequent).	3. **Das etymologische Prinzip** Z.B.: lobt mit „b" geschrieben, obwohl „p" gesprochen; stammt von „loben" ab.	3. **Das historische Prinzip** Z.B.: früher gesprochen li-eb (also zweisilbig), heute gesprochen „lieb" (einsilbig) und trotzdem „ie" beibehalten; „ie" erhielt Charakter der Längenbezeichnung. Übertragung auf andere, die es ursprünglich nicht besaßen (z.B.: Biene, Giebel, wiegen).
4. **Das Analogieprinzip** Fast unauffällige Wirksamkeit dieses Prinzips; wir schreiben „befehlen" gemäß etwa „Fehde", obwohl das geschichtl. Schriftbild entsprechend der Aussprache „befelhen" war.	4. **Das ästhetische Prinzip** Z.B. verlangte Joh. Chr. Gottsched (1748) „sey", weil „sei" nicht gut aussehe.	4. **Das logische Prinzip** Unterscheidungsschreibung von Homonymen, um deren Bedeutungsunterschied hervorzuheben, z.B.: das – daß.
5. **Das etymologische Prinzip** Hand mit „d", weil Hände gesprochen wird; Häuser von Haus abgeleitet. Manche Wortverwandtschaft wurde nicht oder zu spät erkannt, z.B.: Stengel zu Stange, behende zu Hand.	5. **Das analogische Prinzip** Z.B. weil in „sehen" nach dem historischen Prinzip das „h" erhalten blieb, wurde aus „geen": „gehen".	5. **Das grammatische Prinzip** Regelungen, die durch grammatisch-syntaktische bzw. grammatisch-semantische Erwägungen bestimmt werden, z.B. Groß-, Getrennt- und Zusammenschreibung, Interpunktion. Z.B.: zusammen laufen: gemeinsam; aber zusammenlaufen: gerinnen.
6. **Das Unterscheidungsprinzip (logische Prinzip)** Gleicher Wortklang, andere Bedeutung: Mohr – Moor, Lied – Lid (aber nicht konsequent, z.B.: Hahn – (Wasser-) – Hahn).	6. **Das differenzierende Prinzip** Gleicher Wortklang (durch Sprachveränderung) mit anderer Bedeutung, z.B.: „Saite" (mhd.: seite) und „Seite" (mhd.: site).	6. **Das graphisch-formale Prinzip** Das nichtgesprochene „h" z.B., das weder aus historischen noch aus rein ästhetischen Gründen beibehalten wurde, sondern zur besseren Erfassung des Schriftbildes (Hohn, Sohn, Lohn).
7. **Großschreibung der Hauptwörter** Von J. Becherer 1696 als erstem gefordert.	7. **Das hervorhebende Prinzip** Die Großschreibung der Substantive.	

IV Kochan und Mitarbeiter	V Augst	VI Braun
1. Das phonetisch-phonologische Prinzip Ein Wort wird so geschrieben, wie es gesprochen wird; die Phonem-Graphemzuordnung bildet die Grundlage der deutschen Rechtschreibung.	**1. Das Lautprinzip** Keine Lautschrift im engeren Sinne, sondern eine annähernd phonologische Schrift, die freie oder komplementäre Lautvarianten durch einen Buchstaben oder eine Buchstabenkombination wiedergibt.	**1. Das phonemische** (oder phonologische) **Prinzip** Gleichschreibung eines jeden Phonems; Unterscheidungsschreibung eines jeden anderen Phonems. Lockerung des ph.P.: ein Phonem – mehrere Zeichen (/eu/: eu und äu); Durchbrechung des ph.P.: ein Zeichen – verschiedene Phoneme (v: /f/ und /w/ bei Vase).
2. Das morphologische Prinzip In Flexionsformen und Ableitungen wird die gleiche oder ähnliche Schreibweise eines Wortes gewahrt, auch wenn verschiedene Phoneme gesprochen werden, z.B.: Hund – Hundes; Band – Bändchen.	**2. Das Stammprinzip** Konstanthalten eines Schriftbildes in unterschiedlicher Umgebung. Allgemein: Auslautverhärtung und Umlaut, z.B.: Tag – Tages; schwebst – schweben; Wald – Wälder.	**2. Das morphemische** (oder morphologische) **Prinzip** Gleichschreibung desselben Morphems (z.B.: Freund: Freunde [/t/;/d/]); Unterscheidungsschreibung verschiedener Morpheme (Wal: Wahl); Ähnlichkeitsschreibung verwandter Morpheme (Hand: Hände). (Neben diesen beiden hierarchisch geordneten Prinzipien nennt Braun noch die historischen und ästhetischen Faktoren, denen er nicht den Rang eines Prinzips zuordnet.)
3. Das etymologische Prinzip Ein Wort wird so geschrieben, daß seine Herkunft zu erkennen ist, bes. bei Fremdwörtern: Chor. Bei deutschst. W.: Zusammenwirken dieses Prinzips mit dem morphologischen und dem analogischen (2. und 7.).	**3. Das Homonymieprinzip** Unterscheidung lautgleicher, aber sinnverschiedener Wörter, z.B.: Laib – Leib, Ferse – Verse; die hat – du haßt (hier nur partielle Homonymie, weil Unterscheidung in anderen Flexionsformen).	
4. Das grammatische Prinzip Groß- und Kleinschreibung (auch substantivierte Verben usw.), Zeichensetzung und Unterscheidung von das und daß.	**4. Das ästhetische Prinzip** Aus Gründen der „Verträglichkeit" von Buchstabenfolgen, z.B. keine Doppelschreibung von u, ck für kk, Roheit mit einem „h", „Sparschreibungen" wie „am", „in", „was" usw.	
5. Das logische Prinzip Unterscheidung von Homophonen, z.B.: Mohr – Moor; Lied – Lid.	**5. Das pragmatische Prinzip** Groß- und Kleinschreibung bei Anreden (Du, du) z.T. Fragen der Höflichkeit (Eure Exzellenz), z.Z. Homonymendifferenzierung („Kommen Sie/sie heute abend?"). Ferner Großschreibung von Eigennamen.	
6. Das ästhetische Prinzip Ein Wort wird so geschrieben, daß sein Wortbild „gut" aussieht, z.B.: „sp" und „st" statt „schp" und „scht".	**6. Das grammatische Prinzip** Die Übertragung suprasegmentaler Elemente ins Optische: Groß-, Klein-, Getrennt-, Zusammenschreibung, Zeichensetzung.	
7. Das Analogieprinzip Übertragung der Schreibweise gleichlautender Wörter bzw. Wortteile auf andere, z.B. bei vielen ie-Schreibungen.		

Nach OSWALD WATZKE: Rechtschreibunterricht in der Sekundarstufe I. München 1976, S. 14/15.

Der Duden bemerkt in seinem Vorwort zur neuen Rechtschreibung:

„Der Hauptgrund für die Schwierigkeiten mit dem richtigen Schreiben liegt darin, dass sich die Verschriftung der Sprache über einen langen Zeitraum hinweg entwickelt hat, in dem es keine allgemein verbindlichen Regeln gab. So haben sich Schreibweisen herausgebildet, die sich nachträglich nicht mehr in ein einfaches System einordnen lassen. [...] Die Neuregelung hat zwei Schwerpunkte gesetzt. Sie hat einerseits Ausnahmen zu bestimmten Grundmustern und Grundregeln abgebaut und andererseits in Bereichen wie Silbentrennung und Kommasetzung den Schreibenden zusätzliche Freiräume für eigene Entscheidungen eingeräumt." (ohne Seitenangabe)

Bestimmte Prinzipien werden in der neuen Rechtschreibreform besonders betont, z. B. das **etymologische (oder morphemische) Prinzip (Stammprinzip)**: z. B. behende → behände (zu Hand), Stengel → Stängel (zu Stange); überschwenglich → überschwänglich (zu Überschwang). Dabei wird auch das logische Prinzip berührt, z. B. numerieren → nummerieren (zu Nummer); plazieren → platzieren (zu Platz). *Logisch* ist es auch, wenn Roheit zu Rohheit (zu roh), Zierat zu Zierrat (wie Vorrat) wird. Für viele ist es (vor allem optisch) noch ungewohnt, drei Konsonanten zu schreiben, obwohl es *logisch* ist, z. B. Schifffahrt; Flusssand; Flanelllappen. In der *Groß- und Kleinschreibung* wird das **grammatische Prinzip** so in den Vordergrund gerückt, dass die meisten Substantivierungen groß geschrieben werden, z. B.: im Klaren; im Allgemeinen; im Großen und Ganzen; in Bezug auf. Allerdings wurden damit manchmal semantische Differenzierungen geopfert; *man fischte im Klaren* (konkret gemeint) oder *war sich über eine Sache im klaren* (übertragen gebraucht). Bei Scheinsubstantivierungen entfallen manchmal ebenso grammatikalische Unterschiede, *im großem und ganzen* wurde so in der alten Rechtschreibung als Adverbiale gekennzeichnet. Für den Schüler ist die konsequente Großschreibung wohl eine Erleichterung.

HINNEY und MENZEL (1998) unterscheiden *drei Prinzipien*: das *Phonographische Prinzip*, das *silbische Prinzip* (wobei sie hier EISENBERG (1995) folgen) und das *morphologische Prinzip*. Danach berücksichtige das *phonographische Prinzip* die *alphabetische Komponente* der Schrift, das *silbische* die *silbenschriftliche* und das *morphologische Prinzip* die *logographische* (S. 276).

Innovativ und richtungsweisend in der Rechtschreibdidaktik sei nach HINNEY und MENZEL (1998) der Verweis auf Zweierlei:

– auf das *silbische Prinzip in seiner Schlüsselstellung* zur Erklärung rechtschreiblicher Merkmale,

– auf einen Strukturvergleich der Wortformen von dem Blickwinkel des Gesprochenen auf das Geschriebene und umgekehrt, wobei jede Seite zum Ausgangspunkt der Analysen gemacht werden kann.

Beide Aspekte seien für unsere weiteren rechtschreibdidaktischen Überlegungen von besonderer Wichtigkeit. Einmal, weil mit der Silbe – als Bezugseinheit für rechtschreibliche Problemlösungen – eine sprachliche Kategorie gefunden sei, die an die

Lernvoraussetzungen fast aller Kinder anknüpft. Zeigten uns doch die Ergebnisse der Schriftspracherwerbsforschung, dass die Silbe als sprachlich-strukturelle Einheit schon bei Kindern zu Beginn des Schriftspracherwerbs als „psychische Realität" vorhanden sei. Zum anderen, weil uns eine Grundlage gegeben werde, Kinder auf der Grundlage des Geschriebenen zum experimentierenden Beobachten von geschriebener und gesprochener Sprache anzuleiten. (In: LANGE, G. u. a., 1998, S. 276ff.)

Zur Darstellung und Systematik der Rechtschreibreform siehe das Literaturverzeichnis!

6.2.3 Zur Methodik und Didaktik des Rechtschreibunterrichts

Dennoch enthebt uns die Unsicherheit, in die die Diskussion um die Rechtschreibreform Lehrer und Schüler (und auch die Bevölkerung) gestürzt hat, nicht der Aufgabe, das Erlernen der Orthographie möglichst effektiv zu gestalten.

Selbst wenn die neue Rechtschreibung einige Erleichterungen mit sich bringen sollte, so sind die grundsätzlichen Probleme der Methoden und Verfahren dieselben geblieben.

EISENBERG / SPITTA / VOIGT (1994) haben in ihrer Abhandlung Apekte einer modernen Rechtschreibdidaktik dargelegt, an der ich mich im Folgenden weitgehend orientiere. Hauptsächlich befassen sich die Autoren zunächst mit dem Erwerb der Rechtschreibkompetenz in der Grundschule, in der nun tatsächlich der **Grund** gelegt wird und die entscheidenden Weichen gestellt werden. So stellen sie fest: *„Was wir also fordern und fördern wollen, ist nicht die Beherrschung aller 'Rechtschreibregeln', sondern ein Verständnis der Prinzipien der Schreibung, nicht die schlichte Aufteilung in 'falsch und richtig', sondern eine Gewichtung zwischen elementaren und marginalen Fehlschreibungen, nicht Rechthaberei, sondern Kontrolle der schwierigen Bereiche der Orthographie und Toleranz im Umgang mit ihnen."* (S. 15)

Für die kommunikative Seite des Schreibens sei die orthographische Korrektheit in den meisten Fällen nicht ausschlaggebend, denn selten führten die üblichen Fehlschreibungen aus den Problembereichen der Orthographie zu Unverständlichkeit. Deshalb sei es wichtig, Kindern in den ersten Jahren des Schreibenlernens die Möglichkeit zu geben, rein kommunikativ und ohne orthographische Kontrolle zu schreiben.

Im Weiteren erläutern EISENBERG / SPITTA / VOIGT die Lernstrategien von Kindern. Die zunächst aus dem angelsächsichen Raum stammenden Ergebnisse der Erforschung des kindlichen Spracherwerbs beschrieben *„mündliche als auch schriftliche Sprachlernprozesse als aktive regelgeleitete oder auch hypothesentestend vorgehende Erwerbsprozesse."* (S. 20) Der Rechtschreiberwerbsprozess vollziehe sich in typischen Entwicklungsstufen:

1. Kritzelphase

Die frühkindliche, bereits kommunikativ intendierte Verwendung schriftähnlicher Zeichen(-fo gen) noch *ohne jeden Lautbezug* (Kritzelbriefe im Kindergarten und Vorschulalter).

2. Skelett- oder Konsonantenschrift
Eine Phase der in den Ergebnissen noch rudimentären Verschriftung von Wörtern, die einen ersten Lautbezug erkennen lässt. Es wird vorwiegend mit Konsonanten geschrieben, bei Integration weniger Vokale (SBS, LMP, RGN, GBL).

3. Streng phonetische Strategie
Dies ist die Phase der vollständigen, streng an der eigenen Artikulation orientierten Verschriftung von Wörtern, wobei auch hörbare, aber bedeutungsirrelevante Lautbestandteile mit abgebildet werden (gesdan, dsurük, baei, Vata, rufn).

4. Integration orthographischer Muster
Es werden in zunehmenden Maße orthographische Muster in die an der eigenen Lautung orientierten Schreibungen integriert, unter zeitweiliger Übergeneralisierung der Erkenntnisse; dabei intensive Experimente zur Dehnung und Doppelung *(rufen; Vater – Sofer – roser; Aarm, Hefft, Früüstück)*.

5. Integration struktureller Erkenntnisse
Erste wortstrukturbezogene Erkenntnisse (z. B. Geltung des *morphematischen Prinzips*) werden in die eigenen Schreibungen integriert; syntaktische Bedingungen werden zunehmend berücksichtigt. (S. 20)

Den kindlichen Weg zur Orthographie dürfe man sich nicht als eindimensionales, gradliniges Fortschreiten vorstellen. *„Die Beobachtung kindlicher Schreibentwicklungsverläufe zeigt, dass die Kinder bei der deutlichen Bevorzugung einer für das aktuelle Entwicklungsniveau typischen Strategie quasi nebenbei und weniger dominant weitere Schreibstrategien unterschiedlicher Niveaus verwenden können."* (S. 20/21) Dies erkläre sich einerseits aus der Überlagerung von Strategien unterschiedlichen Niveaus, wenn das Kind von einer Entwicklungsstufe zur nächsthöheren übergehe. Andererseits gebe es spezifische Situationen, bei denen das Kind plötzlich mitten beim Schreiben von der aktuellen Strategie auf die der nächst niedrigen Stufe zurückgehe. Dies geschehe sehr häufig bei Ermüdungserscheinungen, in Hektik, bei Ablenkung, bei Lustlosigkeit.

Nach EISENBERG / SPITTA / VOIGT ergeben sich daraus

Didaktische Konsequenzen:

– *Berücksichtigung der intuitiv sprachanalytischen Einstellung des Kindes*

„Deutschunterricht muss die intuitiv sprachanalytische Einstellung des Kindes beim Schreibenlernen, bei Sprachlernprozessen allgemein, erhalten, fördern und durch Versprachlichung allmählich in bewusste Handlungen überleiten." (S. 21) Dies geschehe, indem im Unterricht eine Lernumgebung geschaffen werde, die zu schriftsprachlichem Handeln und besonders zu hypothesentestendem Experimentierverhalten ermutige.

– *Wortstrukturbezogene Gliederung des Materials*

Die in der Praxis weitgehend bevorzugten primär visuell-motorisch orientierten Lernangebote mit der typischen Häufung von teilweise nur mechanisch ablaufenden Ab- und Nachschreibeübungen müssten reduziert werden. Anregender seien Erarbeitungssequenzen, bei denen die Kinder Sprache bewusst manipulierten. *„Dabei wird die Schreibweise neuer Wörter mit zunehmendem Schreibentwicklungsniveau so erarbeitet, dass der von den Kindern zunächst bevozugte lautbezogene Zugriff* durch Angebote zur strukturbezogenen Giederung des Wortmaterials relativiert bzw. ergänzt wird (morphematisches Prinzip). Dies ist besonders wichtig für lernverzögerte Rechtschreiber in den Klassenstufen drei, vier und darüber, da diese in ihrer Entwicklung eine Tendenz aufweisen, auf dem phonetischen Entwicklungsniveau zu verharren." (S. 21) Das eigentliche Schreiben werde zunächst klassenöffentlich begründet, später nur noch leise verbal oder auch symbolisch von quasi privaten Merkstrategien begleitet, die es dem Kind möglich machten, das zu lernende Wortmaterial mit seinen spezifischen Regularitäten bewusst zu speichern und zu automatisieren.

– *Fehler sind keine Defizite*
Dieser Aspekt scheint mir persönlich ganz wichtig zu sein. EISENBERG / SPITTA / VOIGT betonen, dass Fehler grundsätzlich – besonders aber in den ersten Stadien der Entdeckung unserer Orthographie durch die Kinder – gesehen werden müssten „*als regelgeleitete Annäherungen an die Normschreibung. Die Qualität der Fehler gibt dem Lehrer Hinweise auf den aktuellen Stand der kindlichen Theoriebildung über unser Schreibsystem.*" (S. 21) Das Akzeptieren früher spontaner Verschriftungen, z. B. in eigenen Texten der Kinder in Klasse eins und zwei, führe nicht – wie im Gefolge der visuell dominierten Lerntheorien behauptet – zum automatischen Einprägen fehlerhafter Wortbilder. „*In der frühen Erwerbsphase reproduzieren die Kinder nämlich keine Wortbilder, sondern sind aktive Konstrukteure von ihnen sinnvoll erscheinenden Schreibweisen.*" (S. 22) Freies Schreiben schon zu Schulanfang befördere demnach besonders die eigenaktive kognitive Durchdringung unseres orthographischen Systems.

– *Austausch von Schreibstrategien als Anregung nutzen*
„*Schreiblernsituationen in der Grundschule sind prinzipiell so zu gestalten, dass sie Problemlösungscharakter tragen. Der Austausch von Lösungen regt zur Umstrukturierung von Schreibstrategien an.*" (S. 22)

– *Wörter untersuchen – Schreibstrategien entwickeln*
Nach EISENBERG / SPITTA / VOIGT habe das bislang übliche lehrgangsbestimmte Verfahren, Kinder häppchenweise mit einzelnen Rechtschreibphänomenen bekannt zu machen („heute sammeln wir Wörter mit Dehnungs-h ...") in der Regel nicht zu dem gewünschten Ergebnis geführt, nämlich der gelungenen Integration dieses orthographischen Aspekts in die Schreibstrategie von Kindern. Viel häufiger habe dies das Gegenteil bewirkt – eine durch Unterricht herbeigeführte Übergeneralisierung von dem Ausmaß, dass in der Folge auch in längst vertrauten Wörtern plötzlich ein „Dehnungs-h" geschrieben werde (Rohse, Nahse ...)
Folge man statt dessen den Lernwegen der Kinder, so sei es angezeigt, die Wörter, die von Anfang an – neben den häufig spontan verschrifteten Wörtern – zum Aufbau eines Modellwortschatzes benötigt werden, aus den Unterrichtsvorhaben zu gewinnen, die ohnehin im Zentrum der übrigen Arbeiten des Klasse stehen. „*Hier befinden sich die Wörter in einer relativ natürlichen Häufung, und die Kinder können an der Entscheidung, ob Aufnahme in den Modellwortschatz oder nicht, beteiligt werden.*" (S. 22)

– *Kinder und Lehrer(innen) nehmen eine neue Rolle ein*

„*Nicht die Lehrerin und der Lehrer bieten ausgewählte Lernphänomene an, sondern das Kind thematisiert aus der Vielzahl unterrichtlicher Sprachhandlungssituationen diejenigen Inhalte, die seiner Lernentwicklung entsprechen. Insofern ist dieses Vorgehen tatsächlich genuin kindorientiert und nicht nur scheinbar kindgemäß.*" (S. 23)

Mit dem Begriff Grundwortschatz (GWS) sind im allgemeinen Verständnis die Wörter gemeint, die man in der deutschen Sprache am häufigsten gebraucht.

6.2.4 Exkurs: Möglichkeiten und Problematik des Grundwortschatzes

Der Grundwortschatz für die Schule wird nach dem *Häufigkeitsprinzip* erstellt, so können z. B. mit 1 000 Wörtern 80 % aller Normaltexte richtig geschrieben werden (siehe AUGST, 1989).

Die Auswahl des Grundwortschatzes sollte nach folgenden Prinzipien erfolgen: *Häufigkeit – Inhaltsnähe – Einprägsamkeit – Rechtschreibbesonderheit – Altersgemäßheit*

Funktionen des GWS u. a.:
- Der GWS ist ein Hilfsmittel, ein Element des Rechtschreibunterrichts.
- Orientierungshilfe (Übersicht und Kontrolle) für den Lehrer und die Schüler, aber auch für die Eltern;
- erreichbares Ziel für weniger gute Rechtschreiber;
- sichert den Lernerfolg durch ein repräsentatives Prinzip;
- Orientierung an der Speicherkapazität des Gehirns der Schüler;
- Aufbau einer individuellen Fehlerliste oder Wortschatzsammlung;
- Fixierung einer Regel an wenigen, häufig wiederkehrenden Exempla → Konkretisation eben der Regel, besserer Erinnerungseffekt, Übertragung in Analogien;
- neue Bewertung von Fehlern: „Fehler sind keine Defizite." (EISENBERG / SPITTA / VOIGT)

Problematik des GWS:
- Orientierung am Erwachsenenwortschatz;
- durch die Dominanz des Häufigkeitsprinzips geraten lexikosemantische, syntaktische, morphologische, vor allem pragmatische Probleme nicht ins Blickfeld;
- Missbrauch von Seiten des Lehrers; Festlegung von Prüfungsdiktaten; Einklagbarkeit durch die Eltern (Übertritt in weiterführende Schulen);
- Reduktion des Rechtschreibunterrichts auf ein Minimum, enge Kanalisierung; dadurch mögliche Motivationsprobleme.

Allerdings kann man sagen, dass sich die Arbeit mit dem GWS durchgesetzt und bewährt hat. Die auftretenden Probleme können in der Regel durch entsprechende Maßnahmen entschärft werden.

6.2.5 Zum Rechtschreibunterricht in den weiterführenden Schulen

Im Lehrplan der Hauptschule (Bayern 1997) wird ein Lernbereich **Sprachbetrachtung und Rechtschreiben** gebildet. Unter dem Oberbegriff **„Die individuelle Rechtschreibung verbessern"** wird noch einmal fast das gesamte Rechtschreibprogramm aufgelistet. Dem Hauptschüler traut man also kaum zu, dass er in den ersten vier Jahren ein entsprechendes Fundament gelegt hat. Aber auch in den weiterführenden Schulen wird dem Rechtschreiben noch Aufmerksamkeit gewidmet. Explizit wird zwar dieser Bereich nicht mehr genannt; im Vorspann des Realschullehrplanes heißt es: *„Die Schüler sollen die wesentlichen Regeln der Rechtschreibung und Zeichensetzung beherrschen. Sie müssen auch fähig werden, Nachschlagewerke zu nutzen."* (KWMBI I So-Nr.1/1993, S. 37) Diese Erklärung wird mit leichten Veränderungen für alle Jahrgangsstufen wiederholt. Für die Gymnasien (Bayern 1992) wird wiederum das ganze Rechtschreibprogramm, dessen Umfang bis zur 10. Jahrgangsstufe abnimmt, aufgelistet.

Auffällig bei der Durchsicht dieser Lehrpläne ist, dass in unterschiedlicher Ausführlichkeit lediglich ganz allgemein orthographische Probleme (etwa die Groß- und Kleinschreibung) angeführt werden. Didaktische Hilfestellungen fehlen weitgehend. Die Folge dürfte ein punktuell beliebiger Rechtschreibunterricht sein.

Zwar ist das Ende der Grundschulzeit für alle Schüler ein mehr oder weniger tiefer Einschnitt, der Erwerb der Rechtschreibkompetenz müsste aber kontinuierlich weiterentwickelt werden. Vor allem Gymnasiallehrer verwenden meist ganz andere didaktische Konzeptionen als die Grundschullehrer, z. B. das Einprägen eines ungeübten Wortschatzes. *„Auch jenseits der 4. Klasse bleibt die Schreibung des Kindes das Ergebnis innerer Regelbildungsprozesse, die auf der eigenen sprachanalytischen Tätigkeit beruhen. Sie wird vom Unterricht durch die Schaffung von Schreibanlässen, das Arrangement des Materials und die Anregung zur Explikation der eigenen Schreibprinzipien gefördert."* (EISENBERG / SPITTA / VOIGT, S. 23) Der Schüler muss allerdings, zwar allmählich und behutsam, aber doch an die orthographische, schriftsprachliche Norm herangeführt werden, so dass damit auch die kognitive Komponente stärker betont wird. Nach EISENBERG / SPITTA / VOIGT müsse das Hauptgewicht des Rechtschreibunterrichts in den weiterführenden Klassen in der Vermittlung wortstrukturbezogener Erkenntnisse liegen. Das Niveau ihrer Integration in die eigene Schreibung des Kindes sei zum Zeitpunkt des Abschlusses der 4. Klasse längst nicht bewältigt. *„Soll die Bedeutung des morphematischen Prinzips von den Schülern erkannt, verinnerlicht und in aktive Sprachhandlungen überführt werden, muss der Schreibunterricht durch sprachsystematische Reflexion erweitert und ergänzt werden. Wortverwandtschaften und Wortfamilien werden erarbeitet, die Einsicht in sprachgeschichtliche Zusammenhänge kann eine stützende Funktion gewinnen. Die Erarbeitung syntaktischer Zusammenhänge ermöglicht etwa, die Fragen der Großschreibung zu bewältigen."* (S. 24) All dies müsse verbunden sein mit den verschiedensten Formen des Schreibens, kurzen selbstverfassten Texten der Schüler ebenso wie wiederholenden Schreibübungen einschließlich des Abschreibens.

6.2.6 Methoden und Verfahren des Rechtschreibunterrichts

Da das Rechtschreiblernen ein äußerst komplexer Lernvorgang ist, sollten möglichst viele Komponenten berücksichtigt werden, und diese werden in allen einschlägigen Publikationen gefordert.

- Die **visuelle** (das wiederholte Lesen),
- die **akustische** (das aufmerksame Hören),
- die **sprechmotorische** (das deutliche Sprechen),
- die **schreibmotorische** (das gegliederte Schreiben),
- die **semantische** (das Verbinden der Laut- / Buchstabenketten mit Bedeutung),
- die **kognitive** (das Erfassen von Gesetzmäßigkeiten),
- die **mnemotechnische** (das Einprägen von nicht-gesetzmäßigen Besonderheiten und Ausnahmen, wie etwa beim Erlernen von Fremdwörtern).

(MENZEL, Praxis Deutsch, Heft Nr. 32, Rechtschreibung 2, 1978, S. 20)

Es liegt auf der Hand, dass sich die einzelnen Methoden teilweise überschneiden, so sind z. B. *mnemotechnische Elemente* immer am Rechtschreiblernprozess beteiligt. Nach MENZEL ist der Streit, über welche Methode besser gelernt werde, überflüssig. Die einzelnen Schüler bevorzugten mit großer Wahrscheinlichkeit bestimmte Kanäle, also eher über das Auge oder eher über das Ohr oder eher über die Schreibmotorik, und zweitens kommen bei der Vermittlung bestimmter orthographischer Probleme ganz unterschiedliche Komponenten ins Spiel. Aus der Wahrnehmungspsychologie wissen wir aber heute, dass Menschen (ohne Behinderung) nicht auf einen bevorzugten Kanal festgelegt sind, sondern dass vielmehr die Bedingungen einer Situation, die sich ändern können, diesen Prozess steuern. MENZEL korrigiert seine oben dargelegte Auffassung selbst, wenn er sagt, dass manche Schwierigkeiten, wie etwa die Schreibung anlautender Konsonanten b oder p, g oder k usf., gar nicht unter Verzicht auf das Akustische und Sprechmotorische gelöst werden könnten, andere, wie die Unterscheidung von dass – das, seien auf die kognitive Komponente angewiesen.

In allen Zeiten wurde über die mangelnde Rechtschreibkompetenz der Schüler geklagt. Nach MENZEL (Praxis Deutsch, Heft Nr. 69, Rechtschreibung, 1985) sei dies nicht ganz gerechtfertigt:

„Der Rechtschreibunterricht mit den heute vorliegenden Sprachbüchern, Rechtschreibprogrammen und selbst erstellten Übungen ist, wie wir aus Einzelergebnissen unserer Untersuchungen erfahren haben, so effektiv, dass

- *Grundschüler in ihren Texten im Durchschnitt etwa 93 % der verschiedenen Wörter, die sie selbständig verwenden, richtig schreiben,*
- *Hauptschüler am Ende des 10. Schuljahrs rund 96 %,*
- *und Realschüler am Ende des 10. Schuljahrs rund 98 %."* (S. 9)

Da es neue Fehlerlisten noch nicht gibt, werde ich die noch nach der alten Rechtschreibung existierenden weiter benutzen und entsprechend **fett** die Schreibungen markieren, die sich nach der neuen Rechtschreibung geändert haben.

Liste der 50 häufigsten Fehlschreibungen

1	**dass**	**das**	**1738**
2	dem	den, dehm	242
3	einen	ein, einem	179
4	einem	einen, ein	143
5	denn	den	127
	das	dass	127
7	kam, -en	kahm, kamm	123
8	den	dehn, denn	107
9	ihm	ihn, im	100
10	Sie (Anrede)	sie	88
	zu + Infinitiv (zu essen)	zuessen	88
12	**zu Hause**	**zuhause**	**87**
13	dann	dan	80
14	war, -en, wäre, -n	wahr, wäre	74
15	vielleicht	vieleicht	70
16	**ein bisschen**	**ein bischen, Bißchen**	**63**
17	nicht, nichts	nich, nichs	62
18	fiel, -en	viel, fiehl	57
19	mit + Verb (mitbringen)	mit bringen	56
20	meist, -e, -en, -ens	meißtens	51
21	ihn	in, ihm	50
	lass, -t, lässt	**last, leßt**	**50**
23	**Angst**	**angst**	**48**
	hast, hatte, -n, hätte, -n	haßt, hate, hette	48
25	heran-, herein-, heraus- + Verb	herein kommen	46
	seinem	sein, seinen	46
27	auf einmal	aufeinmal	45
28	meinem	mein, meinen	43
	Mal, -e	viele male	43
30	kriegen, krieg, -e, gekriegt	krigen, gegriegt	42
	nächste, -n	nechste, näcksten	42
	wollt, -e, -en	wolte	42
33	**muss, -t, te, ten**	**muste, mussten**	**41**
34	widersprechen erwidern	-wieder-	40
35	zurück + Verb (zurückgeben)	zurück geben	38
	abends	Abends, abens	38
37	ver- (als Vorsilbe)	fer-	36
	ent- (als Vorsilbe)	end-	36
39	kaputt	kabutt, kaput	35
	herein, heraus, heran	herrein, herraus, herran	35
41	Morgen	morgen	34
	irgendwo, irgendwie, irgendwas	irgent-, irgend wie	34

42	**selbständig**	**selbstständig**	**33**
43	nämlich	nähmlich, nemlich	32
44	Ihr, -e, -en (Anrede)	ihr	31
45	ließ, -en	lies, liessen	31
	viel, -e	fiel, vil	31
	wusste, -n, wüsste, gewusst	**wuste, gewusst**	**31**
48	las, -en	laß, lahsen	30
	weiß, -t	weis, weist	30
	interessant, interessieren, Interesse	intresant, interessiren	30

Wenn man diese Liste betrachtet und mit den Veränderungen der Rechtschreibreform vergleicht und nimmt man die ss- statt ß-Schreibung aus, dann sind die Erleichterungen für die Schüler in der Tat so grundsätzlich wiederum nicht. Ob *das* oder *dass* geschrieben wird, muss nach wie vor durch eine grammatikalische Prüfung entschieden werden. Lediglich bei *zu Hause* ist nun auch *zuhause, bei selbständig* auch *selbstständig* richtig.

Wenn wir die folgenden *allgemeinen Fehlerkategorien* daraufhin überprüfen, dann wird sich bestimmt etwas ändern bei der Nr. 8, den *Fehlern in der Schreibung der s-Laute*. Der Wechsel von ss zu ß nach kurzem Vokal, auslautend, und wenn ein Konsonant folgt, entfällt ganz. Auch bei der *Groß- statt Kleinschreibung* (Nr. 2) werden sich wahrscheinlich weniger Fehler ergeben. Dies bedeutet für den Schüler sicher eine Erleichterung.

Fehlerkategorien – Häufigkeitsrangfolge

1. Klein- statt Großschreibung der Nomen (13,94%)
2. **Groß- statt Kleinschreibung (9,33%)**
3. das statt daß (8,59%)
4. Flexionsendungen falsch oder fehlen – außer Dat./Akk. (5,84%)
5. Einfach- statt Doppelkonsonanz (5,38%)
6. **Getrennt- statt Zusammenschreibung (5,28%)**
7. Fehler in der Schreibung des h (4,79%)
8. **Fehler in der Schreibung der s-Laute (4,28%)**
9. Dativendungen falsch (3,9%)
10. Sonstige Konsonantenweglassungen (3,82%)
11. Sonstige Fehler im vokalischen Bereich (3,68%)
12. Fehler in der Schreibung der Umlaute (3,51%)
13. Fehler in der Schreibung von i, ie (2,95%)
14. Doppel- statt Einfachkonsonanz (2,76%)
15. Akkusativendungen falsch (2,70%)
16. **Zusammen- statt Getrenntschreibung (2,74%)**
17. Konsonantenhinzufügungen (2,42%)
18. Fehler bei den Konsonanten k, ck, ch, g (2,27%)
19. Fehler bei den Konsonanten d, t (2,21%)
20. Satzanfänge klein (2,11%)
21. Sonstige Fehler (1,90%)
22. Fehler bei den Konsonanten v, f, pf, ph (1,8%)

23. Konsonantenvertauschungen (1,44%)
24. Fehler bei den Konsonanten z, tz, ts, c (0,67%)
25. dass statt das (0,63%) (1985, S. 10)

Aus der Häufigkeit der Fehler kann man als Lehrer auch sehen, in welchen Bereichen besonders geübt werden muss. Nach MENZEL sind die Ursachen für die Fehler zu suchen: im **fehlerhaften Sprechen – Unaufmerksamkeit – in der Bildung falscher „Hypothesen"** (z. B. Analogiefehler: „kahm" wie „nahm"; Herleitungsfehler: kamen von kommen; falsche Regelableitung: „ein Bißchen" wie ein Bissen) – im **mangelnden Regelwissen** – und im **unzureichenden Training**. (1985, S. 10)

Die curricularen Lehrpläne machen in der Grundschule sehr detaillierte Vorschläge zur Gestaltung des Rechtschreibunterrichts, da in den ersten Schuljahren der Grund gelegt wird. Als Beispiel sei hier die 3. Jahrgangsstufe (Bayern) aufgenommen:

3. JAHRGANGSSTUFE
1. Wörter aus dem Grundwortschatz richtig schreiben
Optisches, akustisches und sprechmotorisches Erfassen und Strukturieren von Wörtern
Schulen des richtigen Abschreibens in Sinnschritten
Inhaltliches Klären von Wörtern, z. B. in Worträtseln
Auswendigschreiben von Sätzen bzw. Texten nach gründlicher Vorbereitung
Zusammensetzen von ungeordneten Buchstaben (Purzelwörter) zu sinnvollen Wörtern
Ordnen der Wörter nach Wortarten
2. Vom Grundwortschatz aus auf die Rechtschreibung weiterer Wörter schließen
Ordnen von Wörtern mit gleichen Buchstabengruppen, z. B.

Bilden von Ableitungen mit Hilfe von Vor- und Nachsilben
Zusammenstellen von Wortfamilien, z. B. „sprechen"
3. Einige Besonderheiten der Rechtschreibung kennen
– Großschreibung von Namenwörtern einschließlich abstrakter Begriffe
  Suchen von abstrakten Namenwörtern in Texten; Eingehen auf die Bedeutung
  Ableiten von Namenwörtern, z. B. aus Zeitwörtern oder Eigenschaftswörtern
  Zerlegen von zusammengesetzten Namenwörtern
  Ordnen von Namenwörtern nach Nachsilben
– Großschreibung von Anredefürwörtern
  Unterstreichen der Anredefürwörter in Karten oder Briefen
  Einsetzen der Anredefürwörter in Lückentexten
– Mitlautverdopplung
  Hören und Sprechen des kurz gesprochenen Selbstlauts vor dem verdoppelten Mitlaut
  Kennzeichnen des kurz gesprochenen Selbstlautes
  Ordnen von Wörtern mit Mitlautverdopplung, z. B. mm, rr, ss
  Bilden von Reimwörtern
– Umlautungen
  Bilden von Umlautungen durch Setzen in die Mehrzahl, Verkleinerung, Ableitung, Beugung, z. B. Ball – Bälle, Haus – Häuschen, Kamm – kämmen, tragen – du trägst
  Zurückführen auf das Grundwort, z. B. der Läufer – laufen
– bezeichnete Dehnungen
  Sammeln und Ordnen von Wörtern mit Dehnungen, z. B. aa, ie
  Zusammenstellen von Wortfamilien, z. B. „fahren"

- weiche Mitlaute am Ende von Wörtern
  Bilden von Reimwörtern mit gleichem Auslaut
  Verlängern des Wortes, z. B. durch Mehrzahlbildung; Verdeutlichung des weichen Auslauts durch Trennen: Kind – Kinder – Kinder
- einige besondere Fälle der Trennung
  Trennung von Wörtern aus dem Grundwortschatz, z. B. mit st, ck, tz; Erarbeiten von Merkhilfen
  Kennzeichnen der Trennungsstelle im Wort (KMBI I So.-Nr. 20/1981, S. 570)

Selbstverständlich sollten gerade beim Rechtschreibunterricht die Lerngesetze berücksichtigt werden (vgl. SCHUSTER, 1982, das Kap. „Vergessen und Behalten"). Das Lernen über viele Kanäle ist Voraussetzung. Z. B.:
- Häufiger kürzere Lerneinheiten statt einmal einer großen Sequenz. Die Vergessenskurve fällt zunächst dramatisch ab. Ein Wiederholen in regelmäßigen Intervallen ist notwendig.
- Verzicht auf Zugleichbehandlung ähnlicher Phänomene (Vermeidung der sog. „Ranschburgschen Hemmung").
- Vor dem Einprägungsprozess eine Konzentrationsphase vorschicken (Lernhemmungen vermeiden!).

Ähnlich den Prinzipien des Grammatikunterrichts wird das Rechtschreiben-Erlernen heute als ein komplexer Lernprozess begriffen, bei dem vor allem das genetische Prinzip, das entdeckende Lernen, besonders betont werden.

Zum Urteil des Bundesverfassungsgerichts

Das Bundesverfassungsgericht hat am 14. Juli 1998 eindeutig entschieden, dass die Rechtschreibreform juristisch legitim ist. Die wichtigsten Grundsätze im Folgenden im Wortlaut:

1. Der Staat ist von Verfassungs wegen nicht gehindert, Regelungen über die richtige Schreibung der deutschen Sprache für den Unterricht in den Schulen zu treffen. Das Grundgesetz enthält auch kein generelles Verbot gestaltender Eingriffe in die Schreibung.
2. Regelungen über die richtige Schreibung für den Unterricht in den Schulen fallen in die Zuständigkeit der Länder.
3. Für die Einführung der von der Kultusministerkonferenz am 30. November / 1. Dezember 1995 beschlossenen Neuregelung der deutschen Rechtschreibung an den Schulen des Landes Schleswig-Holstein bedurfte es keiner besonderen, über die allgemeinen Lernzielbestimmungen des Landesschulgesetzes hinausgehenden gesetzlichen Grundlage.
4. Grundrechte von Eltern und Schülern werden durch diese Neuregelung nicht verletzt. (zitiert nach EISENBERG 1999, S. 3)

Trotz des positiven Entscheids sind die Auseinandersetzungen noch nicht ganz verebbt. Im Bundesland Schleswig-Holstein hat eine Bürgerinitiative einen Volksentscheid über die Einführung der Neuregelung in den Schulen durchgesetzt, den die Reformgegner am 27. September 1998 gewannen. Die Verunsicherung ist besonders in diesem Bundesland groß. Für das übrige Bundesgebiet ist sicher „der Zeitpunkt gekommen, zu dem sich jede Lehrerin und jeder Lehrer Gedanken über den praktischen Umgang zu machen hat." (EISENBERG 1999, S. 3) Die meisten Schulen versuchen inzwischen, die Reform umzusetzen.

Allerdings haben die meisten Printmedien (vor allem die Zeitungen und Illustrierten) die alte Rechtschreibung noch beibehalten, so dass sich erst in einigen Jahren entscheiden wird, wie letzten Endes die Akzeptanz in der Gesamtbevölkerung aussehen wird.

7 Lernbereichsübergreifende Formen, Methoden und Probleme

Es werden hier einige Methoden, Verfahrensweisen und Probleme angesprochen, die sich nicht ohne weiteres in die vorhergehenden Kapitel einordnen lassen. Dabei können diese im Rahmen einer *Einführung* nur angedeutet werden.

7.1 Der projektorientierte Deutschunterricht

Die einzelnen Lernbereiche sollen nicht isoliert im Deutschunterricht nebeneinander „behandelt", sondern immer dann „verbunden" werden, wenn sich dazu die Gelegenheit ergibt; dies hat eine lange didaktische Tradition. ULSHÖFER (1965², S. 56) sprach bereits vom **verbundenen Deutschunterricht**. Der Projektgedanke wurde Ende der 60er, Anfang der 70er Jahre wieder belebt und engagiert vertreten. So hat eine Gruppe von Lüneburger Didaktikern (BEHR / GRÖNWOLDT / NÜNDEL / RÖSELER / SCHLOTTHAUS, 1975) Mitte der 70er Jahre ein 728 Seiten umfassendes Buch mit dem Titel: *Folgekurs für deutschlehrer: Didaktik und methodik der sprachlichen kommunikation. Begründung und beschreibung des projektorientierten deutschunterrichts* vorgelegt. Der **gesamte** Deutschunterricht sollte durch dieses Verfahren umgestaltet werden. Heute ist man etwas bescheidener geworden, wurden doch die institutionellen und bürokratischen Rahmenbedingungen falsch eingeschätzt, die Bereitschaft des Lehrers, sich umzustellen, zu optimistisch beurteilt und die immanenten Grenzen in dieser Phase wohl unterschätzt. Sicherlich hat die Projektorientierung auch heute eine wichtige Funktion, wenn auch dadurch nicht **die** Veränderung der Schule schlechthin erreicht werden kann. Was versteht man unter einem **projektorientierten Deutschunterricht**?

7.1.1 Beschreibung des projektorientierten Deutschunterrichts

Nach BEHR u. a. gilt das Projekt „*der erreichung eines konkreten ziels in der gesellschaftlichen wirklichkeit: der beschaffung eines spielplatzes, der einrichtung einer klassenbücherei, der herstellung einer klassenzeitung, der herbeiführung eines konferenzbeschlusses über die veränderung der hausaufgaben.*" (S. 69) Deutlich wird hier noch eine gewisse ideologische Ausrichtung spürbar, die auf Veränderung der Realität abzielt. Ohne diese Ausrichtung definiert KREJCI: „*Mit Projektunterricht bezeichnet man* **didaktische Unternehmungen**, *die auf Bewältigung eines oft umfangreichen und komplexen Vorhabens durch* **gemeinsame** *Anstrengung von Lernenden und Lehrenden abzielen.*" (KREJCI, in: STOCKER, 1976, S. 355/356)

In Projekten wird (auf der kognitiven, affektiven und psychomotorischen Ebene) **ganzheitlich gelernt**. (Vgl. KLIEBISCH, U. / SOMMER, P., 1997, S. 23ff.)

Bei der Auswahl, Vorbereitung, Durchführung und Reflexion des Vorhabens kommt den Schülern ein hohes Maß an **Selbsttätigkeit** und **Selbstbestimmung** zu. Im Idealfall sollen die Schüler selbst die Wahl des Projekts durch Bedürfnisermittlung (wobei durchaus zwischen dem subjektiven und objektiven vermittelt werden kann) bestimmen.

Die Schüler machen vielfältige **Erfahrungen**, die meist nicht auf den schulischen Raum beschränkt bleiben, sondern in die außerschulische Lebensrealität hinausgreifen. Dies bedeutet, dass oft völlig Unvorhergesehenes, Überraschendes geschehen kann. Die Kinder und Jugendlichen lernen **verantwortliches Handeln**, da sie ihren Arbeitsbereich, ihre Aufgabenstellung selbständig durchführen müssen. In kleinen Gruppen (im Team) oder zumeist mit einem Partner werden Recherchen, Interviews, handwerkliche, organisatorische Arbeiten erledigt.

Der Lehrer selbst hat die **Funktion**, den Überblick zu wahren, helfend einzugreifen, wenn Schwierigkeiten auftauchen; insgesamt sollte er sich aber weitgehend zurückhalten. Je nach inhaltlicher Ausrichtung unterscheiden wir verschiedene **Projekttypen**: das **Unterhaltungs- und Kontaktprojekt** (eine Theateraufführung für die Eltern, ein geselliger Nachmittag zusammen mit den ausländischen Mitbürgern usw.), das **Orientierungs- und Forschungsprojekt** (Registrierung und Beschreibung der Spielplätze im Einzugsbereich der Schule; für die Oberstufe der Gymnasien: Erkunden der Zeugnisse des Barocks in einer Stadt, einschließlich der theoretischen Beschäftigung mit dieser Epoche), das **Veränderungsprojekt**, das von einer Orientierung ausgehend den Versuch, einen Zustand ändern, zum Inhalt hat (z. B. den Kinderspielplatz in einen mit Abenteuercharakter umzuwandeln, Antrag auf eine Fußgängerampel). Die Systematik der Auflistung geht auf den schon genannten „Folgekurs" zurück, wobei die inhaltliche Beschreibung mehr der vor allem gesellschaftskritischen Intention entsprach.[1] (BEHR u. a., 1975, S. 111/112) Die Schüler sollten *kommunikative Situationen* bewältigen lernen. Heute ordnen wir den projektorientierten Deutschunterricht in einem komplexeren didaktisch-pädagogischen Zusammenhang ein.

Auch ein „gescheitertes" Projekt muss nicht unbedingt negativ beurteilt werden. Wenn sich z. B. der Abenteuerspielplatz nicht erreichen lässt, kann dies für die Schüler ein wichtiger Lernprozess sein, insofern als sie erfahren, dass auch mit bester Absicht in einer Gesellschaft nicht alles letztendlich durchzusetzen ist. Die **Reflexionsphase** ist in derartigen Situationen besonders wichtig, damit in einem Prozess der Aufarbeitung eventuelle Frustrationen aufgefangen werden können. Man unterscheidet die Phase der **Motivation** und **Zielentscheidung**, die Phase der **Planung**, der **Durchführung** und der **Reflexion**. Nicht immer wird dieser Ablauf **so geordnet** erfolgen, da besondere Ereignisse oft erneute planerische Schritte notwendig machen, so dass eine **offene Meta-Planung** (Planung des Planens) erfolgen muss.

Projektorientierter Deutschunterricht sollte, wenn immer möglich **lernbereichsübergreifend**, eventuell **fächerübergreifend** (z. B. beim Kasperltheater die Erstellung der Figuren im Kunstunterricht, der Bühne im Werken, der Songs und Lieder im Musikunterricht) gestaltet werden.

---

[1] Im *Folgekurs* wird noch das „*Agitationsprojekt*", wenn „*Einstellungen, Rolleneinschätzungen, soziale Beziehungen*" durch „*Argumentieren, Werben, Überreden*" verändert werden sollen, aufgeführt. Das „*Orientierungsprojekt*" bezieht sich auf eine Gruppe/Klasse, die neu zusammengewürfelt worden ist und mit Hilfe des Projekts eine *Orientierung* sucht. Das „*Vergnügungsprojekt*" will vor allem den lustvollen Umgang mit Texten üben.

Projektorientiert heißt dabei, dass nicht immer idealtypisch alle Bedingungen erfüllt sein müssen, dem nämlich stehen oft „*in der schulischen und außerschulischen Wirklichkeit zahlreiche materielle, personelle und strukturelle Gegebenheiten entgegen.*" (KREJCI, in: STOCKER, S. 359) Die Anregung zu einem Projekt kann auch einmal vom Lehrer ausgehen. Sicherlich sind nicht alle Lerninhalte und –ziele mit dieser Methode zu erreichen, immer dann nämlich, wenn die Informationsvermittlung im Vordergrund steht (auch bei der Vermittlung von systematischen Kenntnissen, aufeinander aufbauenden Fähigkeiten und Fertigkeiten), und manche Lernbereiche bedürfen nicht immanent der Projektmethode. Erfahrungsbezogenes Lernen ist auch in anderen Zusammenhängen möglich. So formulierte in den 70er Jahren die Lüneburger Gruppe apodiktisch: „*lernen durch erfahrung versteht sich als ein der praxis ausgesetztes lernen.*" (BEHR u. a., S. 69)

Ähnlich dem kommunikativen Schreiben in der Aufsatzdidaktik unterscheiden wir heute zwischen **simuliertem** und dem **Ernstfallprojekt**. Freilich muss man zugeben, dass dem Projektgedanken das tatsächliche Hinausgreifen in die Lebensrealität, also der Ernstfall, angemessener ist als das So-Tun-als-Ob.

7.1.2 Anmerkungen zur Geschichte des Projekts

Nur kurz soll ein Blick auf die **Geschichte** der **Projektbewegung** geworfen werden, die ihren Ursprung in den USA hat (um 1900). Die Arbeiten des Philosophen und Pädagogen JOHN DEWEY (1859–1952) werden als grundlegend angesehen. (J. DEWEY / KILPATRICK, W. H.: Der Projektplan, Weimar 1935; engl. 1918)

Nach DEWEY gibt es nur eine wissenschaftliche Methode, die des geschulten Denkens, das sich den äußeren Gegenständen anpasst und mit den logischen Formen zusammenfällt. Sie dient zugleich der Bewältigung von Lebensfragen. Erziehung ist Denkschulung, nicht im Sinne einer Einübung vorgegebener logischer Formen, sondern der Entwicklung solcher Formen in der denkenden Bewältigung drängender konkreter Schwierigkeiten. „*Im dialektischen Prozess von operativem und realem Handeln vollziehen sich beständige Reorganisation und Neukonstruktion von, durch und für Erfahrung. Der Auf- und Umbau vor allem kognitiver und sozialer Haltungen ist nur dann wertvoll und wünschenwert, wenn er zur Entfaltung von Individualität und Rationalität, Demokratie und Humanismus beiträgt.*" (KNOLL, 1984, S. 665) Diese Pädagogik kommt daher der **Erlebnispädagogik** sehr nahe. DEWEY bahnte dem **Arbeitsunterricht** in den USA den Weg. Erziehung in diesem Sinne ist stets auch Einpassung des Menschen ins Gemeinschaftsleben. Diese Ausrichtung auf Sozialerziehung, auf die Verantwortlichkeit und auf die prüfend experimentierende Haltung jedes Einzelnen in einer unfertigen Welt macht DEWEY zum Repräsentanten einer typisch amerikanischen Philosophie.

WIILLIAM H. KILPATRICK (1871–1965, Schüler und Freund DEWEYs) wird in seiner Bedeutung für die Entwicklung des Projektbegriffs, den er zu einer Zeit (1917) aufnahm, als er schon intensiv diskutiert wurde, gemeinhin etwas unterschätzt. Er wendet DEWEYs mehr philosophisch ausgerichtete Erkenntnisse auf die Pädagogik an: Leben sei fortwährendes Lernen. „*Die Qualität des Lebens wächst in dem Maße, in dem sich Verhaltensweisen wie intelligente Selbstführung, Respekt vor der Persönlichkeit anderer, gemeinwohlbestimmte Zusammenarbeit verbreiten. Existentiell wirksam lernt der Mensch allein das, was er wirklich und wahrhaftig lebt."* (KNOLL, S. 666)

KNOLL fasst die Unterschiede zwischen DEWEY und KILPATRICK zusammen: Im Gegensatz zu seinen Vorgängern sei bei KILPATRICK die Projektmethode ein umfassendes, allheilendes Integrations- und Motivationskonzept. Projektlernen beschränke sich nicht „*auf handgreiflich-praktisches oder manuelles Tun, sondern beinhaltet jegliche Form von Aktivität, solange sie selbstgewollt und planvoll auf Lebensbereicherung abzielt. DEWEY und KILPATRICK stimmen gesellschafts- und bildungspolitisch weitgehend überein.*" (S. 667) Sie fassten die Schule als „*embryonic society*" einer zukünftigen sozialen Demokratie auf. Aber anders als DEWEY, der Rationalität und Charakterbildung durch systematisches Lernen und konkretes Handeln vermitteln wollte, betone der ethische „*Sentimentalist*" KILPATRICK Spontaneität, Bedürfnisbefriedigung, Aktivität. Die Gegenwart des Kindes dürfe nicht einer curricular festgelegten Zukunft geopfert werden. Einerseits weite KILPATRICK den lerntheoretisch auch auf THORNDIKEs Behaviorismus gegründeten Projektbegriff formal auf Lektions- und Übungslernen aus, andererseits verenge er ihn inhaltlich auf naturalistische, sittliche und aktionistische Elemente. (S. 667)

In Deutschland kommen dem Projektgedanken die Vorstellungen der **Arbeitsschule** am nächsten. Die Selbsttätigkeit und die Aktivität des Schülers werden als wesensnotwendiges Bildungs- und Erziehungsziel anerkannt und methodisch berücksichtigt. Sie unterscheidet sich daher von der sogenannten Wort- und Lernschule, die den eigenen Antrieb des Schülers vernachlässigte und ihn mehr oder weniger in der Passivität des Aufnehmens beließ. Dem aus der Geschichte stammenden ersten Wesensmerkmal der Arbeitsschule, der **Handbetätigung**, fügen KERSCHENSTEINER / GAUDIG / SCHEIBNER u. a. das der geistigen **Selbsttätigkeit** hinzu. Seit 1912 bemühte sich namentlich F. X. WEIGL um eine Ausbreitung der **Arbeitsschule** im katholischen Sinne zur religiös-sittlichen Taterziehung. B. OTTO (1859–1933) vertrat eine Pädagogik vom Kinde aus, die besonders stark den natürlichen Bildungstrieb und Fragendrang des Kindes in seinem wirklichen Sachinteresse berücksichtigen und sein selbständiges Denken sowie seine Verantwortung in der Gemeinschaft fördern wollte. Eine wesentliche Rolle spielte dabei der freie Gesamtunterricht, der ohne Fächerung, ohne inhaltliche Planung, d. h. als Gelegenheitsunterricht, möglichst auch ohne direkte Lehrerführung als freies Gespräch verschiedenartiger Kinder nach dem Modell eines Familientischgesprächs die Fragen der Kinder in ihrer eigenen Sprache und in ihren eigenen Denkbemühungen zu beantworten suchte. Seine Schüler, J. KRETSCHMANN, O. HASSE und A. REICHWEIN (letzterer geb. 1898, 1944 in Berlin/Plötzensee hingerichtet) entwickelten diese Vorstellungen weiter und vertraten die Auffassung, dass Unterricht in Vorhaben, in Projekten zu organisieren sei. Auch hier stand die erzieherische Funktion eines solchen Verfahrens im Vordergrund. Es ist verständlich, dass diese Entwicklung im Nationalsozialismus unterbrochen wurde, da selbständiges Denken des Schülers unerwünscht war. Wie am Anfang bereits festgestellt, gewann der Projektgedanke im Zusammenhang mit der Studentenbewegung der „68er" Generation erneut an Gewicht und Bedeutung, da nun wieder kritische, selbstverantwortliche Schüler bzw. Staatsbürger erzogen werden sollten.

7.1.3 Beschreibung eines Projektbeispiels im Deutschunterricht

Projekte im Deutschunterricht im engeren Sinne realisieren die Themen, die **Gegenstand des Deutschunterrichts** sind (z. B. das Kasperletheater; eine Theateraufführung; Einrichtung einer Kinder- oder Jugendbuchbibliothek; eine Autorenlesung). Im weiteren Umkreis können es aber auch Aufgaben oder Probleme sein, die mit den Arbeitstechniken des Deutschunterrichts (z. B. die Forderung nach der Einrichtung eines Abenteuerspielplatzes stellen: Diskussionen führen, Briefe schreiben, überzeugen, überreden lernen usw.; beispielsweise, um die Installation einer Fußgängerampel zu erreichen) gelöst werden können.

Im Folgenden möchte ich ein konkretes Beispiel eines projekt-orientierten Vorgehens schildern, wobei es mir besonders darauf ankommt, die überraschenden Elemente herauszustellen.

Für die Zeitschrift PRAXIS DEUTSCH (Heft KRIMI 11/1980) wollte ich meinen Beitrag in der Form des Projekts erstellen. Eine 9. Klasse eines Gymnasiums war dazu bereit, wir hatten uns rasch auf einen Text, der in ein Kriminalhörspiel umgewandelt werden sollte, geeinigt, und die Schüler konnten sich bald mit dem Projekt identifizieren, obwohl die Idee nicht ihrer eigenen Initiative entsprungen war.

Szene wie aus einem Kriminal-Lustspiel
Zwei junge Bambergerinnen brachten Haschraucher zur Polizei

Recht couragiert zeigten sich zwei junger Bambergerinnen und spielten quasi Polizei. Vielleicht is ihnen aber auch inzwischen klar geworden, dass sie ein recht gewagtes Spiel gespielt hatten, das leicht hätte ins Auge gehen können.

Die beiden Mädchen im Alter von 16 und 17 Jahren hatten sich am frühen Dienstagabend in einer Diskothek in der Innenstadt aufgehalten. Dort machten sie die Bekanntschaft von zwei auswärtigen Männern, 19 und 22 Jahre alt. Diese forderten die Mädchen auf, mit ihnen das Lokal zu verlassen und an einer einsamen Stelle im Stadtgebiet Haschischzigaretten zu rauchen. Zum Schein gingen die Mädchen auf das Ansinnen ein, und gemeinsam lief man zu einer recht dunklen Stelle unter der Unteren Brücke. Dort zündeten die Männer selbstgedrehte und mit Haschisch vermischte Zigaretten an und rauchten diese. Die Mädchen aber lehnten – wie sie es von Anfang an vorgehabt hatten – das Rauchen ab. Als sich dann einer der Männer eine zweite Haschischzigarette anzündete, gab es den großen Knall.

Ein Mädchen zog nämlich aus der Handtasche eine Schreckschusspistole und erklärte den beiden verdutzten Burschen, dass sie festgenommen wären und mit zur Polizei müssten. Die beiden jungen Männer waren so überrascht und verschreckt, dass sie an keinerlei Gegenwehr dachten. Gehorsam marschierten sie vor den Mädchen her zur nahe gelegenen Polizeiinspektion Geyerswörth, wo sie von den Polizeibeamten in Empfang genommen wurden.

Die Mädchen hatten nicht einmal vergessen, die nötigen Beweismittel zu sichern, sie hatten nämlich die von den Männern weggeworfenen Zigarettenkippen aufgehoben und mit zur Polizei genommen.

(Fränkischer Tag 20.12.1979)

„Die Eigengesetzlichkeit des projektorientierten Unterrichts zeigte sich besonders deutlich. Schon in der ersten Stunde tauchten viele offene Fragen auf:
– Warum nimmt die Heldin eine Pistole mit?
– Hatten die Mädchen keine Angst?

– *Wie sehen sie aus, welche Schule besuchen sie?*
– *Was hätten sie wohl gemacht, wenn die jungen Männer sich gewehrt hätten?"*
(PRAXIS DEUTSCH, 44/80, S. 39)

Nach anfänglichen Schwierigkeiten mit der Polizei (Datenschutz) gelang es einer Schülergruppe unter meiner Führung, die Mädchen ausfindig zu machen. Wir beschlossen, sie zur „Uraufführung" einzuladen. Inzwischen hatte man auch der Kriminalpolizei von unserem Vorhaben berichtet. Sie wollte ebenfalls mit zwei Beamten an der Aufführung teilnehmen. Nachdem wir an einem Vormittag (alle Stunden wurden uns zur Verfügung gestellt) die Aufnahme gemacht hatten, die mit vielen Spezialarbeitsaufträgen der Schüler, meist in Gruppen, verbunden war, luden wir die Mädchen für einen Nachmittag in die Schule ein. Da wir vermuteten, dass das Gespräch für uns wichtige Informationen enthalten könnte, wurde beschlossen, dieses mit Hilfe des Tonbands aufzuzeichnen. Die örtliche Presse hatte ebenfalls von unserem Projekt erfahren und versprach, uns zu besuchen (daraus wurde später ein halbseitiger Artikel). Die Mädchen der Klasse erklärten sich bereit, für das leibliche Wohl zu sorgen. Die Schüler befragten die „Heldinnen", wie es denn wirklich gewesen sei. Manche Passagen aus dem Hörspiel, das höchste Anerkennung fand, entsprachen erstaunlich gut der Realität, andere wiederum nicht. Die Brutalität der Protagonistinnen überraschte jedoch sehr, da die Amerikaner (davon war im Zeitungsbericht auch nicht die Rede), die hart bestraft worden waren (500 Dollar Strafe und unehrenhafte Entlassung aus der Armee), ja absichtlich in die Falle gelockt worden waren.

Intention der Kriminalbeamten war es vor allem den Schülern einzuschärfen, nicht auf eigene Faust kriminalistische Aktionen durchführen zu wollen. Die Schüler hatten sich bis zu diesem Zeitpunkt keine Gedanken über die Folgen und die moralische Seite des Handelns der Mädchen gemacht.

Eigentlich hatten wir die Absicht gehabt, mit diesem Nachmittag das Projekt enden zu lassen. In der darauffolgenden Deutschstunde wurde nun beschlossen, eine Dokumentation anzuschließen. Aus der eineinhalbstündigen Unterhaltung wurden schließlich sieben Minuten verwendet.

Übergeleitet zur Dokumentation wurde mit folgender Passage: „*Nachdem wir das Hörspiel fertiggestellt hatten, wollten wir wissen, wie das Geschehen tatsächlich abgelaufen ist. Wir luden die 'Heldinnen' an einem Nachmittag zu uns ein. Im Folgenden sind die wichtigsten Antworten aus dem Tonbandprotokoll zusammengefasst.*" Die Dokumentation endet mit der Nennung der Strafen: der Hörer muss selbst beurteilen, ob dies Handeln der Mädchen moralisch rechtzufertigen ist.

Ich musste schließlich die Schüler überreden, unser Werk dem Bayerischen Rundfunk zu schicken, da sie von der Qualität ihrer Arbeit nicht überzeugt waren. Schon zwei Wochen später kam der Anruf, dass man das Hörspiel (mit zwei Sendeterminen) senden wolle.

Darüber hinaus stellten die Schüler ihre Kopien anderen zur Verfügung, die nicht zu ihrer Klasse gehörten. Manche Deutschlehrer setzten das Hörspiel im Unterricht ein.

Es ist klar, dass ein solches Vorgehen viel Zeit erforderlich macht. Wir haben etwa 20 Schulstunden benötigt.

Gleichzeitig aber wurde eine Fülle von Lernzielen implizit abgedeckt, so dass der Aufwand dennoch gerechtfertigt erscheint. Es wurden beispielsweise vielfältige Formen des schriftlichen Sprachgebrauchs (Dialog, Charakteristik, Bericht, Glosse, Brief, Drama) erprobt und ihre Wirkung (abhängig von der Intention) als Feedback unmittelbar erfahren. Als Beispiel sei hier die Zusammenfassung aus dem Jahresbericht abgedruckt.

[...] Wir fielen, wie es also der Zufall wollte, der Vermittlung unseres Deutschlehrers zum Opfer. In der nächsten Deutschstunde übernahm dann Herr Schuster den Oberbefehl. Er besprach zuerst den Zeitungsartikel und ließ ihn uns in einzelne Szenen gliedern. Als Hausaufgabe sollten wir in Gruppenarbeit jeweils eine Szene in Dialoge umsetzen. Nach anfänglichem Stöhnen und einigen Flüchen war das Ergebnis doch einigermaßen brauchbar (jedenfalls schien Herr Schuster zufrieden zu sein).

Es kam zu allgemeiner Kritik, und schließlich verfassten wir aus den verschiedenen Beiträgen ein einheitliches Manuskript, das eine Studentin im Schweiße ihres Angesichts abtippte.

Rollenverteilung und Sprechproben folgten. Probleme hierbei gab es vor allem bei der Wiedergabe des Textes auf eine möglichst natürliche Weise. Doch auch diese Schwierigkeiten konnten wir letzten Endes meistern. Einige von uns beschafften Schallplatten mit dem entsprechend heißen Sound, und Herr Schuster besorgte eine Platte mit Geräuschen; abgesehen davon, dass z.B. Schritte eher wie Hufgeklapper klangen, war das sehr effektvoll.

Und dann war der Tag des großen Lampenfiebers gekommen: Man schritt zur Aufnahme im Sprachlabor. Unsere Tontechniker haben alles so organisiert, dass es bei der Aufnahme kaum noch Probleme gab, von der Ablenkung der „Stars" durch das ständige Blitzen der Fotoapparate abgesehen. Unser Wirken soll nämlich auch in Bildern für die Nachwelt erhalten bleiben. Die Musik wurde nachträglich von einer Gruppe im Tonstudio der Universität dazugeschnitten.

Als krönender Abschluss des Projekts fand ein Treffen mit den beiden Mädchen, den Original-Heldinnen der Geschichte, statt, die wir nur mit Mühe hatten ausfindig machen können. Ebenso waren die Kripobeamten, die den Fall bearbeitet hatten, eingeladen. Auch die Presse hatte sich angesagt. Um das Ganze abzurunden, buken die Mädchen Kuchen, und Herr Schuster spendierte Getränke. Nach der Premiere unseres Hörspiels schilderten die beiden Mädchen den wahren Verlauf des Geschehens. In der folgenden Diskussion konnten wir einiges über die Hintergründe der Handlungsweise der Mädchen und auch Allgemeines über Drogen und das Waffenschutzgesetz erfahren.

Während des ganzen Nachmittags wurden die Gespräche auf Tonband festgehalten. Ausschnitte fügten wir dem Hörspiel zu. Weil unser Werk bei allen, die es hörten (Studenten, Lehrer und Schüler) große Resonanz fand, wurde der Entschluss gefasst, die Aufnahme an den Bayerischen Rundfunk zu senden.

Was wir anfangs als Witz aufgefasst hatten, wurde Wirklichkeit: Der Bayerische Rundfunk zeigte sich sehr interessiert und wird das Hörspiel im Schulfunk senden.

Zum Schluss dieses Überblicks möchten wir allen herzlich danken, die sich für das Gelingen des Hörspiels so tatkräftig eingesetzt haben.

Die Motivation der Schüler stand während des gesamten Projekts völlig außer Frage.

Eines möchte ich in diesem Zusammenhang noch einmal betonen: Beim Übergriff in die Lebenswirklichkeit traten für uns völlig unkalkulierbare Ereignisse ein, die wiederum neue didaktisch-methodische Entscheidungen und Planungen notwendig machten.

Bleibt noch nachzutragen, dass das recht beachtliche Sendehonorar in eine Klassenfahrt investiert wurde.

7.1.4 Grenzen der Projektorientierung

Dazu schreibt GLÖCKEL:

Auch kann man nicht alles in Projekten lernen:
- Schon aus organisatorischen Gründen bleiben sie eher die Ausnahme. Sie kosten außerordentlich viel Zeit, passen nicht in den üblichen Stundenplan und fordern einen Einsatz, den man nicht ständig durchhalten kann.
- Es ist auf die Dauer gar nicht einfach, sinnvolle und durchführbare Aufgaben von gesellschaftlich relevanter Bedeutung zu finden. Projekte sind kaum wiederholbar.
- Es gibt prinzipielle Grenzen. Handlungsziele sind nicht immer Lernziele, der Handlungsdruck oder -zug in der Realsituation kann das Lernen auch beeinträchtigen. Der Lernprozess folgt anderen Gesetzen als der Produktionsprozess. (S. 142)

Im Deutschunterricht sind vor allem Inhalte, die **systematisch** erarbeitet werden müssen, weniger geeignet (z. B. *Rechtschreiben*, das im Projekt nur punktuell eine Rolle spielen kann, wenn ein Brief orthographisch richtig sein soll; *Grammatikunterricht*; vgl. auch S. 190).

Die Projektbegeisterung der 70er Jahre ist zwar verflogen und einer eher nüchternen Beurteilung gewichen. Dennoch, meine ich, ist es sinnvoll und ertragreich, im Laufe eines Schuljahres, projektorientiert zu arbeiten, schließlich muss es nicht immer ein so expandierendes Projekt, wie das oben geschilderte, sein. Da Projektarbeiten ganzheitliches Lernen gewährleistet, ist der Lernerfolg in der Regel erheblich effektiver als mit den mehr rezeptiven Methoden im üblichen Deutschunterricht.

7.2 Die Freiarbeit

Die *Freiarbeit* ist eine Methode des Unterrichts, die zunächst nur in der Grundschule, jetzt aber auch in der Sekundarstufe I Verbreitung und Anwendung findet. Sie könnte wohl besonders erfolgreich auch in der Kollegstufe eingesetzt werden, da die Schüler mit zunehmenden Alter über ein größeres Maß an Selbstständigkeit und über unterschiedliche Arbeitstechniken verfügen. Freiarbeit ist verwandt mit *offenen Formen des Deutschunterrichts*, wie z. B. den eben dargestellten *Projektunterricht*. Die historischen Wurzeln der Freiarbeit liegen in *reformpädagogischen Konzepten* (wie z. B. von MARIA MONTESSORI; PETER PETERSEN; CELESTIN FREINET). (Vgl. KRIEGER, S. 141ff.)

KRIEGER versteht unter *Freiarbeit* „*eine Organisationsform von Unterricht, in der Schülerinnen und Schüler frei arbeiten können. Sie gewährt größtmögliche Freiheit zu spontaner, selbstbestimmter, schulischer Arbeit in einer pädagogisch gestalteten Umgebung und innerhalb klar definierter, akzeptierter Rahmenbedingungen (Gemeinschaftsregeln, Zielsetzungen, Zeit, Raum, Arbeitsmaterialien, Methoden, Techniken u. a.). Bewegungsfreiheit, Wahlfreiheit in Bezug auf Arbeitsthema und Arbeitsmaterial und Entscheidungsfreiheit über Reihenfolge, Zeit und Sozialform sind ihre charakteristischen Merkmale. Die Freiarbeit ergänzt den 'gebundenen' Unterricht. Sie ist ein integriert reformpädagogisches Konzept einer schülerorientierten, binnendifferenzierenden Gestaltung von Unterricht und das Ergebnis einer (methodisch-didaktisch) stufenweisen Heranführung an die selbständige, schulische Arbeit.*" (1994, S. 201)

Ein ganzes Heft PRAXIS DEUTSCH, Heft 141, 1997 beschäftigt sich mit dem „Freien Arbeiten". Nach BAURMANN, J. und FEILKE, H. geht es auch im Deutschunterricht nicht mehr nur darum, *„allenthalben anerkannte fachliche Inhalte und Strukturen zu vermitteln, sondern Kinder und Jugendliche zu ermuntern, sich eigenständig mit Gehörtem und Gesagtem, mit Gelesenem und Geschriebenem auseinander zu setzen."* (S. 19).

Unter dem Aspekt der *kognitiven Wende* bzw. des *Konstruktivismus* kommt der *Freiarbeit* eine besondere Bedeutung zu, da sie individuelle *Lernwege und -ergebnisse* ermöglicht. Darüber hinaus kann jeder Schüler sein eigenes Lerntempo wählen.

Der Lehrer hält sich bei der *Freiarbeit* weitgehend im Hintergrund, er berät und hilft, sofern es sich als notwendig erweist, einzelnen Schülern oder auch einer ganzen Gruppe. Es wird von ihm ein großes Maß an Geduld, Einfühlungsvermögen und die Schüler motivierendem Zuspruch erwartet. Der Lehrer hat etwa dieselben Aufgaben und Funktionen wie beim Projektunterricht und muss von dieser Unterrichtsform überzeugt sein, will er sie erfolgreich einsetzen. Der Arbeitsaufwand ist allerdings als sehr hoch einzuschätzen, da Materialien und Arbeitsaufträge jeweils individuell oder für Gruppen bereit gestellt werden müssen.

Freiarbeit soll am Schüler orientiert sein, so dass er als **Subjekt** seine eigene Strategien, Aufgaben zu lösen, wählt, wobei er meist die Lernzielkontrolle selbst erledigen kann. Wenn es notwendig ist, müssen sich Gruppen (etwa bei der klanggestaltenden Einübung einer Ballade oder der szenischen Darstellung eines Märchens) oder Partner (z. B. beim *Partnerdiktat*) zusammenfinden. *Freiarbeit* muss gelernt und darf nicht als Gammelstunde missverstanden werden. Es ist ein ganzheitliches erzieherisches Konzept und **unterrichtsbegleitend**. Auf der einen Seite hat KRIEGER sicher Recht, wenn er meint, dass Freiarbeit nicht generell *„der Lernsollerfüllung"* oder der Erarbeitung des *„im gebundenen Unterricht nicht geschafften Unterrichtsstoffs"* dienen dürfe. Auf der anderen Seite sollten wir auch mit dieser Unterrichtsform pragmatisch umgehen; da *Freiarbeit* sich ausgezeichnet für eine individuelle Differenzierung eignet, darf nicht so grundsätzlich ausgeschlossen werden, *„nicht geschafften Unterrichtsstoff"* aufzuarbeiten. Dies schließt nicht aus, dass die *„erzieherische Wirkung"* weniger *„im Erwerb und der Vertiefung abfragbaren Wissens, als vielmehr in der Selbsterfahrung im sozialen, pragmatischen und emtionalen Bereich"* liegt. (KRIEGER, S. 3)

Damit *Freiarbeit* gelingen kann (was häufig gleichzeitig deren Grenzen ausmacht), müssen bestimmte Rahmenbedingungen erfüllt werden:

- Der *Klassenraum* muss so umgestaltet werden, dass Rückzugsmöglichkeiten (Nischen, Sitzgruppen) entstehen und ergänzende Möbel (wie Schränke, Regale, Sideboards u. ä.) bereitgestellt werden, die Materialien aufnehmen können und gleichzeitig den Raum strukturieren. Im Übrigen lässt sich ein solches Klassenzimmer auch für andere Bedürfnisse nutzen, wie z. B. für einen Sitzkreis.

- Der Dreiviertel-Stundentakt ist für ein so beschaffenes Lernen wohl ungeeignet. In der Grundschule ist dies meistens kein Problem, in den weiterführenden Schulen (mit dem Fachlehrerprinzip) wären zumindest Zeitblöcke notwendig.

Der Deutschunterricht eignet sich ganz besonders für die *Freiarbeit*, da häufig nicht so sehr systematisches Wissen im Vordergrund steht, sondern Fähigkeiten und Fertigkeiten (z. B. Lesen oder das Schreibenlernen) eingeübt werden sollen. Allerdings werden häufig gerade der Rechtschreib- und Grammtikunterricht für die *Freiarbeit* aufbereitet, da für diese Bereiche vor allem das **binnendifferenzierende** Moment greift.

Nach BAURMANN und FEILKE (1997) soll der Deutschunterricht Voraussetzungen für das freie Arbeiten schaffen, indem dafür notwendige Kenntnisse, Fähigkeiten und Arbeitsweisen vermittelt und eingeübt werden, etwa

– *Anweisungen und Texte lesen und sinnentsprechend auswerten;*
– *sich Informationen beschaffen und das Wichtigste aufschreiben;*
– *diese Ergebnisse anderen mündlich und schriftlich vermitteln;*
– *Mitschülerinnen und Mitschülern Aufgaben, Anregungen, auch Vorgehensweisen erläutern und mit anderen erörtern;*
– *über geleistete und noch ausstehende Arbeiten, bewährte Lösungswege und noch bestehende Schwierigkeiten sprechen;*
– *durch (epistemisch-heuristisches) Schreiben selbst Lösungen finden und Entscheidungen vorbereiten.* (S. 24)

Ein Beispiel diskutiert BIRGIT SCHNEIDER zum klassenbezogenen *Grundwortschatz* (2. Jahrgangsstufe): „*Ich messe mich*" (1988, S. 56 ff.) Materialien werden dazu vorgestellt. Es ist problematisch, Modelle in Publikationen anzubieten, da sie selten auf die jeweilige Situation in einer konkreten Klasse anwendbar sind. Materialien von Verlagen können dagegen sinnvoll sein, wenn sie offen konzipiert sind. Die Autorin beschreibt im Grunde nicht mehr *Freiarbeit*, sondern *projektorientierten Deutschunterricht*, in dem Freiarbeitsphasen eingebaut sind. Noch eindeutiger in die Richtung des Projekts tendiert das Modell „*Such dir ein Buch aus!*" für das 3./4. Schuljahr von GISELA DAMMANN (1988, S. 144 ff.). Grundsätzlich sollte aber nicht der Eindruck erweckt werden, dass beide Unterrichtsformen identisch seien. Der wesentliche Unterschied liegt wohl darin, dass die *Freiarbeit* ein **wiederkehrendes Element des Stundenplanes** darstellt und **die Folge der zu erledigenden Arbeiten in der Regel nicht auf einen Themenbereich begrenzt ist**. Diese prinzipiellen Unterschiede sollten dem Lehrer zumindest bewusst sein, auch wenn er im Einzelfall pragmatisch damit umgeht.

Abschließend sei darauf verwiesen, dass auch empirische Untersuchungen die positiven Wirkungen der Freiarbeit auf Schüler bestätigen (vgl. HARALD LUDWIG: Freie Arbeit in der Grundschule im Lichte empirischer Forschung, 1997), und zwar in Bezug auf:

- die Beliebtheit bei den Kindern,
- die Möglichkeiten der Differenzierung und Individualisierung durch Freiarbeit,
- die hohe intrinsische Motivation und das konsequent-konzentrierte Arbeitsverhalten.

- Kinder mit Lern- und Verhaltensschwierigkeiten profitierten ebenfalls durch die Freiarbeit. (vgl. S. 81–90)

Die von LUDWIG zusammengestellten empirischen Untersuchungen, beziehen sich zwar auf die Grundschule, aber auch für die weiterführenden Schulformen dürften wohl ähnliche Ergebnisse zu erwarten sein.

7.3 Das Spiel als Gegenstand und Methode des Deutschunterrichts

Das **Spiel** kann als Methode in allen Lernbereichen eingesetzt werden, aber es ist auch **Gegenstand** des Deutschunterrichts; denn das Drama ist: *„die dichterische Verdeutlichung eines Geschehens durch Rollenträger. Im Unterschied zu Epik und Lyrik wird das Drama umgesetzt in die Wirklichkeit der Bühne, muss sich also mit dem **Theatralischen** verschmelzen. Zum Drama gehört neben dem Wort notwendig das Mimische."* (BRAACK, I., 1972, S. 117)

W. HINCK fasst unter „Drama" und „Dramatik" alle sprachlichen Werke zusammen, *„die auf Versinnlichung im Theater bzw. auf der Bühne angelegt sind. Diese Bühne kann auch ein Podium oder die Straße sein."* (HINCK, W., 1973, S. 11) Eine moderne Dramendidaktik betont in besonderer Weise das „Selberspielen", da dies charakteristisch für das Dramatische ist. (Vgl. SCHUSTER, 1979) Zu den dramatischen Formen zählen z. B. die **Pantomime**, das **Stegreifspiel**, **Kasperletheater** (Marionetten-, Puppentheater).

Das Spiel hat im Deutschunterricht eine lange Tradition. Bis Anfang der 60er und 70er Jahre war vor allem das **darstellende Spiel** (Schauspielgruppe, Schulspiel im Sinne von Theater) im Deutschunterricht zu finden. Daneben wurden im Literaturunterricht, z. B. das Stegreifspiel und die Pantomime geübt. Seit den 70er Jahren kamen dann aus der **Psychologie** (der Encounter-Sensitivity-Bewegung usw.) und dem **alternativen Theater** (z. B. dem BOAL-Theater) neue Impulse, die zusehends im Deutschunterricht, vor allem auch im Lernbereich „Mündlicher Sprachgebrauch", Bedeutung gewinnen konnten (vgl. auch dazu die kommunikative Wende).

Zur intensiveren Auseinandersetzung mit diesem Bereich sei mein Buch „Das Spiel und die dramatischen Formen im Deutschunterricht" (1996, 2. Aufl.) empfohlen.

7.3.1 Begriffsbestimmung und Funktionen

Das Bedürfnis zu spielen und die Freude am Spiel gehören elementar zum Menschsein, zu unserer anthropologischen Grundausstattung, was nicht bedeutet, dass nicht auch Tiere spielen können. Das Kleinkind lernt spielerisch fast alle Fähigkeiten und Fertigkeiten, die es benötigt, um die Anforderungen des Alltags bewältigen zu können. Selbst der Erwerb der Muttersprache enthält viele solcher spielerischer Elemente, Experimentieren mit Sprache selbst ist ein höchst kreativer Akt.

Definitionen zum Wesen des Spiels sind tastende Versuche, die den Gegenstand keineswegs ein für allemal festlegen können und wollen.

SCHEUERL definiert Spielen folgendermaßen: Definition: *„Spiel, spielen ist ein Bewegungsablauf, der durch Momente der Freiheit, der Ambivalenz, der relativen*

Geschlossenheit und der besonderen Zeitstruktur und Realitätsbeziehung ('innere Unendlichkeit', 'Scheinhaftigkeit', 'Gegenwärtigkeit') von anderen Bewegungsabläufen unterschieden werden kann." (1975, S. 347)

ELKE CALLIES (1976, S. 7–11) hat eine pragmatische Sammlung von **Merkmalen des Spiels** aufgestellt, die für den schulischen Bereich besonders geeignet sind:

Spiel = intrinsisch motiviertes Verhalten
zweckfreies Verhalten
freiwilliges Tun
handelnde Auseinandersetzung mit der Umwelt
selbstbestimmte Aktivität
Tätigkeit mit Spaß und Vergnügen
expressives Verhalten
Aktivität mittlerer emotionaler Spannungslage
frei von formellen Sanktionen und sozialen Repressionen
kein Ernstcharakter
vermittelt als Quasirealität zwischen Phantasie und Wirklichkeit gekennzeichnet durch Ambivalenz

Dass es kaum möglich ist, das Spielen real zu definieren, liegt sicher auch daran, dass es in so vielfältiger Weise das menschliche Leben durchdringt, und der Begriff „Spiel" semantisch für so viele Tätigkeiten verwendet wird. *„Spiele können nutzlose Überflüssigkeiten sein, bestenfalls geeignet, Langeweile zu verscheuchen. Sie können aber auch ins Zentrum des Daseins rücken, Leidenschaften erregen, bis dass ein Spieler 'alles auf eine Karte setzt': Geld, Vermögen, die eigene Existenz. Innerhalb der Gesamtheit aller Aktivitäten oder Erlebnisweisen kann Spielen bei Erwachsenen, Jugendlichen und Kindern eine ganz unterschiedliche Bedeutung haben: Es kann angenehme Unterbrechung des Alltags sein oder zentrale Ausdrucksweise eigenen Erlebens. Es kann ein Reservat sein, streng ausgegrenzt aus dem Ernst des übrigen Daseins; oder gerade ein verbindendes Moment, das alle Lebensäußerungen eines Menschen, einer Gruppe durchwirkt."* (SCHEUERL, H., in: FLITNER, A., 1988, S. 33)

Die Gesellschaft hält das Spielen des Kleinkindes für dessen physische und psychische Entwicklung für besonders wichtig. Mit dem Eintritt in die Grundschule beginnt der „Ernst des Lebens", und häufig werden in dieser Phase schon die spielerischen Elemente des Unterrichts zurückgedrängt. Betrachtet man die Lehrpläne unter diesem Gesichtspunkt, so fällt auf, dass Spielen, dessen Bedeutung für die Entwicklung des Kindes und Jugendlichen (und u. U. auch des Erwachsenen) unterschätzt und häufig nur mit „bedeutungslosen Tun" assoziiert wird, kontinuierlich abnimmt, da angeblich nur durch Arbeit wirklicher Wissenszuwachs erfolgen könne.

Wer sich mit der Spielforschung befasst hat, wird feststellen können, dass eine geradezu überwältigende Fülle von Literatur existiert (vgl. dazu z. B. die 4 Bde. „Handbuch Spielpädagogik" von K. J. KREUZER; 1983–1984). Im Rahmen einer kurzen Erörterung kann deshalb nur eine Auswahl getroffen (auch in Bezug auf Definitionen und Funktionen) und nicht auf alle möglichen Querverweise eingegangen werden.

Allgemeine Funktionen des Spiels

Aufbau der persönlichen Identität

Im Spiel ist es notwendig, Kooperationsbereitschaft, aber auch Abgrenzungsleistungen zu erbringen, was je nach Alter unterschiedliche Möglichkeiten und Formen generiert.

Das Spiel als Assimilation der Wirklichkeit (nach PIAGET / INHELDER, in: FLITNER, 1988, S. 131).

Das Kind bzw. der Jugendliche muss sich immer auf die Umweltgegebenheiten beziehen, diese ins Spiel einbringen und u. U. verändern (z. B. seine Verhaltensschemata). Da im (sprachdidaktischen) Rollenspiel jeder Einzelne auf eigene Erfahrungen zurückgreifen muss, kommt ihm in diesem Zusammenhang ein besonderer Stellenwert zu.

Das Spiel als entdeckendes Lernen (nach BRUNER / SHERWOORD, in: FLITNER, 1988, S. 158 ff.)

Da im Spiel keine harten Sanktionen wie im wirklichen Leben zu erwarten sind, kann das Kind / der Jugendliche neues Verhalten erproben, Probleme zu lösen versuchen, sein kreatives Potential stärker einbringen und nutzen. Manchmal wird dieses Spielen zu Recht als experimentierendes Lernen bezeichnet.

Das Spiel als Übergang zum abstrakten Denken und geplanten Handeln (nach WYGOTSKI, L. S., 1977, S. 36 ff.)

Diese Funktion wird vor allem Fiktions- und Regelspielen zugeschrieben, in denen es um eine Trennung von Gegenstand und Bedeutung oder Handlung und Bedeutung geht, d. h. die Bedeutung eines Gegenstandes von der Wahrnehmung dieses Gegenstandes und der Sinn einer Handlung vom konkreten Handlungsvollzug abgelöst werden kann.

Das Spiel als Therapie

In der Psychotherapie werden die unterschiedlichsten Spielformen eingesetzt, um therapeutische Prozesse anzubahnen (vgl. dazu Band 4 von KREUZER, J., 1984, der sich ganz mit „Spiel im therapeutischen und sonderpädagogischen Bereich" befasst.) und zu stabilisieren, vor allem im Zusammenhang mit der *Humanistischen Psychologie*. Im Spiel werden Erlebnisse, Verletzungen, Traumata und Ängste verarbeitet, die Umweltbeziehung evtl. umorganisiert. Seelische Konflikte können auf diese Weise bewusst gemacht und evtl. gelöst werden. Therapeuten sprechen von der kathartischen (reinigenden) Funktion der Spiele. Für den geübten Teilnehmer / Lehrer kann die Beobachtung eines Kindes als diagnostisches Hilfsmittel genutzt werden. In der Schule wird man diese Funktion nicht gezielt und kontrolliert ansteuern wollen und können. Doch sollten psychische Auffälligkeiten, sofern sie sich im Spiel mitteilen, Beachtung finden.

Das Spiel als Förderung der Sprachentwicklung und kommunikativen Kompetenz

Im Spiel kommt es unwillkürlich zu Artikulation und Kommunikation, da es am vorhandenen Objekt bzw. bei der notwendigen Interaktion immer etwas zu beschreiben und mitzuteilen gibt. Diese Voraussetzung kann genutzt werden, das Kommunikationsverhalten zu verbessern. Darüber hinaus kann im Spiel mit Sprache diese Funktion ebenfalls erreicht werden.

Das Spiel und die soziale Entwicklung

Im Spiel konstituieren sich leicht und schnell soziale Gruppen, da es die Spiel-Partner durch gemeinsame Erfahrungen verbindet und die Beteiligten in recht engen Kontakt miteinander bringt. *„Sie bauen einen gemeinsamen Bestand von Erinnerungen an Erlebnissen und von Interpretationen auf. Folglich bieten sie eine vielfältige Auswahl an Identifikationsmöglichkeiten und bereiten Kooperationen vor. Da sie helfen, grundsätzlich geklärte und tragfähige Sozialbeziehungen miteinander zu unterhalten, sorgen sie zugleich für eine Grundlage kritischer Auseinandersetzungen mit Problemen in der Gruppe, aber auch mit Neuem, das von außen hereingetragen wird."* (KRAPPMANN, in: FLITNER, 1988, S. 172)

Weitere Funktionen des Spiels sollen in diesem Zusammenhang nur angedeutet werden:
- Das Ausbilden des emotionalen Ausdrucks (Lachen, Weinen, Zorn, Trauer),
- das Vertrautwerden mit dem Körper (z.B. mit pantomimischen Übungen).

Dies bedeutet auch
- die Ausformung der Bewegungen, der Körpersprache,
- die Schärfung der Sinne und der Wahrnehmung, die Verbesserung der Gedächtnisleistungen und der Ausdauer.

Angesichts der positiven Wirkungen des Spiels, über die sich die Spielforscher einig wie selten sind, ist es kaum verständlich und sicher auch nicht gerechtfertigt, dass manche Lehrer sich doch diesem Bereich gegenüber recht reserviert verhalten. Gründe lassen sich anführen. In der Ausbildung wird das Spiel (einschließlich praktischer Übungen) zu wenig berücksichtigt. Es bringt eine gewisse (wenn auch positive) Unruhe ins Klassenzimmer, die der Lehrer oft als anstrengend erlebt. Nicht zuletzt muss die **Lehrperson** bereit sein, **als Modell** zu wirken, d. h. selbst mitzuspielen und auch etwas von sich preiszugeben. Wie schon erwähnt, beschäftige ich mich selbst seit Jahren mit diesem so wichtigen Lernbereich an der Universität in der Ausbildung der zukünftigen Lehrer, an den Schulen, in den Praktika und in der Lehrerfortbildung. Dabei lege ich neben der notwendigen theoretischen Fundierung immer Wert darauf, dass praktische Erfahrungen gesammelt werden. Ich bin jeweils zwar einerseits Organisator, aber andererseits auch immer **Teilnehmer**, Modell, und zwar nicht im Sinne des Vorbildhaften, sondern im Sinne der Bereitschaft, mich selbst in die Situation zu begeben.

7.3.2 Das Rollenspiel im Deutschunterricht

So wie es unmöglich ist, das Spiel als solches in realer Weise zu definieren, wird ebenso der Rollenspielbegriff in den unterschiedlichsten Zusammenhängen gebraucht und je nach diesem Zusammenhang unterschiedlich abgegrenzt.

```
SYMBOLSPIEL

Bauspiel                              Bausteine
                                      Fröbelsteine
                                      LEGO

Darstellungsspiel
    Fingerspiel
    Figurenspiel                      Spielfiguren
                                      PLAYMOBIL
                                      Puppen, Teddies
                                      Handpuppen
                                      Marionetten
    Schattenspiel                     Schattenspielfiguren
    Rollenspiel
        Abenteuerspiel
        Konfliktspiel
        Simulationsspiel, Planspiel
        Hörspiel, Video

Pantomime
Theater
    Figurentheater                    Puppentheater
                                      Kaspertheater
                                      Marionettentheater

Kabarett
Sonderformen (inhaltlich bestimmt)
    Kriegsspiel
    Märchenspiel
    Zirkusspiel
```

FRITZ, J.: Mit Spielliteratur umgehen. Mainz o. J., S. 14.

JÜRGEN FRITZ, der den Versuch unternimmt, die verschiedenen Spielformen zu klassifizieren, ordnet das Rollenspiel dem **Symbolspiel** zu (siehe das obige Schema).
FRITZ meint, dass das **Symbolspiel** der vielseitigste Spieltyp sei.

„Im Symbolspiel verwandelt das Kind Gegenstände (oder sich selbst) in etwas anderes. Es schafft sich aus Bausteinen, aus Puppen, Figuren, aber auch mit Hilfe von Verkleiden und Schminken eine Spielwelt, in der es sich handelnd zurechtfindet und es anderen präsentiert." (FRITZ, J., o. J., S. 13)

Die Hochform des Symbolspiels sei das **Darstellungsspiel mit Personen**. Für diese Spielform werde meist der Sammelbegriff **„Rollenspiel"** gewählt. Zu diesem Bereich zählt er auch Simulations- und Planspiele, Abenteuer-, Konflikt- und Kriegsspiele. Alles, was im Leben des Menschen vorkomme, könne Anlass für ein Rollenspiel sein. Werde das symbolische Spiel von Menschen für ein Publikum inszeniert, spreche man von Theater. Dazu zählt er *Kabarett, Pantomime und Märchen*, das

Hörspiel und eine Videoaufzeichnung, die vorgeführt werde. Neben dieser sehr weit gefassten Eingrenzung des Rollenspiels existieren spezielle Definitionen für bestimmte Aufgaben.

Sprachdidaktisches Rollenspiel (Konflikt-)

Aus der Psychotherapie (vgl. MORENO und sein *Psychodrama*) ist eine Art des Rollenspiels von der Deutschdidaktik übernommen und zum *sprachdidaktischen Rollenspiel* weiterentwickelt worden, so vor allem von BARBARA KOCHAN (1974), die es für einen kompensatorischen und emanzipatorischen Sprachunterricht einsetzen wollte. Weitgehende Einigkeit besteht heute auch darin, dass dieses *sprachdidaktische Rollenspiel*

- **Wirklichkeit simuliert,**
- **verschiedene soziale Rollen thematisiert,**
- **und einen lösbaren oder auch unlösbaren Konflikt enthält.**

Wir können festhalten, dass es die Semantik des Wortes erlaubt, einen sehr weiten Rollenspielbegriff zu gebrauchen, dass es aber Entwicklungen gegeben hat, die auf eine speziellere Verwendung und Eingrenzung abzielten (etwa das *sprachdidaktische* und auch das *literarische Rollenspiel* → vgl. FREUDENREICH / SPERTH, 1983).

Funktionen des Konfliktrollenspiels

Gerade diese Spielform kann nach KRAPPMANN (1972) wichtige Funktionen erfüllen, die auch im realen Leben gebraucht werden:

Empathie – die Fähigkeit, sich in die Psyche des Rollenpartners hineinzuversetzen. Wie wichtig auch in der Psychologie diese Fähigkeit eingeschätzt wird, zeigt ein Interview mit ALFI KOHN (USA) in „Psychologie heute" (10, 90; S. 36–41). *„Wenn es gelänge, eine ganze Generation zu erziehen, für die andere Menschen Subjekte sind, in die man sich einfühlen und deren subjektives Erleben man nachvollziehen kann, dann wäre schon viel gewonnen."* Umgekehrt seien soziale Veränderungen nur dann wirklich sinnvoll, wenn sie ergänzt würden durch die Fähigkeit zu Empathie auf der individuellen Ebene. *„Ich möchte so weit gehen zu behaupten, dass wahre Demokratie erst von empathiefähigen Individuen verwirklicht werden kann."* (S. 40)

Demokratie bedeute ja nicht, dass eine Mehrheit sich gegenüber einer Minderheit durchsetze, sondern dass ein Konsens gefunden werde in einem Prozess, der sehr stark dem empathischen Einanderzuhören ähnele.

Rollendistanz – die Fähigkeit, übernommene Rollen „distanziert", d.h. vor dem Hintergrund einer neuen Situation kritisch betrachten und evtl. revidieren zu können.

Ambiguitätstoleranz – die Fähigkeit, die zwischen Rollenpartnern divergierenden Erwartungen und Bedürfnisse (auch unterschiedliche Norm- und Wertvorstellungen) ertragen zu können.

Kommunikative Kompetenz – die Fähigkeit, die eigene Rolleninterpretation situationsgemäß darzustellen.

Das Rollenspiel kann im Deutschunterricht mit ganz unterschiedlichen Zielvorstellungen eingesetzt werden, z. B.:

– *Zur Repräsentation eines Konflikts*

Solche **Konflikte** können sein:
- Die Tochter will am Sonntag Jeans anziehen, der Vater verbietet es ihr.
- Ein fast erwachsener Sohn möchte mit seiner Freundin in den Urlaub fahren, doch die Mutter der Freundin ist strikt dagegen.
- Die Ehefrau setzt sich mit ihrem Mann auseinander, weil er nicht im Haushalt hilft. (Variante: Kinder / Jugendliche helfen zu wenig.)

Unserer Beobachtung nach ist es außerordentlich wichtig, dass die Konflikte aus dem Erfahrungsbereich der Kinder und Jugendlichen stammen, zumindest sollte es Identifikationsmöglichkeiten geben, was schon gewährleistet sein kann, wenn ein Verhalten durch Beobachtung erlebt wurde.

– *Zur Veränderung von Rollenverhalten;*
– *zur Auseinandersetzung mit Regeln und Normen im mündlichen Sprachgebrauch;*
– *zur Beobachtung nonverbalen Verhaltens (Körpersprache);*
– *zur Möglichkeit, Gefühle äußern zu lernen.*

(Vgl. dazu D. FREUDENREICH, 1983 und SCHOBER, O., 1990)

– *als Vorübung zum schriftlichen Sprachgebrauch*

Wenn in einer Bildgeschichte ein Konflikt enthalten ist, könnte dieser gespielt werden. Auch im Zusammenhang mit der Erörterung lässt sich das Rollenspiel gut einsetzen, wenn nämlich in der Themenstellung Konflikte enthalten sind (vgl. S. 147);

– *als Form eines dramatischen Geschehens,*

das wir in ein Hörspiel umwandelten. Der Dialog (auf Kassette festgehalten) wird der Sprechsituation gemäß sehr natürlich ausfallen. Eine dramatische Zuspitzung lässt sich, wenn es notwendig ist, im Nachhinein leicht einfügen. Das Originaltonhörspiel benutzt z. B. auch Reportageelemente, um damit in der Art der Collage u. U. realitätsverfremdend Aussagen zu machen.

Man unterscheidet **zwei Typen** des sprachdidaktischen **Rollenspiels**.

Im **offenen Rollenspiel** gehen die Schüler von einer zwar vorher festgelegten Situation aus, die sie spontan und unreflektiert, auf ihr soziales und sprachliches Verhalten bezogen ausfüllen (entspricht dem *role-taking*). Wenn gezielt eine Rolle, ein Verhalten festgelegt wird, dann sprechen wir vom **geschlossenen Rollenspiel** (vom *role-making*). Man kann durchaus ein Spielgeschehen zunächst „offen" gestalten lassen und dann in einem zweiten Durchgang, nach einer entsprechenden Reflexionsphase denselben Konflikt gezielt durch die Veränderung des einen oder anderen Rollenverhaltens „geschlossen" spielen lassen.

Durchführung und Methoden des sprachdidaktischen Rollenspiels

Nach K. D. BÜNTING / KOCHAN (1973, S. 172) gliedert man das Rollenspiel in

- **Motivationsphase:** Diskussion und Auffinden der Spielsituation (sofern sie sich nicht schon aus dem Unterrichtsgeschehen von selbst ergeben hat); Rollenverteilung, Beobachtungsaufträge. Dabei ist wichtig, dass die Zuschauer / Zuhörer genaue Beobachtungsaufträge (schriftlich oder mündlich) erhalten, z. B. Beobachtung von nonverbalem Ausdrucksverhalten, auf körpersprachliche Phänomene.
- **Aktionsphase:** Das Spielen
- **Reflexionsphase:** Befragung und Diskussion

Einbezug der Zuschauerbeobachtungen, z. B. Äußerungen der Spieler und Beobachter zu ihren Gefühlen (die Spieler können weiterhin mit ihren Spielnamen angesprochen werden); evtl. Anschließen weiterer Aktionsphasen, Generalisationsversuch.

Verschiedene Verhaltensweisen mit Lösungsmöglichkeiten werden miteinander verglichen, Überlegungen auf einer allgemeineren Ebene können angestellt werden, z. B.: Wer hat so etwas schon erlebt? Wie beurteilt ihr jetzt diese Erfahrung? Werdet ihr euch in ähnlichen Situationen anders verhalten? Welche Schwierigkeiten können sich dann ergeben? Durch Überlegungen, warum es solche Probleme überhaupt gibt, kann die Spielsituation repräsentativ für ähnliche Konflikte werden.

Noch einige Ratschläge zur praktischen Durchführung

Das Rollenspiel muss sorgfältig vorbereitet werden, die Situation muss in Konturen den Spielern präsent sein, z. B. wie alt ist die Figur, welche Charaktere haben Vater und Mutter, gibt es Geschwister, wie ist der ökonomische, gesellschaftliche Status der Familie? Nicht geplant (im **offenen** Rollenspiel) sind schließlich der Dialog, der Ablauf und letztendlich auch nicht der Ausgang des Spiels.

Hilfreich, um leichter zur Identifikation mit der darzustellenden Figur zu finden, ist es, zu Beginn des Spiels die Lebensumstände **monologisieren** zu lassen, z. B. *„Ich bin Peter, 12 Jahre alt, ich habe noch zwei Geschwister, meine Eltern sind etwa Mitte 30 und sehr streng; deshalb habe ich jetzt Angst, mit einem so schlechten Zeugnis nach Hause zu gehen."*

Dieses Verfahren eignet sich im Übrigen meist auch in anderen Rollenspielzusammenhängen, wie auch z. B. folgende Methode: Häufig können sich Zuschauer nicht mit dem Geschehen auf der „Bühne" identifizieren und zeigen eine Reaktion, etwa folgendermaßen: *„Nein, so würde ich nie, ja ich würde ganz, ganz anders handeln!"* Dabei kann das sog. **„Stop-Verfahren"** helfen, d. h. derjenige, der eine Handlungsalternative anspricht, kann den entsprechenden Protagonisten austauschen und an irgendeiner Stelle neu beginnen. Das Spiel kann somit beliebig lange fortgesetzt werden, und dies hat dazu noch den Vorteil, dass mehr Spieler sich aktiv beteiligen können. Zum ersten Mal habe ich dieses Verfahren an einem Theaterabend des AUGUSTO BOAL (vgl. Lit. Verz. 1989[2]) beobachten können. In seinem **„Forumtheater"** lässt er ein sehr provokatives, geschlossenes Rollenspiel ablaufen, so dass die Zuschauer geradezu empört sind und sich aufgefordert fühlen, sich selbst mit Handlungsalternativen einzuschalten. Ich selbst habe mit dieser Methode einmal mit einer Studentengruppe gearbeitet, die dreieinhalb Stunden bis zur physisch-psychischen Erschöpfung agierte. Auch im schulischen Rahmen haben wir damit gute Ergebnisse erzielen können; allerdings sollte der Lehrer darauf achten, dass jeder Spielidee zunächst genügend Zeit gewährt wird, sich zu entfalten, d. h. dass neu einwechselnde Spieler nicht sofort wieder abgelöst werden.

In diesem Zusammenhang wird die Funktion des **Rollentausches** fast überflüssig, da jeder sich an der ihm wichtig erscheinenden Position einbringen kann. Dennoch ist die schon genannte Ambiguitätstoleranz besonders an dieses Verfahren gebunden, da gerade durch das Erleben der einen und anderen Rolle ein und dieselbe Person beide Positionen begreifen lernen kann. Schülern fällt es oft ziemlich schwer, sich in andere Menschen hineinzuversetzen und sich mit ihnen zu identifizieren (vgl. die Einleitung über die Empathie). Unsicherheiten zeigen sich dann etwa durch Verlegenheitslachen oder durch ein direktes Herausfallen aus der Rolle. Je häufiger aber das Rollenspiel im Unterricht geübt wird, desto selbstverständlicher wird diese Methode akzeptiert. Nutzen sollte man als Vorbereitung und Aufwärmen (Warming-up-Spiele und Übungen) kollektive Spielformen, wie sie aus dem pantomimischen und interaktionistischen Bereich (vgl. dazu auch die NEW GAMES) angeboten werden (dazu: GUDJONS 1980[3]; FLUEGELMANN 1980/82; MÜLLER 1981, VOPEL 1981, vgl. dazu auch S. 213 ff.).

Neben dem Monologisieren ist selbstverständlich der **Dialog** wichtigste Methode des Rollenspiels. Es wird aber auch eine spezielle Technik verwendet, die aus der Psychotherapie, dem Psychodrama MORENOs (dazu PETZOLD, H., 1935) stammt, die sog. **Alter-ego-Methode**. Jedem Spieler wird ein Partner beigegeben, der verschiedene Aufgaben übernehmen kann:

– Der Partner kann dem Spielenden helfen, seine Haltung zu verdeutlichen, ihm Stichwörter, Argumente liefern;

– ihm unbewusste, verdrängte Gedanken und Gefühle mitteilen (als Alter ego aus den Tiefenschichten der Psyche), die aber in der Regel nicht unmittelbar von dem Spielenden einbezogen werden. Diese Technik erfordert eine gewisse Übung und Disziplin. Spieler A spricht, Spieler B antwortet / Alter ego von B spricht – Spieler A antwortet auf Spieler B / Alter ego von A spricht usw. Selbstverständlich muss sich das Alter ego nicht zu jeder Antwort äußern. Wir haben uns manchmal damit geholfen, dass das Alter ego zu Anfang und Ende seines „Beitrags" mit den Fingern schnippst oder einfach ein Zeichen mit der Hand macht.

– Ein Dialog zwischen dem Spielenden und dem jeweiligen Alter ego kann die Szene beenden.

Die zweite Alter-ego-Technik setzt ein ich-reflexives Denken voraus und wird deshalb meist erst im Laufe der Pubertät möglich, also etwa ab der 7. Jahrgangsstufe. Je jünger die Schüler sind, desto linearer verläuft das Spiel. Das **helfende** Alter ego ist aber auch schon bei Kindern im Grundschulalter einsetzbar.

Das Planspiel

Das Planspiel (vgl. zur Geschichte und Systematik des Planspiels M. BONK-LUETKENS, 1983) ist gegenüber dem **Rollenspiel die komplexere Variante des Simulationsverfahrens**. Nach B. KOCHAN (In: STOCKER, K., 1987) bezieht sich das Planspiel auf Konflikte zwischen Gruppen und Institutionen. Wichtiger Bestandteil sei die gruppeninterne Entwicklung einer Verhaltensstrategie. Das Rollenspiel thematisiere demgegenüber meist Konflikte zwischen Einzelnen, oder es werde eine am Konflikt beteiligte Gruppe im Spiel nur durch wenige oder durch einen Spieler repräsentiert.

JÜRGEN FRITZ nennt als mögliche Themen für Ausgangssituationen: *„Ein Schüler soll aus der Schule entfernt werden"*; *„ein Lehrer wird vom Dienst suspendiert"*; *„Rauchen in der Schule"*; *„Probleme in einem Jugendzentrum"*; *„eine Wohnsiedlung soll abgerissen werden"*; *„Rechte von Lehrlingen werden verletzt"* (S. 222).

Aus dem Thema des Planspiels und seiner Konfliktstruktur ergeben sich die verschiedenen am Planspiel beteiligten Parteien und Interessengruppen, beim Thema „Rauchen in der Schule" z. B. Schülermitverwaltung, Schulleitung, Elternbeirat, Lehrerkollegium, Schülerinitiativgruppe Raucherecke.

Da sich das Planspiel nicht nur auf Selbsterfahrenes, sondern auch auf eine **gesellschaftlich-institutionelle Wirklichkeit** bezieht, ist es notwendig, Informationen verschiedenster Art (bis hin zur Einladung oder Befragung von Experten) einzuholen und von den einzelnen Gruppen entscheiden zu lassen, in welcher Form sie dem Plenum zugänglich gemacht werden könnten. Arbeitsweisen werden sich ergeben, wie: das Erstellen von Interviews (Befragungen, statistische Auswertung), Sichten von Literatur und Materialien, Entwerfen und Schreiben von Briefen (zur Information, mit Bitten u. a.), von Flugblättern; Aufsuchen von Institutionen, Ämtern und u. U. Vor-Ort-Besichtigungen. In der Klasse ergeben sich daraus Kurzreferate, Statements, Plenums- und Podiumsdiskussionen (Notwendigkeit von Protokollen).

Elemente des Planspiels sind auch Rollenspiele zwischen Gruppen und in Gruppen: *„Bedingt durch die Ausgangslage müssen die Spieler Rollen übernehmen, sie durch ihre Person ausfüllen, sich mit ihnen identifizieren, sich in Beziehung zu anderen Rollen setzen. Das Planspiel ist damit auch eine Methode zur Rollenerforschung."* (FRITZ, 1981, S. 223)

Aus dem bisher Gesagten wird deutlich, dass das Planspiel eine gewisse Verwandtschaft mit Projektunterricht (bzw. dem projektorientierten Unterricht) aufweist, der als komplexes Verfahren u. a. dadurch gekennzeichnet ist, dass verschiedene Lernbereiche und evtl. auch Fächer einbezogen werden.

Das Stegreifspiel

Das Stegreifspiel („sprechen, ohne vom Pferd, ohne aus dem Stegreif = Steigbügel zu steigen") hat eine lange Tradition. Es hat seinen Ursprung in der **Commedia dell' arte** des 16. Jahrhunderts in Italien. Die Commedia dell'arte war ein Straßentheater, das im improvisierten Spiel aktuelle Geschehnisse in einer Stadt darstellte, wobei häufig auch Sozialkritik geübt wurde. Bevor jedoch die Staatsmacht eingreifen konnte, war man meist schon wieder verschwunden. *„Die Commedia dell'arte artikulierte die progressiven Ideen ihrer Zeit. Besonders im 16. Jh.*, als noch *'Abweichler' von einer durch Staat und Klerus bestimmten Konvention auf dem Scheiterhaufen enden konnten, waren subtil gefasste Spielgeflechte mit vielen Metaphern die einzige Möglichkeit, das neue Denken jener Zeit zum Ausdruck zu bringen. Daher behielt die Commedia dell'arte für die nächsten zweihundert Jahre ihres Bestehens das Fehlen eines festen Textes als grundlegendes Kennzeichen stets bei."* (HARJES, R., 1983, S. 78)

Von Italien aus verbreitete sich diese Spielform über ganz Europa, bis im 19. Jahrhundert der Aufstieg des Bürgertums und die damit verbundene Pflege des Theaters diese Stegreifform weitgehend zum Verschwinden brachte, bis auf trivialisierte Restbestände auf den Jahrmärkten, etwa des Bänkelsangs. Erst in den 60er Jahren dieses Jahrhunderts wurde das Stegreifspiel wiederbelebt, im Straßentheater und im freien Theater (vgl. WEIHS, A., 1981). Sicher hatten die Studentenunruhen und die damalige Aufbruchstimmung mit dazu beigetragen. Da das Stegreiftheater eine universell einsetzbare Form des Spiels darstellt, ist es in Ansätzen bereits seit Beginn des Jahrhunderts vor allem im Deutschunterricht benutzt worden. Unter anderen Umständen (der Forderung nach ganzheitlichem Lernen und nach kreativen Rahmenbedingungen) wird es heute verstärkt in den Unterricht einbezogen. In der Tat ist es universell verwendbar, da es nicht so eng definiert worden ist wie das sprachdidaktische Rollenspiel. Immer, wenn es darum geht, eine Handlung, ein Geschehen, szenisch (ohne vorher festgelegten Dialog) darzustellen, kann man auf das Stegreifspiel zurückgreifen, z. B.:

- im **Literaturunterricht**, wenn es gilt, Märchen, Sagen, Fabeln, Schwänke, Lügengeschichten, Kurzgeschichten, Erzählungen oder auch einzelne Szenen aus der Jugendliteratur oder Romanen (Novellen) szenisch darzustellen;
- **im Deutsch- oder Geschichtsunterricht** bei der Vergegenwärtigung historischer Ereignisse oder vergangener Lebensformen. So können Liebeserklärungen vom Mittelalter bis in die Neuzeit nur dann gespielt werden, wenn in der Motivationsphase ausreichendes Wissen und Vorstellungen über das Verhältnis von Mann und Frau in der jeweiligen Epoche gesammelt worden sind. Historische Ereignisse können im Spiel vergegenwärtigt werden und offenbaren dadurch ihre affektiven Komponenten.

Das Stegreifspiel fordert, wie das sprachdidaktische Rollenspiel, die Identifikation mit der dargestellten Person. Da es aber nicht unbedingt soziale Rollen sind, kann auch das Moment der ironischen Distanzierung oder der Übertreibung eingesetzt werden. Damit gerät diese Spielform manchmal in die Nähe des Kabarettistischen. Die Phasen des Spiels sind wie beim sprachdidaktischen Rollenspiel zu organisieren.

Die Pantomime

Auch die Pantomime stellt eine Form des Symbol-, des Rollenspiels dar, wenn sie auch weitgehend ohne Worte erfolgt. Nach MARCEL MARCEAU, dem großen französischen Pantomimen, kann man sie folgendermaßen umschreiben: *„Für mich* *ist die Pantomime die Kunst, Gefühle mit Bewegungen oder durch Bewegungen auszudrücken, aber kein Ersatz der Worte durch Gesten. Die Kunst der Pantomime ist ebenfalls die Identifizierung des Menschen mit den Elementen, den Personen, der Natur, die uns umgibt. Es ist eine Art, das Unsichtbare sichtbar zu machen, es ist eine Kunst, den Raum zu gestalten, mit Händen zu bildhauern. Es ist die Kunst, die Gefühle zu übersetzen weiß. Durch die Pantomime integriert man sich total und übersetzt durch Gesten tiefe Gefühle des menschlichen Wesens."* (MARCEAU, M., in: MÜLLER, W., 1981, S. 9)

Die Pantomime ist Ende der 60er und in den 70er Jahren von den alternativen Theaterformen, vor allem auch vom Straßentheater populär gemacht worden (vgl. auch das BOAL-Theater). In Folge der Neuorientierung von Lernzielen konnte sie ähnlich dem Stegreifspiel vermehrt im schulischen Raum wieder Fuß fassen.

Die Pantomime ist ein „Vortrag" mit Hilfe des „Ausdruckswerkzeuges" Körper. Gestik, Mimik, Körperhaltung und -bewegung ersetzen im Unterricht Kostüme, Requisiten und Beleuchtung. Darstellungsmittel des Pantomimen sind:

– Der **Toc** ist das Satzzeichen der wortlosen Sprache und gliedert den Bewegungsablauf in deutlich sichtbare Phasen. *„Der Mime trinkt nun aus dem Becher: Er setzt den Becher an die Lippen – toc – er trinkt und setzt ihn mit einem toc wieder ab – er führt ihn vom Mund weg in Richtung Tischplatte und setzt ihn ab. Auch dieser Augenblick der Kontaktlösung muss im toc erkennbar sein."* (MÜLLER, 1981, S. 12)
– Der **Blick** ist die Voraussetzung für die Gestik.
– Der **Solar Plexus** („Sonnengeflecht")

Als körperliches Zentrum, als Sammelpunkt aller physischen und psychischen Kräfte dient der Nabel. Er ist der dynamische Mittelpunkt des Körpers; der Solar Plexus ist also der Punkt, an dem die Nervenbahnen zusammenlaufen, je nach Freude, Bedrohung oder Angstgefühlen wird er von uns preisgegeben oder bedeckt, meist mit den Armen.

– **Darstellungsbereiche der Pantomime:**
 Der imaginäre Gegenstand,
 der imaginäre Raum,
 die imaginäre Kraft,
 die imaginäre Person.

WERNER MÜLLER schlägt in seinem Buch „Pantomime" (1981) eine Fülle von Übungen für den schulischen Bereich vor (er ist selbst Lehrer und gleichzeitig ein bekannter Pantomime, der mit einem eigenen Programm auftritt). Sie reichen von ganz einfachen Aufgaben bis zu komplexeren Abläufen; Gruppenpantomimen können als Auflockerung, als Warming up benutzt werden. In der Klasse kann unser Ziel nicht der perfekte Mime sein, sondern ein Schüler, der Körperbewusstsein entwickelt und der mit seinem Körper etwas auszudrücken vermag. Da in der Deutschdidaktik in den vergangenen Jahren besonders betont wurde, dass der Schüler die Mittel und die Ausdrucksmöglichkeiten der Körpersprache (vgl. SCHOBER, 1986) erfahren soll, hat die Pantomime eine Neubewertung erfahren, die sie aber auch selbst mitvollzogen hat, z. B. REBEL, G.: Was wir ohne Worte sagen. Übungsbuch der Körpersprache; MÜLLER, W.: Körpertheater und Commedia dell'arte; MOLCHO, S.: Körpersprache. Ich habe in meinem Aufsatz „*Inhalts- und Beziehungsaspekt von Kommunikation als Gegenstand des Deutschunterrichts*" (SCHUSTER, 1980) die Pantomime in diesem Verwendungszusammenhang zu beschreiben versucht; Kommunikationsschwierigkeiten lassen sich mit Hilfe der Pantomime erfahrbar machen. Die Pantomime kann die Körperausdrucksmöglichkeiten für alle Rollenspiele erweitern, sie kann die Beobachtungs- und die Wahrnehmungsfähigkeit fördern; jede Bewegung muss verfolgt, jede Veränderung der Gestik und Mimik erfasst werden.

Wichtig wäre es, schon sehr früh mit pantomimischen Übungen (Vorschul- bzw. Grundschulalter) zu beginnen, in einem Alter also, in dem die Schüler noch spontan und aufgeschlossen reagieren, damit diese Fertigkeiten kontinuierlich weiterentwickelt werden könnten.

Das literarische Rollenspiel, dramatische und medial vermittelte Formen

Die genannten Spielformen sollen im Folgenden nur andeutend charakterisiert werden, ich verweise auf das ausführliche Literaturverzeichnis.

Im Zusammenhang mit dem handlungs- und produktionsorientierten Literaturunterricht (vgl. WALDMANN, 1984) wurden Verfahren entwickelt, die das Subjekt des Schülers stärker in einen ganzheitlichen Lernprozess integrieren sollen. Ein solches Verfahren stellt das literarische Rollenspiel dar.

Der grundsätzliche Unterschied zum sprachdidaktischen Rollenspiel liegt darin, dass der Text als konstituierende Voraussetzung angesehen werden muss, was ein großer Vorteil sein kann, da sich der Schüler zwar mit den literarischen Figuren im Spiel identifizieren muss, sich selbst aber hinter ihnen verbergen kann, auch wenn er in jeden Spielvorgang seine Subjektivität einbringt. Wirklichkeit oder Handlungsweisen (auch irrealer Art in einem Märchen) werden nur vermittelt, über die Textgrundlage simuliert. Entscheidend beim literarischen Rollenspiel ist, dass nicht nur stegreifartig – dies gehört sicher auch dazu – ein Text szenisch dargestellt wird, sondern dass mit Hilfe der sozial-kreativen Phantasie durch die Schüler im Spielakt **der Text neuartig, über die Vorlage hinausgehend,** geschaffen wird. Dies bedeutet, dass man sich **handelnd multiperspektivisch** den literarischen Text aneignet mit Hilfe des **eigenen Sinnsystems**, das durch die Beschäftigung bzw. Begegnung mit dem literarischen Werk wiederum einer Veränderung erfahren kann.

Lernbereichsübergreifende Formen, Methoden und Probleme

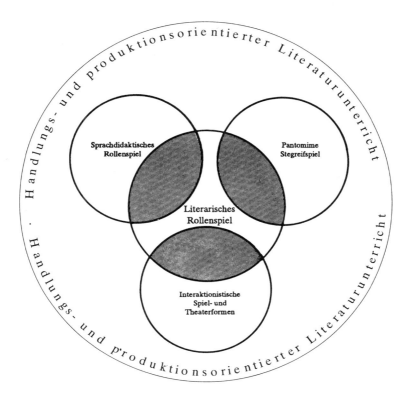

Man kann im Unterricht mit Warming-up-Übungen aus dem interaktionistischen Bereich beginnen. Teile eines Textes werden **stegreifartig** szenisch dargestellt, manche eignen sich für eine **Pantomime**. Immer dann, wenn ein Konflikt nur angedeutet wird, lässt er sich mit Hilfe des **sprachdidaktischen Rollenspiels** ausdifferenzieren, und evtl. können auch Handlungsalternativen aufgezeigt werden, was sich etwa auch beim offenen Schluss einer Kurzgeschichte anbietet.

FREUDENREICH / SPERTH (1983) bringen Beispiele für die verschiedensten Textsorten, Fabeln, Kurzgeschichten, Erzählungen, Parabeln, Gedichte u. a.

Wir konnten in den Praktika einen oft sensationellen Motivationsschub feststellen, wenn die diskursiv-analytische Textarbeit übergeleitet wurde in literarische Spielformen. Manche Textdimension kann nur auf diese Weise zugänglich gemacht werden.

Das **literarische Rollenspiel** ist eine **integrative Spielform** und damit in den Randzonen sehr offen.

Es ist sicher günstig, zur Kontrolle technische Hilfsmittel (Kassettenrecorder, Camcorder) einzusetzen. Bestimmte Schlüsselszenen lassen sich abrufen und sind damit einer intensiven Reflexion zugänglich. Damit erhöht sich aber auch die Motivation, besonders durch den Effekt, dass sich die Akteure selbst hören und sehen können. Wir haben z.B. mit Hilfe des Camcorders eine Art Fernsehspiel hergestellt, ein zufälliges, **prozessorientiertes** Produkt. Man kann natürlich **ergebnisorientiert** arbeiten, d. h. von Anfang an ist es Ziel, ein technisch relativ gutes Fernsehspiel (Hörspiel) herzustellen, das auch außerhalb des Klassenrahmens vorgeführt werden kann (vgl. dazu das Hörspiel S. 192ff.).

7.3.3 Das Kasperltheater

Diese Spielformen (Marionetten-, Masken-, Schattenspiele) gehören zwar auch zum Symbolspiel, doch muss der Spieler seiner Figur nur die eigene Stimme und die Bewegungen vermitteln, den gesamten Körper braucht er nicht einzubeziehen.

NORBERT MILLER / KARL RIHA (1978) behaupten, dass das Kasperltheater in Wien seinen Ursprung habe, und der Komiker JOHANN LAROCHE (1745–1806), der in jungen Jahren Hans-Wurst-Darsteller (und damit ergibt sich eine gewisse Verwandtschaft zur Commedia dell' arte) war, sei der Schöpfer des Kasperls Larifari gewesen, den er 40 Jahre gespielt habe. Nach seinem Tod war das Kasperl-Theater fest etabliert.

H. PURSCHKE (1911–1986), einer der mit Haut und Haaren dem Puppenspiel verfallen war, alles sammelte, was mit ihm zu tun hatte und dessen hervorragender Chronist wurde, widerspricht dieser Darstellung heftig. Er unterscheidet zwischen dem Marionetten- und Kasperlspiel. *„Mit den lustigen Figuren der Wiener Stegreif-Komödie hat der Handpuppenkasper überhaupt nichts zu tun, nicht einmal der Prater-Wurstel. Sie sind ein anderer, ein älterer Typ. Nur den Namen haben sie von der LAROCHE-Schöpfung bzw. vom alten Hanswurst im vorigen Jahrhundert geerbt."* (1983, S. 118) Er vergleicht Marionetten- und Handpuppentheater, die zwar beide Puppentheater, aber dennoch so verschieden voneinander wie Tennis und Fußball seien, die beide zu den Ballspielen gezählt werden könnten.

Das Marionettentheater sei nach dem 30jährigen Krieg in der heute bekannten Form aufgetaucht. Der **Kasper** sei Nachfahre des **Pulcinella** (Commedia dell'arte) und niemals Neben-, sondern immer Hauptfigur gewesen. Seine Urahnen reichten bis ins 13./14. Jahrhundert zurück. In Deutschland bürgerte sich nach PURSCHKE um 1850 für die lustige Figur der Handpuppenbühne der **Name Kasper** ein.

Wie dem auch sei, für unsere Arbeit in der Schule ist dieser Streit allerdings ziemlich unerheblich, da Spielformen schließlich pragmatisch genutzt werden sollen.

Das Kasperltheater ist **die** dramatische Form, die das Kind schon sehr früh, meist sogar im Vorschulalter, entweder im Kindergarten oder im Elternhaus kennen lernt. Insofern hat es propädeutische Funktion; das Kind begegnet hier schon **dramatischen Grundstrukturen, dem Dialog, dem Monolog, der Szene, dem dramatischen Konflikt, der Guckkastenbühne**. Die Figuren sind keine Charaktere, sondern Typen, die sich leicht einordnen lassen. Allerdings lassen sich in Eigenarbeit auch „Puppen" herstellen, die keine festgelegten Typen sein müssen. Im beinahe Brechtschen Sinne wird der Zuschauer ins Geschehen einbezogen, schon mit der Eröffnungsfrage *„Seid ihr alle da?"*

Die Figuren und die Bühne können (fächerübergreifend) im Kunstunterricht hergestellt werden. Jeder Schüler fertigt damit seine eigene Handpuppe. (Vgl. WALDMANN, W., 1986)

Die Möglichkeiten des Einsatzes sind vielfältig: Im Literaturunterricht kann die Handlung (eines Märchens, Schwankes z. B.) szenisch dargestellt oder ein dramatisches Geschehen entfaltet (in der Form des Stegreifspiels), in Gruppenarbeit Szenen erfunden werden, evtl. auch Alltagskonflikte (fast in der Form des sprachdidaktischen Rollenspiels) erfahrbar gemacht werden.

Der Vorteil für den Schüler besteht bei dieser Verfahrensweise darin, dass er zunächst nicht mit seiner ganzen Person einer Figur Präsenz verleihen muss, sondern sich hinter ihr verstecken kann. Gerade für etwas gehemmtere Schüler ist dies u. U. sehr günstig.

Man sollte das Kasperltheater nicht nur auf die Jahrgangsstufen 1–6 beschränken. Unter veränderten Bedingungen kann es nach der Pubertät eine wichtige Funktion haben. Kreativität und Einfallsreichtum beleben die Spielform. Dies konnte ich ganz besonders bei der Arbeit mit Studenten (beim Spiel der Studenten) beobachten, die oft in ganz erstaunlich kurzer Zeit vielfältige Szenen und Spielverläufe erfanden.

Die übrigen figürlich vermittelten Spiele haben ähnliche Voraussetzungen und können in diesem Rahmen nicht näher beschrieben werden.

7.3.4 Interaktionistische Spielformen

Grundsätzlich kann man behaupten, dass die meisten Spielformen, vor allem das Symbolspiel, als interaktionistisch zu bezeichnen sind, da sich zwischen den Akteuren (und zum Teil auch auf Zuhörer / Zuschauer bezogen) **gruppendynamische Prozesse** ereignen.

Die interaktionistischen Spiele im engeren Sinne thematisieren explizit **Kommunikation** und machen Interaktion sinnlich, konkretisierend erfahrbar. Dennoch ist dieser Begriff nicht sehr glücklich gewählt. So konnte ich auch beim Konfliktrollenspiel z. B. tiefe seelische Erschütterungen beobachten.

Interaktionsspiele können zu einem akzeptierenden, positiven Klassenklima beitragen oder als „Warming-up" für andere Aktivitäten dienen.

Gleichzeitig werden nach GUDJONS (1990) folgende Bereiche miteinbezogen: Vorstellen, kennenlernen, – Wahrnehmung, Beobachtung, Kommunikation – sich selbst kennenlernen – Vertrauen, Offenheit, Echtheit – Feedback – Metakommunikation – Rollen, Normen – Kooperation – Entscheidungen, Konflikte – Kreativität, Spontaneität, Phantasie. Die Übungen und Spiele stammen aus verschiedenen Bezugsbereichen:

- der Encounter-(Selbsterfahrungs-)Bewegung
  (z. B. CARL ROGERS, TAUSCH / TAUSCH),
- der Sensitivity-Bewegung
  (WORMSER, R., 1976)
- den New Games (seit 1972 in den USA)
  Dies sind Spiele ohne Wettbewerbscharakter. Die Freude an der Bewegung und der Kooperation steht hier im Vordergrund;

- den alternativen Theaterformen
  (wie z. B. dem BOAL-Theater oder Living Theatre)
- den verschiedenen Richtungen der Humanistischen Psychologie.

Nach FRITZ (o. J.) sind solche Selbsterfahrungsspiele in der Hauptsache für Jugendliche (VOPEL, 1981, entwirft sie auch für Kinder) und Erwachsene konzipiert und sollen die Selbst- und Fremdwahrnehmung steigern, ein Bewusstsein von sich selbst entwickeln helfen. Körperwahrnehmung, Gefühle, Phantasien und Beziehungsannahmen stehen im Mittelpunkt dieser Spiele. Meditation, Feedback, Körperübungen sind wichtige methodische Elemente.

Seit 20 Jahren arbeite ich praktisch mit unterschiedlichen Gruppen: mit **Studenten** – die **Selbsterfahrung** ist wichtig, damit sie später in der Lage sind, die Übungen und Spiele weiterzuvermitteln – mit **Schülern** in Praktika, mit **Lehrern** aller Schulformen in der Fort- und Weiterbildung (einschließlich Erzieherinnen, Kindergärtnerinnen). Wenngleich sich mir die Wirkungen insgesamt positiv darstellen, gab es in der Schulpraxis doch auch Probleme:

1. Die *Klasse ist eine Großgruppe* mit nur **einem** Trainer, dem Lehrer. Ich hatte geschulte Studenten zur Verfügung, so dass wir je nach Bedarf auf Kleingruppen reduzieren konnten.
2. *Organisation* (jeweils 45 Minuten-Rhythmus) und die Räumlichkeiten sind für solche Unterrichtsformen schlecht geeignet. Wir hatten jeweils 90 Minuten Zeit und konnten den Klassenraum umgestalten, damit Platz für die Bewegungsspiele und Kleingruppen entstand.
3. *Der Lehrer* ist meist auf seine *intuitiven Fähigkeiten* zum Spielen angewiesen. Nur wenige Veranstaltungen verbinden Theorie und Praxis des Spiels. In unseren Versuchsschulen trafen wir häufig auf skeptische Lehrer, die uns zwar freie Hand in der „spielerischen" Unterrichtsgestaltung ließen, aber freimütig gestanden, selbst bisher kaum Erfahrungen damit gemacht zu haben.
4. *Problem der Auswahl der Spiele*
   Da wir mit den Schülern ausschließlich an den Praktikumstagen Kontakt hatten, kannten wir sie nur flüchtig, was sich selbstverständlich im Laufe des Semesters etwas änderte.

   So konzentrierten wir uns auf die Spielformen, die nicht von vornherein allzu sehr auf mögliche psychische Erschütterungen angelegt waren. Problematisch ist solch ein Verfahren allerdings wohl immer, da Spiele ganz unterschiedliche Reaktionen auslösen können.
5. *Problem der Betreuung* (Steuerung durch den erfahrenen Lehrer) einzelner Schüler, die Schwierigkeiten mit der Verarbeitung bestimmter Situationen hatten.
6. Problematisch war für uns, dass die Lehrer immer wieder fragten, was die Spiele eigentlich mit dem Deutschunterricht zu tun hätten. Nach ihrem Verständnis könne man Lernen nur als harte Arbeit erfolgreich betreiben. Dass das Kleinkind sich fast alle Fähigkeiten und Fertigkeiten spielerisch aneignet, wird bei einer derartigen Denkweise völlig außer Acht gelassen.

Wenn für den Deutschunterricht in den curricularen Lehrplänen immer wieder betont wird, die **kommunikativen Fähigkeiten** des Schülers zu fördern, dann kann dieses Ziel nicht allein über die kognitive Ebene erreicht werden, sondern nur ganzheitlich, indem man affektive und psychomotorische Dimensionen einbezieht.

Einzelne Spiele, Übungen und Experimente können in diesem Rahmen bedauernswerter Weise nicht aufgeführt werden, da dies jeden inhaltlichen Rahmen sprengen würde.

Ausblick

Weit mehr Spielformen eignen sich für den Deutschunterricht. Sehr gute Erfahrungen haben wir beispielsweise mit dem BOAL-Theater gemacht (AUGUSTO BOAL, ein Brasilianer, 1931 geboren, der sich als Fortführer des Brechtschen Theaters versteht, da er den Zuschauer selbst spielen, ihn zum Protagonisten des Spiels werden lässt). (Vgl. dazu A. BOAL, 1989²)

Lernspiele (dazu zählt J. FRITZ das Sprach-, Konzentrations-, Gedächtnis-, Wahrnehmungs-, Öko- und Naturspiel), **Gestaltungsspiele** (z.B. Mal-, Zeichenspiel), **Schreibspiele** (vgl. das Kapitel 5).

Generell zum Spiel sei abschließend thesenhaft formuliert:

- Das Spiel muss integrativer Bestandteil des Unterrichts sein, wobei es nicht auf das vorpubertäre Alter beschränkt bleiben darf. Jugendliche und junge Erwachsene sind ebenso zu berücksichtigen.

- Dabei ist einem Spiralcurriculum der Vorzug zu geben. Auf jeweils einer anderen (evtl. höheren) Ebene werden dieselben Spielformen wieder aufgenommen, wobei andere Intentionen und Zielsetzungen wirksam werden können. Das sprachdidaktische oder literarische Rollenspiel (das Planspiel), das Stegreifspiel, die Fantomime können in verschiedenen Altersstufen wichtige Funktionen erfüllen.

- Spiel und Spielformen werden dabei phänomenologisch in nominaler Form definiert, so dass pragmatische Abweichungen akzeptiert werden können. Wenn z.B. ein Stegreifspiel zu einem sprachdidaktischen Rollenspiel gerät, so wird dies zwar konstatiert und begründet, aber nicht als „falsches" Spiel korrigiert.

- Das Rollenspiel macht ein ganzheitliches Lernen wieder möglich. Für den einzelnen Schüler ist dies von existentieller Bedeutung.

- In einer Welt, die vom Einzelnen immer mehr Entscheidungen abverlangt, da Normen und Werte nicht mehr gesellschaftlich verbindlich geregelt werden, ist es notwendig, die Ich-Identität des Schülers fundamental zu entwickeln. Und besonders das Spiel scheint dafür ein wichtiges Instrumentarium darzustellen.

- Im Zeitalter sekundärer Medien kommt dem aktiven Spiel eine außerordentliche Bedeutung zu. So kann die Schule dazu beitragen, „*durch bewusste und konstruktiv-aktive Formen des sozialen Lernens die werdende Persönlichkeit so zu fördern, dass kognitive wie emotional-affektive Strukturen dieser Persönlichkeit den Menschen befähigen, im Umgang mit anderen und in Kommunikationsprozessen jene soziale Identität zu erwerben, die die soziale wie politische subjektive Handlungsfähigkeit nicht zum bloßen Anhängsel der technisch-wissenschaftlichen Entwicklung verkümmern lässt.*" (GUDJONS, H., 1983², S. 13)

Ausblick

Weitere Themenkreise:
- **Medien im Deutschunterricht**
  (Vgl. KÜBLER, H. D.: Umgang mit Medien. In: HOPSTER, 1984)
- **Computer und Deutschunterricht**

In vielen curricularen Lehrplänen wird inzwischen eine „informationstechnische Grundbildung im Fach Deutsch" gefordert (in Bayern Rahmenplan vom 8.2.1988), die in den ausgehenden 90er Jahren und im beginnenden neuen Jahrtausend auch den Umgang mit dem **Internet** einschließt.

Ich nenne hier nur einige wenige Lernziele:
- *Kenntnis wichtiger Fachausdrücke – Fähigkeit, mit dem schuleigenen Computer umzugehen – Bewusstsein, dass der Einsatz des Computers nicht immer möglich und sinnvoll ist – Bewusstsein von Veränderungen in der Arbeitswelt.*
(HAGE, E. / SCHMITT, R.: Deutschunterricht und Computer. Bamberg: Buchner 1988)

Die beiden Autoren bemerken im Vorwort: *„Erst in den 80er Jahren wurde die Notwendigkeit einer informationstechnischen Bildung im Unterricht erkannt. So forderte die Bund-Länder-Kommission 1984 die Einführung eines verpflichtenden Unterrichts in informationstechnischer Grundbildung.*

Auch das Fach Deutsch wird seitdem mit dem Computer konfrontiert, sei es als Gegenstand von Problemerörterungen und Textanalysen, sei es als Werkzeug im Sprach- und Rechtschreibunterricht [Kapitel des Buches: Der Computer im Rechtschreibunterricht, im Aufsatzunterricht, als Unterrichtsthema und eigene Gestaltungsversuche mit dem Computer]. *Von den meisten Deutschlehrern wurde diese Entwicklung als problematisch empfunden, nicht nur weil sie in der Regel zu wenig mit dem Computer vertraut waren, sondern vor allem weil es kaum Hilfen für den Unterricht gab."* (S. 4)

Allerdings wird mit dieser zusätzlichen Aufgabe deutlich, wie sehr der Deutschunterricht immer wieder neue Inhalte verordnet bekommt, ohne dass dazu zusätzlich Zeit zur Verfügung gestellt wird.

- **Ökologie und Deutschunterricht**
  (vgl. SCHOBER, O.: Ökologisches Verhalten als Unterrichtsprinzip. Beispiel: Deutschunterricht und Ökologie. In: LIEDTKE / SCHREINER, o. J.)

Schluss

„Vielleicht wird der eine oder andere Leser in der Darstellung ein Übergewicht der Beschreibung neuerer Verfahren und Methoden, vor allem in dem Kapitel *Kommunikation als Prinzip des Deutschunterrichts*, in der *Literaturdidaktik* (mit der Produktionsorientierung), im *schriftlichen Sprachgebrauch* (mit den personalen und kreativen Schreibformen) und in den *Bereichen des Spiels* (mit dem Rollenspiel und den interaktionistischen Formen) kritisch registriert haben. Ich glaube aber, dass eine Neukonzeption besonders die neueren Tendenzen aufgreifen und einem breiteren Publikum bekannt machen muss, auch wenn manche Probleme auf der organisatorischen oder auch grundsätzlichen Ebene noch nicht gelöst sind. Jede Fort- und Weiterentwicklung birgt Risiken in sich, die aber für die notwendige Bewegung sorgen. Sie sollten auch damit neugierig gemacht werden, sich mit diesen Phänomenen näher zu beschäftigen, auf der einen Seite theoretisch (vgl. die Auswahlbibliographie), aber vor allem durch Eigenerfahrung in entsprechenden Veranstaltungen. Ich nehme das Bild von der Fachdidaktik Deutsch als einem Haus mit verschiedenen Stockwerken und Zimmern aus der Einleitung noch einmal auf und lade Sie ein, die entsprechenden Schränke mit ihren Schubladen weit zu öffnen." (SCHUSTER: Einführung in die Fachdidaktik Deutsch. 1992^1-1996^6, S. 235)

Bewusst lasse ich den bisherigen Schluss als Zitat bestehen. Wenn man die Tendenzen in der Deutschdidaktik und deren Auswirkungen in der Praxis überblickt, dann gehören die im Buch dargestellten *neueren Verfahren und Methoden* zwar noch nicht allgemein zum schulischen Alltag, aber die Bewährungsprobe haben sie wohl bestanden. Dieser Fortschritt ist einer breiten didaktischen Diskussion auf verschiedenen Ebenen zu verdanken.

In Zukunft wird es wichtig sein, Probleme zu erkennen und zu lösen zu versuchen, Möglichkeiten weiter auszudifferenzieren, Erfahrungen zu sammeln, um die Fortentwicklung und Innovation nicht verebben zu lassen.

Das *didaktische Haus* soll nicht nur besichtigt und besucht werden, sondern deren Bewohner haben jetzt die Aufgabe, sich darin häuslich einzurichten.

Auswahlbibliographie

Wichtige grundlegende Literatur wird mit einem Kreis gekennzeichnet, in dem jeweils das entsprechende Kapitel eingetragen ist, auf das der Buchtitel besonderen Bezug hat. Ohne Zahl ist der Titel allgemein wichtig.

Weiterführende und für einen Überblick sehr empfehlenswerte Literatur ist mit einem kleinen Pfeil versehen worden.

Manche wichtige Literatur wird auch im Kontext des jeweiligen Kapitels genannt. Zeitschriften werden am Schluss der Bibliographie aufgeführt.

O Abraham, U. / Beisbart, O. / Koß, G. / Marenbach, D.: Praxis des Deutschunterrichts. Arbeitsfelder, Tätigkeiten, Methoden. Donauwörth: Auer 1998

Abraham, U.: Literatur, Sozialisation und literarisches Lernen. Opladen: Westdeutscher Verlag 1998

Abraham, U.: Mehr als Nachspielen und Vorspielen: Dramatisches Gestalten zwischen Prozeß- und Produktorientierung. In: LUSD, H. 4, 1992. S. 30–50

Adrion, D.: Praxis des Rechtschreibunterrichts. Freiburg: Herder 1978

Alexander, G.: Eutonie. Ein Weg der körperlichen Selbsterfahrung. München: Kösel 8. Aufl. 1992

Amann, J.: TZI: Der Stoff muss nicht töten. In: Sauter, F. (Hrsg.), 1983

Amberg, S.: Bibliotherapie – Lesen als Heilmittel. In: Bertelsmann Briefe. 9/1987, S. 10–16

Ammon, U. / Simon, G.: Neue Aspekte der Soziolinguistik. Weinheim / Basel 1975

Argyle, M. / Trower, P.: Signale von Mensch zu Mensch. Die Wege der Verständigung. Weinheim / Basel: Beltz 1981

Aschaffenburg, H. u. a.: Gruppenarbeit themenzentriert. Mainz: M. Grünewaldt 1987

Augst, G. (Hrsg.): Deutsche Rechtschreibung mangelhaft? Materialien und Meinungen. Heidelberg: Quelle & Meyer 1974

Austermühl, E.: Lyrik in der Sekundarstufe I. Hannover: Schroedel 1982

Barnitzky, H.: Sprachunterricht heute. Frankfurt/M.: Scriptor 1987

Batz, M. / Schroth, H.: Theater zwischen Tür und Angel. Hamburg: Rowohlt 1984

Baumgarten, M. / Schulz, W. (Hrsg.): Die Freiheit wächst auf keinem Baum ... Theaterkollektive zwischen Volkstheater und Animation. Berlin: Medusa 1979

Baumgärtner, A. C.: Ballade und Erzählgedichte im Unterricht. München: List 1979, 3. überarb. u. erw. Aufl.

Baumgärtner, A. C. (Hrsg.): Ansätze historischer Kinder- und Jugendbuchforschung. Baltmannsweiler: Schneider 1980

Baumgärtner, A. C.: Literaturunterricht mit dem Lesebuch. Bochum: Kamp 1974

Baumgärtner, A. C. (Hrsg.): Literaturrezeption bei Kindern und Jugendlichen. Baltmannsweiler: Schneider 1982

④ Baumgärtner, A. C.: Deutsche Kinder- und Jugendliteratur 1960–1980. In: Jugendbuchmagazin, Jg. 32, H. 4, 1982, S. 171–179

Baumgärtner, A. C.: Kinder- und Jugendliteratur im Deutschunterricht. Versuch eines Überblicks. In: Lehmann, J. / Stocker, K. (Hrsg.), 1981, Bd. 2, S. 146–156

Baumgärtner, A. C. / Pleticha, H. (Hrsg.): ABC und Abenteuer. Texte und Dokumente zur Geschichte des deutschen Kinder- und Jugendbuches. 2 Bde. München: Deutscher Taschenbuchverlag 1985

Baumgärtner, A. C. / Watzke, O.: Wege zum Kinder- und Jugendbuch. Donauwörth: Auer 1985

O Baurmann, J. / Hoppe, O. (Hrsg.): Handbuch für Deutschlehrer. Stuttgart u. a.: Kohlhammer 1985

Baurmann, J.: Fachtexte. Basisartikel. In: PRAXIS DEUTSCH 48/1981, 10 ff.

Baumann, J.: Mündlicher Sprachgebrauch. In: Baumann / Hoppe (Hrsg.), 1985, S. 258–280
→ Baumann, J.: Textrezeption und Schule. Stuttgart: Kohlhammer 1980
⑦ Baumann, J. / Feilke, H.: Freies Arbeiten. Basisartikel. In: PRAXIS DEUTSCH, 141, Jan. 1997, S. 18–27
Bayer, K. / Seidel, B.: Gesprochene Sprache. Basisartikel. In: PRAXIS DEUTSCH 24/1977, S. 11 ff.
→ Bayer, K.: Mündliche Kommunikation. Paderborn / München / Wien /Zürich: Schöningh 1982
Becher, H. R. / Bennack, J. (Hrsg.): Taschenbuch Grundschule. Baltmannsweiler: Schneider 1995
⑤ Beck, O.: Theorie und Praxis der Aufsatzbeurteilung. Bochum: Kamp 1979
Beck, O. / Hofen, N.: Aufsatzunterricht Grundschule. Baltmannsweiler: Schneider 1993, 2. Auflg.
Beck, O. / Hofen, N.: Aufsatzunterricht Grundschule. konkret. Baltmannsweiler: Schneider 1993a
Beck, O. / Payrhuber, F.-J. / Steffens, W.: Aufsatzbeurteilung heute. Zielsetzung, Methoden, Beispiele. Freiburg i. B.: Herder 1978, 2. Aufl.
Beck, O. / Payrhuber, F.-J. (Hrsg.): Praxis des Aufsatzunterrichts in der Grundschule. Freiburg / Basel / Wien: Herder 1981
Becker, G. E.: Planung von Unterricht. Durchführung von Unterricht. Auswertung und Beurteilung von Unterricht (= Handlungsorientierte Didaktik, Teil 1-3). 3 Bde. Weinheim / Basel: Beltz 1984–86, 3. (2.) Aufl. 1988
Becker, J. (Hrsg.): Die Diskussion um das gute Jugendbuch. Darmstadt: Wiss. Buchgesellschaft 1986
Behr, K. u. a.: Grundkurs für Deutschlehrer: Sprachliche Kommunikation. Analyse der Voraussetzungen und Bedingungen des Faches Deutsch in Schule und Hochschule. Weinheim: Beltz (1972), 5. überarb. Aufl. 1980
Behr, K. u. a.: Folgekurs für Deutschlehrer: Didaktik und Methodik der sprachlichen Kommunikation. Weinheim: Beltz 1975
Bein, Ch. / von Hillner, A.: Schreibstörungen. Ihre Pädagogik und Therapie. Berlin/Milow: Schibri 1993
Beisbart, O.: Schreiben als Prozeß. In: Der Deutschunterricht. 1989, H. 3, S. 5–16
④ Beisbart, O. / Eisenbeiß, U. / Koß, G. (Hrsg.): Leseförderung und Leseerziehung. Festschrift für H. E. Giehrl. Donauwörth: Auer 1993
Beisbart, O. / Bleckwenn, H. (Hrsg.): Deutschunterricht und Lebenswelt in der Fachgeschichte. Frankfurt/M.: Lang 1993
→ Beisbart, O. / Koß, G. / Marenbach, D.: Einführung in die Praxis des Deutschunterrichts. Donauwörth: Auer 1985
○ Beisbart, O. / Marenbach, D.: Einführung in die Didaktik der deutschen Sprache und Literatur. Donauwörth: Auer, 5. veränd. und erw. Aufl. (1990), 1994, 6. Aufl.
→ Belgrad, J. (Hrsg.): TheaterSpiel. Ästhetik des Schul- und Amateurtheaters. Baltmannsweiler: Schneider 1997
→ Belgrad, J. / Melenk, H. (Hrsg.): Literarisches Verstehen – Literarisches Schreiben. Baltmannsweiler: Schneider 1996
→ Belgrad, J./Fingerhut, K. (Hrsg.): Textnahes Lesen. Annäherungen an Literatur im Unterricht. Baltmannsweiler: Schneider 1998
→ Bennack, J. (Hrsg.): Taschenbuch Sekundarschule. Baltmannsweiler: Schneider 1995
→ Bennack, J. / von Martial, I.: Einführung in schulpraktische Studien. Vorbereitung auf Schule und Unterricht. Baltmannsweiler: Schneider (1994), 5. Aufl. 1998
Bergmann, R. u. a.: Einführung in die deutsche Sprachwissenschaft. Heidelberg: Winter 1981, 2. erw. Aufl. 1991

Berne, E.: Spiele der Erwachsenen. Hamburg: Rowohlt 1985

Birkenbihl, V. F.: Kommunikationstraining. Landsberg/Lech: Moderne Verlagsgesell. 1987, 8. Aufl.

Birner, H.: Jugendzeitschriften unter der Lupe. München: Oldenbourg 1983

Bleckwenn, H. / Loska, R.: „Phantasiereise" – Imaginative Verfahren im Deutschunterricht. In: Pädagogik, Jg. 40, H. 12, 1988, S. 25–35

Bleckwenn, H.: Stilarbeit. Basisartikel. In: PRAXIS DEUTSCH, Heft 101, 1990, S. 15–20

Blöchl, E. / Mischon, C. (Hrsg): ... sich in die Worte zu verwandeln ... Therapeutische und pädagogische Aspekte des kreativen Schreibens. Berlin: Schelsky/Jeep 1991

→ Blumensath, H.: Ein Text und seine Inszenierung. In: PRAXIS DEUTSCH, H. 115, 1992, S. 27–29

→ Boal, A.: Theater der Unterdrückten. Frankfurt/M.: Suhrkamp (1979) 1989, 2. erw. Aufl.

→ Boehnke, H. / Humburg, J.: Schreiben kann jeder. Hamburg: Reinbek 1980

⑥ Boettcher, W./Sitta, H.: Grammatik in Situationen. In: Diegritz, Th., 1980

Boettcher, W.: Schreiben im Deutschunterricht der Sekundarstufe I – Bilanz, Neuansätze. In: Mitteilungen des deutschen Germanistenverbandes 29, 1982, S. 4–47

→ Boettcher, W. u. a.: Sprache. Das Buch, das alles über Sprache sagt. Braunschweig: Westermann 1983

Boettcher, W. / Firges, J. / Sitta, H. / Tymister, J.: Schulaufsätze. Texte für Leser. Düsseldorf: Schwann 1973

⑥ Boettcher, W. / Sitta, H.: Der andere Grammatikunterricht. München / Wien / Baltimore: Urban & Schwarzenberg 1981

Bollinger, H. u. a.: Maskentheater in der Schule. Handreichungen. Hamburg: Amt für Schule 1991

Bommert, H.: Grundlagen der Gesprächspsychotherapie. Stuttgart: Kohlhammer 1977

→ Bonfadelli, H. / Fritz, A. / Kocher, R.: Lesesozialisation. Leserfahrung und Lesekarrieren. Bd. 2. Gütersloh: Bertelsmann 1993

Bonk-Luetkens, M.: Planspiele und Planspielmodelle. In: Kreuzer (Hrsg.), 1983, Bd. 2, S. 269–283.

Born, M. / Lueg, K.-H.: Zur Praxis der Aufsatzbewertung. Düsseldorf: Schwann 1979

Born, M. / Sahr, M.: Kinderbücher im Unterricht der Grundschule. Baltmannsweiler: Schneider (1985), 4. Aufl. 1996

⑤ Bothe, K. / Waldmann, G.: Erzählen. Eine Einführung in kreatives Schreiben und produktives Verstehen von traditionellen und modernen Erzählformen. Stuttgart: Klett 1992

Boueke, D. u. a.: Bibliographie Deutschunterricht. Ein Auswahlverzeichnis. Paderborn: Schöningh 1973, 3. bearb. u. erg. Aufl. 1978

Boueke, D. (Hrsg.): Der Literaturunterricht. Weinheim / Berlin / Basel: Beltz 1971

Boueke, D. u. a.: Ergänzungsband zur Bibliographie Deutschunterricht 1978–83. Paderborn: Schöningh 1984

Boueke, D. / Hopster, N. (Hrsg.): Schreiben – Schreiben lernen. (Festschrift) Rolf Sanner zum 65. Geburtstag. Tübingen: Narr 1985 (= Tübinger Beiträge zur Linguistik, 249)
darin besonders:

⑤ Boueke, D. / Schülein, F.: Personales Schreiben – Bemerkungen zur neueren Entwicklung in der Aufsatzdidaktik. S. 277–301

⑥ Boueke, D.: Reflexion über Sprache. In: Hopster (Hrsg.), 1984, S. 334–372

Braak, I.: Poetik in Stichworten. Kiel: Hirt (1972), 6. erw. Aufl. 1980

Brand, P. / Schulze, V. (Hrsg.): Medienkundliches Handbuch. Die Zeitung. Braunschweig: Westermann 1987, 4. Aufl.

Brauneck, M. (Hrsg.): Autorenlexikon deutschsprachiger Literatur des 20. Jahrhunderts. Reinbek: Rowohlt 1984

Brauneck, M. / Schneilin, G. (Hrsg.): Theaterlexikon. Begriffe und Epochen, Bühnen und Ensembles. Reinbek: Rowohlt 1986

Bredella, L.: Einführung in die Literaturdidaktik. Stuttgart: Kohlhammer 1976

Bremer Kolektiv: Grundriss einer Didaktik und Methodik des Deutschunterrichts in der Sekundarstufe I und II. Stuttgart: Metzler 1974

→ Brenner, G.: Kreatives Schreiben. Bielefeld: Cornelsen 1990

→ Brüggebors, G.: Körperspiele für die Seele. Hamburg: Rowohlt 1989

Brüggemann, Th. / Ewers, H. H. (Hrsg.): Handbuch zur Kinder- und Jugendliteratur. Von 1750–1800. Stuttgart: Metzler 1982

Bürmann, J.: Gestaltpädagogik – ein Weg zur humanen Schule. In: Sauter, F. (Hrsg.), 1983

Bruner, J. S. / Sherwood, V.: Das Erlernen von Regelstrukturen in den frühesten Spielen von Mutter und Kind (Guckuck-da). In: Flitner, 1988, S. 158–167

→ Buchner, Ch.: Schreibvergnügen. Anregungen und Materialien für das 1. und 2. Schuljahr. München: Oldenbourg 1992, 2. Aufl.

→ Bühler, K.: Sprachtheorie. 1934 Nachdruck: Stuttgart / New York: G. Fischer (1965) 1982, § 2: Das Organonmodell der Sprache, S. 24–31

→ Bünting, K.-D. / Kochan, D. C.: Linguistik und Deutschunterricht. Kronberg/Ts.: Scriptor 1973

Bürger, Chr.: Deutschunterricht – Ideologie oder Aufklärung. Frankfurt/M.: 1970

③ Burow, O.-A. / Scherpp, K.: Lernziel: Menschlichkeit. Gestaltpädagogik – eine Chance für Schule und Eziehung. München: Kösel 1981

Bütow, W. (Leiter des Autorenkollektivs): Methodik Deutschunterricht Literatur. Berlin-DDR: Volk und Wissen 1977

Büttner, Chr. (Hrsg.): Spielerfahrungen mit Schülern. München 1981

Buzan, T.: Kopftraining. Anleitung zum kreativen Denken. München: Goldmann 1993

Callies, E.: Spielen ein didaktisches Instrument für soziales Lernen in der Schule? In: Die Grundschule 1/1976

Canacakis, J. u. a.: Wir spielen mit unseren Schatten. Reinbek: Rowohlt 1986

③ Cohn, R. C.: Von der Psychoanalyse zur themenzentrierten Interaktion. Stuttgart: Klett (1975), 13. Aufl. 1997

Comenius, J. A.: Große Didaktik. Übersetzt und herausgegeben von Andreas Flitner. Düsseldorf / München 1966, 3. Aufl.

Conrad, R. (Hrsg.): Lexikon sprachwissenschaftlicher Termini. Leipzig: VEB Bibliographisches Institut 1985

Correll, W.: Lernpsychologie. Donauwörth: Auer 1983, 18. Aufl.

④ Dahrendorf, M.: Entwicklungstendenzen der Kinder- und Jugendliteratur in Deutschland Ende der 90er Jahre. In: Kämper-van den Boogart, M. (Hrsg.), 1997, S. 184–195

→ Dahrendorf, M.: Kinder- und Jugendliteratur im bürgerlichen Zeitalter. Königstein/Ts.: Scriptor 1980

Dahrendorf, M.: Texte – Lesen – Unterricht. Mehr Fragen als Bemerkungen über einen wenig geklärten Zusammenhang. In: Westermanns Pädagogische Beiträge 28, 1976, H. 10

Dahrendorf, M.: Umgang mit Jugendliteratur. In: Hopster, 1984, S. 205–225

Dammann, G.: „Such dir ein Buch aus!" – Kennenlernen und Erproben von Möglichkeiten der Buchauswahl in einem 3./4. Schuljahr. In: Hegele, I. (Hrsg.), 1988, S. 114–137

Daniels, K./Mehn, I.: Konzepte emotionellen Lernens in der Deutsch-Didaktik. Bonn-Bad Godesberg: Dürr 1985

Davidson, D. / Jenchen, H. J.: Das Praktikum. München: Oldenbourg 1980

⑥ Diegritz, Th. (Hrsg.): Diskussion Grammatikunterricht. München: Fink 1980

Diegritz, Th.: Wohin steuert die Grammtikdidaktik? „Diskussion Grammatikunterricht" um 1980 und zu Beginn der 90er Jahre im Vergleich. In: Der Deutschunterricht, Heft 4/1996, S. 87–95

→ Diegritz, Th. / Rosenbusch, H. S.: Kommunikation zwischen Schülern. München: Urban & Schwarzenberg 1977

→ Dittmar, N.: Soziolinguistik. Frankfurt/M.: Athenäum 1973

Doderer, K. (Hrsg.): Lexikon der Kinder- und Jugendliteratur. Personen-, Länder- und Sachartikel zu Geschichte und Gegenwart der Kinder- und Jugendliteratur. 3 Bde. und 1 Ergänzungs- und Registerband. Weinheim / Basel: Beltz u. Pullach: Verlag Dokumentation 1975–82

Doderer, K. (Hrsg.): Zwischen Trümmern und Wohlstand. Literatur der Jugend 1945–1980. Weinheim / Basel: Beltz 1988

Dorsch, F. (Hrsg.): Psychologisches Wörterbuch. Bern: Huber 1987, 11. Aufl.

Dychtwald, K.: Körperbewußtsein. Essen: Synthesis 1981

Eckhardt, J.: Kinder- und Jugendliteratur. Darmstadt: Wiss. Buchgesellschaft 1987

Eggert, H. / Rutschky, M. (Hrsg.): Literarisches Rollenspiel in der Schule. Heidelberg: medium lit. 10, 1978

→ Eibl-Eibesfeldt, J.: Die Biologie menschlichen Verhaltens. Grundriß der Humanethologie. München / Zürich: Piper 1986, 2. Aufl.

⑥ Eichler, W.: Grammatikunterricht. In: Lange, G. / Neumann, K. / Ziesenis, W. (Hrsg.), 1994, S. 252–284

⑥ Eisenberg, P.: Die deutsche Sprache und die Reform ihrer Orthographie. In: PRAXIS DEUTSCH, Heft 130, 1995, S. 3–6

Eisenberg, P.: Mit der Neuregelung leben. In: PRAXIS DEUTSCH. Heft 153, Jan. 1999, S. 3–6

⑥ Eisenberg, P. / Menzel, W.: Grammatik-Werkstatt. Basisartikel. In: PRAXIS DEUTSCH, Heft 129, 1995, S. 14–23

Eisenberg, P. / Klotz, P. (Hrsg.): Sprache gebrauchen – Sprachwissen erwerben. Stuttgart: Klett 1993

⑥ Eisenberg, P. / Spitta, G. / Voigt, G.: Schreiben: Rechtschreiben. In: Praxis Deutsch, Heft 124, 1994, S. 14–25

③ Ellgring, H.: Nonverbale Kommunikation. Einführung und Überblick. In: Schober, O./Rosenbusch, H. (Hrsg.), 1995, S. 9–53

⑦ Ellwanger, W. / Grömminger, A.: Das Puppenspiel. Psychologische Bedeutung und pädagogische Anwendung. Freiburg: Herder 1989

⑥ Erlinger, H. D.: Studienbuch Grammatikunterricht. Paderborn: Schöningh 1988

→ Ermert, K. / Bütow, Th. (Hrsg.): Was bewegt die Schreibbewegung? Kreatives Schreiben – Selbstversuche mit Literatur. Loccumer Akademiebericht 1990

Essen, E.: Methodik des Deutschunterrichts. Heidelberg 1955, 1980, 10. Aufl.

→ Ewers, H.-H. (Hrsg.): Jugendkultur im Adoleszenzroman. Jugendliteratur der 80er und 90er Jahre zwischen Moderne und Postmoderne. Weinheim: Juventa 1994

Falckenberg, B. / Titt, G.: Die Kunst der Pantomime. Köln: Prometh 1987

Farau, A. / Cohn, R. C.: Gelebte Geschichte der Psychotherapie. Zwei Perspektiven. Stuttgart: Klett / Cotta (1984) 1995

Fast, J.: Körpersprache. Hamburg: Rowohlt 1971, 1991

Fingerhut, K.: Literaturdidaktik – eine Kulturwissenschaft. In: Belgrad, J. / Melenk, H. (Hrsg.), 1996, S. 50–72

Fingerhut, K.: L-E-S-E-N: Fachdidaktische Anmerkungen zum „produktiven Literaturunterricht". In: Kämper-van den Boogart, M. (Hrsg.), 1997, S. 98–125

Fix, M.: Kann man in die Fachdidaktik einführen? Diskussionsanregungen anhand der Einführung von Karl Schuster. In: Didaktik Deutsch. Heft 1, 1996, Schneider, S. 91–94

→ Flitner, A. (Hrsg.): Das Kinderspiel. München: Piper 1988, 5. Aufl.

Fluegelmann, A. / Tembeck, I.: New Games – Die neuen Spiele. Pittenhart-Oberbrunn: Ahorn 1980

Auswahlbibliographie

Fluegelmann, A.: Die neuen Spiele. 2 Bde. Pittenhart / Oberbrunn: Ahorn 1982

Foerster, H. v.: Wissen und Gewissen. Frankfurt/M.: Suhrkamp 1993

→ Frank, H. J.: Geschichte des Deutschunterrichts. Von den Anfängen bis 1945. München: Hanser 1973 (Taschenbuchausgabe unter dem Titel: Dichtung – Sprache – Menschenbildung. 2 Bde. München: Deutscher Taschenbuchverlag 1976)

→ Franz, K. / Meier, B.: Was Kinder alles lesen. München: Ehrenwirth, 1983, 3. Aufl.

Franz, K.: Kinderlyrik. Struktur, Rezeption, Didaktik. München: Fink 1979

Franz, K. / Gärtner, H.: (Hrsg.): Kinderlyrik zwischen Tradition und Moderne. Baltmannsweiler: Schneider 1996

Franz, K. / Pointner, H. (Hrsg.): Interkulturalität und Deutschunterricht. Festschrift für Karl Stocker. München: ars una 1994

Freudenreich, D.: Rollenspiel und soziales Lernen im Unterricht. In: Kreuzer, J., Bd. 2 1983, S. 213–230

⑦ Freudenreich, D. / Sperth, K.: Stundenblätter: Rollenspiele Literaturunterricht. Sekundarstufe I. Stuttgart: Klett 1983

Fricke, H. / Zymner, R.: Einübung in die Literaturwissenschaft. Paderborn: Schöningh 1991

Friedrichs, J.: Methoden empirischer Sozialforschung. Opladen: Westdeutscher Verlag 1990, 14. Aufl.

Fritz, J.: Ergänzungsband zur Mainzer Spielkartei. Mainz: Grünewald 1989

Fritz, J.: Mainzer Spielkartei. Mainz: Grünewald 1991, 4. erw. Aufl.

→ Fritz, J.: Methoden des sozialen Lernens. München: Juventa 1993, 3. erg. Aufl.

Fritz, J.: Mit Spielliteratur umgehen. Hinweise zur Datenbankbenutzung. Mainz: Grünewald o. J.

→ Fritzsche, J.: Aufsatzdidaktik. Stuttgart: Kohlhammer 1980

Fritzsche, J. u. a.: Projekte im Deutschunterricht. Stuttgart: Klett 1992

→ Fritzsche, J.: Rechtschreibunterricht. Untersuchungen zu seiner Stellung und seinen Aufgaben im Deutschunterricht. Wiesbaden: Steiner 1984

→ Fritzsche, J.: Schreibwerkstatt. Geschichten und Gedichte: Schreibaufgaben, -übungen, -spiele. Stuttgart: Klett 1989

○ Fritzsche, J.: Zur Didaktik und Methodik des Deutschunterrichts. Bd. 1: Grundlagen; Bd. 2: Schriftliches Arbeiten; Bd. 3: Umgang mit Literatur. Stuttgart: Klett 1994

Frör, H.: Spielend bei der Sache. Spiele für Gruppen. München: Chr. Kaiser 1989

Füller, K.: Lesen in Geschichte und Gegenwart. Baltmannsweiler: Schneider 1997

Gallmann, P. / Sitta, H.: Was bringt die geplante Reform der deutschen Rechtschreibung. In: PRAXIS DEUTSCH, Heft 115, 1992, S. 9–16

Gansberg, F.: Der freie Aufsatz. Seine Grundlagen und seine Möglichkeiten. Ein fröhliches Lehr- und Lesebuch. Bremen: 1914, 1950, 4. Aufl.

→ Gatti, H.: Schüler machen Gedichte. Freiburg / Basel / Wien: Herder 1979

Geiger, H. (Hrsg): Die Lesebuchdiskussion 1970–75. München: Fink 1977

→ Gerdzen, R. / Wolff, J. (Hrsg.): Deutschunterricht im Umfeld seiner Herausforderer: Jugendkulturen und Medien. Stuttgarter Germanistentag 1985 (Veröffentlichung des Deutschen Germanistenverbandes), 1987

Gewehr, W. / Klein, K.-P.: Grundprobleme der Linguistik. Ein Reader zur Einführung. Baltmannsweiler: Schneider 1979

Giehrl, H. E.: Der junge Leser. Donauwörth: Auer (1968) 1977, 3. Aufl.

Giehrl, H. E. / Müller, E. P.: Gedichte, Balladen, Songs in der Hauptschule. Interpretation und Analysen. München: Ehrenwirth 1978, 2. Aufl.

Giffei, H.: Theater machen. Ein Handbuch für die Amateur- und Schulbühne. Ravensburg: Otto Maier 1982

Girgensohn-Marchand, B.: Der Mythos Watzlawick und die Folgen. Weinheim: Deutscher Studienverlag 1992

Glasersfeld, E. v.: Wissen, Sprache und Wirklichkeit. Braunschweig: Viehweg 1987

→ Glinz, H.: Grammatik und Sprache. In: Wirkendes Wort, Jg. 9, 1959, S. 129–139

⑥ Glinz, H.: Die innere Form des Deutschen. Bern: Francke 1968, 5. Aufl.

② Glöckel, H. u. a. (Hrsg.): Vorbereitung des Unterrichts. Neuausgabe. Bad Heilbrunn: Klinkhardt (1989). 2. erw. Aufl. 1992

Glöckel, H.: Vom Unterricht. Lehrbuch der Allgemeinen Didaktik. Bad Heilbrunn: Klinkhardt 1990, erw. 2. Aufl. 1992

Glogauer, W.: Kriminalisierung von Kindern und Jugendlichen durch Medien. Wirkungen gewalttätiger, sexueller, pornographischer und satanischer Darstellungen. Baden-Baden: Nomos 1991, 2. Aufl.

Göttler, H.: Moderne Jugendbücher in der Schule. Modelle zu einem handlungs- und produktionsorientierten Literaturunterricht. Baltmannsweiler: Schneider 1993

Goleman, D.: Emotionale Intelligenz (EQ). München: Hauser 1996

Gorschenek, M. / Rucktäschel, A. (Hrsg.): Kinder- und Jugendliteratur. München: Fink 1979

Gössmann, W.: Sätze statt Aufsätze. Schriftliches Arbeiten auf der Primarstufe. Düsseldorf: Schwann 1976

Gössmann, W.: Schülermanuskripte. Schriftliches Arbeiten auf der Sekundarstufe I. Düsseldorf: Schwann 1979

Greil, J. / Krenz, A.: Umgang mit Texten in Grund- und Hauptschule. Donauwörth: Auer 1978, 3. Aufl.

→ Greil, J.: Arbeit am Grundwortschatz: Rechtschreibunterricht. In: Schorb, A. O. / Semmerding, G. (Hrsg.): Die 'neue' Grundschule. München: TR-Verlagsunion 1982, S. 100–104

Greil, J.: Rechtschreiben in der Grundschule. Basisüberlegungen – Wertung bisheriger Bemühungen – Unterrichtsmodelle. Donauwörth: Auer, 1984, 2. Aufl.

Grimm, H. / Engelkamp, J. (Hrsg.): Sprachpsychologie. Handbuch und Lexikon der Psycholinguistik. Berlin: E. Schmidt 1981

Groeben, N.: Leserpsychologie: Textverständnis – Textverständlichkeit. Münster: Aschendorff 1982

Groeben, N. / Vorderer, P.: Leserpsychologie: Lesemotivation – Lektürewirkung. Münster: Aschendorff 1988

→ Grünewald, D.: Comics. Kitsch oder Kunst? Die Bildgeschichte. Analyse und Unterricht. Ein Handbuch zur Comicdidaktik. Weinheim /Basel: Beltz 1982

Grützmacher, J. (Hrsg.): Didaktik der Jugendliteratur. Analysen und Modelle für einen leserorientierten DU. Stuttgart: Metzler 1979

Grzesik, J.: Textverstehen lernen und lehren. Geistige Operationen im Prozess des Textverstehens und typische Methoden für die Schulung zum kompetenten Leser. Stuttgart: Klett 1990

⑦ Gudjons, H.: Spielbuch Interaktionserziehung. Bad Heilbrunn: Klinkhardt (1977) 1983, 2. Aufl. 1987, 6. überarb. Aufl. 1995

⑦ Gudjons, H.: Was ist Projektunterricht? Begriff, Merkmale, Abgrenzungen. In: Westermanns pädagogische Beiträge 36, 1984, S. 260–266

Haas, G.: Auch kreative Leistungen bewerten. Beispiele aus dem Deutschunterricht. In: Friedrich Jahresheft 14: Prüfen und Bewerten

Haas, G. (Hrsg.): Kinder- und Jugendliteratur. Zur Typologie und Funktion einer literarischen Gattung. Stuttgart: Reclam, neu bearb. Aufl. 1984

→ Haas, G.: Handlungs- und produktionsorientierter Deutschunterricht. Hannover: Schroedel (1984) 1990, 5. Aufl.

Haas, G.: Handlungs- und produktionsorientierter Literaturunterricht. Theorie und Praxis eines „anderen" Literaturunterrichts für die Primar- und Sekundarstufe. Seelze: Kallmeyer 1997

Haas, G.: Das Hörspiel – die vergessene Gattung? In: PRAXIS DEUTSCH, Nr. 109, 1991, S. 13–19

④ Haas, G. / Menzel, W. / Spinner, K. H.: Handlungs- und produktionsorientierter Literaturunterricht. In: PRAXIS DEUTSCH, H. 123, 1994, S. 17–25

Hacker, H. (Hrsg.): Das Schulbuch. Funktion und Verwendung im Unterricht. Bad Heilbrunn: Klinkhardt 1980

Hahn, K. u. a. (Hrsg.): Gruppenarbeit themenzentriert. Mainz: Grünewald 1987

Hävel, W.: Warum nicht? Selber schreiben? Iserlohn: Die Schulpraxis 1988

Hamblin, K.: Pantomime. Spiel mit deiner Phantasie. Soyen: Ahorn 1979

Hamilton, P. and S.: Irre Seiten. Packender Schreiben. Bd. 1., Mühlheim: Verlag an der Ruhr 1991, Bd. 2 1992

→ Harjes, R.: Handbuch zur Praxis des Freien Theaters. Köln: Dumont 1983

Hastenteufel, P.: Mündigkeit im Glauben. Freiburg: Herder 1969

Haueis, E. / Hoppe, O.: Aufsatz und Kommunikation. Düsseldorf: Schwann 1972

Haueis, E.: Sprachbewußtsein in kommunikativen und kognitiv-operativen Unterrichtstätigkeiten. In: Diskussion Deutsch. Heft 121, 1991, S. 509–517

Hebel, F.: Sprache in Situationen. München: Urban & Schwarzenberg 1976. Mit Hörspielkassette der jeweiligen Situationen.

Hegele, I. (Hrsg.): Lernziel: Freie Arbeit. Unterrichtsbeispiele aus der Grundschule. Weinheim: Beltz 1988

→ Heidemann, R.: Körpersprache vor der Klasse. Ein praxisnahes Trainingsprogramm zum Lehrerverhalten. Heidelberg: Quelle & Meyer (1983), 4. erw. Aufl. 1992

Heimann, P. / Otto, G. / Schulz, W.: Unterricht. Analyse und Planung. Hannover 1976, 8. Aufl.

Heimlich, R.: Soziales und emotionales Lernen in der Schule. Weinheim: Beltz 1988

Hein, J. / Koch, H. H. / Liebs, E. (Hrsg.): Das Ich als Schrift. Über privates und öffentliches Schreiben heute. Baltmannsweiler: Schneider 1984

Heinrich, K. / Holverscheid, R.: Lyrik für Kinder. Die Dichterwerkstatt. Mülheim a. d. Ruhr: Verlag an der Ruhr 1991

Helmers, H. / Eckhardt, J. (Hrsg.): Theorien des Deutschunterrichts. Darmstadt: Wiss. Buchgesellschaft 1980

→ Helmers, H.: Didaktik der deutschen Sprache. Einführung in die Theorie der muttersprachlichen und literarischen Bildung. 1966, Stuttgart: Klett 11. Aufl. 1984, zitiert nach 1972[7] und 1975[8]

→ Henley, N. M.: Körperstrategien. Geschlecht, Macht und nonverbale Kommunikation. Frankfurt/M.: Fischer 1988

→ Herholz, G. / Mosler, B.: Die Musenkußmischmaschine. 128 Schreibspiele für Schulen und Schreibwerkstätten. Essen: Neue deutsche Schule (1991), 2. überarb. u. erweit. Aufl. 1992

Hessisches Kultusministerium (Hrsg.): Finde, erfinde eine Person . . . Wiesbaden: Hessisches Institut für Bildungsplanung und Schulentwicklung 1987

Hierdeis, H. / Hug, Th. (Hrsg.): Taschenbuch der Pädagogik. 4 Bde. Baltmannsweiler: Schneider 1997, 5. korrigierte Aufl.

Hierdeis, H. / Knoll, J. / Krejci, M.: Basiswissen Pädagogik. München: Mod. Verlagsgesellschaft 1977

Hinck, W.: Das moderne Drama in Deutschland. Göttingen: Vandenhoeck 1973

③ Hindelang, G.: Einführung in die Sprechakttheorie. Tübingen: Niemeyer 1994, 2. Aufl.

⑥ Hinney, G. / Menzel, W.: Didaktik des Rechtschreibens. In: Lange, G. / Neumann, K. / Ziesenis, W. (Hrsg.), 1998, S. 258–304

Hoff, H.: Märchen erzählen und Märchen spielen. Freiburg: Herder 1989

○ Hopster, N. (Hrsg.): Handbuch „Deutsch" für Schule und Hochschule. Sekundarstufe I. Paderborn: Schöningh 1984 (s. auch Einzeltitel)

→ Huizinga, J.: Homo Ludens. Vom Ursprung der Kultur im Spiel. Hamburg: Rowohlt (1956), 1987

④ Hurrelmann, B. / Hammer, M. / Nieß, F.: Lesesozialisation. Leseklima in der Familie. Bd. 1. Gütersloh: Bertelsmann 1993

Imhasly, B. u. a.: Konzepte der Linguistik. Eine Einführung. Wiesbaden: Athenaion, 2. Aufl. 1982

Ingendahl, W.: Aufsatzunterricht als Hilfe zur Emanzipation. Didaktik und Methodik schriftlicher Sprachgestaltung. Düsseldorf: Schwann (1972), 3. Aufl. 1974

→ Ingendahl, W.: Umgangsformen. Produktive Methoden zum Erschließen poetischer Literatur. Frankfurt/M.: Diesterweg 1991

→ Iser, W.: Die Appellstruktur der Texte. Konstanzer Universitätsreden 28, Konstanz 1970

Iser, W.: Der Akt des Lesens. Theorie ästhetischer Wirkung. München: Fink 1976

Ivo, H.: Lehrer korrigieren Aufsätze. Beschreibungen eines Zustands und Überlegungen zu Alternativen. Frankfurt/M. / Berlin / München: Diesterweg 1982

② Jank, W. / Meyer, H.: Didaktische Modelle. Bielefeld: Scriptor / CVK, 3. Aufl. 1994, zitiert nach 1. Aufl. 1990

Jensen, U.: Handlungsorientierung – eine Spiegelung der Reformpädagogik. In: Deutschunterricht, H. 5, Mai 1997, S. 256–265

Jensen, A. u. W. Lamszus: Unser Schulaufsatz ein verkappter Schundliterat. 1910, 1922, 4. Aufl.

Jokisch, W.: Steiner Spielkartei. Münster: Ökotopia 1987

→ Kämper-van den Boogart, M. (Hrsg.): Das Literatursystem der Gegenwart und die Gegenwart der Schule. Festschrift für Werner Schlotthaus. Baltmannsweiler: Schneider 1997

Kaminski, W.: Einführung in die Kinder- und Jugendliteratur. Literarische Phantasie und gesellschaftliche Wirklichkeit. München: Juventa 1987

→ Karmann, G.: Humanistische Psychologie und Pädagogik. Bad Heilbrunn: Klinkhardt 1987

Kegan, R.: Die Entwicklungsstufen des Selbst. München: Kindt 1986

Kelber, M. (Hrsg.): Schwalbacher Spielkartei. Mainz: Grünewald 1988, 15. Aufl.

Keysell, P.: Pantomime mit Kindern. Ravensburg: Maier 1985

→ Kirckhoff, M.: Mind-Mapping. Die Synthese von sprachlichem und bildhaftem Denken. Berlin: Synchron 1988

Klafki, W.: Zum Verhältnis von Didaktik und Methodik. In: Probleme stufenbezogener Didaktik. Düsseldorf 1976, S. 43–68

Klafki, W.: Neue Studien zur Bildungstheorie und Didaktik. Weinheim: Beltz 1986

→ Klein, H.-P.: Umgang mit Gebrauchstexten. In: Hopster, 1984, S. 178–204

Klein, I.: Gruppenleiten ohne Angst. München: Pfeiffer 1984

Kliebisch, U. W. / Sommer, P.: Projekt-Arbeit. Konzeptionen und Beispiele. Baltmannsweiler: Schneider 1997

Klotz, P.: Literatur beim Wort genommen. Ein didaktisches Konzept jenseits der Handlungsorientierung. In: Deutschunterricht, H. 5, Mai 1997, S. 226–236

Klotz, P.: Schulgrammatik. Alltagssprachliche Wege zu Sprachwissen und Sprachbewußtsein. In: Osnabrücker Beiträge zur Sprachtheorie 40, 1989, S. 97–115

Klotz, P.: Grammatisches Grundwissen und Schulgrammatik – am Beispiel des deutschen Modalsystems. In: Diskussion Deutsch 121, 1991, S. 494–509

Kluge, F.: Etymologisches Wörterbuch der deutschen Sprache. Bearb.: Walther Mitzka Berlin: de Gruyter 1989, 22. Aufl.

Kluge, N. (Hrsg.): Spielpädagogik. Bad Heilbrunn: Klinkhardt 1980

Kneip, W.: Otto mopst. Spiele mit Sprache. Mühlheim: Verlag an der Ruhr 1992

→ Knoll, M.: Paradoxien der Projektpädagogik. Zur Geschichte und Rezeption der Projektmethode in den USA und Deutschland. In: Zeitschrift für Pädagogik. Heft 5, 1984, S. 663–674

Koch, H. (Leiter des Autorenkollektivs): Literatur und Persönlichkeit. Berlin-DDR: Volk und Wissen 1986

Koch, H. H. / Pielow, W.: Schreiben und Alltagskultur. Baltmannsweiler: Schneider 1984

Kochan, B. (Hrsg.): Rollenspiel als Methode sprachlichen und sozialen Lernens. Kronberg/Ts.: Scriptor (1974), 1981

Kochan, B.: Szenisches Spielen. In: PRAXIS DEUTSCH (1976) H. 20, S. 10–18

Kochan, D. C. / Wallrabenstein, W. (Hrsg.): Ansichten eines kommunikationsbezogenen Deutschunterrichts. Kronberg/Ts.: Scriptor 1974

→ Kochan, D. C.: Schreiben für sich und über sich. Basisartikel. In: PRAXIS DEUTSCH 26/1977, S. 11–17

⑥ Köller, W.: Funktionaler Grammatikunterricht: Tempus, Genus, Modus: wozu wurde das erfunden? Baltmannsweiler: Schneider 1997

→ Köpf, G. (Hrsg.): Rezeptionspragmatik. München: Fink 1981

Köppert, Ch.: Entfalten und Entdecken. Zur Verbindung von Imagination und Explikation im Literaturunterricht. München: Vögel 1997

Köster, H. L.: Geschichte der deutschen Jugendliteratur. 1906. 4. Aufl. 1927 Nachdruck: Berlin / Pullach: Verlag Dokumentation 1971

Kranz, F.: Eine Schiffahrt mit drei f. Positives zur Rechtschreibreform. Göttingen: Vandenhoede & Ruprecht 1998

Krappmann, L.: Entwicklung und soziales Lernen im Spiel. In: Flitner 1988, S. 168–183

Krappmann, L.: Lernen durch Rollenspiel. In: Klewitz / Nickel: Kindertheater und Interaktionspädagogik. Stuttgart 1972

Kreft, J. / Ott, G.: Lesebuch und Fachcurriculum. Düsseldorf: Schwann (1971) 1976, 3. Aufl.

Kreft, J.: Grundprobleme der Literaturdidaktik. Eine Fachdidaktik im Konzept sozialer und individueller Entwicklung und Geschichte. Heidelberg: Quelle & Meyer (1977), 1982, 2. Aufl.

Krejci, M.: Deutschunterricht. Einführung in Theorie und Praxis. Baltmannsweiler: Schneider 1981

Krejci, M.: Fachdidaktik Deutsch als Wissenschaft. In: Blätter für den Deutschlehrer. Heft 3, 1975, S. 83–92

Krejci, M.: Kommunizieren und Informieren. In: Hierdeis, H. / Knole, J. / Krejci, M.: Basiswissen Pädagogik. München: Moderne Verlagsgesellschaft 1977

Krejci, M.: Unterrichtsmedien: Lesebuch und Sprachbuch. In: Lehmann, J. / Stocker, K. (Hrsg.), 1981, S. 157–178

Krejci, M. / Schuster, K. (Hrsg.): Literatur, Sprache, Unterricht. Festschrift für J. Lehmann. Bamberg: Bayerische Verlagsanstalt 1984

Kreter, K.-H.: Kinder- und Jugendbücher – ein noch nicht ausgeschöpftes Potential des Literaturunterrichts. Basisartikel. In: Praxis Deutsch 29, 1978, S. 12ff.

→ Kreuzer, K. J. (Hrsg.): Handbuch der Spielpädagogik. Düsseldorf: Cornelsen 1983/84, 4 Bde.

→ Krieger, C. G.: Mut zur Freiarbeit. Praxis und Theorie für die Sekundarstufe. Baltmannsweiler: Schneider 1994

Krywalski, D. (Hrsg.): Handlexikon der Literaturwissenschaft. München: Ehrenwirth 1978, 3. Aufl.

Kübler, H.-D.: Umgang mit Medien. In: Hopster, 1984, S. 226–280

→ Kügler, H.: Literatur und Kommunikation. Stuttgart: Klett 1975, 2. Aufl.

→ Kunz, M.: Spieltext und Textspiel. Szenische Verfahren mit Literaturunterricht der Sekundarstufe II. Seelze: Kallmeyer'sche Verlagsbuchhandlung 1997

④ Lange, G. / Marquardt, D. / Petzoldt, L. / Ziesenis, W.: Textarten – didaktisch. Eine Hilfe für den Literaturunterricht. Baltmannsweiler: Schneider 1993

○ Lange, G. / Neumann, K. / Ziesenis, W. (Hrsg.): Taschenbuch des Deutschunterrichts. Grundfragen und Praxis der Sprach- und Literaturdidaktik. Begr. von Erich Wolfrum. 2 Bde. Baltmannsweiler: Schneider (1986), 6. völlig neu überarb. und erw. Aufl. 1998, zitiert nach der 5. Aufl. von 1994

Lange, G.: Trivialliteratur und ihre Didaktik. In: Lange, G. u. a. (Hrsg.), 1994, S. 719–745

Langer, G.: Darsteller ohne Bühne. Anleitung zum Rollenspiel im Unterricht. Stuttgart: Klett und Balmer 1989

Lehmann, J.: Appellatives Schreiben. Aspekte einer partnerbezogenen Aufsatzlehre. In: Schau, A., 1974

Lehmann, J. (Hrsg.): Deutsche Novellen von Goethe bis Walser. 2 Bde. Königstein: Scriptor 1980

Lehmann, J. (Hrsg.): Deutsche Romane von Grimmelshausen bis Walser. 2 Bde. Königstein: Scriptor 1986, 3. Aufl.

Lehmann, J. / Stocker, K. (Hrsg.): Deutsch, 2 Bde. München: Oldenbourg 1981

Lehmann, J. / Stocker, K. (Hrsg.): Fachdidaktisches Studium. Deutsch. 2 Bde. München: Oldenbourg, 2. Aufl. 1987

→ Lehmann, J.: Schriftliche Kommunikation. In: Lehmann / Stocker, 1981, S. 32–43

Lehmann, J.: Wo steht der Deutschunterricht heute? Kommunikation als mögliches Prinzip. In: Pädagogische Welt, 1975, Heft 9, S. 515–526

Leibfried, E.: Fabel. Bamberg: Buchner 1984

Lermen, B. H.: Das traditionelle und neue Hörspiel im Deutschunterricht. Strukturen, Beispiele und didaktisch-methodische Aspekte. Paderborn: Schöningh 1975

Lersch, R. (Hrsg.): Aspekte moderner Grundschulpädagogik. Baltmannsweiler: Schneider 1997, 2. Aufl.

Lewandowski, Th.: Linguistisches Wörterbuch. 3 Bde. Heidelberg: Quelle & Meyer, (1984), 4. Aufl. 1985, Bd. 1: 5. Aufl. 1990

Liedtke, M. / Schreiner, H. (Hrsg.): Ökologie und Schule. Nürnberg: Bundesministerium für Bildung und Wissenschaft o. J.

Link, H.: Rezeptionsforschung. Stuttgart: Kohlhammer 1976.

Lohr, S. / Ludwig, O.: Gefühle – ein Thema für den Deutschunterricht? Basisartikel. In: PRAXIS DEUTSCH, Heft 43, 1980, S. 11 ff.

→ Lipp, U.: Mind-Mapping in der Schule. Gedanken-Landkarten als visuelle Lernhilfe. In: Pädagogik. Heft 10, 1994, S. 22–26

Loccumer Protokolle: „Wieviel Grammatik braucht der Mensch?" Aufgaben, Konzeptionen und Probleme der Sprachdidaktik im Deutschunterricht. Klaus Emert (Hrsg.), Loccum 1983

Lowen, A.: Verrat am Körper. Hamburg: Rowohlt 1982

Ludwig, O.: Der Schulaufsatz. Seine Geschichte in Deutschland. Berlin / New York: De Gruyter 1988

Ludwig, O. u. a.: Schülertexte als Unterrichtstexte. Einleitung. In: PRAXIS DEUTSCH 45/ 1981: S. 13 ff.

Ludwig, O. / Menzel, W.: Schreiben. Basisartikel. In: PRAXIS DEUTSCH, Heft 9, 1975, S. 10 ff.

⑦ Ludwig H.: Freie Arbeit in der Grundschule im Lichte empirischer Forschungen. In: Lersch, R. (Hrsg.), 1997, S. 66–94

Luhmann, N.: Soziale Systeme. Frankfurt/M.: Suhrkamp (1984), 5. Aufl. 1994

Maier, K. E.: Jugendliteratur. Formen, Inhalte, pädagogische Bedeutung. 8. neubearb. Aufl. von „Jugendschrifttum". Bad Heilbrunn: Klinkhardt 1980

④ Marquardt, M.: Einführung in die Kinder- und Jugendliteratur. München: Bardtenschlager 1986, 6. Aufl.

→ Mattenklott, G.: Literarische Geselligkeit. Schreiben in der Schule. Mit Texten von Jugendlichen und Vorschlägen für den Unterricht. Stuttgart: Metzler 1979

Mattenklott, G.: Zauberkreide. Kinderliteratur seit 1945. Stuttgart: (Metzler 1989), Fischer TB 1994

Maturana, H.: Erkennen. Die Organisation und Verkörperung von Wirklichkeit. Braunschweig 1982

Maturana, H. / Varela, F.: Der Baum der Erkenntnis. Bern: Goldmann (1987), 1990

Matussek, P.: Kreativität als Chance. München 1979, 3. Aufl.

② Mayring, Ph.: Einführung in die qualitative Sozialforschung. München: Psychologie Union 1990

Meckling, I.: Fragespiele mit Literatur. Übungen im produktiven Umgang mit Texten. Frankfurt/M.: Diesterweg 1985

Meder, Theodor: Die Verfassung des Freistaates Bayern. Handkommentar. Stuttgart: Boorberg 1992, 4. Aufl.

Meidinger, H.-P.: Rechtschreibreform: Der Deutschen derzeit liebster Streitgegenstand. In: Das Gymnasium in Bayern. Heft 8/9, Aug./Sept. 1997. S. 16–18

Meier, B.: Leseverhalten unter soziokulturellen Aspekten. Eine empirische Erhebung zum Freizeitlesen von Großstadtjugendlichen. In: Börsenblatt für den Deutschen Buchhandel – Frankfurter Ausgabe – Nr. 27, 1981

Meier, B.: Literarisches Rollenspiel als innovative Methode schulischen Textumgangs. In: Paefgen, E. K. / Wolff, G. (Hrsg.), 1993, S. 219–224

Melzer, H.: Das Lesebuch in der Sekundarstufe I. In: Baurmann / Hoppe, 1985, S. 221–242

Melzer, H. / Seifert, W.: Theorie des Deutschunterrichts. München: Ehrenwirth 1976

Melzer, H.: Unterhaltung in den Medien. München: Oldenbourg 1980

Menzel, W.: Didaktik des Rechtschreibens. In: Lange, G. u. a. (Hrsg.), 1990, S. 282–303

Menzel, W.: Die deutsche Schulgrammatik. Paderborn: Schöningh 1975, 3. Aufl.

Menzel, W.: Grammatikunterricht. In: Baurmann / Hoppe, 1985, S. 339–361

Menzel, W.: Rechtschreibunterricht. Praxis und Theorie. Aus Fehlern lernen. Beiheft zu PRAXIS DEUTSCH, Heft 69, 1985

Merkelbach, V.: Korrektur und Benotung im Aufsatzunterricht. Frankfurt a.M. / Berlin / München: Diesterweg 1986

→ Merkelbach, V.: Studienbuch: Aufsatzunterricht. Paderborn / München / Wien / Zürich: Schöningh 1982.

Merkelbach, V.: Korrigieren – Lernziel für Lehrer und Schüler. In: Der Deutschunterricht, Heft 3/1989, S. 44–50

Meyer, E.: Gruppenarbeit. Baltmannsweiler: Schneider (1954), 1996

② Meyer, H.: Unterrichtsmethoden. Bd. I: Theorieband. 1992, 5. Aufl. Bd. II: Praxisband, 1991, 4. Aufl., Bielefeld: CVK / Scriptor (zitiert nach der 1. Aufl. 1987)

Miller, N. / Riha, K. (Hrsg.): Kasperletheater für Erwachsene. Frankfurt/M.: Insel 1978

→ Mogel, H.: Psychologie des Kinderspiels. Berlin: Springer 1991

Molcho, S.: Körpersprache. München: Mosaik 1984

Molter, H. / Billerbeck, Th.: Verstehst du mich, versteh' ich dich. Würzburg: Arena 1978

Moreno, J. L.: Gruppenpsychotheapie und Psychodrama. Stuttgart: Thieme 1973, 2. Aufl.

→ Morris, D.: Der Mensch, mit dem wir leben. München: Knaur 1984, 6. Aufl., zitiert nach 1978

→ Morris, D.: Körpersignale. Bodywatching. München: Heyne (1985), 4. Aufl. 1990

Müller, E. P.: Lesen in der Grundschule. Grundlegung und Praxis. München: Oldenbourg 1978

Müller, L.: Vom Deutschunterricht in der Arbeitsschule. 1921, 7. Aufl. u. d. T. Der Deutschunterricht. Bad Heilbrunn: Klinkhardt 1960

→ Müller, K.: (Hrsg.): Konstruktivismus. Lehren – Lernen – Ästhetische Prozesse. Neuwied: Luchterhand 1996

→ Müller, W.: Körpertheater und Commedia dell'arte. München: Pfeiffer 1984

→ Müller, W.: Pantomime. Eine Einführung für Schauspieler, Laienspieler und Jugendgruppen. München: Pfeiffer 1979, 2. Aufl. 1981

Müller, W.: Auf die Bühne, fertig los! München: Pfeiffer 1988

Müller-Michaels, H.: Dramatische Werke im Deutschunterricht. Stuttgart: Klett (1971), 1975, 2. Aufl.

Nerius, D. (Hrsg.): Deutsche Orthographie. Leipzig: VEB Bibliographisches Institut 1987

Nerius, D. / Scharnhorst, J. (Hrsg.): Theoretische Probleme der deutschen Orthographie. Berlin (DDR): Akademie Verlag 1980

Neuland, E. / Ivo, H.: Grammatisches Wissen. Skizze einer empirischen Untersuchung über Art, Umfang und Verteilung grammatischen Wissens (in der Bundesrepublik). In: Diskussion Deutsch. Heft 121, 1991, S. 437–493

Neuland, E.: „Literarische und sprachliche Bildung". Beobachtungen zum Wandel von Leitvorstellungen in Schule und Öffentlichkeit. In: Kämper-van den Boogart, M. (Hrsg.), 1997, S. 26–44

Niemeyer, A. H.: Grundsätze der Erziehung und des Unterrichts. Zweyter Teil: Vom deutschen Sprachunterricht, in seinem Anfang und Fortgang bis zu höheren Bildung des Styls. 1787, 8. Aufl. 1825, Nachdruck (Darmstadt) 1971

→ Nietsch, M. (Hrsg.): Wenn ich schreibe ... Empirische Studien zu Schreibanregung, Motivation, Blockaden, Textarbeit und -deutung. Berlin: Schelsky/Jeep 1990

Nündel, E. (Hrsg.): Lexikon zum Deutschunterricht mit einem Glossar. München: Urban u. Schwarzenberg 1979

Nündel, E. u. a.: Sozialintegrative Aspekte des Deutschunterrichts. Donauwörth: Auer 1979

Nündel, E.: Kompendium Didaktik Deutsch. München: Ehrenwirth 1985, 2. Aufl.

Nündel, E.: Zur Grundlegung einer Didaktik des sprachlichen Handelns. Kronberg/Ts.: Scriptor 1976

→ Nusser, P.: Umgang mit Trivialliteratur. In: Hopster, 1984, S. 142–177

Nutz, M.: Textverstehen und Selbstwahrnehmung. Zur Notwendigkeit analytischer Arbeit mit Schülertexten. In: Deutschunterricht, H. 5, Mai 1997, S. 237–247

Ockel, E.: Zuhören im Deutschunterricht. In: Deutschunterricht. Heft 12, 1997, S. 605–612

Oomen-Welke, I.: Didaktik der Grammatik. Eine Einführung an Beispielen für die Klassen 5–10. Tübingen: Niemeyer 1982

Orlick, T.: Kooperative Spiele (und Neue Kooperative Spiele). Weinheim: Beltz (1982 u. 1985), 6. unver. Aufl. 1997 u. 4. neugest. Aufl. 1996

Ostermann. F.: Kreative Prozesse im „Aufsatzunterricht". Paderborn: Schöningh 1973

Paefgen, E. K. / Wolff, G. (Hrsg.): Pragmatik in Sprache und Literatur. Festschrift zur Emeritierung von D. C. Kochan. Tübingen: Narr 1993

Paefgen, E. K.: Literaturtheorie und produktionsorientierter Literaturunterricht. Ein Missverhältnis? In: Deutschunterricht, H. 5, Mai 1997, S. 248–255

→ Paefgen, E. K.: Textnahes Lesen. In: Belgrad, J./Fingerhut, K. (Hrsg.), 1998, S. 14–23

⑤ Payrhuber, F.-J. u. a., Schuster. K.: Schreiben lernen. Aufsatzunterricht in der Grundschule. Baltmannsweiler: Schneider 1998

→ Payrhuber. F. J.: Gedichte im Unterricht – einmal anders. Praxisbericht mit vielen Anregungen für das 5. bis 10. Schuljahr. München: Oldenbourg 1993

Payrhuber, F.-J.: Das Drama im Unterricht. Rheinbreitbach: Dürr 1991

Payrhuber, F.-J. (Hrsg.): Praxis des Aufsatzunterrichts in der Sekundarstufe. Freiburg / Basel / Wien: Herder 1982

Payrhuber, F.-J.: Drama: Lesen – verstehen – inszenieren. München: Oldenbourg 1983

Perls, F.: Grundlagen der Gestalt-Therapie. München: Kösel 1976

Peterßen, W. H.: Handbuch Unterrichtsplanung. Grundfragen, Modelle, Stufen, Dimensionen. München: Ehrenwirth 1982, 4. erw. Aufl. 1991

→ Petzold, H. / Orth, I. (Hrsg.): Poesie und Therapie. Poesietherapie, Bibliotherapie, literarische Werkstätten. Paderborn: Junfermann 1985

Petzold, H.: Psychodrama-Therapie. Paderborn: Junfermann 1985

Philipps, I.: Körpersprache der Seele. Wuppertal: Hammer 1989

Piaget, J. / Inhelder, B.: Das symbolische Spiel. In: Flitner, 1988, S. 130–132

Piirainen, I. T.: Handbuch der deutschen Rechtschreibung. Bochum: Kamp 1981

Prange, K.: Bauformen des Unterrichts. Eine Didaktik für Lehrer. Bad Heilbrunn: Klinkhardt (1983), 2. Aufl. 1986

→ PRAXIS DEUTSCH: Freies Arbeiten. (Hrsg.: Baurmann, J. / Feilke, H.), Heft 141, Januar 1997

⑤ PRAXIS DEUTSCH: Kreativität. Hrsg. W. Menzel, Sonderheft 1977

PRAXIS DEUTSCH: Reden lernen. (Hrsg.: K. H. Spinner), Heft 144, Juli 1997

→ PRAXIS DEUTSCH: Schreiben: Rechtschreiben. Hrsg. Eisenberg, P. / Spitta / G. / Voigt, G., Heft 124, März 1994

PRAXIS DEUTSCH: Sätze. Basisartikel von Ann Peyer. Heft 147, Jan. 1998

Projekt Kreatives Schreiben Aachen: Kreatives Schreiben zwischen Literatur und Lebenshilfe. Eine Tagung über die Arbeit von Schreibwerkstätten in der Jugend- und Erwachsenenbildung. Veröffentlichung des Lehrstuhls für Neuere Deutsche Literaturgeschichte II Aachen, 1990, 3. Aufl.

Pschibul, M.: Mündlicher Sprachgebrauch. Verstehen und Anwenden gesprochener Sprache. Donauwörth: Auer 1980

→ Purschke, H. R.: Über das Puppenspiel und seine Geschichte. Frankfurt/M.: Puppen & Masken 1983

Radlmaier, S.: Beschaulichkeit und Engagement. Die zeitgenössische Dialektlyrik in Franken. Bamberg: Bayer. Verlagsanstalt 1981

Reger, H.: Literatur- und Aufsatzunterricht in der Grundschule. Baltmannsweiler: Schneider 1984

→ Reger, H.: Kinderlyrik in der Grundschule. Baltmannsweiler: Schneider (1990), 6. Aufl. 1996

Rehork, Th.: Kreatives Schreiben. Berlin/Milow: Schibri 1993

Renk, H.-E.: Theaterdidaktik und Spiel. In: Baurmann / Hoppe (Hrsg.), 1985, S. 393–426

Reuschling, G.: Sprachbücher für die Grundschule: 1920–1978. Ein Beitrag zur Geschichte des Sprachbuchs. München: Fink 1981

⑤ Rico, G. L.: Garantiert schreiben lernen. Sprachliche Kreativität methodisch entwickeln – auf der Grundlage der modernen Gehirnforschung. Reinbek: Rowohlt 1984

→ Riehme, J.: Probleme und Methoden des Rechtschreibunterrichts. Berlin (DDR): Volk und Wissen, 5. Aufl. 1981 Neuausgabe 1987: Rechtschreibunterricht – Probleme und Methoden. (Lizenzausgabe: Frankfurt/M.: Diesterweg 1987)

Robinsohn, S. B.: Bildungsreform als Revision des Curriculum. Neuwied: Luchterhand (1967), 5. Aufl. 1975

→ Rogers, C. R.: Lernen in Freiheit. München: Kösel 1974

→ Rolfes, B. / Schalk, G.: Schreiben befreit. Bonn: Verlag Kleine Schritte 1986

Rombach, H.: Wissenschaftstheorie 2. Freiburg: Herder 1974

③ Rosenbusch, H. S. / Schober, O. (Hrsg.): Körpersprache in der schulischen Erziehung. Pädagogische und fachdidaktische Aspekte nonverbaler Kommunikation. Baltmannsweiler: Schneider (1986), 1995, 2. überarb. Aufl.

Roth, J.: Themenzentrierte Interaktion. Chancen für eine reflektierende Gesprächshaltung. In: Pädagogische Welt, Heft 8, 1977, S. 482–490.

Rötzer, H. G. (Hrsg.): Märchen. Bamberg: Buchner (1982), 2. Aufl. 1995

Rötzer, H. G. (Hrsg.): Sage. Bamberg: Buchner 1982

① Roth, G.: Das konstruktive Gehirn: Neurobiologische Grundlagen von Wahrnehmung und Erkenntnis. In: Schmidt, S. J., 1992, S. 277–336

Roth, G.: Das Gehirn und seine Wirklichkeit. Frankfurt a.M.: Suhrkamp 1994

Rubin, R. J.: Bibliotherapie – Geschichte und Methoden. In: Petzold, H. / Orth, I., 1985, S. 103–134

Rückert, G.: Wege zur Kinderliteratur. Freiburg/Br.: Herder 1980

Rückle, H.: Körpersprache für Manager. Landsberg am Lech: Moderne Industrie 1987, 5. Aufl.

Rudloff, H.: Produktionsästhetik und Produktionsdidaktik. Opladen: Westdeutscher Verlag 1991

Rupp, G.: Kulturelles Handeln mit Texten. Fallstudien aus dem Schulalltag. Paderborn: Schönigh 1987

Rupp, G.: Literarische Erfahrung und historisches Verstehen durch Schreiben zu und Interpretieren von Texten. In: Der Deutschunterricht, Heft 4/1993, S. 62–77

Sahr, M.: Problemorientierte Kinderbücher im Unterricht der Grundschule. Baltmannsweiler: Schneider 1987

Sahr, M.: Von Anderland nach Wunderland. Phantastische Kinderbücher im Unterricht der Grundschule. Baltmannsweiler: Schneider 1990

Sahr, M. / Born, M.: Kinderbücher im Unterricht der Grundschule. Baltmannsweiler: Schneider 1998, 5. Aufl.

Sanner, R.: Aufsatzunterricht. Theoretische Grundlegung – Hinweise für die Praxis. München: Kösel 1975

Saum-Aldehoff, Th.: Wie das Gehirn die Welt konstruiert. In: Psychologie heute. Heft 1, 1993, S. 58–63

Sanner, R.: Textbewertung und Schulaufsatz. Baltmannsweiler: Schneider 1988, 2. Aufl.

Sanner, R.: Aufsatzunterricht. In: Lange, G. u. a. (Hrsg.), 1990, S. 219–242

Sauter, H.: Modelle des schriftsprachlichen Sprachgebrauchs in der Grundschule. (1978) Donauwörth: Auer 1983, 3. Aufl.

Sauter, F. (Hrsg.): Psychotherapie in der Schule. München: Kösel 1983

Schau, A.: Szenisches Interpretieren. Stuttgart: Klett 1996

→ Schau, A. (Hrsg.): Von der Aufsatzkritik zur Textproduktion. Baltmannsweiler: Schneider 1974

⑤ Scheidt, J, vom: Kreatives Schreiben. Texte als Wege zu sich und anderen. Selbsterfahrung, Therapie, Meditation, Denkwerkzeug, Arbeitshilfe, Abbau von Schreibblockaden. Frankfurt/M.: Fischer 1993, 2. Aufl.

Scheidt, J., vom: Kreatives Schreiben in der Erwachsenenbildung. In: Emert, K. / Bütow, Th. (Hrsg.), 1989, S. 115–117

Scheller, I. / Schumacher, R.: Das szenische Spiel in der Hauptschule. Uni Oldenburg: Zentrum für päd. Berufspraxis 1984

Scheller, I.: Szenische Interpretation. Basisartikel. In: PRAXIS DEUTSCH, Heft 136, 1996, S. 22–32

Scheller, I.: Wir machen unsere Inszenierungen selber. Uni Oldenburg: Zentrum für pädagogische Berufspraxis 1989, 2 Bde

Scherer, K. R.: Vokale Kommunikation. Nonverbale Aspekte des Sprachverhaltens. Weinheim: Beltz 1982

Scherer, K. R. / Wallbott, H. G. (Hrsg.): Nonverbale Kommunikation. Forschungsberichte zum Interaktionsverhalten. Weinheim / Basel: Beltz 1979

Scherf, W.: Strukturanalyse der Kinder- und Jugendliteratur. Bauelemente und ihre psychologische Funktion. Bad Heilbrunn: Klinckhardt 1978

→ Scheuerl, H. (Hrsg.): Theorien des Spiels. Weinheim (1975), 11. Aufl. 1990

Scheuerl, H.: Das Spiel. Untersuchungen über sein Wesen, seine pädagogischen Möglichkeiten und Grenzen. Weinheim: Beltz (1977), 11. Aufl. 1991

→ Schiefele, H. / Stocker, K.: Literatur-Interesse. Ansatzpunkte einer Literaturdidaktik. Weinheim / Basel: Beltz 1990

Schiffler, H.: Fragen zur Kreativität. Ravensburg: Maier 1973

Schiffler, H.: Schule und Spielen. Ravensburg: Maier 1976

Schlewitt, J.: Nachgefragt. [Ein Vergleich zwischen der Einführung von Karl Schuster und der Didaktik und Methodik des Deutschunterrichts von Joachim Fritzsche] In: Didaktik Deutsch. Heft 1, 1996, Schneider, S. 87–90

Schmidt, H.: Bibliographie zur literarischen Erziehung. Gesamtverzeichnis 1900 bis 1965. Zürich / Einsiedeln / Köln: Benziger 1967

→ Schmidt, S.J. (Hrsg.): Der Diskurs des Radikalen Konstruktivismus. Frankfurt/M.: Suhrkamp 1987

→ Schmidt, S.J. (Hrsg.): Kognition und Gesellschaft. Der Diskurs des Radikalen Konstruktivismus 2. Frankfurt/M.: Suhrkamp 1992

① Schmidt, S.J.: Der Radikale Konstruktivismus: Ein neues Paradigma im interdisziplinärem Diskurs. In: Ders., 1987, S. 11–88

→ Schmidt, S.J. (Hrsg.): Der Diskurs des Radikalen Konstruktivismus. Frankfurt/M.: Suhrkamp 1987

Schmidt, S.J. (Hrsg.): Kognition und Gesellschaft. Der Diskurs des Radikalen Konstruktivismus 2. Frankfurt/M.: Suhrkamp 1992

Schneider, B.: „Ich messe mich" – Erweiterung des klassenbezogenen Grundwortschatzes in einer Sprachverwendungssituation des 2. Schuljahres. In: Hegele, I. (Hrsg.), 1988, S. 56–87

Schober, O.: Selbstvergewisserung durch Lesen und Schreiben. In: Spahnhel, D., (Hrsg.), 1988

④ Schober, O.: Studienbuch Literaturdidaktik. Neuere Konzeptionen für den schulischen Umgang mit Texten. Analysen und Materialien. Kronberg/Ts.: Scriptor 1977

→ Schober, O. (Hrsg.): Sprachbetrachtung und Kommunikationsanalyse. Beispiele für den Deutschunterricht. Königstein/Ts.: Scriptor 1980

Schober, O.: Dialekt im Unterricht. Basisartikel. In: PRAXIS DEUTSCH Heft 27, 1978, 12ff.

Schober, O.: Zur Orientierung heutiger Literaturdidaktik an der Rezeptionstheorie. In: Köpf, G., 1981

→ Schober, O.: Zur Körpersprache von Jungen und Mädchen. In: PRAXIS DEUTSCH 12 (1985), Heft 73, S. 53–57

Schober, O.: Deutschunterricht. In: Hierdeis, H. / Hug, Th. (Hrsg.) 1996, Bd. 1, S. 202–229

⑤ Schober, O.: Themen gegenwärtiger Aufsatzdidaktik. In: Blätter für den Deutschlehrer, Jg. 32, 1988, S. 97–110

→ Schober, O.: Die Emotionalität des Schülers im Deutschunterricht. In: Beckmann, H.-K. / Fischer, W. (Hrsg.): Herausforderung der Didaktik. Bad Heilbrunn: Klinkhardt 1990

Schober, O.: Schulbücher: wirksame Medien. Hochschulpolitische Erfahrungen. In: Paefgen, E.K. / Wolff, G. (Hrsg.), 1993, S. 67–76

Schober, O. (Hrsg.): Abenteuer Buch. Festschrift für A.C. Baumgärtner. Bochum: Kamp 1993

○ Schober, O. (Hrsg.): Deutschunterricht in der Grundschule. Bad Heilbrunn: Klinkhardt 1998

⑥ Schoenke, E.: Didaktik des sprachlichen Handelns. Überlegungen zum Sprachunterricht in der Sekundarstufe 1. Tübingen: Niemeyer 1991

→ Schrader, M.: Epische Kurzformen. Theorie und Didaktik. Königstein/Ts.: Scriptor 1980

→ Schulte-Steinicke, B.: Meditation als Schreibhilfe. Berlin/Milow: Schibri 1993

③ Schulz von Thun, F.: Miteinander reden: Störungen und Klärungen. Psychologie der zwischenmenschlichen Kommunikation. (Bd. 1) Reinbek: Rowohlt 1981, 1988, 2. Aufl.; Bd. 2: Miteinander reden. Stile, Werte und Persönlichkeitsentwicklung. (1989) 1993

→ Schuster, K.: Literaturunterricht unter kommunikativem Aspekt. Baltmannsweiler: Schneider 1978

Schuster, K.: Arbeitstechniken Deutsch. Bamberg: Buchner 1982, 2. Aufl.

Schuster, K.: Trivialromane. Bamberg: Buchner (1982), 2. Aufl. 1992

Schuster, K.: Drama – Theater – Kommunikation. Bamberg: Buchner 1985

Schuster, K.: Erschließen poetischer Texte. Bamberg: Buchner 1991, 5. Aufl.

Schuster, K.: Lehrziel „Kommunikationsfähigkeit" und die Deutschlehrerausbildung. In: Die Anregung 24 (1978). S. 393 ff.

Schuster, K.: Aspekte einer pragmatischen Dramendidaktik. In: Blätter für den Deutschlehrer, H. 2, Juni 1979, S. 33–41

→ Schuster, K.: Inhalts- und Beziehungsaspekt von Kommunikation als Gegenstand des Sprachunterrichts. In: Schober, O. (Hrsg.), 1980

Schuster, K.: Lyrische Texte als produktive Vorlagen. In: Beisbart, O. / Eisenbeiß, U. / Koß, G. (Hrsg.), 1993, S. 177–184

Schuster, K.: Neuere Aspekte von Theorie und Praxis des Rollenspiels im Deutschunterricht. In: Blätter für den Deutschlehrer, H. 2, 1985, S. 42–50

⑤ Schuster, K.: Das personal-kreative Schreiben im Deutschunterricht. Baltmannsweiler: Schneider (1995), 3. Aufl. 1999

Schuster, K.: Beiträge zum Schreiben in der Grundschule. In: Payrhuber u. a., 1998

Schuster, K.: Das personal-kreative Schreiben in der Grundschule und Aspekte der Bedeutung für die Entwicklung der Handschrift. In: unterrichten und erziehen. Heft 6, 1996, S. 35–39

Schuster, K.: Das personal-kreative Schreiben in der Hauptschule. In: Pädagogische Welt. Heft 12, Dez. 1996, S. 486–490

Schuster, K.: Das Spiel im Deutschunterricht der Sekundarstufe I und II unter besonderer Berücksichtigung interaktionistischer Formen. In: Spanhel, Dieter (Hrsg.), 1985, S. 118–137

→ Schuster, K.: Interaktionistische Spielformen in Schule und Theater. In: Gerdzen, R. / Wolff, J. (Hrsg.), 1987, S. 812–840

Schuster, K.: Lyrik in der Hochschule oder wie fängt man es nur an, von sich selbst und der „Welt" zu schreiben. In: InN. Nr. 10, Zeitschrift für Literatur. März 1987, S. 54–56

→ Schuster, K.: Zur Theorie und Praxis des literarischen Rollenspiels. In: Blätter für den Deutschlehrer, H. 2, 1988, S. 33–46

Schuster, K.: Das Rollenspiel im Unterricht. In: unterrichten und erziehen. 1991, Heft 1, S. 7–13

Schuster, K.: Ausgewählte Aspekte der Humanistischen Psychologie und deren Bedeutung für die Deutschdidaktik. In: LUSD, H. 4, 1992, S. 7–29

⑦ Schuster, K.: Das Spiel und die dramatischen Formen im Deutschunterricht. Baltmannsweiler: Schneider (1994), 2. Aufl. 1996

③ Schuster, K.: Mündlicher Sprachgebrauch. Denken – Sprechen – Handeln. Theorie und Praxis. Baltmannsweiler: Schneider 1998

Schutte, J.: Einführung in die Literaturwissenschaft. Stuttgart: Metzler 1985

③ Schwäbisch, L. / Siems, M: Anleitung zum sozialen Lernen für Paare, Gruppen und Erzieher. Kommunikations- und Verhaltenstraining. Hamburg: Rowohlt (1974), 1989

Seidel, B.: Schüler spielen mit Sprache. Sprachunterricht vom 1. bis 10. Schuljahr. Stuttgart: Kohlhammer 1983

Seidel, B.: Wörter im Sprachbewußtsein. Sprachkunde in der Sekundarstufe I. Hannover: Schroedel 1989

Seidl, E. / Pohl-Mayerhöfer, R. (Hrsg.): Rollenspiele für Grundschule und Kindergruppen. München: bsv 1976

→ Seifert, Th. / Waiblinger, A. (Hrsg.): Therapie und Selbsterfahrung. Stuttgart: Kreuz 1986

→ Seifert, W.: Katastrophen und Hoffnungen. Internationalität und Multikulturalität als Thematik in Jugendromanen. In: Franz, K. / Pointner, H. (Hrsg.); 1994, S. 57–70

Seiffert, H.: Einführung in die Wissenschaftstheorie. München: Beck, Bd. I 1983, 10. Aufl.; Bd. II 1983, 8. Aufl. zitiert nach der 7. Aufl. 1977; Bd. III 1985

Sennlaub, G. (Hrsg.): Heimliches Hauptfach Rechtschreiben. Düsseldorf: Bagel 1979

→ Sennlaub, G.: Spaß beim Schreiben oder Aufsatzerziehung? Stuttgart: Kohlhammer 1980

Spanhel, D. (Hrsg.): Curriculum vitae. Essen 1988

→ Spanhel, D. (Hrsg.): Das Spiel bei Jugendlichen. Ansbach: Verlagsgesellschaft 1985

Spinner, K. H.: Neue und alte Bilder von Lernenden. Deutschdidaktik im Zeichen der kognitiven Wende. In: Beiträge zur Lehrerbildung. Zeitschrift zu Theorie und Praxis der Grundausbildung, Fort- und Weiterbildung von Lehrerinnen und Lehrern (Schweiz). 1994, Heft 2, S. 146–158

Spinner, K. H.: Reden lernen. Basisartikel. In: PRAXIS DEUTSCH, Heft 144, 1997

Spinner, K. H.: Deutschunterricht im Zeichen der kognitiven Wende der Lernpsychologie. In: Altenburger, H. C. (Hrsg.): Fachdidaktik in Forschung und Lehre. Augsburg: Wißner 1997, S. 137–146

⑤ Spinner, K. H.: Kreatives Schreiben. Basisartikel. In: PRAXIS DEUTSCH, Heft 119, 1993, S. 17–23

→ Spinner, K. H. (Hrsg.): Identität und Deutschunterricht. Göttingen: Vandenhoeck u. Ruprecht 1980

Spinner, K. H.: Moderne Kurzprosa in der Sekundarstufe I. Hannover: Schroedel 1984

→ Spinner, K. H.: Umgang mit Lyrik in der Sekundarstufe I. Baltmannsweiler: Schneider 1984, 2. Aufl. 1995

Spinner, K. H.: Eigene Erfahrungswelt als Deutungsfolie. In: Westermanns Päd. Beiträge 30, 1978, S. 472–474

Spinner, K. H.: Identitätsgewinnung als Aspekt des Aufsatzunterrichts. In: Spinner, K. (Hrsg.), 1980, S. 67–80

→ Spinner, K. H.: Vorschläge für einen kreativen Literaturunterricht. Frankfurt/M.: Diesterweg 1990

⑤ Spinner, K. H.: Kreatives Schreiben. In: PRAXIS DEUTSCH, Heft 119, 1993a, S. 17–23

→ Spinner, K. H.: Vom kommunikativen über den personalen Ansatz zum geselligen Schreiben. In: Paefgen, E. K. / Wolff, G. (Hrsg.), 1993b, S. 77–82

→ Spinner, K. H.: Literatur lebendig werden lassen. In: PRAXIS DEUTSCH. Jahresheft XII, 1994, S. 72–74

Spitta, G.: Kinder schreiben eigene Texte: Klasse 1 und 2. Frankfurt/M.: Cornelsen 1988

Spitta, G. u. a.: Rechtschreibunterricht. Braunschweig: Westermann 1977

Spitta, G.: Schreibkonferenzen in Klasse 3 und 4. Ein Weg vom spontanen Schreiben zum bewußten Verfassen von Texten. Bielefeld: Cornelson/Skriptor 1992

Spitta, G.: Schreibkonferenzen – ein Impuls verändert die Praxis. In: Die Grundschulzeitschrift. H. 61, 1993

→ Spolin, V.: Improvisationstechniken für Pädagogik, Therapie und Theater. Paderborn: Junfermann 1983, 4. Aufl. 1993

⑤ Staatsinstitut für Schulpädagogik und Bildungsforschung München (Hrsg.): „Schriftlicher Sprachgebrauch" im Deutschunterricht des Gymnasiums. Bd. I: Unter- und Mittelstufe; Bd. II: Oberstufe. Donauwörth: Auer 1992 bzw. 1993

Stadler, B.: Sprachspiele in der Grundschule. Donauwörth: Auer 1986

Stadler, B.: Sprachspiele in der Hauptschule. Donauwörth: Auer 1986

Steffens, W.: Das Gedicht in der Grundschule. Düsseldorf: Hirschgraben 1973

Steffens, W.: Spielen mit Sprache im ersten bis sechsten Schuljahr. Baltmannsweiler: Schneider 1998

Steinbach, D.: Literatursoziologie und Deutschunterricht. In: Der Deutschunterricht, Jg. 22, 1970, S. 5–14

Steinbügl, E.: Der deutsche Aufsatz. Bd. I, 5.–9. Schuljahr, Bd. II, 9.–10. Schuljahr. München: Oldenbourg (1965), 2. Aufl. 1968 bzw. (1966) 2. Aufl. 1967

④ Stiftung Lesen (Hrsg.): Lesen. Grundlagen, Ideen, Modelle zur Leseförderung. Mainz 1996, 6. Aufl.

Stock, U.: Wie wär's mit Schif³ahrt. Von der Grundschule bis zum Institut der deutschen Sprache: Ein Frontbericht aus dem Rechtschreibkrieg. In: DIE ZEIT, Nr. 38, 12. September 1997, S. 75

Stocker, K. (Hrsg.): Taschenlexikon der Literatur- und Sprachdidaktik. Kronberg/Ts. / Frankfurt/M.: Scriptor u. Hirschgraben (1976), 2. Aufl. 1987

→ Stocker, K.: Wege zum kreativen Interpretieren: Lyrik. Sekundarbereich. Baltmannsweiler: Schneider 1993

Stöcklin-Meier, S.: Sprechen und Spielen. Ravensburg: Maier 1980

→ Stolla, G.: Schriftlicher Sprachgebrauch. Neuere Ansätze zur Förderung des Lernens in einem schwierigen Lernbereich. In: unterrichten und erziehen, 1989, Heft 3, S. 7–12.

Stollenberg, D.: Lernen, weil es Freude macht. Eine Einführung in die Themenzentrierte Interaktion. München: Kösel 1982

→ Svantesson, I.: Mind Mapping und Gedächtnistraining. Bremen: Gabal 1993

→ Syme, Chr.: Kreativer Schreiben. Mühlheim an der Ruhr: Verlag an der Ruhr 1990

Theiß, W.: Schwank. Bamberg: Buchner 1985

Thurn, B.: Mit Kindern szenisch spielen. Entwicklung von Spielfähigkeiten; Pantomimen, Stegreif- und Textspiele. Bielefeld: Cornelson/Skriptor 1992

→ Tischer, H.: Rechtschreibunterricht. Baltmannsweiler: Schneider 1981

Ulrich, W.: Wörterbuch. Grundbegriffe des Deutschunterrichts. Sprachdidaktik und Literaturdidaktik. Kiel: Hirt (1972), 4. Aufl. 1987

→ Ulshöfer, R.: Methodik des Deutschunterrichts. Bd. 1 Unterstufe (1963), (zitiert nach der 2. Aufl. 1965), 8. Aufl. 1978; Bd. 2 Mittelstufe I (1952), 11. Aufl. 1980, Bd. 3 Mittelstufe II (1957), 2. Aufl. 1978, Stuttgart: Klett

Valtin, R. / Jung, U. O. H. / Scheerer-Neumann, G.: Legasthenie in Wissenschaft und Unterricht. Darmstadt: Wiss. Buchgesellschaft 1981

Varela, F. / Thompson, E. / Rosch, E.: Der mittlere Weg der Erkenntnis. Bern: Scherz 1992

Vogel, H. (Hrsg.): Der Deutschunterricht in der Grundschule. Konzepte und Modelle zu seiner didaktischen Begründung und Praxis. Baltmannsweiler: Schneider 1980

Vopel, K. W. u. a.: Interaktionsspiele für Kinder. 4 Teile. Hamburg: Isko Press 1980

Vopel, K. W.: Anwärmspiele. Hamburg: Isko Press 1981

Vopel, K. W.: Interaktionsspiele für Jugendliche. Hamburg: Isko Press 1980

Wagner, A. C. (Hrsg.): Schülerzentrierter Unterricht. München: Urban & Schwarzenberg 1976

Wagner, E.: Das fränkische Dialektbuch. München: Beck 1987

Wahrig, G. (Hrsg.): Wörterbuch der deutschen Sprache. München: Deutscher Taschenbuchverlag 1978

→ Waldmann, G.: Literatur zur Unterhaltung. 2 Bde. Reinbek: Rowohlt 1980

→ Waldmann, G.: Produktiver Umgang mit dem Drama. Baltmannsweiler: Schneider 1996

→ Waldmann, G.: Produktiver Umgang mit Lyrik. Baltmannsweiler: Schneider 1998, 5. völlig neubearbeitete und erweiterte Auflage

④ Waldmann, G.: Grundzüge von Theorie und Praxis eines produktionsorientierten Literaturunterrichts. In: Hopster, 1984, S. 98–141

Waldmann, G.: Produktive literarische Differenzerfahrung. Skizze eines literaturtheoretischen Konzepts – am Beispiel Lyrik. In: Wirkendes Wort, 1987 H. 1, S. 32–45

④ Waldmann, G.: Produktiver Umgang mit Literatur im Unterricht. Grundriss einer produktiven Hermeneutik. Theorie – Didaktik – Verfahren – Modelle. Baltmannsweiler: Schneider 1998

⑦ Waldmann, W.: Handpuppen, Stabfiguren, Marionetten. gestalten, bauen, spielen. München: Hugendubel 1986

Warm, U.: Rollenspiel in der Schule. Tübingen: Niemeyer 1981

→ Wardetzky, K. / Zitzelsberger, H. (Hrsg.): Märchen in Erziehung und Unterricht heute. Baltmannsweiler: Schneider 1997 (Im Auftrag der Märchenstiftung Walter Kahn)

⑥ Watzke, O.: Rechtschreibunterricht in der Sekundarstufe I. München: List, 1977, 4. Aufl.

Watzke, O. (Hrsg.): Bildergeschichten und Comics in der Grundschule. Unterrichtsvorschläge. Donauwörth: Auer 1980.

⑥ Watzke, O. / Strank, W.: Theorie und Praxis des Rechtschreibunterrichts in der Grundschule. Donauwörth: Auer (1984), 1990, 2. Aufl.

③ Watzlawick, P. u. a.: Menschliche Kommunikation. (1969) Bern: Huber, 1990, 9. Aufl.

→ Watzlawick, P. (Hrsg.): Die erfundene Wirklichkeit. Beiträge zum Konstruktivismus. München: Piper 1991, 7. Aufl.

→ Watzlawick, P.: Münchhausens Zopf. oder: Psychotherapie und „Wirklichkeit". Bern: Huber, 2. Aufl. 1989

Watzlawick, P.: Wie wirklich ist die Wirklichkeit? Wahn – Täuschung – Verstehen. München: Piper 1991, 20. Aufl.

Watzlawick, P. / Kreuzer, F.: Die Unsicherheit unserer Wirklichkeit. Ein Gespräch über den Konstruktivismus. München: Piper 1993, 3. Aufl.

Weber, D. (Hrsg.): Deutsche Literatur der Gegenwart in Einzeldarstellungen. Stuttgart: Kröner, 1976f., 3. überarb. Aufl.

→ Weihs, A.: Freies Theater. Hamburg: Rowohlt 1981

⑤ Werder, L. v.: Kreatives Schreiben in den Wissenschaften: für Schule, Hochschule und Erwachsenenbildung. Berlin/Milow: Schibri 1992

⑤ Werder, L. v.: ... triffst Du nur das Zauberwort. Eine Einführung in die Schreib- und Poesietherapie. München: Urban & Schwarzenberg 1986

Werder, L. v.: Schreiben als Therapie. München: Pfeiffer 1988

⑤ Werder, L. v.: Lehrbuch des kreativen Schreibens. Berlin: ifk (1990), 2. Aufl. 1993

⑤ Werder, L. v. / Mischon, C. / Schulte-Steinicke, B.: Kreative Literaturgeschichte. Berlin/Milow: Schibri 1992

→ Werder, L. v.: Lehrbuch des wissenschaftlichen Schreibens an Universitäten und Hochschulen. Berlin/Milow: Schibri 1993

Werder, L. v.: Der integrative Ansatz beim kreativen Schreiben. Berlin/Milow: Schibri 1993

Wermke, J.: „Hab a Talent, sei a Genie!" Kreativität als paradoxe Aufgabe. Weinheim: Deutscher Studienverlag 1989

→ Wild, R. (Hrsg.): Geschichte der deutschen Kinder- und Jugendliteratur. Stuttgart: Metzler 1990

Wilkending, G.: Kinder- und Jugendbuch. Bamberg: Buchner 1987

Wilkending, G.: Volksbildung und Pädagogik „vom Kinde aus". Eine Untersuchung zur Geschichte der Literaturpädagogik in den Anfängen der Kunsterziehungsbewegung. Weinheim / Basel: Beltz 1980

Willenberg, H. u. a.: Zur Psychologie des Literaturunterrichts. Frankfurt/M.: Diesterweg 1987

Wilpert, G. v. (Hrsg.): Lexikon der Weltliteratur. Autoren, Werke. 2 Bde. Stuttgart: Kröner (1975), Bd. 1: 3. neubearb. Aufl. 1988; Bd. 2: vollst. neu bearb. Aufl. 1993

Wilpert, G. v.: Sachwörterbuch der Literatur. Stuttgart: Kröner, 1989, 7. Aufl.

Windels, J.: Eutonie mit Kindern. München: Kösel 1984

Winkel, R.: Theorie und Praxis. Oder: Schulreform konkret – im Haus des Lebens und Lernens. Baltmannsweiler: Schneider 1997

Wolff, G.: Sprechen und Handeln. Pragmatik im Deutschunterricht. Königstein/Ts.: Scriptor 1980

Wolfrum, E. (Hrsg.): Kommunikation. Aspekte zum Deutschunterricht. Baltmannsweiler: Schneider 1975

Wollschläger, G.: Kreativität und Gesellschaft. Frankfurt/M.: Fischer 1972

Wolgast, H.: Das Elend unserer Jugendliteratur. 1896, 4. Aufl. 1919, 7. Aufl. 1950

→ Wormser, R.: Sensitiv Spiele. München: Mosaik 1976

Wygotski, L. S.: Denken und Sprechen. Frankfurt/M.: Fischer 1977

⑥ Zabel, H.: Die neue deutsche Rechtschreibung. Niederhausen/Ts.: Falken 1996

Zabel, H. (Hrsg.): Studienbuch: Einführung in die Didaktik der deutschen Sprache und Literatur. Paderborn / München / Wien / Zürich: Schöningh 1981

→ Zalfen, W.: Spiel-Räume. Mainz: Grünewald 1988, 2. Aufl.

Zander, S. (Hrsg.): Deutschunterricht in der Grundschule. Bad Heilbrunn: Klinkhardt 1977

Zangerle, H.: SchluSS mit den Diktatkatastrofen? In: PSYCHOLOGIE HEUTE, Heft 10/1997, S. 34–37

Ziegler, J.: Kommunikation als paradoxer Mythos. Weinheim: Beltz 1977

Ziehe, Th.: JUGENDKULTUREN – angesichts der Entzauberung der Welt – Veränderte Möglichkeitshorizonte und kulturelle Suchbewegungen. In: Gerdsen / Wolff (Hrsg.), 1985

Zimmer, H.: Bedingungen und Tendenzen der Entwicklung des Deutschunterrichts im 19.–20. Jh. In: Mannzmann, A. (Hrsg.): Geschichte der Unterrichtsfächer I. München: Kösel 1983, S. 35–64

→ Zimmer, D. E.: Wer schreibt am rechtesten? In: DIE ZEIT, Nr. 47, 14. Nov. 1997, S. 17–21

Zinker, J.: Gestalttherapie als kreativer Prozeß. Paderborn: Junfermann 1984, 2. Aufl.

Zeitschriften

Fachdidaktische Zeitschriften (chronologisch geordnet)

Der Deutschunterricht. Beiträge zu seiner Praxis und wissenschaftlichen Grundlegung. Jg. 1, 1947/49 ff. (Klett und Friedrich)

Deutschunterricht. Jg. 1, 1947 ff. (VEB Volk u. Wissen, seit 1991 im Päd. Zeitschriftenverlag Berlin)

Blätter für den Deutschlehrer. Jg. 1, 1956 ff. (Diesterweg) (Erscheinen mit Jg. 33, H. 4, 1989, eingestellt!)

Diskussion Deutsch. Jg. 1, 1970 ff. (Diesterweg), seit 1996 vereinigt mit *Der Deutschunterricht*

PRAXIS DEUTSCH. Jg. 1, 1973 ff. (Friedrich)

Ide. Informationen zur Deutschdidaktik. Zeitschrift für den Deutschunterricht in Wissenschaft und Schule. Jg. 1, 1976 ff. (Carinthia), Studienverlag Innsbruck / Wien

LUSD Literatur und Sprache – didaktisch. Bamberger Schriftenreihe zur Deutschdidaktik. (Hrsg.): Lehrstuhl für Didaktik der deutschen Sprache und Literatur der Universität Bamberg, Jg. 1, 1990 ff.

Didaktik Deutsch. Halbjahresschrift für die Didaktik der deutschen Sprache und Literatur. Mitteilungsorgan des Symposions Deutschdidaktik e. V., Jg. 1, 1996 ff. (Baltmannsweiler: Schneider)

Zeitschriften zur Jugendliteratur

Das gute Jugendbuch. (Hrsg.): Arbeitskreis 'Das gute Jugendbuch', Essen Jg. 1, 1950 ff. bis Jg. 28, 1978, Fortführung st. 1979: Jugendbuchmagazin

Jugend und Buch. Vierteljahresschrift für Leseerziehung und Jugendliteratur. (Hrsg.): Österreichischer Buchklub der Jugend und Internationales Institut für Jugendliteratur und Leseforschung. Jg. 1, 1952 ff. bis Jg. 34, 1985, Fortführung st. 1986 ff.

1000 und 1 Buch. Zeitschrift für Kinder- und Jugendliteratur. (Hrsg.): Bundesministerium für Unterricht, Kunst, Sport – A – Wien

JuLit Informationen des Arbeitskreises für Jugendliteratur in München, Jg. 1, 1964ff.

Zeitschriften mit gelegentlichen deutschdidaktischen Beiträgen
Bezugswissenschaft 'Germanistik'

Wirkendes Wort. Jg. 1, 1950ff. (Schwann)
   st. Jg. 38, 1988 (mit gelegentlichen didaktischen Beiträgen) (Bouvier)
Mitteilungen des Deutschen Germanistenverbandes. Jg. 1, 1954 ff. (Aisthesis)
Literatur in Wissenschaft und Unterricht. Jg. 1, 1968ff. (Engl. Seminar d. Univ. Kiel)
   st. Jg.87 (Königshausen & Neumann)
Linguistik und Didaktik. Jg. 1, 1970ff. (Bayer. Schulbuchverlag)
   st. 1978 (Fink), st. 1981 (Fink-Schöningh), ab Jg. 14, 1983 u. d. Titel: Sprache und Literatur in Wissenschaft und Unterricht.
Literatur für Leser. Zeitschrift für Interpretationspraxis und geschichtliche Texterkenntnis. Jg. 1, 1978ff. (Oldenbourg)

Zeitschriften zum Schreiben (und Lesen)

Wortspiegel. Zeitschrift für Schreibgruppen und Schreibinteressierte. Seit 1996, Hrsg.: Bürgerverein Berolina
Segeberger Briefe. Veröffentlichungen des Segeberger Schreibkreises. 1985ff.
Lesezeichen. Mitteilungen des Lesezentrums der Pädagogischen Hochschule Heidelberg. Seit 1997

Bezugswissenschaft 'Pädagogik'

Pädagogische Welt. Monatsschrift für Unterricht und Erziehung. Jg. 1, 1947ff. (Auer)
Westermanns Pädagogische Beiträge. Jg. 1, 1949ff. (Westermann)
   Jg 39, 1987, H. 7-12 u. d. Titel:
Pädagogik. (Pädagogische Beiträge) (früher b:e) st. Jg. 40, 1988 vereinigt mit 'Pädagogik heute' zu Pädagogik.

Schulartspezifische Zeitschriften und Zeitschriften mit gelegentlichen deutschdidaktischen Beiträgen

Die Grundschulzeitschrift. Jg. 1, 1960ff. (Friedrich / Klett)
Grundschule. Zeitschrift für die Grundstufe des Schulwesens. Jg. 1, 1969ff. (Westermann). st. Jg. 10, 1978 verbunden mit
Grundschulmagazin – Lehrerjournal. Jg. 1, 1986ff. (Ehrenwirth / Oldenbourg / Prögel)
Hauptschulmagazin – Lehrerjournal. Jg. 1, 1986ff. (Ehrenwirth / Oldenbourg / Prögel)
Unterrichten und Erziehen. Die praxisorientierte Zeitschrift für den kreativen Lehrer. Seit 1985 Regensburg: Wolf-Verlag

Sachregister

Adaptoren 61
Adressatenbezug 117
Äußerungsakt 37
Alter-ego-Methode 206
Ambiguitätstoleranz 203
Amplifikation 58
Antizipation 82, 85
Arbeitsschule 191
Arbeitstechniken 167
Arbeitsunterricht 190
Artefakte 61
Artikulation von Deutschstunden 29
Aufsatzbeurteilung 123 ff.
Aufsatz, freier 112 f., 121, 155
Aufsatz, gebundener 112
Aufsatz, sprachgestaltender und sprachschaffender 113 ff.
Aufsatzunterricht 26 ff., 112 ff.
Aufsatzunterricht, kommunikationsorientierter 164
Augenkontakt 59
Auswahlverzeichnis von Verfahrensweisen des handlungs- und produktionsorientierten Literaturunterrichts (HAAS / MENZEL / SPINNER) 90
Axiome WATZLAWICKs 38 ff.

Bedingungen, anthropogene und soziokulturelle 25 f.
Bedingungs- und Entscheidungsfelder 24
Begleitmedium 107
Behaviorismus 4 f.
Berichten 144 f.
Beziehungsaspekt 20, 40, 64
Bewertung von Texten 149 ff.
Biblio- und Poesietherapie 11
Blickverhalten 59
BOAL-Theater 198, 209, 215
Brainstorm 130
Buchdruckerduden 172

Cluster 81, 116, 130 ff., 145, 148, 155
Comics 76, 99
Commedia dell' arte 207 f.
Computer im Deutschunterricht 216

Dekodierung 34
Denken, problemlösendes, kreatives 16
Denken, produktives 166
deskriptive Feldforschung 9
Deutschunterricht, offener, 20, 20 f., 195
Dependenz- oder Valenzgrammatik 162
Didaktik 25 f.
digitale Kommunikation 41
Dimensionen von Lernzielen 18
diskursiv-analytische Textverarbeitungsverfahren 86 ff.
Distanzzonen zwischen Personen 62 f.
Dokumentenanalyse 9
double bind 41

Einzelfallanalyse 9
elaborierter Code 162
Elfchen 108
Embleme 61
Empathie 203, 206
Encounter-(Selbsterfahrungs-)Bewegung 213
Enkodierung 34
Enkulturation 12, 35
Erkenntnismethode, qualitative 8
Erlebniserzählung 114 ff.
Erlebnispädagogik 190
Ernstfallprojekt 190
Erörtern 114, 137, 146 ff.
Ersatzprobe 160
Erzählen 114 ff., 116, 144 f.
Experiment, qualitatives 9

Feedback 47, 49, 53
Fehlerkategorien des Rechtschreibens 185

Feldforschung, deskriptive 9
Forumsdiskussion 57
Forumtheater 205
Freiarbeit 195 ff.

Gesinnungslesebuch 71, 106
Gespräch, partnerzentriertes 54
Gesprächskreis 57
Gesprächspsychotherapie 54
Gestaltmethoden 53 ff.
Gestaltpädagogik 50 ff.
Gestaltprinzipien 51 ff.
Gestik 59 f.
Globe 45
Grammatik, inhaltsbezogene 159
Grammatikunterricht 158 ff., 195
Grammatikunterricht, situationsorientierter 163
Groschenhefte 76
Grundwortschatz 181 f., 197
Guckkastenbühne 212

Haiku 108
Handlungsforschung und -orientierung 9 f.
hermeneutischer Zirkel 35, 69 f.
Humanethologie 58
Humanistische Psychologie 5, 141, 214

Ich-Identität 124
Identifikation 53, 141
Identitätsgewinnung als Aspekt des Aufsatzunterrichts 122 ff.
illukotionärer Akt 37
Illustratoren 61
Illustrierte 76
Implikationszusammenhang 24
Individualisierung 124
Informatoren 74
inhaltsbezogene Grammatik 159 f.
Inhalts- und Beziehungsaspekt von Kommunikation 20, 39, 210
Inhaltsangabe 119
interaktionistische Spielformen 213 ff.

Internet 216
Intensität 31
Intention 24, 34
Ironie 39

Kalokagathie 14
Kasperltheater 198, 212 ff.
Kinder- und Jugendliteratur 76, 95 ff.
Klangprobe 160
Körperausdrucksverhalten von Mann und Frau 58 ff.
Körperorientierung und Distanz 62 ff.
Körpersprache 58 ff., 201
Körpersprache, männliche und weibliche Merkmale 65 ff.
kognitive Wende 22 f., 196
Kommunikation 32 ff.
Kommunikation, asymmetrische 43
Kommunikation, mündliche 28, 157
Kommunikation, schriftliche 28
Kommunikation, symmetrische 43
Kommunikationsmodell, allgemeines 33 ff.
Kommunikation, nonverbale 58 ff.
Kommunikationswissenschaft 58
Kommunikative Kompetenz 17, 21, 204
kommunikative Wende 22 f., 32, 162 f.
Kompetenz, metakommunikative 41
Konfliktrollenspiel 147, 148, 203 ff.
Konstituentengrammatik 162
Konstruktivismus, Radikaler 6 f., 35, 80, 159, 196
Kontradiktion 58
Konventionen 35
Kreativität 16, 91, 121, 127
Kritikfähigkeit, Lernziel 17 f.
Kritzelphase 178 f.
Kunsterziehungsbewegung 112

Lebenshilfe-Didaktik 68 ff.
Leerstellentheorie 78
Leitmedium 107
Leitziel des Unterrichts 12 ff., 17
Lernbereiche 26, 29

Lernen, entdeckendes 187
Lernspiele 215
Lernziele, fachspezifische 17 ff.
Lernziele, fachübergreifende 15 ff., 17
Lernzielgewinnung 21
Lernzielorientierung 17, 19
Lesarten 77 f.
Lesebuch 73, 106 ff.
Lesebuch als Information über die gesellschaftliche Wirklichkeit 106
Lesebuchdiskussion 72 f., 112
Lese-Erfahrungen 77
Leseerzieher 76, 106
Leseförderung im Unterricht 104 ff.
Leseklima in der Familie 96
Leseprozess 79
Leser, impliziter 78
Lesetagebuch 79
Liste der 50 häufigsten Fehlschreibungen 184
literarästhetisches Lesebuch 73, 106
Linguistisierung des Grammatikunterrichts 161 ff.
Literaturbegriff, erweiterter 110
Literaturtheorie, soziologische 75
Literaturunterricht 26, 68 ff., 208
Literaturunterricht als Ideologiekritik 76, 208
Literaturunterricht, handlungs- und produktionsorientierter 28, 68 ff., 80, 155, 158
Literaturunterricht, kommunikationsorientierter 79

Märchen 18, 202, 208
Medien 24, 97 ff.
Metakommunikation 36, 39
Methode, empirisch-analytische 8
Methoden des Rechtschreibunterrichts 183 ff.
Methodenpluralismus 75
Mimik 59
Mindmapping 136 f., 148
Modifikation 58

Nachgestalten einer dichterischen Vorlage 82
New Games 206, 213
Normierung deskriptive 173

Objektivität 149 f.
Ontologisierung 125
Operationalisierung von Lernzielen 18
Organonmodell der Sprache (BÜHLER) 32 f.
Orientierungs- und Forschungsprojekt 189

Pantomime 59, 66, 198, 202, 208, 211
Performanz 34
perlokutionärer Akt 37 ff.
Personalisation 12, 35
personal-kreatives Schreiben 122 ff.
Perzeption 34
Phänomenologie 5
Phantasiereise 53, 141, 155
Phantasie, soziale 80
Planspiel 207
Plenumsdiskussion 57
Podiumsdiskussion 57
poesietherapeutische Prinzipien 136
Positivismus 4
Potenzierung 125
Prädikationsakt 37
Pragmatik 163
Prinzipien der deutschen Rechtschreibung 175 ff.
Prinzip, etymologisches (oder morphemisches) 177
Prinzipien im Grammatikunterricht 166, 177
Proben (Umstell-, Ersatz-, Streich-, Klang-) 160 f.
Projektbewegung, Geschichte 190
projektorientierter Deutschunterricht 29, 188 ff., 195
Projekttypen 189
Prozessregulierung 63
Psychoanalyse 5
Psychodrama 203

Quadrivium 158

Ranschburgsche Hemmung 187
Rechtschreibung, Geschichte 172 ff.
Rechtschreibreform 169 ff.
Rechtsschreibregelung, deskriptive und präskriptive 173
Rechtschreibunterricht 26, 169 ff.
Rechtschreibunterricht in den weiterführenden Schulen 182
Rechtschreibunterricht, Methodik und Didaktik 178 ff.
Referenzakt 37
Reflexion über Sprache 28, 157 ff.
Reformpädagogik 88, 112, 195
Reliabilität 149 f.
restringierter Code 162
Rezeptionsästhetik und -pragmatik 78
Rituale 35
Rollendistanz 203
Rollenspiel 77, 201 ff.
Rollenspiel, literarisches 210 ff.
Rollenspiel, offenes und geschlossenes 204, 210 ff.
Rollentausch 206

Sage 17, 208
Schildern 145 f.
Schizophrenie 41
Schneeglöckcheneffekt 164
Schreibanlässe 123, 130 ff.
Schreibbewegung 126
Schreiben als heuristischer Prozess 121
Schreiben als Kommunikation 117 ff.
Schreiben als kreativer Prozess 121
Schreiben in Gruppenprozessen, als Gruppenprozess 141
Schreiben in Selbsterfahrungsprozessen 141
Schreiben, personal-kreatives 54, 122 ff., 155
Schreiben, situatives 139, 145, 148, 155
Schreiben zur biographischen Selbstvergewisserung 142

Schreibformen, personal-kreative 112, 130 ff., 155
Schreibintention 117
Selbsterfahrungsspiele 214
Semantik 41, 157, 163, 183
Sensitivity-Bewegung 213
Simulations- und Planspiele 202
Sinnsystem des Lesers 80
situationsorientierter Grammatikunterricht 163
Skelett- oder Konsonantenschrift 179
sokratisches Verfahren 166
Solar Plexus 209
Sozialformen 57, 189
Sozialforschung, empirisch-positivistische 75
Sozialisation 12, 35
Sozialität 31
Soziologie, werkbezogene 75
Spiel, darstellendes 198
Spiel, Definitionen 198 ff.
Spiralcurriculum 215
Sprachbetrachtung 157 ff.
Sprachbuch 161 ff.
Sprachbuch, kommunikationsorientiertes 164
Sprachbuch, handlungs- und situationsorientiertes 163
Sprachkunde und Sprachlehre 161
sprachphilosophische Aspekte 36 ff.
Sprachsituationen 38
Sprachunterricht 26, 157 ff.
Sprechakttheorie 36 ff.
Sprechen, appellatives 33 ff., 164
Stegreifdiskussion 57
Stegreifspiel 207, 198
Stop-Verfahren 205
Streichprobe 160
Subjektivierung 125, 128
Symbolspiel 202
Syntax 163
Systematischer Katalog (G. WALDMANN) 82
Systemlinguistik 161

Taxonomien von Lernzielen 18 ff.
Theater, alternatives 198
themenzentrierte interaktionelle
    Methode =TZI (R. COHN) 44 ff.
Textproduktion 28, 82 ff., 112 ff.
Textsortenzirkel 119 f.
Toc 209
Transaktionsanalyse 54
Transformationsgrammatik, generative 162
Trivium 158

Übersummationsprinzip 154
Umstellprobe 160
Unterhaltungs- und Kontaktprojekt 189

Valenzgrammatik 162
Validität 149 f.
Veränderungsprojekt 189
verbundener Deutschunterricht 29, 188
Verfremdung 166
Verhaltensbiologie 58
vokale Kommunikation 63

Werteorientierung 16
Wertung, literarische 71
Wissenschaftsbegriffe 4 f., 8

Karl Schuster

Das personal-kreative Schreiben im Deutschunterricht
Theorie und Praxis
3. korrigierte Auflage, 1999. IX, 242 Seiten. Kt. ISBN 3896761129. € 19,—

Aus Rezensionen

Karl Schuster, ein erfahrener Gymnasial- und Universitätslehrer (Erlangen-Nürnberg), der sich sowohl der Theorie als auch der Praxis verpflichtet weiß, legt in seinem neuesten Werk einen beachtenswerten Neuansatz der Aufsatzdidaktik vor.

Nach einer gründlichen Erörterung „personal-kreativer Schreibformen" stellt er in den Mittelpunkt seiner Ausführungen konkrete Schreibmöglichkeiten, Schreibsituationen und Themen, die aus praktischen Erprobungen in der Grund-, Haupt-, Realschule und im Gymnasium herausgewachsen sind.
Prof. Dr. Oswald Watzke. Päd. Welt 6/1996

Erfreulich ist die Art der Darstellung. Trotz erheblichen Unterschieden in den einzelnen Schularten und Bundesländern ist die vorgebrachte Kritik an der gegenwärtigen Aufsatz- und Schreiberziehung berechtigt, aber nicht ironisch oder verletzend. Die in der fachdidaktischen Literatur vorhandene Diskussion wird aufgegriffen und eingebracht. Der Text ist verständlich, die Beispiele einleuchtend. Persönliche Erlebnisse des Autors, seiner Studentinnen und Studenten werden geschickt eingebaut in grundsätzliche Überlegungen. Der theoretische Hintergrund wird ausreichend dargelegt, so daß ein selbständiges Weiterarbeiten möglich ist. Wichtig ist, daß die gewählten Beispiele auf alle Schularten zugeschnitten sind.

Als Fazit kann man festhalten: Das Buch von Karl Schuster ist ein wichtiger Beitrag zur Didaktik der Schreiberziehung. Es ist zu wünschen, daß viele seiner Anregungen umgesetzt werden in die unterrichtliche Praxis.
Prof. Dr. Erich Reichert. Erziehungswissenschaft u. Beruf 2/96

Schuster weist zwar darauf hin, daß diese neuen, personorientierten Verfahren nicht voraussetzen, alles Bisherige radikal zu eliminieren, sich vielmehr in den traditionellen Aufsatzunterricht integrieren lassen; es macht aber sehr deutlich, wo er Prioritäten sieht. Sein Plädoyer für einen personal-kreativen Schreibunterricht ist theoretisch fundiert, überzeugt aber insbesondere dadurch, daß es durch Belege aus der schulischen Praxis abgesichert ist, die zugleich Impulse für nachvollziehendes Handeln abgeben können.
Johannes Schattner, Lehrer. Rheinland-pfälzische Schule 4/1996

Die Stärke des Buches liegt vor allem darin, daß dem Lehrer aller Schularten eine Fülle von konkreten Schreibvorschlägen geboten werden, die ihm helfen können, den Aufsatzunterricht entscheidend zu verändern.
Prof. Dr. Bernhard Meier. Deutschunterricht 5/1996

Schneider Verlag Hohengehren
Wilhelmstr. 13; D-73666 Baltmannsweiler

Weltwissen erlesen
Literarisches Lernen im fächerverbindenden Unterricht
Von **Ulf Abraham** und **Christoph Launer**. Diskussionsforum Deutsch Band 7.
2002. VI, 220 Seiten. Kt. ISBN 3896765132. € 19,—

Literarische Texte sind entschieden zu vielseitig einsetzbar, um nur im Deutschunterricht Verwendung zu finden. Ausgehend von dieser erfahrungsgesättigten These entwickelt das Buch einen Begriff von „Literatur" als einem in besonderer Weise welthaltigen, zu vielen Wissensbereichen hin offenen Diskurs: historisches und geografisches, psychologisches und philosophisches, natur- und geisteswissenschaftliches Wissen ist in der Literatur so verarbeitet, veranschaulicht und mit *Geschichten* verbunden, dass literarisches Lesen fast immer auch beiläufiger Erwerb von Weltwissen sein wird. Das ist nicht neu; aber es wird in der Schule bislang noch viel zu wenig genutzt. Dabei fordern gerade neuere Lehrpläne und Fachbücher verstärkt zu fächerverbindender Unterrichtsplanung auf.

Das Buch, das in seinem umfangreichen Teil viele Textvorschläge aus der Kinder-, Jugend-, Unterhaltungs- und Kanonliteratur sowie methodische Anregungen und Bausteine eines Umgangs mit ausgewählten Beispielen bietet, eröffnet Lehrenden im Fach Deutsch Möglichkeiten, den Literaturunterricht mit Zielen und Inhalten anderer Fächer produktiv und kreativ zu vernetzen; und es eröffnet den Lehrenden der Sachfächer einen neuen, entgrenzenden Blick auf die Literatur, die auf einmal nicht mehr als schwierige Spezialität für Philologen erscheint. Es schließt damit *praktisch* eine Lücke in der Handbuchliteratur und eröffnet theoretisch eine neue Perspektive auf einige augenblicklich diskutierte Hochwertbegriffe: „Bildung", „kognitive Wende", „Öffnung von Unterricht", „neue Lernkultur" und „Leseförderung".

Deutschdidaktik und berufliche Bildung
Hrsg. von **Petra Josting** und Ann Peyer
Diskussionsforum Deutsch Band 8
2002. VI, 212 Seiten. Kt. ISBN 3896765140. € 19,—

Während der Deutschunterricht an den allgemein bildenden Schulen unumstritten ist, steht er an den berufsbegleitenden Schulen mehr denn je unter Legitimationsdruck. Allgemeinen Bildungszielen wie Persönlichkeitsentwicklung steht die Forderung nach berufsbezogenen Sprach- und Medienkompetenzen gegenüber. Doch wie berufsbezogen sollten diese Kompetenzen sein? Um ein „Fitmachen" für die berufliche Arbeitswelt oder um die Kompensation von Defiziten in der betrieblichen Ausbildung kann es nicht gehen.

Der Deutschunterricht an den berufsbegleitenden Schulen steht aber nicht nur unter äußerem Legitimationsdruck. Intern haben DeutschlehrerInnen mit Schwierigkeiten zu kämpfen, die KollegInnen anderer Schulformen in dieser Vielzahl nicht kennen: Bei der Realisierung unterrichtlicher Konzepte ist zu berücksichtigen, dass die zeitlichen Ressourcen für den Deutschunterricht äußerst knapp sind und dass in vielen Klassen enorme Unterschiede hinsichtlich des Alters und der Vorbildung bestehen, wie auch bezüglich der Sprachkenntnisse.

Die Beiträge beschäftigen sich mit verschiedenen Teilfragen einer berufsschulspezifischen Deutschdidaktik, wobei theoretische Überlegungen und praktische Anregungen in einem ausgewogenen Verhältnis stehen. Im einzelnen handelt es sich um folgende Aspekte: kommunikative Kompetenz als Schlüsselqualifikation, fächerübergreifendes Arbeiten, Ziele des Sprachunterrichts, Entwicklung der Schreibkompetenz, Umgang mit literarischen Texten und Auseinandersetzung mit Neuen Medien.

Schneider Verlag Hohengehren
Wilhelmstr. 13; D-73666 Baltmannsweiler

Karl Schuster

Mündlicher Sprachgebrauch im Deutschunterricht
Denken – Sprechen – Handeln. Theorie und Praxis
Deutschdidaktik aktuell Band 2.
2. unveränd. Aufl., 2001. VIII, 209 Seiten. Kt. ISBN 3896764438. € 16,–

Kein Aufgabenbereich steht so im Zentrum des Deutschunterrichts wie der mündliche Sprachgebrauch. Mündlicher Sprachgebrauch kann explizit Gegenstand sein, also ein eigenständiger Lernbereich, immer aber ist er Prinzip, da jeder Unterricht einen Kommunikationsakt erforderlich macht. Umso erstaunlicher ist es, dass die Deutschdidaktik gegenwärtig diesem Thema nur wenig Aufmerksamkeit widmet. Diese Lücke möchte die vorliegende Publikation schließen.

Im Teil A wird die Theorie vorgestellt, die gleichzeitig schon direkte Hilfen bietet, für die vielfältigen kommunikativen Prozesse im Unterricht Verständnis zu gewinnen:

- die Kommunikationsaxiome Watzlawicks und deren Weiterentwicklung
- wissenschaftstheoretische Aspekte einer konstruktivistisch orientierten mündlichen Kommunikation
- sprachphilosophische und sprechakttheoretische Grundlagen
- Konzepte der Humanistischen Psychologie und deren Bedeutung für den mündlichen Sprachgebrauch (z. B. die themenzentrierte interaktionelle Methode TZI, die Gesprächspsychotherapie, die Transaktionsanalyse)
- Grundzüge der nonverbalen Kommunikation oder der Körpersprache

Im Teil B werden die unterrichtspraktischen Konsequenzen erörtert:

- die Einordnung von Gesprächsregeln in einen komplexen unterrichtlichen Zusammenhang
- die Bedeutung von Sozialformen und organisatorischen Maßnahmen für eine erfolgreiche Kommunikation im (Deutsch)Unterricht
- die besonderen Anforderungen an die Einübung und Bewusstwerdung einer rhetorischen Kommunikation
- Spiele – Übungen – Experimente zum mündlichen Sprachgebrauch

Der Praxisteil gibt dem Lehrer konkrete Hilfen, die Prozesse des mündlichen Sprachgebrauchs im Deutschunterricht bewusster zu steuern und damit auf verschiedenen Ebenen auch erfolgreicher zu gestalten.

Schneider Verlag Hohengehren
Wilhelmstr. 13; D-73666 Baltmannsweiler

Karl Schuster

Das Spiel und die dramatischen Formen im Deutschunterricht

2. vollst. überarb. Aufl., 1996. VII, 213 Seiten. Kt. ISBN 3871164879. € 16,—

In diesem Buch wird der Versuch unternommen, das Spiel (und dabei auch die dramatischen Formen) als komplexes Phänomen des Deutschunterrichts in Theorie und Praxis vorzustellen. Es trägt bei zum Aufbau der persönlichen Identität, zur Assimilation von Wirklichkeit, es ist entdeckendes Lernen, fördert die sprachliche und soziale Entwicklung und die kommunikative Kompetenz des Kindes bzw. des Jugendlichen.

– **Die traditionellen Spielformen**, wie z. B. das Kasperl-, Masken- und Schattentheater, das Stegreifspiel, die Pantomime und das Schulspiel werden modern aufbereitet.

– **Die neueren Spielformen**, wie z. B. das Konfliktrollenspiel, das Psychodrama, die Selbsterfahrungs- und Interaktionsspiele, die New Games, das alternative und Freie Theater werden genau beschrieben und didaktisch-methodisch in den Deutschunterricht eingeordnet.

– **Das literarische Rollenspiel** nimmt einen besonderen Stellenwert ein, da es heute unverzichtbar ist für einen modernen produktionsorientierten Literaturunterricht.

Für alle Spielformen wurden eine Fülle konkreter unterrichtlicher Beispiele dargestellt, die der Idee nach in den Deutschunterricht übernommen werden können. Darüber hinaus werden diese ergänzt durch weitere umfangreiche Spielvorschläge.

Das Buch richtet sich an Studierende des Faches Deutsch und an LehrerInnen aller Schularten; es will Mut machen, mit Hilfe des Spiels die tägliche Routine in Frage zu stellen und den eigenen Unterricht zu verändern.

Aus ersten Rezensionen:

Karl Schuster, der sich seit vielen Jahren mit dem Spiel und den dramatischen Formen im Deutschunterricht beschäftigt hat, stellt sich mit seiner neuen Publikation den Anspruch, eine systematische Gesamtdarstellung zu dieser Thematik anzubieten. Dazu greift er auf eigene praktische Erfahrungen und Veröffentlichungen und auf eine Vielzahl von unterschiedlichsten Publikationen zurück. Neben einer allgemeinen Einführung enthält Schusters Buch Kapitel zu *traditionellen* (wie z. B. Kasperl-, Marionetten-, Masken- und Schattentheater, Stegreifspiel und Pantomime) und zu *neueren Spielformen* (u. a. zum sprachdidaktischen Rollenspiel und zu Selbsterfahrungs- und Interaktionsspielen). Gesonderte Kapitel sind der komplexen Form des *literarischen Rollenspiels* als wesentlichem Bestandteil eines produktionsorientierten Literaturunterrichts und weiteren *Spielformen im Umfeld des Deutschunterrichts* (Sprachspiele, Schreibspiele, mediale Spielformen) gewidmet.
[…] Schusters Buch ist eine lesenswerte, streitbare Arbeit, die viele Anregungen gibt und Mut zum Spielen macht.

Susanne Prinz / Dr. Astrid Müller: PRAXIS DEUTSCH, Nov./1994

Wo liegen die Vorzüge dieser Monographie? Hier gilt es gleich eine ganze Reihe zu nennen: Das Phänomen Spiel wird umfassend und verständlich dargestellt. Theoretische Überlegungen werden durch praktische Beispiele verdeutlicht. Die gewählten Beispiele sind einleuchtend und in die alltägliche Praxis der Schule übertragbar. Bilder, Skizzen und Schaubilder illustrieren das Gemeinte. Ein Sachregister und ein ausführliches Literaturverzeichnis sind hilfreich bei der weiteren Arbeit an diesem Thema. All das trägt dazu bei, das Buch zu einem nützlichen und unentbehrlichen Handbuch für alle am Spiel und Drama interessierten Lehrer, Erzieher und Gruppenleiter zu machen.

Prof. Dr. E. Reichert: Pädagogische Welt 10/1994

Schneider Verlag Hohengehren
Wilhelmstr. 13; D-73666 Baltmannsweiler